Wissenschaftliche Untersuchungen
zum Neuen Testament · 2. Reihe

Begründet von Joachim Jeremias und Otto Michel
Herausgegeben von
Martin Hengel und Otfried Hofius

50

Weltweisheit
Menschheitsethik
Urkult

Studien zum slavischen Henochbuch

von

Christfried Böttrich

J.C.B. Mohr (Paul Siebeck) Tübingen

Die Deutsche Bibliothek – CIP-Einheitsaufnahme

Böttrich, Christfried:
Weltweisheit, Menschheitsethik, Urkult: Studien zum slavischen Henochbuch /
von Christfried Böttrich. – Tübingen: Mohr, 1992.
   (Wissenschaftliche Untersuchungen zum Neuen Testament: Reihe 2; 50)
   ISBN 3-16-145860-5
NE: Wissenschaftliche Untersuchungen zum Neuen Testament / 02

© 1992 J. C. B. Mohr (Paul Siebeck) Tübingen.

Das Buch wurde von Gulde-Druck in Tübingen reproduziert, auf säurefreies Werkdruck-
papier der Papierfabrik Niefern gedruckt und von der Großbuchbinderei Heinr. Koch in
Tübingen gebunden.

ISSN 0340-9570

Für Ruth

Vorwort

Mit dem Aufschwung, den das Interesse an frühjüdischen Texten während der letzten Jahre erlebt hat, ist auch das slavische Henochbuch wieder stärker in das Blickfeld der neutestamentlichen Exegese getreten. Nach wie vor aber sieht sich eine genaue Beurteilung der Schrift verschiedenen Schwierigkeiten gegenüber. Erst spät im 14. Jh. setzt die handschriftliche Überlieferung des Textes ein, so daß eine frühe Datierung wiederholt in Frage gestellt wurde. Die einzelnen Handschriften liegen wiederum in zwei nach Umfang und Charakter unterschiedlichen Fassungen vor, deren Verhältnis zueinander bis heute noch nicht befriedigend geklärt werden konnte. Kontrovers wird zudem die Frage nach dem Umfang eines christlichen Einflusses auf das Buch beantwortet. So betritt jede exegetische Untersuchung noch schwankenden Boden und muß sich den unterschiedlichen Voraussetzungen der jeweiligen Herausgeber des Textes anvertrauen. Mit den folgenden Untersuchungen soll deshalb beim gegenwärtigen Forschungsstand eine Interpretation des slavischen Henochbuches versucht werden, die seinen Zeugniswert für die Vorstellungswelt des Judentums zur Zeit Jesu neu beurteilt. Dazu ist ein langer Anmarschweg vor allem zur Frage der Überlieferungsgeschichte des Textes erforderlich.

Grundlage der Untersuchungen sind die kirchenslavischen Texte, soweit diese zugänglich sind (neben den edierten Texten stand mir noch die Hs. V zur Verfügung; ein herzlicher Dank gilt an dieser Stelle der Handschriftenabteilung der Österreichischen Nationalbibliothek in Wien für die Anfertigung einer hervorragenden Kopie). Als bevorzugter Vergleichstext diente die englische Übersetzung F.I. Andersens, die gegenwärtig wohl am leichtesten erreichbar ist und nach deren Text sich deshalb auch die Zitationsweise richtet. Bei kirchenslavischen Zitaten ist die Schreibweise der jeweiligen Editionen beibehalten worden; lediglich hochgestellte Buchstaben wurden in die Schriftzeile eingereiht. Maßstab bei Übersetzungen ist das Wörterbuch von J. Kurz (Hg.), Slovnik Jazyka Staroslovenskeho (Lexicon Linguae Palaeo-Slovenicae), Prag 1966ff. Alle Abkürzungen richten sich nach S. Schwertner, Theologische Realenzyklopädie. Abkürzungsverzeichnis, Berlin/New York 1976. Für die slavistische Sekundärliteratur folgen die Abkürzungen A. de Santos Otero, Die handschriftliche Überlieferung der altslavischen Apokryphen (PTS 20), Berlin/New York 1978, IX-XL.

VI   *Vorwort*

Die vorliegende Arbeit wurde im Wintersemester 1990/91 von der
Kirchlichen Hochschule Leipzig als Dissertation angenommen. Für ihre
Drucklegung erfolgten einige leichte Überarbeitungen und Ergänzungen.

Mein Dank gilt an dieser Stelle zuerst Herrn Prof. Dr. Chr. Kähler, der
mich als mein neutestamentlicher Lehrer seinerzeit auf das slavische Henochbuch aufmerksam machte und als Betreuer schließlich die Entstehung dieser
Arbeit begleitet und vielfach gefördert hat. Ebenso möchte ich Herrn Prof. W.
Wiefel für sein Gutachten aus neutestamentlicher und Herrn Prof. E. Eichler
für sein Gutachten aus slavistischer Sicht danken. Von den vielen, die mir mit
Ratschlägen und Hinweisen behilflich waren, bin ich besonders Herrn Dr. G.
Fiedler zu Dank verpflichtet, der mit mir die Texte las. Die Kirchliche Hochschule Leipzig bot mir während meiner Studienzeit und während meiner Re-
petentur den Freiraum und die Atmosphäre, in der diese Arbeit entstehen
konnte. Daran erinnere ich mich ebenso gern wie an die Verteidigung am
eigenen Hause, die erst mit dem Umbruch im Herbst 1989 möglich wurde.

Herrn Prof. Dr. M. Hengel und Herrn Prof. Dr. O. Hofius danke ich für
ihre freundliche Befürwortung, die die Aufnahme meiner Dissertation in die
"Wissenschaftlichen Untersuchungen zum Neuen Testament" ermöglichte.
Danken möchte ich auch Herrn G. Siebeck für die Übernahme des Druckes
und allen Mitarbeitern des Verlages für ihre gute Betreuung. Für die Herstellung der Druckvorlage erhielt ich ebenfalls Hilfe von verschiedener Seite.
Meinem Bruder Th. Böttrich verdanke ich den Einstieg in die Arbeit am
Computer. Frau Chr. Mäkert in Leipzig half mir beim Korrekturlesen des
Manuskriptes. Und Frau A. Siebert aus Neuendettelsau schließlich brachte
den Text am Computer in seine endgültige Gestalt. Ihnen allen sei herzlich
gedankt.

Leipzig, im Juli 1992   Christfried Böttrich

Inhaltsverzeichnis

I. Vorfragen

1. Handschriftenliste

Die folgende Liste aller bisher bekannten Hss. und Fragmente beruht auf der Bibliographie A.I. Jacimirskijs von 1921 und will eine knappe Übersicht über die wichtigsten Daten sowie eine leichte Orientierung ermöglichen. Nicht alle Informationen waren zugänglich - andere wiederum scheinen unsicher zu sein.[1] Bonwetschs Bibliographie von 1893 enthält noch einige Fragmente mehr, die Jacimirskij nicht wieder mit aufnahm, da sie offensichtlich in andere Textzusammenhänge gehören. Bei Nr. 34-37 ist der Textzusammenhang mit dem slHen aus Jacimirskijs Angaben nicht zu erkennen und müßte erst an den Handschriften selbst geprüft werden. Sie bleiben deshalb unberücksichtigt. Die Hs. Nr. 387(3) der Moskauer Synodaltypographie (15. Jh.), die bei Andersen das Sigel Syn trägt, bietet nur eine Art Reflexionszitat (s.u. 100) und scheidet ebenso aus. Neu sind der Liste Jacimirskijs hier die Nrn. 38-42 hinzugefügt, die direkte Fragmente des slHen darstellen. Nr. 41 wurde von Jacimirskij unter dem Stichwort "Melchisedek" aufgeführt,[2] gehört jedoch in den Überlieferungszusammenhang des slHen. Die Kodizes, die MPr und Nr. 17 enthalten, liegen noch in je drei weiteren Kopien vor. Ebenso gibt es zu Nr. 39 noch drei weitere Hss. Hier müßte geprüft werden, ob auch sie den gleichen Text enthalten. Im folgenden werden die Hss. entweder mit dem Sigel Andersens oder - wo dies fehlt - mit der Nr. aus Jacimirskijs Bibliographie bezeichnet.

Von den 11 größeren Hss. sind bisher nur 6 publiziert worden. Die geplanten kritischen Editionen von V durch Fr. Repp[3] sowie von J und A durch N.A. Meščerskij[4] kamen leider nicht zur Ausführung. J und A sind jedoch in

---

[1] JACIMIRSKIJS Liste z.B. enthält in ihren Angaben einige offensichtliche Druckfehler, hat Lücken oder ist mitunter nicht eindeutig genug.

[2] JACIMIRSKIJ 1921, 110 (IV 4).

[3] REPP 1963. Die textkritische Untersuchung wurde vom Autor als Prolegomenon (68) zu einer bereits vorbereiteten kritischen Ausgabe betrachtet. Der Tod unterbrach dann die Arbeiten.

[4] MEŠČERSKIJ 1963 (145) wies zunächst auf die Notwendigkeit einer solchen textkritischen Ausgabe hin, was er dann 1964 (108) und 1965 (78) nochmals konkretisierte - die Publikation beider Hss. sei eine der nächsten Aufgaben. Sie zog sich hin bis zu seinem Tod 1987. Auf eine briefliche Anfrage hin teilte mir Prof. A.A. Alekseev aus Leningrad am 3.2.1988 mit, daß das Projekt im Augenblick nicht weiter verfolgt werde.

der englischen Übersetzung F.I. Andersens zugänglich - und V deckt sich ziemlich genau mit N.[5] Ohne Kommentar müssen auch Nr. 8 und Nr. 11 bleiben, die lediglich in Jacimirskijs Bibliographie auftauchen - nach den knappen Angaben könnte Nr. 8 zur kürzeren, Nr. 11 zur längeren Textfassung gehören. Die beiden besonders wichtigen Hss. N und R wurden 1941 beim Brand der Belgrader Nationalbibliothek mit vernichtet, so daß ihre Texte allein in den Publikationen Novakovićs und Sokolovs erhalten blieben. Einige Hss. wurden auch mehrmals - sei es als Nachdruck, Faksimile oder Auszug - herausgegeben.[6]

Bei einigen der kleineren Fragmente sind die Angaben lückenhaft - sie bedürfen einer Prüfung an den Hss. selbst. In der Sekundärliteratur wird auch gewöhnlich nur auf die von Sokolov publizierten Fragmente Bezug genommen. Beschreibungen liegen für fast alle Hss. vor, jedoch nicht immer von gleicher Qualität.[7] In der Zusammenstellung der Sigla sind für Charles und Bonwetsch diejenigen Ausgaben gewählt worden, welche die meisten Angaben zu den Hss. enthalten.[8]

---

[5] Vgl. REPP 1963.

[6] Dies betrifft P, R, MPr, Tr, Chr - vgl. 2.1.1.

[7] Für Nr. 11, 36 und 41 konnte ich keine Beschreibung finden. Nr. 16, 22, 23 und 37 nachzuprüfen war mir leider nicht möglich, weswegen die fraglichen Beschreibungen auch unter 2.2.1. noch fehlen. Der in Vorbereitung befindliche dritte Band von SANTOS OTERO, Die handschriftliche Überlieferung der altslavischen Apokryphen (I 1978; II 1981), wird hier sicher Klarheit bringen - das Spektrum der Hss. scheint sich jedoch nach brieflicher Auskunft vom 12.5.1987 nur geringfügig zu erweitern.

[8] BONWETSCH veränderte 1922 einige Sigel noch einmal, da er jetzt mehr Hss. zur Verfügung hatte - CHARLES dagegen reduzierte seine Hss.-Basis 1913 auf nur 2 Hss. (s.u. 26f).

Nr. bei Jacim. 1921	Bezeichnung		Cha 1896	Sok 1910	Sigel Bon 1922	Vai 1952	And 1983	erste Edition		Kontext	Umfang	Datierung
1	Uvarov	3(18)	Bb	у	U	U	U	Sokolov	1910	Chronograph	1a,1-72,10	15.Jh.
2	Akad.Nauk (Jac.)	13.3.25	Ab	я	J	J	J			Sbornik	1a,1-71,4	15.-16.Jh.
3	Österreich. NB	cod.slav.125		В	Vv	V	V	Sokolov	1899	Sbornik	1,1-67,3	16.-17.Jh.
4	Belgrader NB	Nr.321		А	S	R	R			Sbornik	1a,1-73,9	16.-17.Jh.
5	Akad.Nauk (Chr.)	45.13.4	Ba	Н	Vn	A	A	Novaković	1884	Chronograph	1a,1-72,10	16.Jh.
6	Belgrader NB	Nr.443(151)	Bc	Б	B	N	N	Sokolov	1899	chronogr.Sbornik	1,1-67,3	17.Jh.
7	E. Barsov					B	B			Sbornik	1a,7-72,10	17.Jh.
8	Uvarov	Nr.1828	Aa	П	P	P	P	Popov	1880	Sbornik	1a,1-68,7	1679
9	Chludov									Sbornik	1,1-67,3	1701
10	E. Barsov	Nr.3092		Б¹	B¹	B²	B²	Sokolov	1910	Sbornik	1a,1-33,8	18.Jh.
11	Tr.Serg.Lavra	Nr.15	x	x	M	Mpr	MPr TSS489	Tichonravov	1863	Merilo Pravednoe	aus 40-65	14.Jh.
12	Synodal-Bibl.	Nr.202(489)	x	x						Sbornik	wie MPr	Anf.15.Jh.
13	Uvarov	Nr.556								Kormčaja Kniga	wie MPr	15.Jh.
14	Mosk.Duch.Akad.	Nr.187								Mer.Prav./Korm.Kn.	wie MPr	15.Jh.
15	Kaz.Duch.Akad.	Nr.414								Kormčaja Kniga	wie MPr	15.-16.Jh.
16	Synodal-Bibl.	Nr.989	x	x	M		TSS682	Arch.Komm.	1912	Vel.Minei Četii	wie MPr	Mitte 16.Jh.
17	Uvarov	Nr.330(682)								Sbornik	wie MPr	16.Jh.
18	Tr.Serg.Lavra	Nr.560								Kormčaja Kniga	wie MPr	16.Jh.
19	Arch.Duch.Sem.	Nr.205								Kormčaja Kniga	wie MPr	16.Jh.
20	Mosk.Ep.Bibl.	Nr.74								Kormčaja Kniga	wie MPr	16.Jh.
21	Spb.Publ.Bibl.	Nr.561								Zlataja Cep'	wie MPr	16.Jh.
22	Rumj.Museum	Nr.1939								Sbornik	wie MPr	16.Jh.
23	Rumj.Museum	Nr.1226								Sbornik	wie MPr	16.Jh.
24	Synodal-Bibl.	Nr.238	x	x	R		TSS253	Pypin	1862	Kormčaja Kniga	wie MPr	1620
25	Solov.Monastir	Nr.253			M			Sokolov	1910	Sbornik	wie MPr	etwa 1622
26	Uvarov	Nr.7(23)		x						Sbornik	wie MPr	17.Jh.
27	Rumj.Museum	Nr.1878		x	x	p²	p²	Sokolov	1899	Sbornik	28,1-32,2	30er 18.Jh.
28	Rumj.Museum	Nr.3058		x	x	Rum	Rum	Sokolov	1910	Sbornik	71,1-73,1	16.Jh.
29	Tr.Serg.Lavra	Nr.578(143)		x	x	Tr	Tr	Tichonravov	1863	Sbornik	67,1/70-72	16.Jh.
30	Rumj.Museum	Nr.793		x	C	Chr²	Chr²	Sokolov	1910	Sbornik	11,1-15,3	Ende 18.Jh.
31	Rumj.Museum	Nr.590(155)		x	C	Chr	Chr			Sbornik		16.Jh.
32	Nežinsk.Instit.	Nr.39					G	Popov	1869	Chronograph	Fragm.aus 11-58	17.Jh.
(38)	Tr.Serg.Lavra	Nr.730						Popov	1880	Sendschr.d.Genn.	65,1-4.6-8	16.Jh.
(39)	Tolstoi II	Nr.68						Kazakova/Lur'e	1955	Sendschr.d.Genn.	65,1-4.6-7	16.Jh.
(40)	Muz.	Nr.3271						Kazakova/Lur'e	1955	Sendschr.d.Genn.	65,1-4	Ende 15.Jh.
(41)	Kir.Bel.Mon.							Tichonravov	1863	Sbornik	71,1-72,10	17. Jh.
(42)	Hs. aus Vrbnika	Nr.27/(1104)						Ivšić	1930/31	Sbornik	70,22-72,9	1633-1652

2. Bibliographie

2.1. Quellen

2.1.1. Handschrifteneditionen

PYPIN, A.N.: Ložnyja i otrečennyja knigi russkoj stariny (Pamjatniki starinnoj russkoj literatury, izdavaemye Grafom G. Kušelevym-Bezborodko III), 15-16 = Nr. 25, St. Petersburg 1862, Nachdr. Paris 1970.

TICHONRAVOV, N.: Pamjatniki otrečennoj russkoj literatury I, 19-20/26-28 = Tr; 20-23 = MPr; 28-31 = Nr. 41, St. Petersburg 1863, Nachdr. London 1973.

POPOV, A.N.: Obzor chronografov russkoj redakcii II, 164-169 = Chr, Moskau 1869, Nachdr. Osnabrück 1968.

DERS.: Bibliografičeskie materialy IV. Juznorusskij sbornik 1679 goda, in: ČOIDR 3/1880, 66-139 = P; 78 = G, Moskau 1880.

NOVAKOVIĆ, ST.: Apokrif o Enohu, in: Starine XVI, 67-81 = N, Agram (Zagreb) 1884.

FRANKO, IOAN : Apokrifi i legendi z ukrains'kich rukopisiv. Pamjatki ukrains'koj movi i literaturi. Codex apocryphus e manuscriptis ukraino-russicis collectus opera doctoris Joannis Franko I, 39-64 = P, Lodz 1896.

SOKOLOV, M.I.: Materialy i zametki po starinnoj slavjanskoj literature. Vypusk tretij. VII. Slavjanskaja Kniga Enocha. II. Tekst s latinskim perevodom, in: ČOIDR 4/1899, 1-112 = R; B; P², Moskau 1899.

DERS.: Materialy i zametki po starinnoj slavjanskoj literature. Vypusk tretij. VII. Slavjanskaja Kniga Enocha Pravednago. Teksty, latinskij perevod i izledovanie. Posmertnyj trud avtora prigotovil k izdaniju M. Speranskij, ČOIDR 4/1910, I: 1-80 = R; 81-107 = B; 109-130 = U; 131-142 = B²; 145-147 = P²; 147-148 = Chr²; 148-153 = Chr; 153-155 = Rum; 155-157 = TSS 253; 161-162 = Tr. II: 44-53 = J (nur Varianten); 92-95 = TSS 489 u. TSS 682 (nur Varianten); 106-118 = MPr; 118-119 = G, Moskau 1910.

ARCHEOGRAFIČESKAJA KOMMISSIJA (Hg.): Velikie Minei Četii sobrannye Vserossijskim Mitropolitom Makariem. Dekabr' dni 25-31, 2496-2499 = Nr. 17, Moskau 1912.

ANGELOV, B./GENOV, M.: Stara bulgarska literatura (IX-XVIII v.) v primeri, prevodi i bibliografija (Istorija na Bulgarskata Literatura II), 185-194 = Auszüge aus R, Sofia 1925.

IVANOV, J.: Bogomilski knigi i legendi, 165-191 = Auszüge aus R, Sofia 1925, Nachdr. 1970, franz. Übers. Paris 1976.

IVŠIĆ, ST.: Hrvatski glagoljski apokrif o Melhisedekovu rodjenju i spasenju za općega potopa, in: Nastavni vjesnik 39, 101-108 = Nr. 42, Zagreb 1930-31.

VAILLANT, A.: Le livre des secrets d'Hénoch. Texte slave et traduction française (Textes publiés par l'Institut d'Études slaves IV), enthält U und Auszüge aus R, Paris 1952, ²1976.

KASAKOVA, N.A./LUR'E, JA.S.: Antifeodal'nye eretičeskie dviženija na Rusi XIV - načala XVI veka, 315-320 = Nr. 38; 309-312 = Nr. 39; 388-391 = Nr. 40, Moskau/Leningrad 1955.

TICHOMIROV, M.N. (Hg.): Merilo Pravednoe po rukopisi XIV veka, Faksimile-Ausgabe, 71-76 = MPr, Moskau 1961.

SCHNEIDER, R.: Die moralisch-belehrenden Artikel im altrussischen Sammelband Merilo Pravednoe (Monumenta Linguae Slavicae Dialecti Veteris. Fontes et Dissertationes 23), 93-99 = MPr, mit dt. Übers., Freiburg i.Br. 1986.

2.1.2. Übersetzungen

CHARLES, R.H./MORFILL, W.R.: The Book of the Secrets of Enoch. Translated from the Slavonic by W.R. Morfill, Reader in Russian and the other Slavonic Languages, and edited, with Introduction, Notes and Indices by R.H. Charles, 1 Fassung: Basis = P, Dublin/Oxford 1896.

BONWETSCH, G.N.: Das slavische Henochbuch (AGWG.PH Neue Folge Bd. 1 Nr. 3), 2 Fassungen: Basis = P und N, Berlin 1896.

SOKOLOV, M.I.: Libri sanctorum mysteriorum Enochi, in: Materiali i zametki ... s.o. 1-80, Basis = R, Moskau 1899 und 1910.

GINZBERG, L.: The Ascension of Enoch, in: The Legends of the Jews I, 33. 130-137 (Text) und V, 51-52. 158-162 (Anmerkungen), 1 Fassung: Basis = P, gekürzt und frei nach Charles 1896, Philadelphia 1909, ²1925.

CHARLES, R.H./FORBES, N.: The Book of the Secrets of Enoch, in: APOT II, hg.v. R.H. Charles, 425-469, 2 Fassungen: Basis = P und N, Oxford 1913.

SZÉKELY, ST.: Liber Henoch Slavicus, in: Bibliotheca Apocrypha. Introductio Historico-Critica in Libros Apocryphos utriusque Testamenti cum Explicatione Argumenti et Doctrinae 1, 227-242, 1 Fassung: Basis = P, gekürzt nach Charles 1896, Freiburg i.Br. 1913.

ANGELOV, B./GENOV, M.: Knigi na Enocha, in: Stara bulgarska literatura ... s.o.), 1 Fassung: Basis = R, gekürzt, Sofia 1922.

BONWETSCH, G.N.: Die Bücher der Geheimnisse Henochs. Das sogenannte slavische Henochbuch (TU R. 3 Bd. 14 H. 2 = Bd. 44 H. 2), 2 Fassungen: Basis = P/R und N/U, Leipzig 1922.

RIESSLER, P.: Henochbuch (slavisch) oder Zweiter Henoch, in: ders., Altjüdisches Schrifttum außerhalb der Bibel, 452-473, 1297f, 1 Fassung: Basis = N, frei nach Bonwetsch 1896, Augsburg 1928, Nachdr. Heidelberg 1966, 51984.

KAHANA, A.: Sefaer Hanok B, in: Ha-Sefarim ha Ḥitsonim le-Torah, 102-141, 1 Fassung: Basis = R, Jerusalem 1936f.

VAILLANT, A.: Le livre des secrets d'Hénoch. Texte ... s.o., 1 Fassung: Basis = U, Paris 1952, 21976.

BONSIRVEN, J.: Les livres des secrets d'Hénoch, in: La Bible Apocryphe en Marge de l'Ancien Testament, 227-247, 1 Fassung: Basis = P/R, gekürzt nach Bonwetsch 1922, Paris 1953, Choises et présentes par Daniel-Rops 1975.

BUGGE, A.: Anden Enoksbog, in: De Gammeltestamentlige Pseudepigrafer II, hg.v. E. Hammershaimb u.a., 791-826, 1 Fassung: Basis = U, Kopenhagen 1974.

MORIYASU, T.: 2 (Slavischer) Henoch, in: Seisho Gaiten Giten 3, hg.v. M. Sekine und S. Arai, 206-251 und 363-378 (japan.), 1 Fassung: Basis = U, Tokio 1975.

PINCHERLE, M.: Il secondo libro di Enoch ("Enoch Slavo" o "Enoch II"), in: ders., Il libro di Enoch (Scienza e Ignoto 9), 12-13 und 223-278, 1 Fassung: Basis = P, nach Charles 1896, Faenza 1977.

KUEV, K.: Apokrifut za pravednija Enoch, in: Christomatija po starobulgarska literatura, hg.v. P. Dinekov u.a., 162-168, 1 Fassung: Basis = R, gekürzt, Sofia 41978.

PETKANOVA, D.: Kniga za svetite tajni Enochovi, in: Stara bulgarska literatura I, 49-63, 1 Fassung: Basis = R, gekürzt, Sofia 1981.

ANDERSEN, F.I.: 2 (Slavonic Apocalypse of) Enoch. (Late First Century A.D.). Appendix: 2 Enoch in Merilo Pravednoe. A New Translation and Introduction, in: OTPs I, hg.v. J.H. Charlesworth, 91-221, 2 Fassungen: Basis = J und A, New York 1983.

AGOURIDES, S.: Enoch B' e To Biblio ton Mystikon tou Enoch (Slavonikos Enoch), in: Ta Apokrypha tes Palaias Diathekes B', hg.v. S. Agourides, 443-476; dass., in: Theologia 56, 127-160, 1 Fassung: Basis = N, nach Riessler 1928, Athen 1984 und 1985.

PENNINGTON, A.: 2 Enoch, in: The Apocryphal Old Testament, hg.v. H.F.D. Sparks, 321-362, 1 Fassung: Basis = U, Oxford 1984.

SANTOS OTERO, A. DE: Libro de los secretos de Henoc (Henoc eslavo), in: Apocrifos del AT IV, hg.v. A. Diez Macho, 147-202, 1 Fassung: Basis = R, Madrid 1984.

SCHNEIDER, R.: Die moralisch-belehrenden Artikel im altrussischen Sammelband Merilo Pravednoe (Monumenta ... s.o.), Übers. von MPr, Freiburg i.Br. 1986.

VAILLANT, A./PHILONENKO, M.: Livre des secrets d'Hénoch, in: La Bible. Ecrits Intertestamentaires, hg.v. A. Dupont-Sommer und M. Philonenko in Bibliothèque La Pléiade, 1187-1223, 1 Fassung: Basis = U, Paris 1987.

2.2. Sekundärliteratur

2.2.1. Handschriftenbeschreibungen

VOSTOKOV, A.CHR.: Opisanie russkich i slovenskich rukopisej Rumjancevskago Muzeuma, 319-330 = Nr. 25, St. Petersburg 1842.

GORSKIJ, A.V./NEVOSTRUEV, K.J.: Opisanie slavjanskich rukopisej Moskovskoj Sinodal'noj Biblioteki, II/2: 626-627 = TSS 489; II/3: 739 = TSS 682, Moskau 1859 und 1962, Nachdr. Wiesbaden 1964.

VIKTOROV, A.E.: Očerk sobranija rukopisej V.M. Undol'skago, v polnom sostave (Slavjano-russkija rukopisi V.M. Undol'skago opisannyja samim sostavitelem i byvšim vladel'cem sobranija s Nr 1-go po 579-j. Izdanie Moskovskago Publičnago i Rumjancevskago Museev), 41 = Nr. 24, Moskau 1870.

VIKTOROV, A.E.: Katalog slavjano-russkich rukopisej priobretennych Moskovskim Publičnym i Rumjancevskim Musejami v 1868 g., posle D.V. Piskareva, 32 = Rum; 35-36 = Chr², Moskau 1871.

ARSENIJ, IEROMONACH: Opisanie slavjanskich rukopisej biblioteki Svjato-Trojckoj Sergievoj lavry I, in: ČOIDR 2/1878, 28-33 = MPr; 332-339 = Nr. 20; III, in: ČOIDR 2/1879, 222-227 = Tr, Moskau 1878 und 1879

MAKUŠEV, V.: O nekotorych rukopisjach narodnoj biblioteki v Belgrade. I: Rukopisi bolgarskago pis'ma, in: Russkij Filologičeskij Vestnik VI, 309-324 = R, Warschau 1881.

LEONID, ARCHIMANDRIT: Svedenie o slavjanskich rukopisjach, postupivšich iz knigochranilišča Sv. Trojckoj Sergievoj Lavry v biblioteku Trojckoj Duchovnoj Seminarii v 1747 (nyne nachodjaščichsja v biblioteke Moskovskoj Duchovnoj Akademij), in: ČOIDR 4/1884, 267-278 = Nr. 15, Moskau 1884.

VIKTOROV, A.E.: Opisi rukopisnych sobranij v knigochraniliščach Severnoj Rossii, 82 = Nr. 21; 126-127 = Nr. 27, St. Petersburg 1890.

LEONID, ARCHIMANDRIT: Sistematičeskoe opisanie slavjano-rossijskich rukopisej sobranija Grafa A.S. Uvarova (so vključeniem 750 NrNr sobranija I.N. Carskago, opisannych P.M. Stroevym v alfavitnom porjadke), I: 5-8 = U; 612-617 = Nr. 14; 627-634 = Nr. 19; IV: 124-129 = Nr. 35; 148-150 = Nr. 8; 229-231 = Nr. 28, Moskau 1893 (I/II) und 1894 (III/IV).

SPERANSKIJ, M.N.: Opisanie rukopisej Biblioteki Istoriko-Filologičeskogo Instituta Knjaza Bezborodko v g. Nežine, 83-84 = Chr, Moskau 1900.

STOJANOVIĆ, L.: Katalog rukopisa i starih štampanih knjiga, 182-186 = Nr. 34, Belgrad 1901.

SREZNEVSKIJ, V. .: Otčet otdeleniju russkogo jazyka i slovesnosti Imp. Akademii Nauk, in: IzvORJS VIII/1903, 122-123 = A., St. Petersburg 1903.

STOJANOVIĆ, L.: Katalog Narodne Biblioteke u Beogradu. IV: Rukopisi i Stare Štampane Knjige, 225-230 = R, Belgrad 1903.

ISTRIN, V.M.: Chronograf Akademii Nauk Nr. 45.13.4., in: Letopisi istoriko-filologičeskogo obščestve pri Novorossijskom universitete XIII, 315-341 = A, Odessa 1905.

SOKOLOV, M.I.: Slavjanskaja Kniga Enocha ..., in: ČOIDR 4/1910 s.o. II: 10-119 = R, P, U, J, B, B², N, V, P², Chr², Chr, Rum, TSS 253, TSS 489, TSS 682, Tr, Syn, MPr, G, Moskau 1910.

JACIMIRSKIJ, A.I.: Opisanie južno-slavjanskich i russkich rukopisej zagraničnych bibliotek, in: SbORJS 98/1921, 225-229 = V, Petrograd 1921.

TICHOMIROV, M.N.: Issledovanie o russkoj pravde. Proischoždenie tekstov, 88-99 = MPr, Moskau/Leningrad 1941.

SPERANSKIJ, M.N.: Russkie pamjatniki pis'mennosti v jugoslavjanskich literaturach XIV-XVI vv, in: ders., Iz istorii russko-slavjanskich literaturnych svjazej, 55-103, 93-94 = V, Moskau 1960.

KOPANEV, A.I./KUKUŠKINA, M.V./POKROVSKAJA, V.F.: Opisanie rukopisnogo otdela Biblioteki Akademii Nauk SSSR 3/2. Istoričeskie Sborniki XV-XVII vv, 7-13 = A, Moskau/Leningrad 1965.

MEŠČERSKIJ, N.A.: K voprosu o sostave i istočnikach Akademičeskogo chronografa, in: Letopisi i chroniki. Sbornik statej, 212-219 = A und U, Moskau 1973.

BIRKFELLNER, G.: Glagolitische und kyrillische Handschriften in Österreich (Österreichische Akademie der Wissenschaften. Phil.-hist. Klasse. Schriften der Balkankomm. Ling. Abt. XXIII), 220-224 = V, Wien 1975.

2.2.2. Bibliographien

KOZAK, E.: Bibliographische Uebersicht der biblisch-apokryphen Literatur bei den Slaven, in: JPTH 18,1, 127-158, spez. 132-133, Braunschweig 1892.

BONWETSCH, G.N.: Die christliche vornicänische Litteratur in altslavischen Handschriften, in: A. Harnack, Geschichte der altchristlichen Literatur bis Eusebius I/2, 886-917, spez. 913-914, Berlin 1893, Nachdr. Leipzig 1958.

MEZIER, A.V.: Apokrifi, in: ders., Russkaja slovesnost' s XI. po XIX. stoletija vključitel'no I, 74-80, spez. 76, St. Petersburg 1899.

JACIMIRSKIJ, A.I.: Bibliografičeskij obzor apokrifov v južnoslavjanskoj i russkoj pis'mennosti (spiski pamjatnikov). I: Apokrifi vetchozavetnye, 81-88, Petrograd 1921.

Delling, G.: Bibliographie zur jüdisch-hellenistischen und intertestamentarischen Literatur 1900-1970 (TU 106), 160, Berlin 1969, ²1975.

Coleman, G.B.: The Phenomenon of Christian Interpolations into Jewish Apocalyptic Texts. A Bibliographical Survey and Methodological Analysis, 87-91 und 336-341, Diss. Nashville/Tennessee 1976.

Charlesworth, J.H.: The Pseudepigrapha and Modern Research, in: SCS 7, 103-106, Missoula/Montana 1976.

Santos Otero, A. De: Die handschriftliche Überlieferung der altslavischen Apokryphen (PTS 20 und 23), Berlin/New York I 1978 und II 1981 (III mit dem slIHen ist in Vorbereitung).

Charlesworth, J.H.: The Pseudepigrapha and Modern Research with a Supplement, in: SBL Septuagint and Cognate Studies Series 7S, 103-106 und 283, Chico/California 1981.

Andersen, F.I.: Pseudepigrapha studies in Bulgaria, in: Journal for the Study of the Pseudepigrapha 1, 41-55, Sheffield 1987.

2.2.3. Artikel in Lexika und Enzyklopädien

Charles, R.H.: Art. Enoch, Book of the Secrets of, in: DB(H) 1, 708-711, Edinburgh 1898.

Ders.: The Book of the Secrets of Enoch (Art. Apocalyptic Literature), in: EB(C) 1, 225-228, London 1899.

Littmann, E.: Slavonic Enoch (Art. Enoch, Books of), in: JE 5, 181-182, New York/London 1903.

Beer, G.: Der slavische Henoch (Art. Pseudepigraphen des AT), in: RE³ 16, 242, Leipzig 1905; (vgl. auch E. Kautzsch, APAT II/1900, 218⁹).

Reid, G.J.: Art. Book of the Secrets of Henoch (Slavonic Henoch), in: CathEnc 1, 603, New York 1907.

Charles, R.H.: The Book of the Secrets of Enoch, or Slavonic Enoch (Art. Enoch, Book of), in: EBrit 9, 651-652, Cambridge 1910.

Smirnov, A.: Kniga Enocha (Art. Knigi apokrifičeski-apokalipsičeskie, judejskie), in: Bogoslovskaja Enciklopedija 11, 379-380, St. Petersburg 1910.

Beer, G.: The Slavonic Enoch (Art. Pseudepigrapha), in: NSHE 9, 336, New York/London 1911.

Fiebig, P.: Das slavische Henochbuch (Art. Pseudepigraphen des AT), in: RGG¹ 4, 1956-1957, Tübingen 1913.

Beer, G.: Art. Henochbücher 2, in: RGG² 2, 1802, Tübingen 1928.

Frey, J.-B.: Le Livre d'Hénoch slave ou Livre des Secrets d'Hénoch (Art. Apocryphes de l'Ancien Testament), in: DBS 1, 448-454, Paris 1928.

Mathews, Sh.: The (Slavonic) Secrets of Enoch (Art. Apocalyptic Literature), in: DB(H), 40, New York 1930.

AESCOLY, A.Z.: Henochs Buch der Geheimnisse (Slawischer H.) (Art. Henoch (Buch)), in: EJ(D) 7, 1170-1171, Berlin 1931.

MANGENOT, E.: Art. Livres d'Hénoch. 2. Livre slave, in: DThC I/2, 1482-1485, Paris 1931.

VITTI, A.: L'Enoch slavo (Art. Enoch), in: EncIt 14, 1-2, Rom 1932.

FUCHS, H.: Art. Enoch, Book of, in: UJE 4, 131-133, New York 1948.

BEER, G.: The Slavonic Enoch (Art. Pseudepigrapha, Old Testament), in: NSHE 9, 336, Grand Rapids/Michigan 1950.

SAN MARCO, E. DA: "Henoch" slavo (Art. Henoch, libro di), in: EC 6, 1407, Florenz 1951.

PFEIFFER, R.H.: Slavonic Enoch (Art. Pseudepigrapha, Old Testament), in: TCERK 2, 926, Grand Rapids/Michigan 1955.

THOMSON, J.H.E.: The Slavonic Enoch (Art. Apocalyptic Literature), in: ISBE 1, 166, Grand Rapids/Michigan 1956.

GROSS, H.: Henochbuch, slawisch (Art. Apokalypsen, apokryphe), in: LThK 1, 698, Freiburg i.Br. 1957.

KREMERS, H.: Das slavische Henoch-Buch (Hen(slav)) (Art. Henoch), in: EKL¹ 2, 111, Göttingen 1958.

PLÖGER, O.: Das slawische Henochbuch (oder Hen II) (Art. Henochbücher), in: RGG³ 3, 224-225, Tübingen 1959.

OESTERLEY, W.O.E./CHARLES, R.H.: The Book of the Secrets of Enoch (Art. Enoch, Book of), in: EBrit 8, 615, Chicago/London/Toronto 1961.

CROSS, F.L. (Hg.): The so-called "Slavonic Enoch" (Art. Enoch, Books of), in: ODCC, 452-453, London/New York/Toronto ⁴1963.

MATHEWS, SH./METZGER, B.M.: The (Slavonic) Secrets of Enoch (Art. Pseudepigrapha), in: DB(H), 821-822, New York 1963.

ROMANO, D.: Art. Enok, Libro eslavo de, in: Enciclopedia de la Biblia 3, 36, Barcelona 1963.

TRINQUET, J.: Art. Hénoch Slave (Livre d'), in: Cath. 5, 603, Paris 1963.

AGOURIDES, S.: Art. Enoch, in: TEE 5, 706-708, Athen 1964.

REICKE, BO: 2 Hen oder slavHen (Art. Henochbücher), in: BHH 2, 693, Göttingen 1964.

NOACK, B.: Anden E., kaldet den slaviske (Art. Enoksbøgerne), in: Gads Danske Bibel-Leksikon 1, 441-442, Kopenhagen 1965.

ANDERSON, G.W.: II Enoch (Art. Enoch, Books of), in: EBrit¹⁴ 8, 605, Chicago u.a. 1967.

MICHL, J.: Das zweite Henochbuch (Art. Apokalypsen, apokryphe), in: SM(D) 1, 216, Freiburg/Basel/Wien 1967.

STUHLMUELLER, C.: Second or Slavonic Henoch (Art. The Books of Henoch (Enoch)), in: NCE 2, 398, San Francisco u.a. 1967.

TERRIEN, S.: II (slavonic) Enoch (Art. Enoch, books of), in: Encyclopedia Americana 10, 394-395, New York 1971.

PINES, SH.: Art. Enoch, slavonic book of, in: EJ 6, 797-799, Jerusalem 1972.

Bourke, D.J.: Slavonic Enoch (Art. Enoch, Books of), in: Encyclopedic Dictionary of Religion 1, 1209, Philadelphia 1979.

Sacchi, P.: Das Slavische Henochbuch (Art. Henochgestalt/Henochliteratur), in: TRE 15, 47-50, Berlin/New York 1986.

Berger, K.: Das sog. Slavische Henochbuch (2Hen.) (Art. Henoch), in: RAC 14, 480-481, Stuttgart 1988.

2.2.4. Abschnitte in Handbüchern

Harnack, A.: Geschichte der altchristlichen Literatur bis Eusebius, 1: 913-914; 2: 564, Berlin 1/1893; 2/1897.

Schürer, E.: Geschichte des jüdischen Volkes im Zeitalter Jesu Christi 3, - Das slavische Henochbuch 209-213 (³1898), 290-294 (⁴1909), Leipzig ³1898, ⁴1909.

Bousset, W.: Die Religion des Judentums im neutestamentlichen Zeitalter, 23-24 (²1906), 22 (³1926), Berlin 1903, ²1906, Tübingen ³1926.

Porter. F.C.: The Messages of Apocalyptical Writers, - The Secrets of Enoch 332-334, New York 1905.

Holtzmann, O.: Neutestamentliche Zeitgeschichte (GThW 2. R. 2. Bd.), - Das slavische Henochbuch 295-296, Tübingen 1906.

Fairweather, W.: The Background of the Gospels or Judaism in the Period between the Old and New Testament, - The Book of the Secrets of Enoch (II Enoch, Slavonic Enoch) 234-238 (²1911), Edinburgh 1908, ²1911, ³1920.

Burkitt, F.C.: Jewish and Christian Apocalypses, 75-76, London 1914.

Charles, R.H.: Religious Development Between the Old and New Testaments, - 2 Enoch, or the Book of the Secrets of Enoch 239-242, New York 1914, Nachdr. 1948.

Oesterley, W.O.E.: The Books of the Apocrypha. Their Origin, Teaching and Contents, - The Book of the Secrets of Enoch 220-222, New York 1914, ²1915, London ³1916.

Ferrar, W.J.: The Uncanonical Jewish Books. A Short Introduction to the Apocrypha and other Jewish Writings 200 B.C. - 100 A.D., - "The Secrets of Enoch" 85-87, New York 1918.

Stählin, O.: Die hellenistisch-jüdische Litteratur, in: W. von Christ, Geschichte der griechischen Literatur 2/1 (HAW VII), - Das slavische Henochbuch 579f, München ⁶1920, Nachdr. 1959.

Felten, J.: Neutestamentliche Zeitgeschichte oder Judentum und Heidentum zur Zeit Christi und der Apostel 1, - Das slavische Henochbuch 545-547, Regensburg 1925.

Herford, R.T.: Talmud and Apocrypha, - "The Secrets of Enoch (2 Enoch)" 258, London 1933.

VOLZ, P.: Die Eschatologie der jüdischen Gemeinde im neutestamentlichen
  Zeitalter. Nach den Quellen der rabbinischen, apokalyptischen und apokryphen Literatur dargestellt von -, - Das slavische Henochbuch 34-35
  (und zahlreiche Stellen), Tübingen 1934.

MANSON, T.W. (Hg.): A Companion to the Bible, - Slavonic Enoch (v. W.O.E.
  Oesterley) 93-94, Edinburgh 1939.

WEISER, A.: Einleitung in das Alte Testament, - Das slavische Henochbuch
  312-313, Göttingen ²1949.

LODS, A.: Histoire de la Littérature Hebraïque et Juive, - Le Livre Slave d'Hénoch ou Livre des Secrets d'Hénoch 935-941, Paris 1950.

BENTZEN A.: Introduction to the Old Testament 2, - The Slavonic Enoch 244,
  Kopenhagen ²1952.

ROWLEY, H.H. u.a. (Hg.): A Companion to the Bible, - 2 Enoch or the Slavonic Enoch (v. M. Black) 86, Edinburgh 1963.

EISSFELDT, O.: Einleitung in das Alte Testament. Unter Einschluß der
  Apokryphen und Pseudepigraphen sowie der apokryphen- und
  pseudepigraphenartigen Qumran-Schriften, - Das slavische Henochbuch
  843-844, Tübingen ³1964.

ROWLEY, H.H.: Apokalyptik. Ihre Form und Bedeutung zur biblischen Zeit, -
  Das slavische Henochbuch 88-91, Köln 1965.

LEIPOLDT, J./GRUNDMANN, W.: Umwelt des Urchristentums II, Texte zum
  neutestamentlichen Zeitalter, - Aus dem slavischen Henochbuch 202-207
  (v. K. Steiner, Auszüge aus Bonwetsch 1922), Berlin 1967.

SCHREINER, J.: Alttestamentlich-jüdische Apokalyptik. Eine Einführung (BiH
  6), - Das slavische Henochbuch 54-55, München 1969.

DENIS, A.-M.: Introduction aux Pseudépigraphes Grecs d'Ancien Testament
  (SVTP 1), - Le livre des secrets d'Hénoch, ou Hénoch slave 28-29, Leiden 1970.

ROST, L.: Einleitung in die alttestamentlichen Apokryphen und Pseudepigraphen einschließlich der großen Qumran-Handschriften, - Das slavische
  Henochbuch 82-84, Heidelberg 1971.

NICKELSBURG, G.W.E.: Jewish Literature Between the Bible and the Mishnah.
  A Historical and Literary Introduction, - 2 Enoch 185, 191-192, 193,
  London 1981.

MCNAMARA, M.: Intertestamental Literature (Old Testament Message 23), - 2
  Enoch or The Slavonic Book of Enoch - 1st century A.D. 71-72,
  Wilmington/Delaware 1983.

STONE, M.E. (Hg.): Jewish Writings of the Second Temple Period. Apocrypha,
  Pseudepigrapha, Qumran Sectarian Writings, Philo, Josephus (CRI
  II/2), 406-408, Assen 1984.

SCHÜRER, E.: The History of the Jewish People in the age of Jesus Christ. A
  new English version revised and edited by G. Vermes, F. Millar, M.
  Goodman III/2, - 2 (Slavonic) Enoch 746-750, Edinburgh 1987.

FOHRER, G.: Erzähler und Propheten im Alten Testament. Geschichte der israelitischen und frühjüdischen Literatur, - Das slawische Henochbuch 260, Heidelberg/Wiesbaden 1988.

2.2.5. Bezugnahmen in speziellen Untersuchungen

PORFIR'EV, I.JA: Apokrifičeskija skazanija o vetchozavetnych licach i sobytijach, 224-231, Kazan 1872.

DERS.: Istorija russkoj slovesnosti 1, 237-238, Kazan 1876.

DERS.: Skazanija o vetchozavetnych licach i sobytijach po rukopisjam Soloveckoj Biblioteki, in: SbORJS 17/1, 51-52, St. Petersburg 1877.

SMIRNOV, A.: Kniga Enocha, 475-476, Kazan 1888.

JAMES, M.R.: Apocrypha Anecdota II (TaS V/1), Vorwort und lvii-lxvii, Cambridge 1897.

HÜHN, E.: Die messianischen Weissagungen des israelitisch-jüdischen Volkes bis zu den Targumim historisch-kritisch untersucht u. erläutert nebst Erörterungen der Alttestamentlichen Citate und Reminiszenzen im Neuen Testamente 1, 101-102, Freiburg/Leipzig/Tübingen 1899.

DODS, M.: Forerunners of Dante, 120-121, Edinburgh 1903.

TENNANT, F.R.: The Sources of the Doctrine of the Fall and Original Sin, 142-143 und 204-211, Cambridge 1903.

GRY, L.: La création en sept jours d'aprés les Apocryphes de l'Ancien Testament, in: RSPhTh 2, 277-293, spez. 285-293, Paris 1908.

HUGHES, H.M.: The Apocrypha and Pseudepigrapha and Christian Ethics, in: International Journal of Apocrypha 19, 77-79, London 1909.

DERS.: The Ethics of Jewish Apocryphal Literature, 113-117. 198-202, 213, Diss. London 1909, London 1928.

SCHMITZ, O.: Die Opferanschauung des späteren Judentums und die Opferaussagen des Neuen Testamentes. Eine Untersuchung ihres geschichtlichen Verhältnisses, 90-93, Tübingen 1910.

WICKS, H.J.: The Doctrine of God in the Jewish Apocryphal and Apocalyptic Literature, 22f, 104-107, 237-239, 327-331, London 1915, Nachdr. New York 1971.

BOUSSET, W.: Der Gott Aion, in: ders., Religionsgeschichtliche Studien. Aufsätze zur Religionsgeschichte des Hellenistischen Zeitalters, hg.v. A.F. Verheule (NT.S 50), 204-205, Leiden 1979, Manuskript 1919.

JERÔME, F.J.: Das geschichtliche Melchisedech-Bild und seine Bedeutung im Hebräerbriefe, 10-12, Freiburg i.Br. 1920.

KOHLER, K.: Heaven and Hell in Comparative Religion. With special reference to Dante's Divine Comedy, 67-70, New York 1923.

WUTTKE, G.: Melchisedech, der Priesterkönig von Salem. Eine Studie zur Geschichte der Exegese (BZNW 5), 40-41, Gießen 1927.

ODEBERG, H.: Sēfer Hēnōk li-rabbi cōhen gadōl Jišmā'el. 3 Enoch or the Hebrew book of Enoch, 52-63, Cambridge 1928, Nachdr. New York 1973.

BURKITT, F.C.: Robert Henry Charles 1855-1931, in: Proceedings of the British Academy 17, 437-445, London 1931.

LAGRANGE, M.-J.: Le Judaïsme avant Jésus Christ, 258-262, Paris 1931.

MARKOVSKI, IV.S.: Vetchozavetni apokrifi i psevdoepigrafi, in: GSU.B 15, 1-160, spez. 76-81, Sofia 1937-38.

OTTO, R.: Reich Gottes und Menschensohn. Ein religionsgeschichtlicher Versuch, 133, 152-154, 324, (^{2}1940), München 1934, ^{2}1940.

SJÖBERG, E.: Der Menschensohn im äthiopischen Henochbuch (SHVL 41), 114, 130-131, 169-172, Lund 1946.

TURDEANU, É.: Apocryphes bogomiles et apocryphes pseudo-bogomiles, in: RHR 138, 22-52/176-218, spez. 181-187, Paris 1950, Nachdr. in: ders., Apocryphes Slaves et Roumains de l'Ancien Testament (SVTP 5), 1-74 und 436-437, Leiden 1981.

BIETENHARD, H.: Die himmlische Welt im Urchristentum und Spätjudentum (WUNT 2), 24-33, Tübingen 1951.

BAMBERGER, B.J.: Fallen Angels, 32-35, 289-290, Philadelphia 1952.

KLAUSNER, J.: The Messianic Idea in Israel. From its Beginning to the Completion of the Mishna, 383, New York 1955.

KUTSCH, E.: Das Herbstfest in Israel, 51-52, Diss. Mainz 1955.

DANIÉLOU, J.: Théologie du judéochristianisme (BT 1), 25-28, Paris 1958.

SCHOLEM, G.: Die Lehre vom "Gerechten" in der jüdischen Mystik, in: ErJb 27, 237-297, spez. 250-252, Zürich 1958.

GOUDOEVER, J. VAN: Biblical Calendars, 112-115, Leiden 1959, ^{2}1961, franz. Paris 1967 (163-167).

CHARLES, R.H.: Eschatology. The Doctrine of a Future Life in Israel, Judaism and Christianity. A Critical History. Introduction by G.W. Buchanan, 315-320, New York 1963.

KAMLAH, E.: Die Form der katalogischen Paränese im Neuen Testament (WUNT 7), 160-162, Tübingen 1964.

EISS, W.: Der Kalender des nachexilischen Judentums (mit Ausnahme des essenischen Kalenders), in: WO 3, 44-47, spez. 46-47, Göttingen 1964.

GEORGIEV, E.: Literatura na izostreni borbi v srednevekovna bulgarija, 114-121, Sofia 1966.

LEVIN, A.G.: The Tree of Life (Gn 2,9; 3,22-24) in Jewish, Gnostic and Early Christian Texts, 46-52, Diss. Theol. microfilm. Cambridge/Massachusetts 1966.

WINSTON, D.: The Iranian Component in the Bible, Apocrypha and Qumran: A Review of the Evidence, in: HR 5, 183-216, spez. 197-199, Chicago/Illinois 1966.

AMUSIN, J.D.: Novyj eschatologičeskij tekst iz kumrana (11 Q Melchisedek), in: VDI 3, 45-62, Moskau 1967.

BORSCH, FR.H.: The Son of Man in Myth and History, 159-160, 199-200, Philadelphia/London 1967.

PFEIFER, G.: Ursprung und Wesen der Hypostasenvorstellung im Judentum (AVTRW 37), 60-61, Berlin 1967.

HOFIUS, O.: Katapausis. Die Vorstellung vom endzeitlichen Ruheort im Hebräerbrief (WUNT 11), 68, Tübingen 1970.

RAU, E.: Kosmologie, Eschatologie und die Lehrautorität Henochs. Traditions- und formgeschichtliche Untersuchungen zum äth. Henochbuch und zu verwandten Schriften, 203-209, Diss. Hamburg 1970, Hamburg 1974.

AMUSIN, J.D.: Texty Kumrana. 1: Perevod s drevneevrejskogo i aramejskogo, vvedenie i kommentarij (Pamjatniki pis'mennosti vostoka 33/1), 295-298, Moskau 1971.

BROEK, R. VAN DEN: The Myth of the Phoenix According to Classical and Early Christian Traditions (EPRO 24), 287-304, Leiden 1971.

DELCOR, M.: Melchizedek from Genesis to the Qumran Texts and the Epistle to the Hebrews, in: JSJ 2, 115-136, spez. 127-130, Leiden 1971.

HENGEL, M.: Anonymität, Pseudepigraphie und "literarische Fälschung" in der jüdisch-hellenistischen Literatur, in: Pseudepigrapha I (Entretiens sur l'Antiquité classique publiés par O. Reverdin XVIII), 229-308, spez. 275-277, Vandoeuvres/Genève 1971.

SCHUBERT, K.: Die Kindheitsgeschichten Jesu im Lichte der Religionsgeschichte des Judentums, in: BiLi 45/1972, 224-240, spez. 230-234.

ODEBERG, H.: 3 Enoch or the Hebrew Book of Enoch. Reprinted with prolegomenon by J.C. Greenfield, XI-XLIII Prolegomenon, spez. XVIII-XXI, New York 1973.

VULČANOV, SL.: Kumranski tekstove s apokrifno suduržanie i slavjanskite starozavetni apokrifi (GDA 23), 234, 242-249, 282-291, Sofia 1973-74.

KÄHLER, CHR.: Studien zur Form- und Traditionsgeschichte der biblischen Makarismen, 141-148, Diss. masch. Jena 1974.

TURDEANU, É.: Dieu créa l'homme de huit éléments et tira son nom des quatre coins du monde, in: Revue des études roumaines 13/14, 163-194, Athen 1974. Nachdr. in: ders., Apocryphes Slaves et Roumains de l'Ancien Testament (SVTP 5), 404-435, Leiden 1981.

FISCHER, G.: Die himmlischen Wohnungen. Untersuchungen zu Joh 14,2f (EHS.T 38), 148-150, Bern/Frankfurt 1975.

REICHELT, G.: Das Buch mit den sieben Siegeln in der Apokalypse des Johannes, 214-217, Diss. Göttingen 1975.

SCHÄFER, P.: Rivalität zwischen Engeln und Menschen. Untersuchungen zur rabbinischen Engelvorstellung (SJ 8), 16-17, Berlin 1975.

MILIK, J.T.: The Books of Enoch. Aramaic Fragments of Qumran Cave 4, 107-124, Oxford 1976.

ROHLAND, J.P.: Der Erzengel Michael. Arzt und Feldherr. Zwei Aspekte vor- und frühbyzantinischen Michaelskultes (BZRGG 19), 55-57, Leiden 1977. ·

FISCHER, U.: Eschatologie und Jenseitserwartung im hellenistischen Diasporajudentum (BZNW 44), 37-70, Berlin/New York 1978.

CAVALLIN, H.C.: Leben nach dem Tode im Spätjudentum und im frühen Christentum 1, in: ANRW II 19/1, 240-345, spez. 257, Berlin/New York 1979.

CHARLESWORTH, J.H.: The SNTS Pseudepigrapha Seminars at Tübingen and Paris on the Books of Enoch (Seminar Report), in: NTS 25/1979, 315-323, spez. 316-318, Nachdr. in: ders., The Old Testament Pseudepigrapha and the New Testament. Prolegomena for the Study of Christian Origins (MSSNTS 54), 102-105, Cambridge/Massachusetts 1985.

KÜCHLER, M.: Frühjüdische Weisheitstraditionen. Zum Fortgang weisheitlichen Denkens im Bereich des frühjüdischen Jahweglaubens (OBO 26), 62-87, Freiburg/Schweiz 1979.

MAIER, J.: Die Sonne im religiösen Denken des antiken Judentums, in: ANRW II 19/1, 346-412, spez. 380-381, Berlin/New York 1979.

STICHEL, R.: Die Namen Noes, seines Bruders und seiner Frau. Ein Beitrag zum Nachleben jüdischer Überlieferungen in der außerkanonischen und gnostischen Literatur und in Denkmälern der Kunst (AAWG.PH 3. Folge 112), 42-54, Göttingen 1979.

BAUER, J.B.: Clavis Apocryphorum Supplementum, complectens voces versionis germanicae Libri Henoch Slavici [etc.] (Grazer Theologische Studien 4), 121-170 = Konkordanz zu Bonwetsch 1922, längere Fassung, Graz 1980.

NORDHEIM, E. VON: Die Lehre der Alten. I: Das Testament als Literaturgattung im Judentum der hellenistisch-römischen Zeit (ALGHL 13), 55-67, 221-225, Leiden 1980.

PETKANOVA, D.: Bogomilstvo i apokrifnata literatura, in: Palaeobulgarica 6/3, 143-153, Sofia 1982.

COLLINS, J.J.: The Genre Apocalypse in Hellenistic Judaism, in: Apocalypticism in the Mediterranean World and in the Near East, hg.v. D. Hellholm, 531-548, spez. 533-537, Tübingen 1983, ²1989.

FÄRBER, P.: Wesen, Aufgabe und Hierarchie der Engel in den drei Henochbüchern, B 1-33, Diss. Graz 1983/84.

CAMPONOVO, O.: Königtum, Königsherrschaft und Reich Gottes in den Frühjüdischen Schriften (OBO 58), 258, Freiburg/Schweiz 1984.

DEAN-OTTING, M.: Heavenly Journeys. A Study of the Motif in Hellenistic Jewish Literature (Judentum und Umwelt 8), 225-238, Frankfurt/Bern/New York 1984.

CHARLESWORTH, J.H.: The Old Testament Pseudepigrapha and the New Testament. Prolegomena for the Study of Christian Origins (MSSNTS 54), 23-24, 32-36, 102-105, Cambridge/Massachusetts 1985.

NIEBUHR, K.W.: Gesetz und Paränese. Katechismusartige Weisungsreihen in der frühjüdischen Literatur (WUNT 2. R. 28), 185-194, Tübingen 1987.

2.2.6. Aufsätze und Monographien

CHARLES, R.H.: The Seven Heavens. An Early Jewish and Christian Belief, in: ET 7, 57-61 und 115-118, Edinburgh 1895.

LOISY, A.: Un nouveau livre d'Hénoch, in: RHLR 1, 29-57, Paris 1896.

NESTLE, E.: Eph. v. 14 and the Secrets of Enoch, in: ET 9, 376-377, Edinburgh 1897-98.

SOKOLOV, M.I.: Feniks v apokrifach ob Enoche i Varuche, in: Novyj sbornik statej po slavjanovedeniju, sostavlennyj i izdannyj učenikami V.I. Lamanskago, 395-405, St. Petersburg 1905.

DERS.: O fenikse po apokrif. knigam Enocha i Varucha, in: Drevnosti, Trudy slav. Kommissii imp. mosk. archeol.Obščestva 4/1 (1907), Protokolle.

FÖRSTER, M.: Adams Erschaffung und Namengebung. Ein lateinisches Fragment des s.g. slawischen Henoch, in: ARW 11, 477-529, Leipzig 1908.

WELLS, L.S.A.: The Historical Succession of the Books of Enoch: "The Secrets of Enoch", in: International Journal of Apocrypha 25, 30-34, London 1911.

LOWTHER CLARKE, W.K.: St Luke and the Pseudepigrapha: Two Parallels, in: JThS 15, 597-599, Oxford 1914.

MAUNDER, A.S.D.: The Date and Place of Writing of the Slavonic Book of Enoch, in: The Observatory 41, 309-316, London 1918.

FOTHERINGHAM, J.K.: The Date and the Place of Writing of the Slavonic Enoch, in: JThS 20, 252, Oxford 1919.

CHARLES, R.H.: The Date and the Place of Writing of the Slavonic Enoch, in: JThS 22, 161-163, Oxford 1921.

SCHMIDT, N.: The Two Recensions of Slavonic Enoch, in: JAOS 41, 307-312, Baltimore 1921.

FOTHERINGHAM, J.K.: The Easter Calendar and the Slavonic Enoch, in: JThS 23, 49-56, Oxford 1922.

LAKE, K.: The Date of the Slavonic Enoch, in: HThR 16, 397-398, Cambridge/Massachusetts 1923.

GRY, L.: Quelques noms d'anges et d'êtres mystérieux en II Hénoch, in: RB 49, 195-204, Paris 1940.

RUBINSTEIN, A.: Observations on the Slavonic Book of Enoch, in: JJS 13, 1-21, Salford/Lancaster 1962.

REPP, FR.: Textkritische Untersuchungen zum Henoch-Apokryph des cod. slav. 125 der Österreichischen Nationalbibliothek, in: WSlJb 10, 58-68, Wien 1963.

MEŠČERSKIJ, N.A.: Sledy pamjatnikov Kumrana v staroslavjanskoj i drevnerusskoj literature, in: TrudyODRL 19, 130-147, Moskau/Leningrad 1963.

DERS.: K istorii teksta slavjanskoj knigi Enocha (Sledy pamjatnikov Kumrana v vizantijskoj i staroslavjanskoj literature), in: VV 24, 91-108, Leningrad 1964.

DERS.: K voprosu ob istočnikach slavjanskoj knigi Enocha, in: Kratkie soobščenija Instituta narodov Azii 86, 72-78, Moskau 1965.

POTTER, C.F.: Did Jesus Write This Book?, New York 1965.

TURDEANU, É.: Une Curiosité de l'Hénoch slave: Les phénix du sixième ciel, in: RESl 47, 53-54, Paris 1968.

PHILONENKO, M.: La cosmogonie du "Livre des secrets d'Hénoch", in: Religions en Egypte Hellénistique et Romaine. Colloque de Strasbourg 16-18 mai 1967, 109-116, Paris 1969.

PINES, SH.: Eschatology and the concept of time in the Slavonic book of Enoch, in: Types of redemption. Contributions to the theme of the study conference held at Jerusalem 14th to 19th July 1968, ed. by J.Z. Werblowsky and C.J. Bleeker (Numen Sup. 18), 72-87, Leiden 1970.

MEŠČERSKIJ, N.A.: Apokrifi v drevnej slavjano-russkoj pis'mennosti (vetchozavetnye apokrifi), in: Metodičeskie rekomendacii po opisaniju slavjano-russkich rukopisej dlja svodnogo kataloga rukopisej, chranjaščichsja v SSSR, vyp. 2 čast' 1, 181-210, Moskau 1976.

CAQUOT, A.: La pérennité du sacerdoce, in: Paganisme, Judaïsme, Christianisme: Influences et affrontements dans le monde antique. Mélanches offerts à Marcel Simon, 109-116, Paris 1978.

Exkurs A: Verschiedene Kapitel- und Verszählungen

Dem Benutzer verschiedener Ausgaben des slHen stellt sich die uneinheitliche Kapitel- und Verszählung erschwerend in den Weg, die zum Auffinden von Zitaten oft eine zeitaufwendige "Umrechnung" erforderlich macht. Ursache dieses Umstandes ist die unterschiedliche Strukturierung der jeweils zugrundeliegenden Hss.

Eine regelrechte Kapitelzählung findet sich allein in P. Durch Überschriften, die den Text zusammenfassend referieren, entstehen 71 Abschnitte, wovon 63 mit Zahlenangaben (slovo/Wort 1, 2, usw.) versehen sind.[9] Deutlich

---

[9] ANDERSEN 1983 (Anm. zu 15a) sieht in der inkonsequenten Zählung ein Indiz dafür, daß die Überschriften P schon vorlagen. Ohne Zählung bietet P noch Überschriften vor 1a,1; 28,1; den Tagen der Schöpfungswoche (Mo-Fr) und 29,4. Dabei lassen die Überschriften gelegentlich auch den Versuch einer Interpretation schwieriger Aussagen erkennen (z.B. Kap. 59). P2 über-

gegliedert sind auch AU, die mit 14 knappen Überschriften und einer Reihe von Schlußzeichen im Text besondere inhaltliche Schwerpunkte oder größere Sinneinheiten markieren.[10] B zählt lediglich den 5.-7. Himmel gesondert und setzt eine Überschrift vor 56,1 und 68,5.[11] B^2 zählt alle Himmel und setzt Überschriften vor 39,2 und 42,3.[12] Dies deckt sich auffällig mit VN, die ebenso verfahren und lediglich bei der Zählung der Himmel die breite Formulierung durchhalten. Chr versieht die vier kurzen Abschnitte, die aus dem slHen entnommen sind, mit eigenen Überschriften (s.u. 72f). MPr und alle davon abhängigen Fragmente bleiben ohne Gliederung, ebenso Rum. Interessanterweise fehlen nun aber gerade den beiden langen Hss. R und J ursprüngliche Gliederungselemente. In R hat der Kopist mit Hilfe roter Initialen 146 Abschnitte geschaffen, die jedoch keinen erkennbaren Bezug zum Inhalt haben.[13] In J finden sich ebenso willkürlich mit roter Tinte Ziffern an den Rand oder in den Text geschrieben, die 78 Abschnitte entstehen lassen. Tr vermerkt vor Kap. 70 lapidar: Melchisedek.

Als 1896 Charles/Morfill den Text des slHen in englischer Übersetzung bekannt machten, legten sie die Hs. P zugrunde. Im wesentlichen behielten sie deren Struktur bei, erweiterten jedoch die gezählten 63 Kapitel in P zu 68 in ihrer Ausgabe, indem sie Kap. 1 schon mit dem Beginn der Erzählung ansetzten sowie Kap. 26 dreimal und 63 zweimal unterteilten. Gleichzeitig übernahmen sie in Klammern alle Überschriften ohne deren Zählung[14] und führten die Versteilung ein. Die Melchisedekerzählung gliederten sie in einem Anhang unabhängig in die Kapitel 1-5. Eine Alternative schuf Sokolov mit seiner Edition von R im Jahre 1899. Er teilte den Text nach formalen und inhaltlichen Kriterien in 24 Kapitel und legte eine eigene Versteilung fest. Da

---

nimmt in seinem Ausschnitt alle Überschriften, läßt jedoch verständlicherweise 2x die Zählung (slovo 27 u. 28) aus.

[10] Überschriften stehen jeweils vor dem 1.-7. Himmel, vor 22,1; 24,2; 40,12; 42,2; 67,1; 70,14; 71,1 - mit zwei Ausnahmen befindet sich vor jeder Überschrift ein Schlußzeichen. Unabhängige Schlußzeichen stehen nach 22,4; 30,8; 33,5; 36,3; 39,8; in 43,2; nach 46,3; 50,1; 53,1; 53,4; 55,3; 60,4; 64,11.

[11] Vor 56,1 ist lediglich der Versbeginn als Überschrift eingerückt. Vor 68,5 heißt es "Noch einmal über die Entrückung Henochs in den Himmel, wo er war", was hier allerdings im Text gerade abgeschlossen ist - was beginnt, ist die Melchisedekerzählung (s.u. 148f).

[12] Die breitere Formulierung ("Das Aufsteigen Henochs in die 1. Himmel") wird im folgenden durch die knappere Bezifferung des jeweiligen Himmels ersetzt.

[13] SOKOLOV 1910 (II 18-20) gibt den Ort der entsprechenden Initialen an.

[14] Ohne Begründung ausgelassen wurden dabei die Überschriften vor 28,1 und vor den jeweiligen Schöpfungstagen, die in P ohne Zählung sind. Mit der Entscheidung, wo Kap. 1 beginnt, trennten CHARLES/MORFILL 1896 auch 1a (das Proömium) als eine Art Vorspann ab. Die Überschrift vor 60,1 rückten sie gegenüber P um einen Vers vor. CHARLES zu den Überschriften (xvi): "... they have no claim to antiquity."

er R den Vorzug gab, gliederte er auch die anderen von ihm entdeckten Hss.
(B, U, B², Rum) nach diesem Maßstab.[15]
    Beide Systeme kehren nun in allen folgenden Editionen bzw. Übersetzungen je nach der hsl. Grundlage wieder. Bonwetsch paßte sich um der Einheitlichkeit willen bewußt Charles an, ebenso Riessler, Bonsirven, Pincherle und Agourides.[16] Alle bulgarischen Ausgaben dagegen sowie Kahana, Vaillant, Bugge, Moriyasu, Pennington oder de Santos Otero, die auf R oder U beruhen, folgten Sokolov. Einen modifizierten Vorschlag unterbreitete dann Andersen mit seiner Übersetzung. In der Einteilung der Kapitel folgte er Charles, zählte jedoch auch das Proömium schon mit 1a und den "Anhang" der Melchisedekerzählung mit fortlaufender Numerierung (69-73), korrigierte die Verssequenz und markierte die Versgrenzen synchron für beide Fassungen.[17] In die gleiche Richtung weist auch die jüngste Ausgabe von Vaillant/Philonenko (1987), die ihren Text auf der Grundlage von U nun auch der Zählung von Charles, jedoch mit einigen Abweichungen von Andersen, angleicht.[18] M.E. stellt Andersens System den sinnvollsten Kompromiß dar und empfiehlt sich damit als Maßstab für alle Zitate.

3. Etappen der Forschung

3.1. Entdeckungen (bis 1892)

Die wissenschaftliche Beschäftigung mit der sog. apokryphen Literatur[19] begann in Rußland um die Mitte des vergangenen Jhs. Während in Westeuropa das Interesse an apokryphen Texten seine Motivation vorwiegend aus der kritischen Bibelexegese empfangen hatte, stand im Mittelpunkt der russischen Forschung vor allem die Frage nach der eigenen literarischen Tradition.

---

[15] Das bedeutet, daß in diesen Hss. der kürzeren Fassung die Kap. 12, 19 und 24 fehlen. Für MPr benutzte SOKOLOV 1910 eine Einteilung in 10 Paragraphen, die sich jedoch als wenig sinnvoll erweist.

[16] Vgl. BONWETSCH 1896, 8. Er übertrug die Einteilung auch auf N und paßte deren abweichende Kapitelfolge zwischen 36-40 derjenigen von P an. RIESSLER 1928 folgte dieser Anordnung von N bei BONWETSCH, formulierte aber für alle Kapitel eigene Überschriften, die wiederum von AGOURIDES 1984 übernommen wurden.

[17] Vgl. ANDERSEN 1983, 98. Geringe Abweichungen in der Verszählung machen sich z.B. gegenüber BONWETSCH 1922 bemerkbar. Die für beide Fassungen synchrone Verszählung dient auch zur Bezifferung des als Anhang abgedruckten Textes von MPr.

[18] So wird etwa Kap. 68 ausgespart (68,1-4 fehlt ohnehin in U, und 68,5-8 wird an 67,3 angeschlossen) - daher beginnt die Melchisedekerzählung auch um ein Kap. früher. Die Verszählung ist eine eigene, deckt sich jedoch weitgehend mit Andersen. Überschriften sind neu formuliert und nach inhaltlichen Kriterien unabhängig von der Kapitelzählung eingefügt.

[19] Zur Terminologie vgl. u. 58.

Zunächst waren es einige kleinere Fragmente, deren bibliographische Erfassung oder Publikation die Aufmerksamkeit der Literaturwissenschaftler auf ein Henoch-Apokryphon in slavischer Übersetzung lenkte. Den Auftakt machte 1842 ein Hinweis auf Nr. 25,[20] dem bald die Nachrichten über TSS 489 (1859) und TSS 682 (1862) folgten.[21] Der ersten Sammlung slavischer Apokryphen fügte A.N. Pypin 1862 auch Nr. 25 ein und machte damit zum ersten Mal einen slavischen Henochtext im Druck bekannt.[22] Schon ein Jahr später erweiterte N. Tichonravov das Spektrum um die wichtigen Fragmente MPr und Tr, deren Text er in seiner großen, die Sammlung Pypins beträchtlich erweiternden Ausgabe slavischer Apokryphen vorstellte.[23] 1869 beschrieb und publizierte A.N. Popov u.a. drei kurze Textstücke (Chr) astronomischen Inhaltes, die er mit dem Namen "Henoch" als Randbemerkung versehen vorgefunden hatte.[24] Er nahm dies zum Anlaß, alle nunmehr bekannten Fragmente mit dem aus westlichen Ausgaben bekannten äthiopischen und griechischen Henochtext zu vergleichen und gelangte zu dem Ergebnis, daß ihnen eine eigenständige Erzählung in slavischer Sprache zugrunde liegen müsse.[25] Zur genaueren Identifizierung aber hoffte Popov auf den Fund weiterer Texte, wofür A.E. Viktorov schon kurz darauf mit der Beschreibung dreier neuer Fragmente eine erste Bestätigung erbrachte.[26] 1872 unternahm nun der Kazaner Literaturhistoriker I.Ja. Porfir'ev erstmals eine systematische Auswertung aller in slavischen Hss. bekannten Materialien.[27] Unter dem Namen Henochs führte er dabei - nach dem eingehenden Referat des westlichen Forschungsstandes zur Henochüberlieferung - die Fragmente MPr, TSS 489, Nr. 25 und Nr. 35 auf.[28] Die Frage nach ihrem Verhältnis zum äthiopischen Text beantwortete Porfir'ev mit einer These: Da sich trotz einiger Ähnlichkeiten eine direkte literarische Abhängigkeit nicht nachweisen läßt, scheint der Verfasser der slavischen Version die äthiopische nur indirekt gekannt zu haben, d.h.

---

[20] VOSTOKOV 1842.

[21] GORSKIJ/NEVOSTRUEV 1859; 1862.

[22] PYPIN 1862.

[23] TICHONRAVOV 1863. Tr ist bei Tichonravov getrennt abgedruckt und auf die beiden Namen Henoch und Melchisedek verteilt.

[24] POPOV 1869. Den hsl. Randvermerk "Enoch" wertete POPOV als Quellenverweis. Dabei übersah er offenbar noch zwei weitere Abschnitte, die dann von SOKOLOV 1910 (II 80-82) nachgetragen wurden - vgl. auch u. 72f.

[25] POPOV 1869. Der Vergleich stützte sich vor allem auf Tr und Nr. 25 - auch die Erwähnung eines Henochbuches auf dem Soloveckischen Index (s.u. 101) zog POPOV heran. Die Fragmente astronomischen Inhaltes vermochte er jedoch verständlicherweise noch in keinen Zusammenhang mit den übrigen Fragmenten zu bringen.

[26] VIKTOROV 1870 (Nr. 24); 1871 (Rum; Chr[2]).

[27] PORFIR'EV 1872.

[28] PORFIR'EV 1872, 224-231. Chr fehlt, was SOKOLOV 1910 (II 4) später kritisierte - PORFIR'EV hätte dann zu einem anderen Urteil kommen müssen. Statt dessen finden sich noch einige Zitate aus altchristlichen Schriftstellern, der altslav. Paleja und dem altslav. Buch der Jubiläen, die jedoch in keinem unmittelbaren Textzusammenhang mit den übrigen Fragmenten stehen.

durch die Vermittlung einer anderen Quelle, welche die äthiopische Version zusammenfassend referierte.[29] In zwei weiteren Arbeiten (1876 und 1877) wiederholte Porfir'ev seine These ohne wesentliche Korrekturen.[30]

Neue bibliographische Verzeichnisse hatten inzwischen die Zahl der Fragmente weiter anwachsen lassen,[31] als sich Popovs Hoffnung mit einer ganz entscheidenden Entdeckung erfüllte. Der Text P, den er 1880 veröffentlichte,[32] übertraf an Umfang alle bisherigen Fragmente um ein Vielfaches. Popov, der ihn in einem von der Bibliothek A. Chludovs neu erworbenen Sammelband gefunden hatte,[33] wies zugleich auf zwei weitere Fragmente hin.[34] Mit wenigen einleitenden Bemerkungen charakterisierte er die Hs. als südrussische Überarbeitung einer altslavischen Vorlage, für die er wiederum ein griechisches Original voraussetzte. Der Bedeutung seines Fundes wohl bewußt, kündigte er darüber hinaus eine umfassende Untersuchung der slavischen Henochüberlieferung an - doch 1891 wurde dieses Vorhaben vom Tod unterbrochen. Erstaunlicherweise scheint nun Popovs Text zunächst nur wenig Beachtung gefunden zu haben. Porfir'evs Neuauflage der "Istorija russkoj slovesnosti" erwähnt ihn mit keinem Wort,[35] V. Makušev stellte bei seiner Beschreibung der Hs. R 1881 in Belgrad keinerlei Bezug zu Popovs Text her,[36] und A. Smirnov ging 1888 in seiner theologischen Dissertation über das äthHen lediglich auf die wenigen slavischen Fragmente ein.[37] Sogar St. Novaković, der 1884 mit der Hs. N schließlich einen weiteren größeren Text entdeckte und herausgab, scheint Popovs Fund gar nicht zur Kenntnis genommen zu haben.[38] Sehr ausführlich zog er dagegen in der Einleitung zu seiner Edition nach einem Referat von Porfir'ev (1876) die aus der westlichen Literatur

---

[29]　PORFIR'EV 1872, 231. Nur so lassen sich nach PORFIR'EV auch die Abweichungen anderer christlicher Schriftsteller vom äth. Text erklären (229). Den Namen des Presbyters Jeremij in TSS 253 (s.u. 78) wertete er als Indiz für die bulgarische Herkunft des Apokryphons.
[30]　PORFIR'EV 1876 und 1877. 1876 wurde Chr mit aufgenommen, doch ohne das Urteil zu verändern. 1877 sind weitere Belege aus der Paleja hinzugefügt.
[31]　ARSENIJ 1878 (MPr; Nr. 20), 1879 (Tr).
[32]　POPOV 1880.
[33]　Deshalb fehlt dieser Band auch noch in den Beschreibungen, die POPOV zur Sammlung Chludovs angefertigt hatte (Opisanie rukopisej i katalog knig Cerkovnoj pečati biblioteka A.I. Chludova, Moskau 1872 und Pervoe pribavlenie k opisaniju, Moskau 1875).
[34]　POPOV 1880; G (als Zitat abgedruckt 78) und Nr. 17 (als bibliographische Angabe 80).
[35]　Noch in der 4. Aufl. von 1886 fehlen die Hss. P und N. Vgl. auch SOKOLOV 1910, II 6.
[36]　MAKUSEV 1881.
[37]　Vgl. auch SOKOLOV 1910, II 6 - Smirnovs Arbeit war mir leider nicht direkt zugänglich. Sie enthält eine russische Übersetzung des äthHen nach dem dt. Text Dillmanns von 1851. Für die slavische Überlieferung hätte Smirnov außerdem noch die Hs. N mit heranziehen können.
[38]　NOVAKOVIĆ 1884. Ebenso scheint ihm die Registrierung der Hs. R durch seinen Landsmann MAKUSEV 1881 - also drei Jahre zuvor in der gleichen Bibliothek - entgangen zu sein. NOVAKOVIĆ meinte, den ersten vollständigen Text zu edieren. Er war zugleich eine außergewöhnlich vielseitige Persönlichkeit - 1884 etwa fungierte er als serbischer Kultus- und Innenminister, später als Gesandter in Istanbul, Paris und Petersburg. Nebenbei wirkte er als Bibliothekar und Professor in Belgrad (sein wissenschaftliches Werk umfaßt rund 400 Titel). Vgl. KLEINE SLAVISCHE BIOGRAPHIE, Wiesbaden 1958.

bekannte Henochtradition zum Vergleich heran. Daraus leitete er den Charakter seines Textes als eines eigenständigen und unabhängigen Apokryphons über Henoch ab, das sich vom äth. Text nicht allein im Umfang, sondern auch nach seiner Konzeption und nach inhaltlichen Schwerpunkten unterscheidet.[39] Einer Beziehung zu den anderen slavischen Fragmenten schenkte er jedoch nur wenig Beachtung.[40] Zwei weitere Fragmente waren inzwischen bekannt geworden,[41] als 1892 E. Kozak die slavischen Apokryphen in einer bibliographischen Übersicht zusammenstellte.[42] Durch sie gelangte die Existenz der wichtigsten Texte des slHen[43] erstmals zur Kenntnis der westlichen Welt, wenngleich auch Kozaks Bemerkung, daß deren Inhalt im allgemeinen mit der äth. Redaktion des Buches übereinstimme,[44] hinter dem russischen Forschungsstand zurückblieb. Die ersten Entdeckungen hatten die Konturen eines eigenständigen Henochbuches in slavischer Sprache deutlich hervortreten lassen.

3.2. Positionen (bis 1952)

Kozaks bibliographische Übersicht stieß angesichts des Aufschwunges an verbesserten Editionen von Quellentexten der jüdisch-christlichen Tradition sowie der Apokalyptikforschung um die Jahrhundertwende auf ein lebhaftes Interesse westlicher Exegeten. Schon 1893 war seine Arbeit durch eine von G.N. Bonwetsch verfaßte Bibliographie slavischer Apokryphen in A. Harnacks "Geschichte der altchristlichen Literatur bis Eusebius" an Umfang und Genauigkeit weit überholt worden.[45] Vor dem Hintergrund der noch relativ jungen Entdeckung des äthHen[46] mußte nun eine slavische Henochüberlieferung als besonders vielversprechend erscheinen, so daß der Wettlauf um die Präsentation ihres Textes in einer modernen Sprache auch unverzüglich begann.

---

[39] NOVAKOVIĆ vermißte im slHen die Erzählung vom Engelsturz, im äthHen dagegen den Bericht über Entrückung und Verwandlung Henochs. Auf die Tradition vom Engelsturz wird allerdings in slHen 7 und 18 deutlich angespielt.

[40] Kurioserweise nahm NOVAKOVIĆ eine Beziehung seines Textes besonders zu Tr an (einem Fragment, das hauptsächlich die in N fehlenden Kap. 70-72 bietet) - die anderen, seinem Text vielfach parallelen Fragmente hielt er dagegen aufgrund ihrer Kürze nur für schwer identifizierbar.

[41] VIKTOROV 1890 (Nr. 21; Nr. 27).

[42] KOZAK 1892.

[43] Dies waren P, N, MPr, Nr. 25 und Tr. Daß andere fehlen, ist den Schwierigkeiten dieser Pionierarbeit zugute zu halten.

[44] KOZAK 1892, 132f.

[45] BONWETSCH 1893.

[46] Der 1773 von J. Bruce in Abessinien entdeckte Text des äthHen war 1821 erstmals von R. Lawrence englisch und 1833 von A.G. Hoffmann deutsch ediert worden. Eine neue englische Übersetzung auf einer inzwischen verbesserten hsl. Grundlage hatte gerade 1893 R.H. Charles herausgegeben.

Im April 1893 kündigte R.H. Charles im Vorwort seiner englischen Übersetzung des äthHen die baldige Publikation eines von W.R. Morfill übersetzten slav. Henochbuches an.[47] Dem russischen Gelehrten M.I. Sokolov, seit 1882 mit dem slHen beschäftigt, war inzwischen die Entdeckung einiger völlig neuer Hss. gelungen (R, V, B, U, B²), aus denen er einen Text auf der Grundlage von R (mit Varianten) erarbeitete.[48] Sein bereits abgeschlossenes Manuskript stellte er Morfill zur Verfügung, dessen Übersetzung auf der Grundlage von P jedoch schon fertig vorlag, so daß Sokolovs Text (wie auch N) nur in Fußnoten Berücksichtigung fand.[49] In einem Aufsatz über die Konzeption der sieben Himmel griff Charles 1895 Morfills noch ungedruckte Übersetzung in längeren Zitaten auf und nahm kurz - mit erneuter Ankündigung der Publikation - zu den Einleitungsfragen Stellung.[50] 1896 schließlich gab R.H. Charles als erster die englische Übersetzung W.R. Morfills mit einer ausführlichen Einleitung heraus,[51] was auch sogleich von verschiedenen Rezensenten mit großer Aufmerksamkeit zur Kenntnis genommen wurde.[52] A. Loisy folgte mit einer auf dem Text von Charles beruhenden, fast monographisch ausführlichen Darstellung,[53] die den französischen Leser mit Inhalt und Vorstellungswelt des Buches vertraut machte. Währenddessen beschloß M.R. James, die von Charles' Ausgabe in die Fußnoten verwiesene Hs. N separat in seinen "Apocrypha Anecdota" abzudrucken.[54] Dem Projekt kam jedoch G.N. Bonwetschs deutsche, schon im Dezember 1895 vollendete Übersetzung zuvor, die die beiden Hss. P und N untereinander bot,[55] woraufhin James sein

---

[47] CHARLES 1893, ix.

[48] Vgl. u. 27f.

[49] SOKOLOV 1910 (II 154) bedauerte, daß Morfill P statt der von ihm höher geschätzten Hs. R zur Grundlage seiner Übersetzung machte und kritisierte die umfängliche Benutzung von N, in der er ein mechanische und oft unvernünftige Kürzungen sah. MORFILL hingegen beklagte sich (CHARLES/MORFILL 1896, xiii), daß SOKOLOV in seinem Text die Quellen nicht deutlich genug gekennzeichnet habe - dem stimmte auch BONWETSCH zu (ThLZ 21/1896, 155). Allerdings blieb auch MORFILL nicht konsequent beim Wortlaut von P, den er gelegentlich nach SOKOLOVS Text verbesserte und dafür die Lesart von P in den Apparat versetzte.

[50] CHARLES 1895, spez. 57[1] und 59-60.

[51] CHARLES/MORFILL 1896.

[52] So z.B. BONWETSCH, in: ThLZ 21, Leipzig 1896, 253-256; LODS, in: RHR 34, Paris 1896, 391-395; MANEN, in: Theologisch Tijdschrift 31, Leiden 1897, 96-99; SELBIE, in: ET 8, Edinburgh 1897, 383-384; vgl. auch die Würdigung von BURKITT 1931. - HARNACK begrüßte das Buch als eine "...für die jüdische Apokalyptik wahrhaft epochemachende Publication..." (2/1897, 564).

[53] LOISY 1896.

[54] JAMES 1897, v-vi. - MORFILL hatte ihm seine Übersetzung von N zur Verfügung gestellt.

[55] BONWETSCH 1896. Vgl. auch die Rezension von SCHÜRER, in: ThLZ 21/1896, 347-350. BONWETSCH hatte seine Ausgabe aus praktischen Erwägungen noch einmal - vor allem hinsichtlich der Kapitel- und Verszählung - mit der gerade erschienenen Edition von CHARLES abgestimmt.

Vorhaben wieder aufgab. Im gleichen Jahr erfuhr in Lodz die Hs. P einen Nachdruck in I. Frankos "Apokrifi i legendi".[56] Damit war der Text einem breiten Publikum zugänglich gemacht worden. Zugleich hatte Charles jene Ausgangsposition formuliert, die für Jahrzehnte bestimmend bleiben sollte. Zunächst fixierte er die Eigenständigkeit des Buches innerhalb der Henochüberlieferung durch die Einführung der Terminologie "The Slavonic Enoch" und "The Ethiopic Enoch".[57] Vor allem aber schlußfolgerten er und Morfill aus den Abweichungen in Umfang und Charakter der einzelnen Hss. (namentlich P und N) die Existenz zweier Redaktionen, deren längere (P) sie mit A und als "complete", deren kürzere (N) dagegen mit B und als "shortened and incomplete" bezeichneten.[58] So machten sie auch P als Repräsentanten der vollständigen Redaktion zur Basis der englischen Übersetzung.[59] Sprachliche Beobachtungen[60] ließen Charles die Übersetzung des Buches aus einer griechischen Vorlage vermuten, wobei er für einzelne Abschnitte auch eine hebräische Quelle für möglich hielt.[61] Aufgrund religionsgeschichtlicher Parallelen[62] leitete er als vermutlichen Entstehungsort Alexandrien ab und beschrieb den Autor als orthodoxen hellenistischen Juden. Damit aber empfahl sich auch eine frühe Datierung mit den Eckdaten 30 v.Chr. - 70 n.Chr., die das Buch unter die literarischen Zeugnisse des Diasporajudentums im 1. Jh. einreihte.[63] Bonwetsch übernahm die

---

[56] FRANKO 1896. Er reklamierte damit die aus Poltava stammende Hs. als ein Zeugnis der ukrainischen Literatur.

[57] CHARLES/MORFILL 1896, xii. In seinen APOT (CHARLES/FORBES 1913, 425) schlug er dann die Bezeichnung "1 Enoch" (= äthHen) und "2 Enoch" (= slHen) vor. Als 1928 ODEBERGS Edition hebräischer Henochtexte erschien, geschah deren Benennung als "3 Enoch or The Hebrew Book of Enoch" ebenfalls in Absprache mit Charles (ODEBERG 1928, Vorwort).

[58] CHARLES/MORFILL 1896, xiii. Der §2 zur Textsituation ist von MORFILL verfaßt. CHARLES selbst nannte die kürzere Redaktion dann "a short resume of the work" (xv).

[59] Direkten Zugang hatte MORFILL ohnehin nur zu P und N. Zu den von SOKOLOV zur Verfügung gestellten Texten s.u. 27f. Die von PYPIN 1862a und TICHONRAVOV 1863 veröffentlichten Fragmente ließ MORFILL als "allusions and citations" beiseite (xiii). Zur Gliederung des Textes vgl. Exkurs A.

[60] Dies sind die nur griechisch mögliche Erklärung des Namens "Adam" als Anagramm (30,13), die Orientierung an der Chronologie der LXX bezüglich der Lebenszeit Henochs (1,1-2), ein weiterer Bezug auf die LXX gegen MT in 50,4 (par Dtn 37,35) sowie der offensichtliche Gebrauch von Sir.

[61] Hauptargument war dafür die These, daß die TestXII das slHen benutzt hätten, da sie aber ursprünglich hebräisch geschrieben seien, sich auch auf hebräische Quellen beziehen müßten. BONWETSCH hat dies vorsichtig (ThLZ 21/1896, 154), SCHÜRER dann energisch (ThLZ 21/1896, 349f) angefragt. CHARLES zog später (vgl. seine Lexikonartikel) die Ähnlichkeit mit den hebräischen Henochtexten der Hekhalot-Literatur zur weiteren Stützung seines Arguments heran.

[62] Hier nannte CHARLES vor allem Parallelen zum Denken Philos, das Fehlen aller messianischen Gedanken, die Erwähnung von Phönix und Chalkedrios sowie überhaupt ägyptische oder synkretistische mythologische Elemente in der Darstellung des Schöpfungsvorgangs.

[63] Argumente für diese Datierung waren einerseits die Benutzung von Sir und äthHen durch das slHen, andererseits die Voraussetzung einer funktionierenden Opferpraxis (nach 59,2) sowie die Benutzung des slHen durch IVEsr, grBar und AscJes.

Verhältnisbestimmung beider Redaktionen zueinander, veranschlagte jedoch ihren eigenständigen Wert höher als Charles, dessen "Ineinsarbeitung der Texte" er für "ein zu kühnes Unternehmen" hielt.[64] Im Blick auf die Arbeiten Sokolovs verzichtete er auf eine ursprünglich beabsichtigte "eigentliche Ausgabe" und beschränkte sich auch in der Beurteilung des slHen mit einem Hinweis auf die Einleitung von Charles.[65] Rasche Verbreitung erlangte die genannte Position nun dadurch, daß sie von namhaften Forschern in die einschlägigen Artikel verschiedener Lexika und Handbücher aufgenommen wurde. Eine Reihe einzelner Untersuchungen war bemüht, neue Parallelen zum NT zu entdecken,[66] neues religionsgeschichtliches Vergleichsmaterial beizubringen[67] oder den Ort des slHen innerhalb der Henochtradition zu bestimmen.[68] F.R. Tennant betonte erstmals die Möglichkeit einer umfangreichen christlichen Überarbeitung,[69] und M. Förster wies in einer materialreichen Arbeit darauf hin, daß im Mittelalter wenigsten ein Teil des slHen in einer lateinischen Übersetzung bekannt gewesen sein könnte.[70] St. Székely bot 1913 in seiner "Bibliotheca Apocrypha" ein zusammenfassendes Referat in Latein und stellte die bisherigen Kenntnisse ausführlich dar.[71]

Schließlich fügte R.H. Charles das slHen 1913 noch einmal in seine große Edition der APOT - der für Jahrzehnte einzigen Sammlung in englischer

---

[64] BONWETSCH in: ThLZ 21/1896, 156. Von SOKOLOVS Texten hatte BONWETSCH nur Kenntnis durch deren gelegentliche Zitation im Apparat bei CHARLES/MORFILL 1896, weswegen er auch nur ausnahmsweise von diesen spärlichen Angaben Gebrauch machte. Dafür aber stand ihm V zur Verfügung. In seiner Rezension zu CHARLES' Ausgabe (ThLZ 21/1896, 253-256) korrigierte er lediglich einige Details.

[65] BONWETSCH 1896, 3 und 7. Allein über die Herkunft der Hss. P und N sowie über die Beziehung des slHen zur altchristlichen und jüdischen Literatur hat BONWETSCH Informationen gegeben, die über CHARLES hinausführen.

[66] So z.B. NESTLE 1897-98; HUGHES 1909; LOWTHER CLARKE 1914.

[67] So z.B. BOUSSET ²1906; DERS. 1919; GRY 1908.

[68] So WELLS 1911. WELLS betrachtete die Bilderreden des äthHen als direkten Vorläufer des slHen. Im slHen sah er die dort verhandelten Probleme erneut aufgenommen und unter Verzicht auf die Gestalt des Menschensohnes weiterentwickelt.

[69] TENNANT 1903. TENNANT entdeckte im slHen die älteste Erwähnung der Erbsünde, äußerte sich jedoch vorsichtig zur Datierung und hielt christlichen Einfluß für möglich - jedoch weniger in Gestalt von Interpolationen, als vielmehr in der Einwirkung eines ganzen Lehrstückes.

[70] FÖRSTER 1908. Aus der Analyse einer Fülle von Texten zu diesem Motiv, das im MA Verbreitung in fast allen abendländischen Sprachen gefunden hatte, schlußfolgerte FÖRSTER eine allen Texten gemeinsame Vorlage. Dieser Vorlage am nächsten stehen seiner Auffassung nach ein lateinischer Text, der in Westeuropa Ausgangspunkt aller weiteren Varianten gewesen sein könnte, und der Abschnitt slHen 30,8-14. Da letzterer als einziger dem Verband eines größeren Kontextes angehört, betrachtete FÖRSTER das griech. Original des slHen als Vorlage der lateinischen Übersetzung. TURDEANU 1974/81 nahm später dieses Thema von neuem auf und gelangte zu einem modifizierten Ergebnis (s.u. 135 Anm. 359).

[71] SZÉKELY 1913. Seine Darstellung stimmt völlig mit CHARLES 1896 überein, auf dessen Text er sich auch bezieht.

Sprache - ein.[72] Nach einer neuen Übersetzung von N. Forbes setzte er nun
beide Redaktionen synoptisch nebeneinander, blieb aber ansonsten weit hinter der Qualität seiner Ausgabe von 1896 zurück.[73] Die mittlerweile im Druck
zugänglich gewordenen Materialien Sokolovs hatten zudem eine Reihe weiterer Hss. sowie zahlreicher Einzeluntersuchungen zur Verfügung gestellt, von
denen die neue Übersetzung keinerlei Gebrauch machte.[74]

Bei seiner Beschäftigung mit dem slHen seit einer ersten Vorlesung im
Jahre 1882 war dem Moskauer Gelehrten M.I. Sokolov die Entdeckung meh-
rerer größerer Hss. gelungen. 1886 fand er in der Belgrader Nationalbibliothek die Hs. R; M. Speranskij übersandte ihm 1891 eine Kopie der Hs. V aus
Wien; 1892 stellte ihm E. Barsov aus seiner Sammlung die Hs. B zur Verfügung. Daraufhin beschloß Sokolov, den Text nach seiner längeren und kürzeren Fassung zu publizieren. Gerade noch rechtzeitig konnte 1893 die Hs. U
mit in das Projekt aufgenommen werden, das nun als Manuskript zur Kenntnis
Morfills gelangte (s.o. 24). Doch neue Funde zögerten den Druck hinaus.
1893 war es die Hs. B[2]; 1895 erhielt Sokolov durch seinen Hörer A.I. Jacimirskij die Hs. J. Fragmente und andere Vergleichsmaterialien kamen hinzu,
so daß eine Edition der wichtigsten Texte erst 1899 zustande kam.[75] Als Beispiel der längeren Redaktion enthielt sie R mit Varianten aus P und U, von
Sokolov in Kapitel und Verse eingeteilt und mit einer lateinischen Übersetzung versehen. Für die kürzere Redaktion druckte er B mit Varianten aus N
und V sowie das Fragment P[2]. Im Vorwort aber kündigte er eine ausführliche
Untersuchung an, die den Texten folgen sollte. Erste Ergebnisse schlugen sich
nieder in einem Aufsatz über die Gestalt des Phönix.[76] Doch 1906 unterbrach
der Tod die Forschungen Sokolovs. Mit Hilfe eines bereits vorliegenden Ent-
wurfes stellte sein Schüler M. Speranskij aus verschiedenen nachgelassenen
Schriften den Ertrag aller Arbeiten zusammen und veröffentlichte diesen 1910
postum.[77] In einem ersten Teil machte er darin die von Sokolov gefundenen
Texte zugänglich - R, B und P[2] als Nachdruck der Edition von 1899; U, B[2],
Chr[2], Chr, Rum, TSS 253 und Tr jedoch zum ersten Mal.[78] In einer Anlage

---

[72] CHARLES/FORBES 1913. Die nächsten eigenständig übersetzten Sammlungen waren
dann erst die von CHARLESWORTH 1983/85 und SPARKS 1984 (vgl. Bibliographie 2.1.2.).

[73] Da CHARLES beide Redaktionen darbot, ließ er den textkritischen Apparat weg, der
1896 immerhin noch Hinweise auf SOKOLOVS Text R enthalten hatte. Der Appendix mit der
Melchisedekerzählung fehlt ohne Kommentar. In der Einleitung fielen verschiedene Paragraphen unter Verweis auf die Ausgabe von 1896 aus oder wurden gekürzt. BURKITT 1914 (76[1])
beklagte, daß CHARLES eine sachliche Korrektur von JAMES 1897 (xv) nicht berücksichtigt
habe.

[74] CHARLES/FORBES 1913 scheinen die weiteren Arbeiten SOKOLOVS völlig übersehen zu
haben. Weder die Artikel von CHARLES noch seine neue Edition erwähnen sie mit einem Wort.
FORBES beschränkte sich lediglich auf ein Referat von P und N.

[75] Vgl. SOKOLOV 1910, II 8-10.

[76] SOKOLOV 1905 und 1907.

[77] SOKOLOV 1910.

[78] Chr war bereits von POPOV 1869, Tr von TICHONRAVOV 1863 veröffentlicht worden.

fügte er den Text des bogomilischen Liber Ioannis und eine kaukasisch-he-
bräische Legende über Henoch und Moses hinzu. Die in einem zweiten Teil
aus Notizen ganz unterschiedlichen Entwicklungsstandes zusammengestellten
Untersuchungen boten zunächst eine Beschreibung der bekannten Hss. und
Fragmente, sodann Vergleiche mit Schriften der slavischen und byzantinischen Literatur und schließlich kurze Überblicke über den Forschungsstand
und die Fachdiskussion. Grundsätzlich stimmte Sokolov hier mit Charles
überein, was Herkunft, Eigenständigkeit und Beurteilung beider Redaktionen
betrifft.[79] Differenzierter als Morfill unterschied er jedoch zwischen einer vollständigen (R), einer gekürzten (B, B²) und einer mittleren (U) Redaktion sowie Fragmenten und einer Umarbeitung (Tr). Als zuverlässigsten Repräsentanten der Überlieferung betrachtete er dabei R. Die Texte und Materialien
Sokolovs lieferten nun den zweifellos wichtigsten Beitrag zur Erforschung des
slHen überhaupt. Gemessen an ihrer Bedeutung fanden sie in der Folgezeit
noch viel zu wenig Beachtung. Im wesentlichen vollzog sich die weitere Diskussion in der Auseinandersetzung mit R.H. Charles, dessen Position kritisiert
oder modifiziert wurde.

Zunächst wurde die Frage der Datierung des slHen erneut aufgeworfen.
Nachdem F.C. Burkitt die Argumente von Charles schon vorsichtig angefragt
hatte,[80] eröffnete 1918 ein Aufsatz der englischen Astronomin A.S.D. Maunder den Angriff, in dem sie ihre ganz allgemeine Skepsis gegen die so späte
hsl. Überlieferung des Buches mit einer Betrachtung der darin geschilderten
astronomischen Vorgänge verband.[81] In ihnen entdeckte sie nun die Struktur
des julianischen und somit vom Judentum des 1. Jhs. abgelehnten Kalenders
sowie eine Reihe erst später belegter Kenntnisse. Daraufhin wandte sie sich
direkt der slavischen Literatur zu und schlußfolgerte aus der Affinität der häretischen Bogomilen zum apokryphen Schrifttum,[82] daß das slHen einfach ein
Beispiel bogomilischer Propaganda sei, entstanden in der mittelbulgarischen
Periode zwischen dem 12. und 15. Jh. Für die Existenz eines griechischen oder
hebräischen Originales sah sie nicht den Schatten eines Beweises. Nachdem
J.K. Fotheringham Maunders Aufsatz als "a brilliant little paper" rezensiert
hatte,[83] meldete sich nun auch Charles zu Wort.[84] Mit Überlegenheit und
nicht ohne Ironie widerlegte er alle gegen seine Position vorgetragenen Argumente - besonders die Behauptung einer Autorschaft der Bogomilen - überzeugend, was jedoch Fotheringham nicht hinderte, das Thema in einem länge-

---

[79]   Vgl. etwa SOKOLOV 1910, II 34ff, 152f und 165ff.
[80]   Vgl. BURKITT 1914, 76.
[81]   MAUNDER 1918.
[82]   Die Beziehungen der Bogomilen zum apokryphen Schrifttum bleiben in keiner Literaturgeschichte unerwähnt. In der Regel aber bleibt es bei einer allgemeinen Feststellung - daß
sie geringer sind, als weithin vermutet, hat TURDEANU 1950 gezeigt.
[83]   FOTHERINGHAM 1919.
[84]   CHARLES 1921.

ren Aufsatz erneut aufzugreifen.[85] Gründlicher als Maunder analysierte er darin die astronomischen Daten und suchte nach deren möglichen Quellen. So gelangte er schließlich zu der These, daß im slHen das komplette Schema des christlichen Osterkalenders vorliege, wie es seit dem 7. Jh. zusammengestellt worden sei. Fotheringham selbst enthielt sich jedoch ausdrücklich aller weiteren Schlußfolgerungen, die dann K. Lake für ihn zog - Lake sah nun den überzeugenden Beweis dafür erbracht, daß es sich beim slHen nicht um ein Werk der frühen Apokalyptik, sondern um ein späteres, nicht vor dem 7. Jh. entstandenes Erzeugnis handle.[86] Daß sich F.C. Burkitt dieser späten Datierung anschloß,[87] verlieh ihr besonders im englischsprachigen Raum Autorität.[88] Um die astronomischen Daten für eine späte Datierung des Buches in Anspruch nehmen zu können, hatte notwendigerweise dessen Integrität behauptet werden müssen.[89] Ganz anders argumentierte dagegen N. Schmidt, der die Bewertung beider Redaktionen durch Charles einer Kritik unterzog.[90] Seiner Ansicht nach existierten beide Redaktionen bereits vor einer Übersetzung ins Kirchenslavische, wobei er die kürzere für die ursprünglichere hielt. Sie konnte noch vor 70 in Palästina als Übersetzung eines hebräischen oder aramäischen Werkes entstanden sein, während die längere Redaktion in einem späteren Stadium (bis zum 5. Jh.) in Alexandrien durch Einfügung neuen Materials zustande kam. Beide hätten dann unabhängig voneinander ihren Weg in die slavische Sprache gefunden. Diese These war auf die Beobachtung gestützt, daß alle Anklänge an hellenistisches Gedankengut, ägyptische Mythologie oder den Text der LXX in der längeren Redaktion enthalten seien, die kürzere hingegen dies alles vermissen lasse und in ihrem Bezug auf den masoretischen Text Palästina als Hintergrund wahrscheinlich mache. Schmidt setzte so dem textkritisch bestimmten Urteil von Charles/Morfill ein literarkritisches entgegen, was ihn auch gleichzeitig in die Lage versetzte, die von Maunder und Fotheringham auf einen späteren Kenntnisstand datierten kalendarischen Sachverhalte in den Erweiterungen der längeren Redaktion unterbringen zu können. Daß sich hellenistisches Gedankengut freilich nicht allein auf die von Schmidt angeführten Stellen beschränken läßt, sondern vielmehr zum Grundbestand des slHen in beiden Fassungen gehört, soll unten noch weiter ausgeführt werden.

---

85 FOTHERINGHAM 1922.

86 LAKE 1923. Sein Schlußsatz beginnt: "The argument seems entirely conclusive...".

87 BURKITT 1931, 443: "In other words, 'Slavonic Enoch' is not Jewish, but a Christian work of the seventh century A.D."

88 ROWLEY 1965 beruft sich auf die Annahme jener Spätdatierung "...durch einen so besonnenen Führer auf dem Gebiet der Apokalyptik wie Burkitt..." (89).

89 So z.B. MAUNDER 1919, 313 und FOTHERINGHAM 1922, 55 - zitiert und bestätigt von LAKE 1923, 398. Doch auch CHARLES/MORFILL 1896 (xxiv-xxv) hatten schon das Buch als einheitlich betrachtet und nur gelegentliche Interpolationen angenommen. Die ganze Debatte stützte sich ausschließlich auf die längere Textfassung.

90 SCHMIDT 1921.

Die folgenden Arbeiten trugen nun lediglich weitere Details bei. 1921 publizierte A.I. Jacimirskij eine alle bislang gefundenen Hss. und Fragmente darbietende Bibliographie, die auch Sokolovs Kenntnisstand übertraf und bis heute Gültigkeit besitzt.[91] G.N. Bonwetsch veröffentlichte 1922 eine verbesserte dt. Übersetzung beider Redaktionen, die er im Druck nacheinander setzte und für die er sich - anders als Charles - das reiche Material Sokolovs zunutze machte.[92] Häufig korrigierte er seinen Text nach den Lesarten von R und U, deren Blattzahlen er auch am Rande vermerkte.[93] Ein ausführlicher textkritischer Apparat, eine detaillierte Einleitung und die Anfügung der Melchisedekerzählung in einem Anhang machten die Verbesserungen sichtbar. Einen weiteren dt. Text veröffentlichte 1928 P. Riessler, indem er die kürzere Fassung Bonwetschs von 1896 (N) sprachlich überarbeitete und mit eigenen Kapitelüberschriften versah.[94] Den religionsgeschichtlichen Hintergrund des Buches vermutete er in essenischen Kreisen.[95]

Die bulgarische Literaturgeschichtsforschung favorisierte indessen ausschließlich die in einer mittelbulgarischen Sprachform vorliegende Hs. R und versuchte deren Beziehung zur Vorstellungswelt der Bogomilen nachzuweisen. B. Angelov und M. Genov hatten 1922 erstmals Ausschnitte aus R samt einer modernen Übersetzung ihrer Sammlung alter bulgarischer Literaturdenkmäler eingefügt.[96] Größere Ausschnitte nahm wenig später auch J. Ivanov in sein für lange Zeit sehr einflußreiches Buch mit dem programmatischen Titel "Bogomilski knigi i legendi" auf.[97] Nach einem gründlichen Referat der einzelnen Hss. und des Inhaltes von R versuchte er durch Vergleiche zu belegen, daß die Bogomilen im 12. Jh. das slHen benutzt und unter ihr Schrifttum eingereiht haben.[98] Obwohl bereits Charles mit seiner Erwiderung an Maunder eine solche Beziehung widerlegt hatte, fand sie doch durch Ivanovs zurückhaltendere Formulierung sowie den modernen Trend zur positiven Bewertung der Bogomilen als einer vorwiegend sozial-revolutionären Bewegung

---

[91] JACIMIRSKIJ 1921. Vgl. auch o. 2 Anm. 7.

[92] BONWETSCH 1922. Rezension von BEER (in: ThLZ 48/1923, 128): "Dadurch gewinnt er dem englischen Konkurrenten gegenüber einen bedeutenden Vorsprung; ...".

[93] Die Strukturierung des Textes blieb die gleiche - allein die Überschriften aus P ließ Bonwetsch nun aus. Die Ineinanderarbeitung verschiedener Hss. erschwert allerdings den Umgang mit dem textkritischen Apparat.

[94] RIESSLER 1928. BONWETSCH 1896 hatte so eng wie möglich am slav. Text übersetzt. Doch auch die Überarbeitung RIESSLERS ist nicht frei von Mißverständnissen - vgl. etwa 33,11 (s.u. 174 Anm. 129).

[95] RIESSLER 1928, 1297. Den gleichen Hintergrund vermutete er auch für andere apokalyptische Schriften, womit er die These A. Hilgenfelds zum Hintergrund der Apokalyptik überhaupt aufnahm - vgl. SCHMIDT 1969, 139-142 und 190-192.

[96] ANGELOV/GENOV 1922.

[97] IVANOV 1925. Die Lücken betreffen die Kap. 39-66 und 68,5-73 - d.h. die moralischen Teile und die Melchisedekerzählung.

[98] IVANOV 1925, 188-190. IVANOVS Vergleich betrifft vor allem folgende Motive: die sieben Himmel, Henochs Gottesbegegnung, die Erschaffung der Engel, den Abfall der Engel auf dem Hermon, den Hochmut Satans, Henochs Bücher und die beiden Begleiter Henochs.

auch weiterhin Gehör. Unangefochten erhielt sie schließlich einen festen Platz in der bulgarischen Literaturwissenschaft.[99] Inzwischen hatte jedoch 1950 eine Studie É. Turdeanus den überzeugenden Nachweis erbracht, daß die Bogomilen das slHen zwar kannten, ihm jedoch mit Ablehnung und Polemik begegneten.[100] Frei von der "Bogomilenthese" blieben allein die Arbeiten des orthodoxen Theologen Sl. Vulčanov. Er zog das slHen dazu heran, um eine Verbindung zwischen qumranischen Traditionen und slavischen Apokryphen nachzuweisen.[101]

Die Frage nach jüdischen oder christlichen Charakterzügen im slHen hatte sich aufgrund der Datierungsdebatte ganz neu gestellt. Fortan versäumte kaum einer der Forscher, auf mögliche christliche Einflüsse wenigstens hinzuweisen.[102] Andere betonten dagegen verstärkt die jüdische Herkunft des slHen.[103] Schon 1909 hatte L. Ginzberg eine Zusammenfassung des Textes von Charles (1896) in seine Sammlung "The Legends of the Jews" aufgenommen und zahlreiche Parallelen zur jüdischen, vorwiegend rabbinischen Literatur vermerkt.[104] H. Odeberg, der 1928 ein hebräisches Henochbuch herausgegeben hatte, wies durch Vergleiche die Abhängigkeit seines Textes vom slHen nach.[105] Da er die Endredaktion des hebrHen etwa für das 3. Jh. annahm, hielt er auch den jüdischen Ursprung des slHen in dessen "oldest and essential stratum" besonders Maunder gegenüber für erwiesen.[106] Als ausschließlich jü-

---

[99] So z.B. bei MARKOVSKI 1937-38. Er bezieht sich in den Einleitungsfragen auf CHARLES, nimmt aber dann IVANOVS These vollständig auf. Des weiteren: VELCEV 1962; GEORGIEV 1966; PETKANOVA 1982. Vgl. zum Hintergrund auch ANDERSEN 1985 (Pseudepigrapha studies in Bulgaria).

[100] TURDEANU 1950. Von den genannten bulgarischen Forschern wird seine Arbeit nirgends erwähnt. Wenig später hat dann MINISSI 1954 die Ergebnisse TURDEANUS aufgegriffen und Kritik an IVANOV geübt. Zur Polemik gegen Henoch bei den Bogomilen ("Diener Satans") und bei den Katharern ("Sohn Belials") vgl. auch PUECH/VAILLANT 1945, 202 und 203[7]; zum "Liber Ioannis" selbst s.u. 95-97.

[101] VULCANOV 1973-74. Auch VULCANOV stützte sich auf R. Parallelen fand er vor allem zur Ankündigung der Flut (34,2-3), zur Beschreibung des Paradieses (8; 30,1), zur Angelologie (19-20) und zum Thron Gottes (21-22). Hier ist bereits der Ansatz MESCERSKIJS (hauptsächlich MESCERSKIJ 1963 - s.u. 35f) aufgenommen.

[102] So etwa WUTTKE 1927; STÄHLIN 1920, BOUSSET 1903, FREY 1928, AESCOLY 1931, MATHEWS 1930, BEER 1905/1911/1950, WEISER 1949, BENTZEN 1952.

[103] So etwa FERRAR 1918, OESTERLEY 1916, FELTEN 1925, MANGENOT 1931, HERFORD 1933, VOLZ 1934, LODS 1950. So absolut wie ursprünglich HARNACK, der das Buch "von christlichen Interpolationen ganz frei" sah (HARNACK 1897, II 564), formulierte jedoch auch von ihnen niemand.

[104] GINZBERG 1909. Die Anmerkungen befinden sich in Bd. V 1925, 51-52. 158-162.

[105] ODEBERG 1928. Ebenso brachte er Beispiele für die Abhängigkeit des slHen vom äthHen. Allein dadurch hätte sich bereits die These OTTOS erübrigen müssen, der das äthHen aufgrund seiner Menschensohnspekulation für jünger als das slHen hielt, in dem diese fehlen (OTTO [2]1940, 133).

[106] ODEBERG 1928, 63. Eine griechische Übersetzung mit verschiedenen Erweiterungen hielt er dabei ebenso für möglich (63[1]). Auch wenn ODEBERG die Datierung des hebrHen wohl zu früh ansetzt (vgl. ALEXANDER 1983), sprechen seine Beobachtungen dennoch für ein hohes Alter des slHen, besonders aber für seine Kenntnis in der frühen jüdischen Mystik.

disches Werk reklamierte 1936f der jüdische Gelehrte A. Kahana das slHen
mit einer "Rückübersetzung" ins Hebräische.[107] In Redewendungen, Diktion,
hebräischen Namen oder nur aus der hebräischen Schriftgestalt erklärbaren
Übersetzungsfehlern sah er nicht allein Indizien für den völlig jüdischen Charakter des slHen, sondern auch für das Hebräische als dessen Ursprache. Eine
griechische Übersetzung als Zwischenstufe in Alexandrien hielt er jedoch
nicht für ausgeschlossen. Der Ermittlung der Ursprache diente schließlich
auch ein Aufsatz von L. Gry, in dem es um die semitischen Wurzeln einer
Reihe von Namensformen ging.[108]

Die erneute Entdeckung eines Fragmentes der Melchisedekerzählung
wurde von der weiteren Fachdiskussion nicht mehr wahrgenommen.[109] St.
Ivšić publizierte 1930-31 einen Text, den er 1924 von einem Gewährsmann aus
der kroatischen Stadt Vrbnika erhalten hatte.[110] Der Text enthält sehr unvollständig die Kap. 71-72 mit einem eigenen kurzen Vor- und Nachspann.[111]

Die Zeit um den zweiten Weltkrieg hatte die Zahl der Arbeiten zurückgehen lassen.[112] Dennoch zeigte 1950 ein Forschungsbericht von A. Lods, wie
viel Grundlegendes vor allem an religionsgeschichtlichen Beobachtungen zum
slHen schon festgestellt worden war. Zugleich hatten die verschiedenen Positionen, besonders im Blick auf die Datierung und den religiösen Charakter,
neue Fragen aufgeworfen, die eine Klärung verlangten.

3.3. Klärungen (bis 1969)

Ein völlig neues Kapitel in der Erforschung des slHen begann 1952 mit der
zweisprachigen kritischen Edition des französischen Slavisten A. Vaillant.[113]
Angeregt durch die Arbeiten É. Turdeanus (s.o. 31) ging es ihm als Philologen
vor allem um die Herstellung eines korrekten Textes, der dem weiteren

---

[107]　KAHANA 1936f.
[108]　GRY 1940. Dabei werden mitunter sehr komplizierte etymologische Ableitungen vorgenommen, deren Verständnis bei den ursprünglichen Adressaten wohl kaum vermutet werden
kann.
[109]　Der einzige Hinweis darauf findet sich m.W. in der Bibliographie zur spanischen Übersetzung des slHen von SANTOS OTERO 1984.
[110]　IVŠIĆ 1930-31. Es handelt sich also um die Edition einer Abschrift - über das glagoli-
tisch geschriebene Original wird nur wenig gesagt, eine Beschreibung ist offenbar nicht bekannt.
Die Datierung nahm der Gewährsmann Dinko Trinajstić aufgrund der Schriftart auf die Jahre
1633-1653 vor. Eine Überschrift hat der Text nicht. Er findet sich in dem Kodex von Vrbnika
auf den Seiten 72-73.
[111]　Der Vorspann spielt knapp auf Henochs Himmelsreise und die Einsetzung des Priestertums an, der Nachspann auf die Flut. Der Text scheint zusammengefaßt und überarbeitet zu
sein. IVŠIĆ zog zum Vergleich Tr und Nr. 41 heran, zu denen auch die größten Ähnlichkeiten
bestehen.
[112]　Vgl. den Forschungsbericht bei CHARLESWORTH 1985.
[113]　VAILLANT 1952.

Studium der Spezialisten zur Grundlage dienen sollte.[114] Dabei unterzog er die hsl. Überlieferung einer erneuten Untersuchung und gelangte zu einem Charles und Sokolov genau entgegengesetzten Ergebnis. Darüber hinaus aber waren die textkritischen Klärungen A. Vaillants auch mit erheblichen Konsequenzen hinsichtlich der inhaltlichen Bewertung des slHen verbunden. Grundvoraussetzung war zunächst die Priorität der kürzeren Textfassung. Doch anders als vor ihm schon N. Schmidt (s.o. 29) betrachtete Vaillant die Zahl der Erweiterungen in der längeren Fassung ausschließlich als das Werk zweier slavischer Revisoren. Die Hs. U - zugleich die älteste aller größeren Hss. - galt für ihn als der zuverlässigste Repräsentant einer ursprünglichen, für das 10./11. Jh. angenommenen Übersetzung aus dem Griechischen.[115] In der Hs. R sah Vaillant dann einen ersten Revisor am Werk, den er etwa zwischen der 2. Hälfte des 13. Jh. und dem 16. Jh. einordnete (evtl. auch in der Gruppe um Vladislav Grammatik).[116] Auf sein Konto gingen zahlreiche Korrekturen, vor allem aber umfangreiche Erweiterungen literarischer, chronologischer und kosmographisch-astronomischer Natur, die sich auch sprachlich durch ein neues Vokabular sowie einen insgesamt schlechteren Stil zu erkennen geben und für die Vaillant verschiedene Quellen benannte.[117] Für die Hss. J und P vermutete Vaillant schließlich einen zweiten Revisor, der im 16. Jh. in der Moldau am Werk gewesen sein könnte. Er habe ein besonderes Interesse an stilistischen Verbesserungen der Hs. R gehabt, wobei auch einige unbedeutendere Erweiterungen und Paraphrasen seiner Bearbeitung zu verdanken seien.[118] Neben diesem neuen Modell der hsl. Überlieferung nahm Vaillant nun auch eine inhaltliche Neubewertung des Textes vor. Den ursprünglichen,

---

114 VAILLANT 1952, Vorbemerkungen.

115 VAILLANT 1952, V-VII. Die Hss. der kürzeren Fassung teilte er in drei Familien auf (1 = U; 2 = B; 3 = N, V, B²).

116 Vladislav Grammatik lebte und wirkte im 15. Jh. in Westbulgarien und erlangte vor allem als Übersetzer Bedeutung.

117 VAILLANT 1952, XV-XXII. Unter diese Erweiterungen rechnet VAILLANT z.B. die Episoden von Satanaels Fall (29,4-5), von Adams Erschaffung und Namensgebung (30,8-14), von den sieben Jahrtausenden (33,1-2) und vom Adamsgrab (71,35-36), dazu die Berechnungen von Henochs Lebensdaten (1,1-2; 68,1-4) oder den Angaben zur Arche und zur Sintflut (73,1-9), des weiteren die Korrektur des Jahres in 365 Tage (14,1-3), den großen Zyklus von 532 Jahren (16,5), die hebräischen und ägyptischen Monatsnamen (48,2; 68,1-3; 73,5-8), die Angaben zum Tierkreis (30,6) usw. Als Quellen solchen gelehrten Wissens zog VAILLANT eine ganze Reihe kirchenslavischer Schriften heran - z.B. das Leben Adams und Evas, Frage- und Antwortbücher, das Gespräch der drei Heiligen und die Disputation eines Orthodoxen mit einem Lateiner.

118 VAILLANT 1952, XIII-XXIV. VAILLANT stützte sich auf die Beobachtung, daß J in einer mittelbulgarischen Redaktion aus der Moldau, P in einer ruthenischen Redaktion vorliegt. Aus dem rumänischen Gebiet aber sind im 16. Jh. Bemühungen um die Wiederherstellung schlechter Kopien bekannt. Einen zusätzlichen Beleg sah VAILLANT auch in der Einfügung hebräischer Monatsnamen (48,2; 68,1-3) sowie der Einfügung dreier hebräisch benannter Himmel (20,3; 21,6) - das Hebräische sei bis zum 16. Jh. relativ unbekannt gewesen, dann aber in der Zeit der Sekte der "Judaisierenden" durch einige Übersetzungen aus dem Hebräischen wieder aufgelebt. Dies aber sei gerade in Ruthenien geschehen.

in U repräsentierten Kern des slHen betrachtete er als ein Werk der frühen christlichen Literatur, als eine christliche Fortsetzung des jüdischen (= äthiopischen) Henochbuches, als die klarer geordnete Komposition des traditionellen Stoffes durch einen judenchristlichen Autor.[119] Trotz ihrer beeindruckenden Geschlossenheit läßt diese Interpretation Vaillants nun einige Fragen offen. So kann etwa als Motiv für Erweiterungen in R der Hinweis auf das Spiel der Gelehrsamkeit eines Revisors kaum genügen, zumal die benannten Quellen solcher Gelehrsamkeit auch durchweg auf ältere griechische Vorlagen zurückgehen (s.u. Kap. 2.2. in Teil II). Vollends problematisch aber ist die Betonung eines christlichen Hintergrundes, da gerade eindeutig christliche Züge nirgends zu belegen sind,[120] das erdrückende Übergewicht jüdischer Vorstellungen hingegen mit der Annahme eines judenchristlichen Autors nur eine sehr unbefriedigende Erklärung findet. So zog auch die inhaltliche Charakterisierung des slHen wiederholt Kritik auf sich, ohne jedoch einer Akzeptanz der textkritischen Arbeit A. Vaillants Abbruch zu tun. Denn diese bot ein plausibles Modell,[121] das auf philologischen Details aufbaute, die Hss. in eine klare Beziehung zueinander setzte und die Entledigung von schwierigen Passagen zugunsten eines kürzeren, doch zuverlässigen Textes erbrachte. Zudem machte Vaillant auch erstmals den kirchenslavischen Text in einer westlichen Ausgabe zugänglich, begleitet von einer korrekten Übersetzung, einem ausführlichen Apparat und zahlreichen Anmerkungen. Damit war eine leicht zugängliche kritische Edition der kürzeren Fassung auf der Grundlage von U geschaffen - das in R darüber hinaus enthaltene Material fügte Vaillant in einem Anhang hinzu.[122]

Von Vaillants Arbeit noch unberührt blieb die ein Jahr später gedruckte französische Übersetzung J. Bonsirvens[123] - sie stützte sich in Auszügen und Zusammenfassungen auf Bonwetschs dt. Text von 1922 (längere Fassung) und beschränkte sich in einer kurzen Einleitung im wesentlichen darauf, den jüdischen Charakter des Buches zu betonen. Andere aber traten in Vaillants Spuren. Völlige Übereinstimmung mit dessen inhaltlicher Bewertung zeigte J. Daniélou, der das slHen nun in seinem Werk "Théologie du judéochristianisme" referierte.[124] Von jüdischer Seite nahm A. Rubinstein die Edition Vaillants zum Anlaß, die Fragen nach Ursprung und Entstehungsdatum einer neuen Einschätzung zu unterziehen, ohne jedoch wesentlich Neues beitragen zu können. Entweder griffen Rubinsteins Beobachtungen ohnehin schon geklärte

---

[119] VAILLANT 1952, Vorbemerkungen, VIII, XII, XV.
[120] Einige deutlich christliche Vorstellungen lassen sich als spätere Interpolationen bestimmen (s.u. Kap. 2.2.2. im II. Teil).
[121] Gerade vor dem Hintergrund biblischer Exegese mußten bei unterschiedlich langen Textfassungen Erweiterungen als die wahrscheinlichere Ursache gelten.
[122] VAILLANT 1952, 86-119.
[123] BONSIRVEN 1953.
[124] DANIÉLOU 1958.

Fragen von neuem auf[125] oder beließen es wiederum nur bei Vermutungen.[126] Aufgrund der Melchisedekerzählung war Rubinstein geneigt, eine christliche Autorschaft anzunehmen und das ganze Buch erst nach der Entstehung des Hebräerbriefes anzusetzen.

Besondere Aufmerksamkeit wurde der Arbeit Vaillants von seiten des sowjetischen Literaturhistorikers N.A. Meščerskij entgegengebracht. Sein Hauptinteresse galt der Übersetzungsliteratur in der Epoche der Kiever Rus' (988-1237), wobei er in einer Reihe von Aufsätzen auch das slHen zum Gegenstand seiner Untersuchungen machte.[127] Gestützt auf die beiden noch unveröffentlichten Hss. J und A gelangte er in der Verhältnisbestimmung beider Textfassungen zueinander zu den gleichen Ergebnissen wie Vaillant.[128] Auch Meščerskij sah die Urform der Schrift am zuverlässigsten in der kürzeren Fassung gewahrt und übernahm Vaillants Identifizierung der slavischen Quellen für die Erweiterungen der längeren Fassung.[129] Kritisch setzte er sich dagegen mit Vaillant über die Frage der Ursprache und des Charakters auseinander. So bestritt Meščerskij die südslavische Herkunft der Hs. U (die Vaillant nur aufgrund von Konjekturen habe feststellen können), die Annahme einer griechischen Vorlage für die Übersetzung, die Deutung hebräischer Namen als Merkmal einer judenchristlichen Autorschaft sowie die Charakterisierung des slHen als eines christlichen Werkes überhaupt.[130] Vielmehr schlußfolgerte er aus sprachlichen Indizien die Herstellung der Übersetzung im ostslavischen Raum und entdeckte eine auffällige inhaltliche Verwandtschaft mit der Geistigkeit von Qumran. Dies aber veranlaßte ihn wiederum, als "Protohenoch 2" eine mittelalterliche hebräische Schrift anzunehmen, die ihrerseits auf die Literatur von Qumran zurückgehe.[131] Ihre Übersetzung aber fand nach Meščerskij noch in der Kiever Rus und direkt aus dem Hebräischen ins Altslavische statt. Gräzismen im Text wies er den Erweiterungen der längeren Fassung zu und zog als weiteren Beleg seiner These die Existenz des hebrHen

---

125   RUBINSTEIN 1962. So widmete er z.B. der Frage einer bogomilischen Autorschaft einen ganzen Paragraphen, der jedoch nur die Position von CHARLES 1921 referiert, den wichtigen Aufsatz von TURDEANU 1950 dagegen unerwähnt läßt.

126   So heißt es z.B. "...on balance the present writer is inclined..."(15) oder "...there is a possibility that..."(20) zu den Fragen des Ursprungs und der Datierung, die zu Beginn (2) nach VAILLANTS Text geklärt zu werden versprachen.

127   Vgl. die im Literaturverzeichnis am Schluß genannten Titel. 1963 betonte MEŠČERSKIJ vor allem die Nähe der Vorstellungen im slHen zur Qumranliteratur, legte aber schon eine gründliche Problembeschreibung und thesenhafte Darstellung jener Position vor, die er dann 1964 breit entfaltete und 1965 noch einmal gerafft darbot. 1978 ist dann der Ton etwas verhaltener - hier sind inzwischen ODEBERG 1928 und AMUSIN 1967 aufgenommen.

128   Die Hs. A ist mit der von VAILLANT benutzten Hs. U nahezu identisch (s.u. 70f).

129   Am ausführlichsten in MEŠČERSKIJ 1964, 94-97.

130   MEŠČERSKIJ 1964, 94-97.

131   Von einem "Protohenoch 2" sprach MEŠČERSKIJ 1964, 143 - später dann meistens von einem semitischen Original oder Archetyp.

heran, das ihm jedoch nur aus einer Rezension bekannt war.[132] N.A. Meščerskijs gesamte wissenschaftliche Arbeit war nun wesentlich dem Nachweis einer
hebräisch-altrussischen Übersetzungsliteratur gewidmet.[133] Eine solche läßt
sich vor allem seit dem 14. Jh. beobachten - für die Kiever Periode beschränkt
sich die Zahl der Belege jedoch auf nur wenige, zumal kontrovers beurteilte
Dokumente, unter denen allein der Übersetzung des atl. Buches Esther größere Bedeutung zukommt.[134] Die Hss.-Funde von Qumran veranlaßten
Meščerskij, das weithin mit Zurückhaltung behandelte Thema von neuem aufzugreifen und zu forcieren.[135] Dabei versuchte er nun, die schmale Quellenba-
sis für die ältere Zeit durch die Einbeziehung des slHen zu erweitern, das
schließlich zu seinem wichtigsten Kronzeugen avancierte. Vor diesem Hintergrund müssen die Schlußfolgerungen Meščerskijs mit Vorsicht betrachtet werden. Ganz abgesehen von der Verhältnisbestimmung beider Textfassungen
zueinander ist vor allem die Frage nach dem Überlieferungsweg einer hebräischen apokryphen Schrift essenischer Herkunft bis in die Kiever Rus nur sehr
schwer zu beantworten. So hat auch an dieser Stelle allein Meščerskijs
Landsmann J.D. Amusin weiterzudenken versucht. In seiner Untersuchung
über die Melchisedekgestalt in Qumran erwog er die Existenz eines jüdischen
Legendenkranzes, auf den sowohl 11QMelch als auch die Melchisedekerzählung des slHen bezogen sein könnten.[136] Dessen hohes Alter aber begründete
er mit einer Datierung jenes hebräischen Urtyps des slHen bis zurück in das 2.
Jh. v.Chr., die er aufgrund der Lektüre des hebrHen (Odeberg) für gerechtfer-
tigt hielt.[137] Daran aber knüpfte er eine weitere These: Bei einem Hss.-Fund
in der Nähe von Jericho um das Jahr 800[138] könnten möglicherweise Qumran-
schriften entdeckt worden sein, mit denen gemeinsam dann auch der Urtyp
des slHen über Byzanz oder das Chasarenreich zur direkten Kenntnis der

---

[132] MEŠČERSKIJ kannte ODEBERGs Edition von 1928 nur aus BULTMANNs Rezension in
der ThLZ 62/1937 (449-453), auf die er 1964 (107) verwies. 1965 bedauerte er ausdrücklich,
noch immer keinen Zugang zu dem Buch zu haben (78). BULTMANN bezog sich in seiner Rezension auf ODEBERGs Vergleiche nur mit der Bemerkung, daß hebrHen baue wohl auf einem
Vorgänger des slHen auf.
[133] MEŠČERSKIJs Dissertation 1946 hatte sich mit der Übersetzung des Buches Esther aus
dem Hebräischen befaßt. Seine Kernthese findet sich in MEŠČERSKIJ 1956; vgl. auch
MEŠCERSKIJ 1964a.
[134] Vgl. zum jüdischen Einfluß auf die altrussische Literatur PODSKALSKY 1982, 78-80.
Den besten Überblick über die verschiedenen Quellen und ihre Diskussion samt einer reichhaltigen Bibliographie zum Thema bietet ALEKSEEV 1987.
[135] Besonders MEŠCERSKIJ 1963 spiegelt den Impuls wieder, den er aus den Qumranfun-
den für seine These empfing.
[136] AMUSIN 1967 und 1971. Teksty Kumrana war bereits 1966 abgeschlossen, kam aber
erst 1971 zum Druck.
[137] AMUSIN 1967, 61.
[138] AMUSIN bezieht sich auf einen Brief des Patriarchen Timotheos I. von Seleukia an den
Metropoliten Sergius von Elam, den EISSFELDT in der ThLZ 74/1949 (597-600) zur Diskussion
gestellt hatte und der die Vermutung - mehr allerdings nicht! - zuläßt, es könnte sich bei dem
im Brief erwähnten Fund um eine frühere Entdeckung der Qumranhöhlen gehandelt haben.

Übersetzer in der Kiever Rus gelangt wäre.[139] Meščerskij und Amusin hatten somit zwar die textkritische Entscheidung Vaillants aufgenommen, dagegen aber den jüdischen Charakter der Schrift mit einer auch das Hebräische als Originalsprache einschließenden Absolutheit behauptet.

Vaillants Vorschlag zur Klärung der Einleitungsfragen fand ein breites Echo in den nun sehr zahlreich werdenden Artikeln der verschiedenen Lexika und Handbücher. Vorwiegend im englischsprachigen Bereich nahm man aber gelegentlich auch weiterhin Bezug auf Charles,[140] und selbst Burkitt fand noch einige späte Nachfolger.[141] Spezielle Untersuchungen nahmen Bezug auf das slHen, indem sie erneut auf jüdische Wesenszüge,[142] Merkmale eines deutlich iranischen Einflusses[143] oder synkretistischer kosmogonischer Vorstellungen[144] hinwiesen. Vaillants These einer judenchristlichen Autorschaft wurde nur von sehr wenigen geteilt,[145] seine Textgestalt und Bevorzugung der kürzeren Fassung jedoch fanden eine ziemlich einhellige Aufnahme. Kritik an der judenchristlichen Autorschaft äußerte sich vor allem in einigen Bemerkungen G. Scholems,[146] der zugleich mit seinen Arbeiten zur jüdischen Mystik auf einen bisher noch unbeachteten Beziehungsrahmen für das slHen hinwies.[147] Nach seiner Darstellung der ältesten Zeugnisse jüdischer Mystik, die in den Thronwagenvisionen einiger bis in das 2. Jh. zurückreichender Hekhalottraktate greifbar werden, entzündete sich die ekstatische Schau zwar an konkreten Texten wie Gen 1 und Ez 1 - doch sie fand ihren Niederschlag weniger in exegetischen Midraschim als vielmehr in eigenständigen, in der Tradition der apokalyptischen Literatur stehenden und viel an altem Überlieferungsgut enthaltenden Schriften.[148] Tatsächlich zeigt sich nun auch im slHen ein auffälliges Interesse an den Geheimnissen der Schöpfung und des Thrones Gottes bzw. an den himmlischen Räumen überhaupt. Daß hier möglicherweise ein gemeinsamer Hintergrund oder eine Verbindungslinie bestehen könnte, machte Scholem an einem Beispiel deutlich: Die alte Symbolik vom Weltenbaum als Fundament und Urgrund des Seienden in dem mittelalterlichen Buch Bahir hat nach seiner Auffassung in vielen Einzelzügen Ähnlichkeit mit

---

139 AMUSIN 1967, 61.
140 So etwa PFEIFFER 1955, THOMSON 1956, KREMERS 1958, OESTERLEY 1961, REICKE 1964, STUHLMUELLER 1967, MICHL 1967, BORSCH 1967.
141 So etwa EISSFELDT 1964, ROWLEY 1965 und SCHREINER 1969. Dies betrifft vor allem die späte Datierung - s.o. 28f.
142 So etwa BAMBERGER 1952 und SCHOLEM 1958.
143 So WINSTON 1966.
144 So PHILONENKO 1969.
145 So etwa von DANIÉLOU, TRINQUET 1963, MATHEWS 1963, AGOURIDES 1964 und RUBINSTEIN 1962.
146 SCHOLEM 1958; ebenso SCHOLEM 1962, 64-65.
147 "Vorgebaut" hatte dafür schon in gewisser Weise ODEBERG 1928 mit seiner Auflistung von gemeinsamen Zügen im hebrHen und im slHen. SCHOLEM datierte das hebrHen später als ODEBERG und ordnete es insgesamt viel konsequenter in die jüdische Mystik ein.
148 Vgl. SCHOLEM 1980, 49.

der Gestalt des Adoil und des großen Äons im slHen, wobei vor allem ihre Verbindung mit den "Gerechten" als gemeinsamer Bezugspunkt auffällt.[149] Scholem sah zwischen beiden Vorstellungen einen "beträchtlichen Zusammenhang", was nicht allein ein Plädoyer für den jüdischen Charakter des slHen bedeutete, sondern überdies auch auf eine differenziertere Einordnung des Buches in das so vielgestaltige Bild des Frühjudentums hinzielte.

Erwähnung verdient noch eine 1965 von C.F. Potter veröffentlichte und um Klärung auf recht kuriose Weise bemühte Monographie - die umfangreichste zum slHen überhaupt. Ihre Titelfrage "Did Jesus write this book?" beantwortete der Verfasser auf 159 Seiten ausführlich und eindeutig mit "Yes".[150] Doch seine Schilderungen vom Ringen um diese Antwort, seine Kernthese, Jesus könnte als Schüler in Qumran das Buch nach üblichem Brauch als eine Art Dissertation zum Thema Henoch verfaßt haben, sein Enthusiasmus schließlich für ein neues "Leben Jesu" - das alles erinnert eher an Schlagzeilen, New Yorker College-Atmosphäre oder Hollywood-Drehbücher. Lange Spekulationen nehmen mehr Raum ein als Belege und lassen das Ganze eine amüsante Lektüre bleiben.

Insgesamt war die Absicht Vaillants zum Ziel gelangt. Den schwer erreichbaren Hss.-Editionen und dem unterschiedlichen Wortlaut der verschiedenen Übersetzungen hatte er einen kritischen Text entgegengesetzt, der sich in seiner Kürze und mit einem vereinfachten Überlieferungsmodell als zuverlässige Grundlage für weitere Forschungen erwies. Um diesen Preis aber war vieles an Überlieferungsgut aus der Betrachtung ausgeschieden worden, dessen Aussagewert für die Vorstellungswelt des Frühjudentums früher oder später wieder erneut zur Sprache kommen mußte.

3.4. Neuansätze (seit 1969)

Mit der Gründung des amerikanischen "pseudepigrapha projects", die sich 1969 am Rande der Jahrestagung der "Society of Biblical Literature" in Toronto vollzog,[151] begann für die Erforschung der Pseudepigraphenliteratur ein neuer, auf Koordinierung beruhender Arbeitsstil. Als Sekretär des Projektes gab J.H. Charlesworth seither in einer Reihe von Aufsätzen Informationen über internationale Forschungsvorhaben, neue Entwicklungen und Tenden-

---

[149] SCHOLEM 1958 und 1962.

[150] POTTER 1965. POTTER, der zunächst baptistischer, dann unitarischer Pastor war, lehrte zeitweise Religionsgeschichte, schrieb zahlreiche Bücher (Did Jesus... im Alter von 80 Jahren), gründete eine humanistische Gesellschaft und eine für Euthanasie und tat vieles mehr - vgl. Who's who in Amerika 27, 1952-53, 1953. Den Boden für seine These bereitete er mit dem Buch "The lost Years of Jesus Revealed", New York 1962, vor. Jesus sei in den "stillen 18 Jahren" Student an der essenischen "Schule" in Qumran gewesen und dort mit den zu Unrecht von der christlichen Theologie unterdrückten Henochschriften bekannt geworden.

[151] Vgl. KRAFT 1970; dazu CHARLESWORTH 1971.

zen, besonders aber über den Stand der Vorbereitungen für eine neue amerikanische Pseudepigraphenausgabe bekannt.[152] Diese Sammlung, die erstmals als ein Gemeinschaftswerk von 52 Fachleuten aus aller Welt entstand und in ihre weitsichtige Konzeption sowohl alle neueren als auch eigens dazu angestellte Forschungen einzubeziehen suchte, stellt nun zweifellos einen Höhepunkt dar innerhalb einer ganz allgemein zu beobachtenden Entwicklung, die seit langem diskutierten Fragen aufgrund des angewachsenen Materials völlig neu aufzuwerfen.

Vaillants Text diente zunächst nach wie vor als Grundlage für eine Reihe spezieller Untersuchungen - seine Voraussetzungen aber wurden zunehmend kritisch betrachtet. R. van den Broek z.b. ordnete in einer ausführlichen Untersuchung des Phönixmythos' die Aussagen des slHen über Phönix und Chalkedrios (längere Fassung) dem alexandrinischen Synkretismus der römischen Zeit zu,[153] Chr. Kähler wies die Zugehörigkeit der Makarismen und Fluchworte im slHen zum Traditionsstrom der frühjüdischen Literatur nach,[154] U. Fischer untersuchte das jüdische Gedankengut über Jenseitsvorstellungen in der kürzeren Fassung,[155] und K.-W. Niebuhr machte auf typische Züge der frühjüdischen Paränese im slHen aufmerksam.[156]

Mit einer sehr eigengeprägten Darstellung der Einleitungsfragen trat 1976 J.T. Milik in die Diskussion ein. In seiner wichtigen und unentbehrlichen Ausgabe der aramäischen Henochfragmente aus Qumran unternahm er es zugleich, in einem langen Einleitungsteil sämtliche Schriften und Spuren der Henochliteratur in eine Traditionskette einzuordnen.[157] Voraussetzung dafür war die Rekonstruktion eines Pentateuches von Henochschriften, der im 1. Jh. bereits vorlag, dann Übersetzungen (etwa ins Griechische oder Äthiopische) erfuhr und schließlich im 6. Jh. durch den Austausch des Buches der Giganten gegen das Buch der Bilderreden seine für die weitere Überlieferung bestimmende Form erhielt. Während die Annahme eines Henoch-Pentateuches allgemeine Anerkennung fand,[158] stieß die späte Datierung der Bilderreden und ihre Charakterisierung als christliches Werk ziemlich einhellig auf Ableh-

---

[152] CHARLESWORTH 1977, DERS. 1979, DERS. 1987.
[153] BROEK 1971. Obgleich BROEK mit VAILLANT die kürzere Fassung für die ursprünglichere hielt (hier übersah er den Aufsatz von TURDEANU 1968 zu slHen 19,6 - der einzigen Aussage zum Phönix in der kürzeren Fassung), bewertete er jedoch gegen VAILLANT die Aussagen der längeren Fassung nicht als Reflex der späteren byzantinischen Schrift "Disputation eines Orthodoxen mit einem Lateiner" (s.u. 139-142), sondern als deren Quelle.
[154] KÄHLER 1974.
[155] FISCHER 1978.
[156] NIEBUHR 1987.
[157] MILIK 1976. Eine Zusammenschau der Henochtradition bietet sonst nur noch BERGER 1988.
[158] Diese These wurde schon von DIX 1926 vertreten, konnte sich auf die zahlreichen literarkritischen Untersuchungen des äthHen stützen und fand schließlich eine erneute Bestätigung durch die von Milik publizierten aramäischen Fragmente.

nung.[159] Gerade darauf baute aber Miliks Einordnung des slHen als einer mittelalterlichen Schrift in die römisch-byzantinische Periode auf. Datum und Autorschaft der längeren Fassung sah er willkommenerweise durch Vaillant bzw. Fotheringham "definitiv fixiert".[160] Der Autor der kürzeren Fassung aber war seiner Meinung nach "zweifellos" ein griechischer Mönch des 9. Jhs., welcher den seit dieser Zeit auch in Konstantinopel bekannten Henochpentateuch benutzte.[161] Belege für diese Datierung und Lokalisierung versuchte Milik im Text des slHen mit der Rekonstruktion eines Neologismus' aus dem 9. Jh. (βιβλία συρμαιόγραφα als Hintergrund von книги испещрены измирнием - 22,11) sowie einer Analogie zwischen der Sukzessions- und Konsekrationspraxis des byzantinischen Mönchtumes und der Darstellung in der Melchisedekerzählung (70-72) zu finden. Beide Argumente, die eine nachträgliche Bestätigung bieten sollen, erweisen sich jedoch bei genauerem Zusehen als völlig ungenügend.[162] Sie vermögen auch nicht zu erklären, warum ein christlicher Mönch des 9. Jhs. seine eigene Identität so überaus vorsichtig hinter einer Fülle jüdischer Überlieferungen verborgen haben sollte.

Detailliertere Untersuchungen trugen indessen zu einer weiteren Kritik an Vaillant bei. Sh. Pines machte auf einige neue Aspekte aufmerksam, indem er die Vorstellungen des slHen über die Entstehung und künftige Aufhebung der Zeit mit iranischen Parallelen verglich, den Gegensatz der Tieropferpraxis des slHen zu jener im babylonischen Talmud feststellte und eine auf nachbiblischem Hebräisch beruhende Übersetzungsvariante entdeckte.[163] Insgesamt plädierte er für den jüdischen Charakter des Buches und ein höheres Alter des Materials, das in der längeren Fassung vorliegt. H. Cavallin wiederum begegnete dem slHen mit großer Zurückhaltung und suspendierte es von seiner Untersuchung über die Vorstellung vom Leben nach dem Tod im Frühjudentum.[164] Eine außerordentlich gründliche Sachkenntnis verriet die Studie

---

[159] Vgl. z.B. die zahlreichen Rezensionen: DENIS, in: Le Muséon 90, 462-469, Louvain 1977; ULLENDORF/KNIBB, in: Bulletin of the School of Oriental and African Study, 1977; BROCK, in: JJS 29, 98f, 1978; NICKELSBURG, in: CBQ 40, 411-419, Washington 1978; STICHEL, in: Byzantinoslavica 39, 63-67, Prag 1978; - vor allem aber CHARLESWORTH 1979a.

[160] MILIK 1976, 109.

[161] MILIK 1976, 109-110.

[162] Sollte hinter 22,11 tatsächlich der terminus "συρμαιογραφεῖν" stehen, so kann dies nur auf einer späteren Korrektur beruhen - der Kontext bietet dafür keinen Anhaltspunkt (vgl. u. 128f). Die Ordnung von Sukzession und Konsekration des Priesters wird von MILIK in den Text hineininterpretiert - sie folgt im slHen gerade einem anderen Schema (vgl. u. 46f).

[163] PINES 1970. Den Erläuterungen zur Konzeption der Zeit ist noch ein Exkurs mit ausführlichen Textbeispielen angefügt. Zur Tieropferpraxis verwies PINES auf bTam 31b - hier wird der Brauch, Tiere beim Schlachten an den 4 Beinen zusammenzubinden (so slHen 59,3; 69,12; 70,20 - s.u. 201f) als sektiererisch abgelehnt. Den nachbiblischen Ausdruck "porqē°ol" vermutete er hinter der Wendung "wer ein bindendes Joch löst" (slHen 51,3). Interessant ist auch ein Exkurs mit der Vermutung, Dostojevskij könne das slHen bereits vor seiner Publikation gekannt haben (86-87).

[164] CAVALLIN 1979, 257.

R. Stichels über die Namen Noes, seines Bruders und seiner Frau.[165] In einem dichtgedrängten Abschnitt bot er darin den mit Abstand besten Forschungsbericht, der zugleich eine Fülle bibliographischer Hinweise enthielt. J.J. Collins bemühte sich um eine literarische Einordnung des slHen in die Gattung Apokalypse.[166] Die Arbeit P. Färbers über die Angelologie der drei Henochbücher vermochte die Erwartungen nicht zu erfüllen, die ihr Titel weckt.[167] Die Untersuchung gerade dieses wichtigen Traditionsstranges hätte die Beobachtungen Odebergs von 1928 zur Einordnung des slHen in die Henochtradition noch präzisieren oder korrigieren können. Statt dessen aber wird das Material bei zahlreichen formalen und sachlichen Oberflächlichkeiten nur sehr ungenügend zusammengestellt und von einer offenbar dogmatischen Position aus zensiert - am Schluß erfolgt z.B. die merkwürdige Feststellung, der Autor des slHen "...hätte besser einen eigenen wirklich christlichen Henoch schreiben sollen, so aber ist es ein BASTARD, also eine späte Nachgeburt jener altertümlichen Mamzerim, geworden."[168] Eine besonders sorgfältige Darlegung der Einleitungsfragen, die statt Urteile zu fällen die Probleme neu formuliert und Lösungen abwägt, läßt sich in solchen Handbüchern wie denen von DENIS, ROST, NICKELSBURG, MCNAMARA, STONE oder der englischen Neuausgabe SCHÜRERS beobachten. An Lexikonartikeln fallen vor allem jene von PINES und SACCHI ins Gewicht.

Ein wachsendes Interesse am slHen spiegelt sich auch in einer Reihe neuer Übersetzungen wider. Auf der Hs. U sowie auf Vaillants textkritischen Voraussetzungen beruhen die dänische Übersetzung A. Bugges von 1974, die japanische Übersetzung T. Moriyasus von 1975 und die englische Übersetzung A. Penningtons von 1984, wobei jedoch alle den jüdischen Charakter des slHen betonen.[169] Eine italienische Übersetzung fertigte 1977 M. Pincherle auf der Grundlage von Charles 1896 an.[170] Sie erschien in einer populärwis-

---

[165] STICHEL 1979.

[166] COLLINS 1983.

[167] FÄRBER 1983/84.

[168] FÄRBER 1983/84, B-31. FÄRBER referiert weitgehend VAILLANT, greift in Zitaten aber mitunter BONWETSCH 1922 auf. Ein großer Teil der Fachdiskussion ist nicht zur Kenntnis genommen worden. Verworrene und unübersichtliche Zusammenstellungen von Zitaten wechseln mit Spekulationen zu einzelnen Motiven, die ihrerseits eine geschlossene Interpretation vermissen lassen.

[169] Mit PENNINGTONS Text liegt die vierte eigenständige Übersetzung in englischer Sprache vor, deren Vergleich vor allem mit der kürzeren Fassung bei ANDERSEN 1983 von Interesse ist.

[170] PINCHERLE 1977. Dies ist die einzige italienische Übersetzung; in die große Apokryphensammlung von P. Sacchi (Apocrifi dell' Antico Testamento I, Turin 1981) wurde das slHen nicht mit aufgenommen. In den Einleitungsfragen folgt PINCHERLE CHARLES, entwickelt dann jedoch eine eigene These - er hält das slHen für älter als das äthHen (ohne Bezug auf die ähnliche These OTTOS, s.o. Anm. 105) und betrachtet es als unmittelbare Übersetzung aus dem Hebräischen durch eine Gruppe gelehrter slavischer Juden (ohne Bezug auf die These MESCERSKIJS - s.o. 35f). Begründungen oder Verweise auf Sekundärliteratur fehlen völlig - die These scheint eher intuitiv gewonnen zu sein.

senschaftlichen Reihe und folgte wohl zuerst der Absicht, den Leser mit einem fremdartigen Buch bekannt zu machen. Zwei sog. Interpretationen nach Kap. 35 und 68 lesen sich wie eine narrative Predigt zum Text.[171] In völlig neuer Gestalt aber präsentierte sich die englische Übersetzung F.I. Andersens, die im Rahmen des amerikanischen "pseudepigrapha projects" entstanden war und 1983 im ersten Band der von J.H. Charlesworth edierten OTPs erschien.[172] Während ihrer Vorbereitungsphase hatte sich Andersen auf einer Seminarsitzung 1977 in Tübingen grundlegend mit den Argumenten von Vaillant und Milik auseinandergesetzt.[173] Zum einen zielte seine Kritik auf die Bevorzugung der kürzeren Textfassung und auf Vaillants Modell der beiden Revisoren - hier setzte Andersen die Existenz alter Überlieferungen in beiden Fassungen dagegen, betonte den komplexen Charakter der hsl. Überlieferung und lenkte die Aufmerksamkeit auf die beiden noch unpublizierten Hss. J und A. Zum anderen befaßte er sich mit den Argumenten Vaillants für einen christlichen Ursprung der Schrift - sie wies Andersen im einzelnen zurück und beurteilte sie als ein wesentliches Hindernis für das weitere Studium des slHen. Folgerichtig stellte seine Übersetzung dann auch wieder zwei Texte nebeneinander, die auf jenen beiden Hss. J und A beruhten und die überdies im Anhang um eine Übersetzung der ältesten Hs. MPr ergänzt wurden. Mit dieser Präsentation der Texte, einer sehr ausgewogenen Einleitung und einem sehr reichhaltigen Anmerkungsteil ging es Andersen vor allem um eine Neubewertung des gesamten Materials. Seine Arbeit sah er in einem "purely provisional state ... at every level".[174] Gerade darin aber gibt Andersens Übersetzung eine Reihe von Impulsen und bietet sich (nicht zuletzt auch aufgrund ihrer abgestimmten Kapitelzählung - s. Exkurs A) als Grundlage künftiger Untersuchungen an. S. Agourides z.B. orientierte sich ein Jahr später in den Einleitungsfragen weitgehend an Andersen, fertigte jedoch seine neugriechische Übersetzung auf der Grundlage von Riesslers dt. Text an.[175] Viel interessanter wäre freilich das Experiment einer Rückübersetzung direkt aus dem Kirchenslavischen ins Griechische gewesen, das nun einen Vergleich mit Kahanas Beobachtungen zur Übersetzung ins Hebräische möglich gemacht hätte. Auf eigenständigen Untersuchungen beruhte die im gleichen Jahr er-

---

[171] PINCHERLE 1977 bietet in seinem Buch nacheinander eine Übersetzung des äthHen, slHen und hebrHen - ihm geht es offenbar um eine Präsentation des "Henochmythos'", für dessen älteste und ursprünglichste Widerspiegelung er das slHen hält. Die "Interpretationen" erzählen sehr bildhaft nach, erfinden neue Details, verwechseln Aussagen des Textes oder legen sie sehr frei aus. Der Schluß lenkt dann auf die Geburt Christi hin und erhebt so das Buch in eine Art heilsgeschichtlichen Rang.

[172] ANDERSEN 1983.

[173] Vgl. CHARLESWORTH 1979.

[174] ANDERSEN 1983, 93 und 106.

[175] AGOURIDES 1984 und 1985 - beide Veröffentlichungen sind völlig identisch. AGOURIDES übernahm auch die Kapitel- und Versteilung samt RIESSLERs Überschriften. Allein die Melchisedekerzählung fügte er über RIESSLERs Text hinaus in fortlaufender Zählung an, wobei nun ANDERSENs Text nach J/R die Grundlage darstellte.

schienene spanische Übersetzung A. de Santos Oteros, der die Hs. R zugrunde lag.[176] Sie bot ebenso wie Andersens Übersetzung wieder eine längere Hs. dar, stellte die Probleme erneut zur Diskussion und ragt darin aus der Reihe der neueren Übersetzungen hervor. Ein detaillierter Einleitungsteil, eine umfangreiche Bibliographie und zahlreiche Anmerkungen sind die besonderen Vorzüge dieser Ausgabe. Ihr Text markiert in kursivem Druck jene Teile, die über den Bestand der kürzeren Fassung hinausgehen. 1986 legte R. Schneider den Text von MPr in einer neuen, von einer dt. Übersetzung begleiteten und kommentierten kritischen Edition vor.[177] Als schließlich 1987 A. Vaillants französische Übersetzung noch einmal Aufnahme in die große Sammlung der "Ecrits Intertestamentaires" fand,[178] geschah dies mit einigen wesentlichen Veränderungen. Der selbst nur geringfügig überarbeitete Text folgte jetzt der Kapitelzählung von Charles. In der Einleitung und in den Fußnoten, die von M. Philonenko verfaßt wurden, fand sich nun auch hier der authentisch jüdische Charakter des slHen vertreten. Noch genauer aber wurde das slHen den Zeugnissen einer frühen jüdischen Mystik zugeordnet.[179]

Allen diesen Arbeiten ist der Konsens gemeinsam, daß die bisherigen Positionen und Klärungen für ein angemessenes Verständnis des slHen nicht mehr ausreichen. Die konsequenteste Gestalt eines somit nötigen Neuansatzes stellt m.E. die Arbeit F.I. Andersens dar, die sich um eine unvoreingenommene Beurteilung der verschiedenen Textfassungen und eine neue Einordnung der Schrift in das Spektrum der frühjüdischen Literatur bemüht. Eine unabdingbare Voraussetzung für die Herstellung einer sicheren Textgrundlage ist zweifellos die Vorlage und Auswertung des gesamten hsl. Materials. Vor allem aber wird der Erfolg aller weiteren Unternehmungen wesentlich davon abhängen, daß sie im Rahmen einer koordinierten und interdisziplinären Zusammenarbeit erfolgen.

Exkurs B: Die Melchisedekerzählung im slHen

Der dritte Teil des slHen (68,5-73,9), der eine Erzählung vom Priestertum Methusalems und Nirs, von der wunderbaren Geburt des Melchisedek und von der Katastrophe der Flut enthält, spielte in der bisherigen Forschung weithin eine Sonderrolle. Grund dafür war die Tatsache, daß gerade jene Hss., die Charles als dem Herausgeber des Textes zur Verfügung standen (P, N),

---

[176] SANTOS OTERO 1984.
[177] SCHNEIDER 1986. Die Edition betrifft den ganzen ersten Teil dieses altrussischen Sammelbandes, in dem auch der älteste Text des slHen enthalten ist (s.u. 74-77).
[178] VAILLANT/PHILONENKO 1987.
[179] VAILLANT/PHILONENKO 1987, 1169 und CIV.

diesen Teil vermissen lassen.[180] So ließ er also das slHen nach dem Umfang
von P bei 68,7 enden und fügte dann 69,1-73,9 auf der Grundlage von Sokolovs Manuskript (s.o. 24f) als Appendix mit eigener Zählung an.[181] In den
Artikeln der folgenden Jahre aber kam Charles mit keinem Wort mehr auf die
Erzählung zurück und ließ sie schließlich stillschweigend aus seiner Edition
von 1913 verschwinden. Bonwetsch dagegen, der 1896 noch keinen Zugang zu
den entsprechenden Hss. hatte, nahm die Erzählung in seine zweite Ausgabe
von 1922 auf, verwies sie jedoch ebenfalls in einen Anhang.[182] In beiden Fällen blieb eine Begründung aus. Charles beschränkte sich auf die Bemerkung,
daß dieses Fragment das Werk eines christlichen Häretikers zu sein
scheine,[183] während Bonwetsch jeglichen Kommentar unterließ. Damit waren
die Weichen gestellt - die Mehrzahl der Forscher klammerte in der Folgezeit
die Erzählung bei ihrer Beschäftigung mit dem slHen aus. Allein jene Übersetzungen, die sich auf die Hss. R oder U bezogen, boten den Text in fortlaufender Zählung. Die Unsicherheiten hinsichtlich seiner Zugehörigkeit zum
slHen als Ganzem wirkten sich nun besonders im Zusammenhang konkreter
Fragestellungen aus.

Zuerst wurde man bei der Exegese des Hebräerbriefes auf die Erzählung im slHen aufmerksam. F.J. Jerôme, der 1920 in einer Dissertation Belege
für ein Melchisedekbild im Hintergrund des Hebr zusammengetragen hatte,
wertete sie als ein rein jüdisches Werk.[184] Seine apologetische Absicht, den
Nachweis einer "messianischen Typik" Melchisedeks im Judentum zu führen,
ließ ihn jedoch die literarischen Spannungen im Text übersehen - gerade jene
Abschnitte, auf die sich seine Argumentation konzentrierte, müssen als spätere christliche Interpolationen betrachtet werden.[185] Weit vorsichtiger ver-
fuhr dagegen G. Wuttke in seiner Darstellung einer Melchisedektradition vor

---

[180]   Kenntnis von der Erzählung hatte CHARLES durch SOKOLOVS Text ("In this MS. it is
given as an organic factor of the Slavonic Enoch." - 1896, 85) - vollständig bieten sie R, J, A, U,
B; fragmentarisch Rum, Tr, Nr. 41 und Nr. 42. Daß auch P, N und V Spuren der Erzählung
enthalten, entging seiner Aufmerksamkeit (vgl. dazu u. 90f).
[181]   Zur Frage der Abgrenzung s.u. 146-148. Die Kap. XXI-XXIV von SOKOLOVS Hs. R
erscheinen bei CHARLES als Kap. I-V (XXIII ist unterteilt). SOKOLOVS Kapitelzählung be-
günstigte CHARLES' Mißverständnis bei der Abgrenzung - SOKOLOV bezifferte 68,5-7 als eigen-
ständiges Kap. XX; Kap. XXI begann dann mit 69,1.
[182]   BONWETSCH vermerkte zwar im Apparat zur kürzeren Fassung unter 65,11, daß die
Lesart in N, V und B² aus der Legende vom Priestertum Melchisedeks stamme (vgl. u. 90), zog
daraus jedoch keine Schlüsse für deren Zugehörigkeit zum Bestand des slHen. In der Gliederung folgte er CHARLES 1896. Alle weiteren durch SOKOLOVS Edition von 1910 bekannten Hss.
berücksichtigte er in einem Apparat.
[183]   CHARLES 1896, 85. Als Anhaltspunkte nannte er 71,31-34 und 72,8 (gemeint ist offenbar 72,7). Damit sind etwa jene beiden größeren christlichen Interpolationen im Text getroffen -
vgl. u. 118-125.
[184]   JERÔME 1920.
[185]   Dies betrifft 71,34-36 und 72,6-7 - JERÔME hat diese Verse sehr frei (z.T. mißverständlich) und gekürzt wiedergegeben (11-12). Vgl. auch u. 118-125.

und nach dem Hebr.[186] Indem er die Erzählung des slHen, deren Zustand er als "absolut konfus" betrachtete, zunächst einer Rekonstruktion unterzog, schied er die von Jerôme favorisierten Stellen aus und bewertete sie als christliche bzw. gnostische Überarbeitungen.[187] Dennoch hielt er es dann im Ergebnis für wahrscheinlicher, daß die Erzählung - von einigen älteren Elementen abgesehen - christliche Legende sei und insgesamt eher der Illustration jener Prädikate Melchisedeks in Hebr 7,3 (ἀπάτωρ ἀμήτωρ ἀγενεαλόγητος) diene als daß umgekehrt Hebr 7,3 eine alte Melchisedektradition aufnähme.[188] Genau dies aber folgerte nun wiederum H. Windisch in seinem Kommentar zum Hebr.[189] Es liegt auf der Hand, daß die jeweiligen Vorentscheidungen über den religionsgeschichtlichen Hintergrund des Hebr auch die Beurteilung der Erzählung im slHen bestimmten.[190]

Die Möglichkeit einer Analogie zwischen den Kindheitsgeschichten der Evangelien und Melchisedeks wunderbarer Geburt hatte mittlerweile W. Staerk ins Spiel gebracht, der in der Erzählung des slHen "...eine Kompilation der synoptischen Zacharias-Elisabeth-Legende und der apokryphen Marienlegende ..." sah.[191] Für A. Vaillant war es dann ganz offenkundig, daß der Verfasser hier die Geburt Christi imitiere.[192] J. Daniélou schloß sich ihm an und wies zudem auf eine weitere Analogie zwischen dem Motiv der Bewahrung Melchisedeks vor der sündigen Menschheit und der Bewahrung Jesu vor Herodes hin.[193] Das Interesse an Melchisedek wertete er als eine spezifisch christliche Spitze gegen das aaronitische Priestertum. Gegen eine solche Ableitung meldete sich jedoch bald Kritik. Sh. Pines,[194] M. Hengel[195] und R. Sti-

---

[186]   WUTTKE 1927.

[187]   WUTTKE grenzte 71,35-36 und 72,6-7 offenbar im Vergleich mit den in BONWETSCHS Apparat zugänglichen Hss. U und B als Interpolationen ab - seine Rekonstruktion findet sich 40⁵. Als christlich betrachtete er jene am Erdmittelpunkt haftenden Überlieferungen in 71,35-36; als gnostisch das Interesse an der Priesterreihe in 71,34 sowie an den Zahlen in 72,6-7.

[188]   WUTTKE 1927, 41. Den Sinn der Erzählung sah WUTTKE in einer Rettung des Priestertums über die Flut hinaus - im Judentum aber sei dieses Problem durch die Gleichsetzung Melchisedeks mit Sem gelöst worden. Vgl. auch u. 207-209.

[189]   WINDISCH 1931, 61f. Für WINDISCH stellt Hebr 7,3 den Reflex auf eine vortalmudische, in ihrer Art der apokalyptischen Henochspekulation vergleichbare Melchisedekspekulation dar.

[190]   Vom Hebr abhängig und als christliches Werk betrachtete auch RUBINSTEIN 1962 (4-6) die Erzählung, obgleich sein Interesse nicht von der Exegese des Hebr ausging.

[191]   STAERK 1938, 485.

[192]   VAILLANT 1952, XI. Dies fügt sich in die Bewertung des slHen als einer christlichen Schrift insgesamt ein. Nach VAILLANT ist die Erzählung in ihrer Sicherung des Priestertums zugleich ein Symbol für die Kontinuität der Kirche (XIII).

[193]   DANIÉLOU 1958, 26f. Was im Falle Jesu als reale Bedrohung geschildert wird, ist bei Melchisedek jedoch nur eine potentielle - obgleich zum Motiv vom verfolgten und geretteten Königskind (vgl. LUZ 1985, 85) tatsächlich interessante Parallelen bestehen, läuft die Geschichte im slHen doch eher als eine Art "Kammerspiel" ab.

[194]   PINES 1970, 74.

[195]   HENGEL 1971 vermutete noch aufgrund des Motivs von der jungfräulichen Geburt Melchisedeks den sekundären christlichen Charakter der Erzählung (275¹). 1975 bestätigte er

chel[196] etwa lehnten einen christlichen Einfluß auf die Erzählung im slHen ab und betonten deren jüdischen Charakter. Detailliert setzte sich auch M. Delcor mit den einzelnen Argumenten auseinander.[197] Eine Parallele zur Melchisedekerzählung im slHen sah er eher in der Erzählung von Noahs Geburt (äthHen 106 und Genesis Apokryphon 2-4) oder in derjenigen von Johannes dem Täufer (Lk 1,5-25.57-80), während die Kindheitsgeschichten Jesu bei Mt und Lk mit der Vorstellung von der jungfräulichen Geburt einen ganz anderen Akzent setzten. Auch die Abhängigkeit vom Hebr wies er zurück, da zumindest das Prädikat "ἀμήτωρ" auf den Melchisedek des slHen ja nicht zutreffe und ebenso eine Opposition gegen das aaronitische Priestertum erst konstruiert werden müsse. K. Schubert schließlich zog in seiner Untersuchung der Kindheitsgeschichten in den Evangelien die Erzählung des slHen als Beleg dafür heran, daß in priesterlich-apokalyptisch orientierten Kreisen des Judentums das Motiv der jungfräulichen Geburt schon bekannt war.[198] Damit war der jüdische Charakter der Erzählung unterstrichen, wenngleich auch ihre Ortsbestimmung sowie die Feststellung einer "jungfräulichen" Geburt noch Unklarheiten hinterließ.

Von einer ganz anderen Seite aus hatte J.T. Milik für einen christlichen Charakter der Erzählung plädiert.[199] In ihr glaubte er den originellsten Teil des slHen überhaupt zu finden, auf den er wesentlich seine Datierung und Lokalisierung des ganzen Buches stützte (s.o. 39f). Aus einer Übertragung des Priestertums von Noah auf Melchisedek schlußfolgerte er den Brauch einer hierarchischen Sukzession vom Onkel auf den Neffen, wie im byzantinischen Mönchtum verbreitet gewesen sei - begleitet von einer Salbung durch drei ausgezeichnete Personen entsprechend dem griechischen Brauch der Konsekration eines Hierarchen durch drei christliche Bischöfe. Bei Methusalems Einkleidung in 69,8 treten nun zwar drei namentlich genannte Älteste des Volkes als Akteure auf - Nirs Einkleidung in 70,13 wird jedoch von Methusalem allein vorgenommen, und im Falle Melchisedeks in 71,21 schließlich sind nur Noah und Nir zugegen.[200] Auch das Sukzessionsmodell Miliks deckt

---

dann ihren jüdischen Ursprung: "Die Erzählung zeigt keinerlei christliche Züge. Es ist auch unwahrscheinlich, daß die jungfräuliche Geburt von christlicher Seite einer Gestalt des A.T.s zugeschrieben wurde." (129[144]).

[196] STICHEL 1979, 48-52.
[197] DELCOR 1971, 127-130.
[198] SCHUBERT 1972, 230-234. BROWN 1977 (524[21]) etwa hat in seiner großen Untersuchung zu den synoptischen Kindheitsgeschichten das slHen aufgrund seiner unsicheren Datierung wieder ausgeschlossen und die Vorstellung einer jungfräulichen Empfängnis für das Judentum generell abgelehnt.
[199] MILIK 1976, 114-115.
[200] MILIK meint wohl Methusalem und slHen 69,8, wenn er von einer "anointing of Melchisedek by three distinguished people" (114) spricht. Jedoch auch von einer Salbung erwähnt das slHen nichts. Der Akt der Amtseinführung geschieht 3x durch die Einkleidung in die priesterlichen Gewänder. Weder die Ältesten Sarsan, Charmis und Zazas in 69,8 noch Noah in

sich nicht mit dem Text. Von Methusalem geht das Amt auf seinen Enkel Nir und von diesem dann auf den "Adoptivsohn" Melchisedek über. Von einer priesterlichen Funktion Noahs ist hingegen nirgends die Rede - die Erzählung lebt ja gerade von der Vorstellung jeweils nur eines amtierenden Priesters, und dies ist nach Methusalem unmittelbar Nir. Melchisedek könnte außerdem auch nur sehr bedingt als Neffe Noahs verstanden werden. Spezielle Sukzessions- und Konsekrationspraktiken aus dem byzantinischen Mönchtum des 9. Jhs. lassen sich in der Melchisedekerzählung des slHen jedenfalls nicht nachweisen.

Währenddessen hatten die Funde von Qumran neue Argumente für den jüdischen Charakter der Melchisedekerzählung im slHen erbracht. 1965 publizierte A.S. van der Woude das Fragment 11QMelch, das die Gestalt Melchisedeks als die eines himmlischen Erlösers zu erkennen gab.[201] Nach van der Woude müßte der Autor damit aber auf bereits vorhandene Traditionen zurückgegriffen haben.[202] D. Flusser etwa vermutete im Hintergrund von 11QMelch eine Art mythischer Biographie Melchisedeks, die auch im slHen ihren Niederschlag gefunden haben könnte.[203] Ganz ähnlich nahm der sowjetische Qumranist J.D. Amusin einen Legendenkranz um Melchisedek an, aus dem sich dann beide Texte gespeist hätten.[204] F. Horton allerdings klammerte in seiner von den neuen Funden angeregten umfangreichen Studie zur Melchisedektradition die Erzählung im slHen nach wie vor aus.[205] Ein weiterer Hs.-Fund erhärtete schließlich die These von der Existenz einer legendarischen Melchisedeküberlieferung im Judentum. In dem 1977 erstmals publizierten Codex IX/1 aus Nag Hammadi erschien die Gestalt Melchisedeks im Rahmen der Sethianischen Gnosis.[206] Nach Ansicht H.-M. Schenkes könnte die Erzählung im slHen nun eine Art Querverbindung zwischen Qumran und Nag Hammadi darstellen und damit ein Stück des Traditionsweges aufzeigen, auf dem Melchisedek in diese Form der Gnosis gelangte.[207] Ein sehr kenntnisreicher Aufsatz A. Caquots trug 1978 den Forschungsertrag zur Melchisedekerzählung im slHen zusammen.[208]

71,21 lassen zudem irgendwelche kultischen Funktionen erkennen. Ein fester Brauch ist aus den variierenden "Fallbeispielen" gerade nicht abzulesen.

[201] WOUDE 1965.

[202] WOUDE 1965, 367: "Damit hat er Melchizedek als אלוהים, also als himmlische Gestalt bezeichnet. Das konnte er aber nur, weil Melchizedek für ihn von vornherein eine solche war."

[203] FLUSSER 1966.

[204] AMUSIN 1967 und 1971. AMUSIN vermutete zwei gegenläufige Überlieferungsstränge - die Verherrlichung der Geburt Melchisedeks könnte Reaktion auf oder Ursache jener bei Epiphanius berichteten jüdischen Polemik gegen Melchisedek als den Sohn einer Hure sein.

[205] HORTON 1976. HORTON hielt die Erzählung für sehr spät, wenn auch nicht notwendig christlich (81[1]).

[206] SCHENKE 1980. Der Aufsatz bietet Text, Übersetzung und Untersuchung.

[207] SCHENKE 1980, 133.

[208] CAQUOT 1978.

Diese kurze Übersicht erweist slHen 68,5-73,9 nun als einen zwar interessiert wahrgenommenen, doch weithin noch unbearbeiteten Text. 1985 kon-
statierte J.H. Charlesworth hinsichtlich seiner Einordnung in den Rahmen der
atl. Pseudepigraphen: "I am afraid, we are confronted by more questions than
answers."[209] Die folgenden Untersuchungen werden den Versuch unternehmen, auf einige dieser Fragen eine Antwort zu finden.[210]

Exkurs C: Der Kalender im slHen

Die zahlreichen astronomisch-kalendarischen Angaben des slHen, die sich -
ähnlich wie in anderen frühjüdischen Schriften - als ein unverzichtbarer Bestandteil der Gesamtkonzeption des Buches einfügen,[211] zogen immer wieder
die Aufmerksamkeit verschiedener Forscher auf sich.

Zuerst gerieten sie in den Mittelpunkt einer Debatte um die Datierung
des slHen, die von 1918-1923 in einer Reihe von Aufsätzen geführt wurde (s.o.
28f). Die englische Astronomin A.S.D. Maunder hatte auf einzelne Elemente des römisch-julianischen Kalenders hingewiesen und daraus pauschal den
Gebrauch eines späteren christlichen anstatt eines lunisolaren jüdischen
Kalenders geschlußfolgert.[212] Dabei bezog sie sich auf die Kenntnis des Sonnenjahres von 365 1/4 Tagen (14,1; 16,4), der Mondepakten (16,5) und des
großen Zyklus' von 532 Jahren (16,5), wie sie die längeren Hss. bieten. In
einer Rezension ihres Aufsatzes präzisierte J.K. Fotheringham diese Beobachtungen dahingehend, daß im slHen der Gebrauch des christlichen Osterkalenders begegne.[213] Obgleich sich nun R.H. Charles in seiner Erwiderung auf die
Kenntnis der Mondepakten bereits im äthHen sowie den in seiner Übersetzung ausdrücklich markierten sekundären Charakter des großen Zyklus' in
16,5 berief,[214] nahm Fotheringham die Untersuchung erneut auf und zog wei-

---

[209] CHARLESWORTH 1985, 24. In einem besonderen Abschnitt geht er auf die noch immer
offenen Fragen ein. Nach seiner Einschätzung betreffen sie vor allem die Beziehungen der Erzählung zu a) äthHen 106, b) dem christlichen Konzept der Jungfrauengeburt, c) der Theologie
des Hebr, d) dem übrigen Text des slHen und e) der Literatur der Bogomilen.
[210] Dies betrifft die Frage der Zugehörigkeit zum slHen (s. 147ff), der christlichen Überarbeitung (s. 114ff), des Verhältnisses zu anderen "Kindheitsgeschichten" (s. 204ff) sowie der
theologischen Intention im Rahmen des Judentums überhaupt (s. 207ff).
[211] Den Hauptteil bieten die astronomischen Phänomene des 4. Himmels in 11-17. Einzelne Aussagen finden sich in 4,1-2; 19,2; 23,1; 24,5; 27,3; 28,1; 30,2-6; 40,2-6; 47,6-48,4; 68,1-4;
73. Breite Ausführungen astronomisch-kalendarischer Art finden sich z.B. auch in Jub 6,
äthHen 72-82 bzw. 4QEnastr und in Qumran (etwa CD 16,1-3; 3,13-15; 6,18f oder 1QS 1,14-15;
10,5-7). Das Interesse an astronomischen und kosmologischen Zusammenhängen kann ganz allgemein als ein besonderes Merkmal der frühjüdischen Eschatologie betrachtet werden.
[212] MAUNDER 1918. Die Gegenüberstellung von "christlicher Kirche" und "orthodoxem
Judentum" wird freilich der Vielfalt innerhalb des Frühjudentumes nicht gerecht, deren sich
MAUNDER seinerzeit offenbar noch nicht bewußt war.
[213] FOTHERINGHAM 1919.
[214] CHARLES 1921.

teres Material herbei.[215] Daß 16,5 interpoliert sei, lehnte er ab und betonte dessen innere Logik gegenüber allen anderen astronomischen Details. Diese innere Logik aber erwuchs aus der Voraussetzung, die einzelnen Daten nicht als "termini a quo", sondern allein in ihrer Beziehung zueinander zu betrachten. Die astronomischen Vorstellungen des slHen bieten nun freilich nichts weniger als einen geschlossenen, in sich stimmigen Komplex. Vielmehr ergab sich erst durch Fotheringhams Auswahl und Zusammenstellung jenes Schema, das die Komputisten etwa seit dem 7. Jh. gebrauchten. Ein Reflex des christlichen Osterkalenders in einzelnen astronomischen Kenntnissen spricht eher für spätere Korrekturen und Überarbeitungen des Kalendersystems im slHen. Dabei könnte der Gedanke ebensogut stimulierend gewesen sein, den christlichen Osterkalender zum Zwecke seiner Legitimation bis in die Urzeit zurückzudatieren, wobei es dann in der Ausführung nur an der nötigen Konsequenz gemangelt hätte.[216]

Das nächste Mal griff man im Rahmen der Debatte um den essenischen Kalender auf die astronomischen Vorstellungen des slHen zurück.[217] A. Jauberts grundlegende These, daß in Jub und im Schrifttum von Qumran die Observanz eines älteren jüdischen Sonnenkalenders bewahrt geblieben sei, während man im nachexilischen Jerusalem unter den Hasmonäern einen babylonischen Lunisolarkalender eingeführt habe,[218] warf auch auf den Kalender im slHen ein neues Licht. Im Gegenzug zu der früheren Debatte erfolgte nun eine Konzentration auf alle jene Elemente, die ein Sonnenjahr von 364 Tagen erkennen ließen. Nach A. Jaubert überbot der Kalender im slHen dabei die entsprechenden Systeme in Jub und äthHen und rückte mit der Fixierung der jährlichen liturgischen Feste auf den gleichen Tag ganz in die Nähe des Kalenders von Qumran.[219] An dem Festkreis im Hintergrund des slHen war auch J. van Goudoever interessiert.[220] Im Anschluß an Vaillant betrachtete er den Beginn von Henochs Himmelsreise als ersten Tag des Passah-Festes, wonach die Rückkehr dann mit Jub auf das Wochenfest fiele.[221] In der längeren Fassung sah er dagegen die Daten nach der Lage des Wochenfestes im offiziellen

---

[215]   FOTHERINGHAM 1922.
[216]   Es bleibt unverständlich, wie bei bewußter redaktioneller Arbeit dann überhaupt noch ein Jahr von 364 Tagen stehen konnte, das in nahezu allen Hss. als Grundsubstanz erkennbar ist (vgl. ANDERSEN 1983, Anm. 16d).
[217]   Vgl. zur Debatte STROBEL 1977, 440-449 und BRAUN 1966, II 43-54. Zu der zahlreichen Literatur über äthHen 72-82 bzw. 4QEnastr vgl. GLESSMER 1987.
[218]   JAUBERT 1957. Nach JAUBERT war es der Kalenderkonflikt, der zum Auszug des "Lehrers der Gerechtigkeit" und zur Gründung von Qumran führte. Das Nebeneinander zweier Kalender zielt in ihrer Untersuchung vor allem auf die Chronologie der Passionsereignisse, was nicht ohne Kritik blieb.
[219]   JAUBERT 1957, 46.
[220]   GOUDOEVER 1959.
[221]   Vgl. VAILLANT 1952, 3[14]. "naročityi den' mesjaca 1-go" entspricht nach VAILLANT dem griechischen Äquivalent "hemera epikletos", was auf den ersten Monat (Nisan) bezogen den ersten Tag des Passah-Festes meint.

Kalender geändert.[222] Auch N.A. Meščerskij griff A. Jauberts Ansatz auf und
machte ihn seiner These (s.o. 35f) zunutze.[223] Einerseits sah er im slHen jenen
"alten priesterlichen Sonnenkalender aus Qumran" bewahrt und wertete ihn
als ein gewichtiges Indiz für die vermutete Beziehung des slHen zur Gemeinschaft und zum Schrifttum von Qumran. Andererseits galt für ihn die
Konzentration der Daten dieses Sonnenkalenders auf die kürzere Textfassung
als weiterer Beleg für deren Ursprünglichkeit im Gegensatz zur längeren, in
der sich die bereits erwähnten Anklänge an den julianischen Kalender finden.
J.H. Charlesworth schloß sich den kalendarischen Beobachtungen Meščerskijs
an und machte hinsichtlich der Kalenderkorrekturen in der längeren Fassung
auf analoge Vorgänge in den PRE aufmerksam.[224] Allerdings liegt auch hier
der Sachverhalt nicht ganz so klar zutage, denn zugleich mit einigen sicherlich
erst später eingefügten Daten der längeren Fassung fehlen in den kürzeren
Hss. auch andere Angaben, die für die Konzeption eines Sonnenjahres von
364 Tagen bedeutsam sind.[225] M.D. Herr etwa stellte die Zugehörigkeit des
Kalenders im slHen zur Tradition des "Henochzirkels" und der "Qumransekte"
fest, indem er sich ausschließlich auf die Angaben der längeren Fassung bezog.[226] Zu einem völlig entgegengesetzten Schluß aber gelangte E. Kutsch, der
in den Angaben zur Monats- und Jahreslänge den Gebrauch eines Lunisolar-
jahres sah, die Hinweise auf ein Sonnenjahr dagegen lediglich als Reminiszenzen an das äthHen wertete.[227] Auch W. Eiss bemerkte im slHen nur den gewöhnlichen jüdischen Kalender zur Zeit des 1. Jhs.[228]

Hatten sich alle diese Untersuchungen bemüht, die konkrete Gestalt
eines funktionierenden Kalenders mit Hilfe astronomischer Sachkenntnis
nachzuweisen, so brachte E. Rau mit seiner gründlichen traditionsgeschichtlichen Exegese einen neuen Aspekt in die Debatte ein.[229] Sein Vergleich der
Aussagen im slHen zum Gang von Sonne und Mond mit den entsprechenden
Passagen in äthHen 72-82 erbrachte den überzeugenden Nachweis, daß beiden Schriften gemeinsames traditionelles Material zugrunde liegt, das slHen

---

[222]   Nach VAILLANT errechnete GOUDOEVER für Henochs Aufenthalt im Himmel 90
Tage, nach den Angaben des "Revisors" (R) 60 Tage. Nach Jub fällt das Wochenfest auf den 15.
des 3. Monats, nach dem offiziellen Kalender auf den 6. des 3. Monats - genau diese Differenz
sieht GOUDOEVER als Grund für die kürzere Aufenthaltsdauer Henochs im Himmel nach der
längeren Fassung; sie wäre also Korrektur bzw. Angleichung an den gültigen Kalender.
[223]   MESCERSKIJ 1964, 95; ausführlicher 1965, 76-77.
[224]   CHARLESWORTH 1985, 152[19]. Er nennt die Argumentation MEŠCERSKIJs "quite
convincingly" - ebenso die Schlußfolgerung, daß die kürzere Fassung zweifellos eine frühere
Phase der Textentwicklung repräsentiere.
[225]   Vgl. ANDERSEN 1983, Anm. 16b.
[226]   HERR 1976, 840.
[227]   KUTSCH 1955.
[228]   EISS 1964.
[229]   RAU 1974.

aber gegenüber dem äthHen ein sekundäres Überlieferungsstadium vertritt.[230]
Ähnlich argumentierte auch A. Strobel, der in Jub, äthHen und Qumran die
Wurzeln für die "solare Tradition" des slHen sah, in letzterem jedoch schon
Spuren für eine Umarbeitung nach dem julianischen Kalender im christlichen
Raum fand, so daß er die kalendarischen Vorstellungen des slHen "mit ziem-
licher Wahrscheinlichkeit" in die Zeit des 2.-4. Jhs. datierte.[231] M.E. wird
nun die traditionsgeschichtliche Betrachtungsweise den astronomisch-
kalendarischen Angaben des slHen am ehesten gerecht. Sie wählt nicht nur
die jeweils passenden Daten aus, um daraus dann verallgemeinernde Schlüsse
zu ziehen, sondern vermag die Spannungen zu berücksichtigen, die bereits im
Grundsätzlichen (z.B. hinsichtlich der Himmelsmechanik allgemein oder einer
Abstimmung der Bahnen von Sonne und Mond)[232] bestehen. Auf alle Fälle ist
gerade hier schon mit ursprünglichen Konstruktionen, Weiterentwicklungen,
Korrekturen und Mißverständnissen zu rechnen, nicht aber mit einem stimmigen System wie etwa bei Fotheringham. Der Bezug auf die Tradition des
äthHen und die Gestalt eines Sonnenjahres von 364 Tagen sind dabei als Ausgangspunkt deutlich erkennbar, während vor allem die Elemente des julianischen Kalenders späteren Überarbeitungen zuzuschreiben sind.[233] Doch gerade in den Einzelheiten weichen die verschiedenen Hss. dann erheblich voneinander ab - selbst innerhalb einer Hs. bleiben häufig Unstimmigkeiten offen.[234] Der Prozeß der Überlieferung liegt hier wohl viel komplizierter, als
daß er sich entsprechend Meščerskijs Vorschlag im wesentlichen auf beide
Textfassungen verteilen ließe. Zahlenangaben waren bei einem Wechsel der
Alphabete sowie bei wachsendem zeitlichem Abstand vom ursprünglichen
Modell der Gefahr von Korruptionen in besonderer Weise ausgesetzt.[235] Die
möglichen Interpolationen bieten aufgrund ihres sporadischen Charakters
auch nur wenig Anhaltspunkte für eine genaue Datierung. Hinzu kommt der

---

[230] Das betrifft vor allem die Zweiteilung in der Schilderung des Umlaufes von Sonne und
Mond sowie spezielle Motive im slHen (Lichtstärke der Sonne, Kreisbahn, Tag und Nacht), die
sich nur vom äthHen her verstehen lassen. Unklar bleibt traditionsgeschichtlich die
Bestimmung über vier zusätzliche Tage, die im äthHen eine genau entgegengesetzte Bedeutung
haben. Daß im slHen die Vorstellungen des astronomischen Buches im äthHen mißverstanden
worden seien, hatte schon NEUGEBAUER 1964 (61) angedeutet.

[231] STROBEL 1977, 179-182. STROBEL betrachtete das slHen als kaum jüdisch, eher christlich überarbeitet - wohl in der Nachfolge VAILLANTS (179). Er hielt es zwar für möglich, daß
der Kalender im slHen ein Vorbild für den Komputisten im Jahre 243 gewesen sein könnte - für
wahrscheinlicher aber hielt er die umgekehrte Reihenfolge (182).

[232] 4,1-2 und 30,4 widersprechen z.B. der sonstigen Lokalisierung der Sterne oberhalb der
7 Planetensphären. Die Planetensphären stehen insgesamt in Spannung zum Modell der 7
Himmel. Kap. 16 bleibt sehr unklar - die Beschreibung der Mondbahn deckt sich formal nicht
mit jener der Sonne.

[233] Vgl. z.B. u. 114f und ANDERSEN 1983, Anm. 14d.

[234] Vgl. die Übersichten in den Anm. zu 11-17 bei ANDERSEN 1983.

[235] Als zusätzliche Fehlerquelle muß im slavischen Bereich auch noch einmal mit einem
Wechsel zwischen glagolitischem und kyrillischem Alphabet und ihren jeweils eigenen Zahlen-
werten gerechnet werden.

Eindruck, daß im slHen viel weniger Gewicht auf der realen Funktion eines Sonnenkalenders als ganz allgemein auf der Einbeziehung und Präsentation astronomischer Traditionen an sich liegt. Um zu genaueren Schlüssen über einen Kalender im slHen zu gelangen, ist somit vor allem eine sorgfältige textkritische und traditionsgeschichtliche Analyse erforderlich, die sich mit astronomischer Sachkenntnis verbindet. Eine solche Analyse wird im Verlauf der vorliegenden Arbeit ausgespart bleiben.

Exkurs D: Bildende Kunst und slHen

In einigen wenigen Fällen wurde das slHen auch dazu herangezogen, den geistigen Hintergrund von einzelnen Motiven der bildenden Kunst zu erklären. Zum ersten Mal stellte 1916 E.K. Rědin in seinen Untersuchungen zur Christlichen Topographie des Kosmas Indikopleustes einen solchen Zusammenhang her.[236] In einer Hs. des 15. Jh. hatte er eine bildliche Darstellung vom Aufbau der Welt gefunden, die er auf die Kenntnis des slHen zurückführte - sie zeigt die Erde im Zentrum der 7 Planetenkreise, an deren äußerem Rand 12 Engel mit Schofaren und je einem Tierkreiszeichen zwischen 4 das ganze Universum tragende Säulen verteilt sind. Die Planetenbahnen und der Tierkreis sind nun freilich so weit verbreitete und allgemeine Motive, daß hier auch zahlreiche andere Quellen in Frage kämen. Zudem deckt sich die Reihenfolge der Planetennamen nicht ganz mit slHen 30,3 (Zeus und Aphrodite sind vertauscht), und von den Säulen, die das Bild bestimmen, ist im slHen nirgends die Rede. Die Tore der Sonne und des Mondes dagegen, auf denen in slHen 13-16 ein so großes Gewicht liegt, haben in der Darstellung keinen Platz. Größere Wahrscheinlichkeit kommt einer Vermutung O. Pächts zu.[237] Im sog. Caedmon-Manuskript, einer angelsächsischen Bibelparaphrase des frühen 11. Jhs., befindet sich eine Darstellung der Entrückung Henochs, die auffällig über das im Text nur knapp erwähnte Ereignis hinausgeht. Sie stellt zwei Szenen dar, in denen Henoch - zunächst noch von seinen Söhnen umgeben, dann in den Wolken verschwindend - von zwei Engeln geführt wird. Unter den Schilderungen von Henochs Entrückung bietet nun allein slHen 67 alle jene Bildelemente. Die Kenntnis des Textes hätte über Canterbury, das im 7. Jh. ein Zentrum griechischer Bildung war, nach England gelangt sein können. Nach Pächts Auffassung verraten das ganze Caedmon-Manuskript sowie der damit verwandte Aelfric-Pentateuch überhaupt den Einfluß östlicher vor-ikonoklastischer Illustrationszyklen.[238] Doch auch hier sind andere Beziehungen denk-

---

236 RĚDIN 1916, I 128. Das Buch war mir leider nicht zugänglich (Hinweis bei STICHEL, in: Byzantinoslavica 39, 1978, 63-67). Die Zeichnung, auf die sich RĚDIN bezog, findet sich auch bei GUILLOU 1974, 125.
237 PÄCHT 1962, Abb. 1.
238 PÄCHT 1962, 6-7.

bar. Ein Impuls hätte etwa auch von Darstellungen der Himmelfahrt Christi ausgehen können, zu der unter Bezug auf Act 1,10 ebenfalls zwei Engel gehören.[239] In seinem Buch über den Phönixmythos erwähnte des weiteren R. van den Broek ein Deckengemälde aus dem 17. Jh. (heute im Museum der niederländischen Stadt Arnhem), auf dem der von einem Phönix und von einem geflügelten Drachen gezogene Sonnenwagen abgebildet ist.[240] Der einzige bekannte Text, der eine solche Figurengruppe beschreibt, findet sich in slHen 12,1-3 bzw. in der davon abhängigen "Disputation eines Orthodoxen mit einem Lateiner" (s.u. 139ff). Van den Broek vermutete, daß sich eine Vermittlung des Motivs über mittelalterliche Emblembücher vollzogen haben könnte. Ein positiver Beleg ist dafür jedoch nicht erhalten geblieben. Auf eine mögliche Beziehung des Fußbodenmosaiks der in Beth-Alpha ausgegrabenen Synagoge zu der in slHen 4,1 und 30,4 ausgesprochenen Vorstellung, daß sich Sterne und Mond im untersten Himmel befänden, hat schließlich F.I. Andersen vorsichtig hingewiesen.[241] Diese Vorstellung erscheint jedoch sowohl in der Darstellung des Mosaiks als auch im slHen nur am Rande, so daß die Beziehung zwischen beiden eine sehr vage Möglichkeit bleibt.

Die Annahme D.N. Dumvilles, daß das slHen im früh-mittelalterlichen Westeuropa bekannt gewesen sei, bleibt hypothetisch.[242] Die Untersuchung M. Försters über die in ganz Westeuropa verbreitete Überlieferung von Adams Erschaffung und Namensgebung betrifft mit dem Passus slHen 30,8-14 nur einen kleinen, leicht aus dem Zusammenhang lösbaren Abschnitt.[243] Ähnliches gilt von einer Wirkungsgeschichte des äthHen. Die Behauptung Miliks etwa, das astronomische Buch sei in der östlichen und westlichen Ikonographie gut bekannt gewesen, vermag sich nur auf Analogien in drei späten Oktateuch-Hss. zu stützen.[244] Auch die These K. Weitzmanns von der Existenz illustrierter Henochbücher beruht allein auf Rekonstruktionen.[245]

---

[239] Auf diese Möglichkeit hat PÄCHT selbst hingewiesen. Vgl. auch SCHILLER [2]1986 (159f), wo Henochs Entrückung als eines der atl. typologischen Motive für Christi Himmelfahrt genannt wird - eine Umkehrung ist ebenso denkbar.

[240] BROEK 1971, 302.

[241] ANDERSEN 1983, Anm. 4a. Eine Abbildung des Mosaiks ist leicht zugänglich in: MAIER/SCHÄFER 1981, Farbtafel 169. In einem inneren Kreis, um den sich außen herum die Tierkreiszeichen gruppieren, ist der Sonnengott Helios auf seinem Wagen zu sehen. Rings um sein Haupt und rings um den Wagen sind 23 Sterne und der zunehmende Mond verteilt. Außerhalb des Kreises markieren vier Engelsgestalten den Beginn der Jahreszeiten. ANDERSEN vermutete, daß die 23 Sterne und der zunehmende Mond auf dem Mosaik eine Art Verbindung zwischen der Vorstellung vom Mond als unterstem Himmelskörper bzw. vom Schmuck des untersten Himmels durch die Sterne (4,1; 30,4) und der Zahl der 24 Ältesten in der Apk (4,4. 10 u.ö.) sein könne.

[242] DUMVILLE 1973, 318f und 331.

[243] FÖRSTER 1908.

[244] MILIK 1976, 21.

[245] WEITZMANN 1980, 80. Die Existenz illustrierter Henochbücher bzw. illustrierter Hss. von apokryphen und pseudepigraphen Schriften überhaupt stellte WEITZMANN im Rückschlußverfahren fest: die mal. Bibelparaphrasen nehmen auch auf die apokryphe Literatur Bezug,

Die ikonographische Fragestellung bietet also sehr geringe Aussichten, den Überlieferungsweg des slHen aufzuhellen. Es steht nur wenig Material zur Verfügung, das zudem auch noch kaum untersucht ist.[246] E. Hennecke hatte 1896 das Fehlen der Henochgestalt in der altchristlichen Malerei als schlichten Fakt konstatiert.[247] Eine der Ursachen, die Henochs bildlicher Darstellung entgegengewirkt haben könnten, sah E. Peterson in einer schon früh einsetzenden Verdrängung Henochs aus den liturgischen Texten.[248] Insgesamt fanden auch die ntl. Apokryphen einen viel reicheren Niederschlag in der ostkirchlichen Kunst, als sich dies für die atl. Apokryphen beobachten läßt.[249] Gründlichere Vorarbeiten zur Henochgestalt und zu verwandten Motiven stehen noch aus. So muß es wohl vorerst bei R. Stichels ausgewogenem Urteil bleiben, daß die genannten Beispiele lediglich Zeugnisse für das Weiterleben jüdischer Vorstellungen, nicht aber schon für die direkte Vorlage eines der Henochbücher selbst sind.[250]

4. Aufgabenstellung

Zur Erforschung des slHen ist nach dem vorausgegangenen Überblick bereits mehr an Detailarbeit geleistet worden, als die allgemein zugänglichen Standardwerke zunächst erkennen lassen. Die verschiedenen Beiträge und Einzelhinweise haben jedoch aus dem ganzen Spektrum häufig nur einen Teilausschnitt vor Augen und gelten in ihrer Fragestellung selten dem slHen um seiner selbst willen. Es ist demnach an der Zeit, die Ergebnisse aller bisherigen Arbeiten auf der Grundlage der zugänglichen Hss. in eine neue, geschlossene Interpretation des slHen einzubeziehen.

Grundlegende Bedeutung hat der Konsens der meisten Forscher, daß ganz allgemein von einem jüdischen Grundstock, Archetyp, Kern (oder wie auch immer) des slHen gesprochen werden kann, der zeitlich dem 1. Jh. zuzuordnen ist. Die "Bogomilenthese" jedenfalls in ihrer krassen (Maunder) und

---

weswegen für diesen Bereich illustrierte Zyklen angenommen werden können (89-91). Daß sich dafür keine Zeugnisse erhalten haben, bringt WEITZMANN mit dem "Unterschichtencharakter" der apokryphen Literatur in Verbindung, die ohne Protektion von Hof- oder Klosterbibliotheken geringere Überlebenschancen gehabt habe (77-80).

[246] Vgl. etwa LECLERC, DACL 6/2, 2245-2246; GRAY, Lexikon der christlichen Ikonographie I, 643-645. Der sonst ganz hervorragende Artikel zu Henoch im RAC (BERGER 1988) klammert die ikonographische Seite leider aus.

[247] HENNECKE 1896, 218.

[248] PETERSON 1959.

[249] FABRICIUS 1956; ONASCH 1958; WESSEL, RBK 1, 210-218.

[250] STICHEL, Rezension zu MILIK 1976, in: Byzantinoslavica 39, 63-67, Prag 1978, 66. Kritisches findet sich noch einmal bei STICHEL 1979 (43[118]) - die hier genannte Literatur beruht wesentlich auf diesen Hinweisen.

ihrer milderen (Ivanov) Form wurde von Charles und Turdeanu schlüssig widerlegt. Eine späte Datierung des ganzen Buches aufgrund einzelner astronomischer Vorstellungen (Fotheringham) oder gar nur einiger vager lexikalischer bzw. kulturgeschichtlicher Analogien (Milik) konnte sich ebensowenig behaupten wie die Charakterisierung des slHen als eines "christlichen Henochbuches" (Vaillant). Um so wichtiger ist hingegen die Frage geworden, ob und wodurch sich spätere Hinzufügungen bzw. Überarbeitungen vom ursprünglichen Text abgrenzen lassen. Die Frage nach der Integrität des Textes hat nun ihre besondere Problematik durch die Existenz zweier nach Umfang und Charakter unterschiedlicher Textfassungen. Die Favorisierung jeweils einer von beiden als der ursprünglicheren hat bislang zu noch keinem befriedigenden Ergebnis geführt. Beide Fassungen enthalten sowohl altes Überlieferungsgut als auch Spuren späterer Veränderungen. Daraus folgt, daß ein "Grundstock" des slHen nicht einfach mit einer von beiden Fassungen identisch ist und die andere nur entsprechend davon abgeleitet werden müßte. Die Frage nach der Integrität umfaßt mehr als eine Verhältnisbestimmung beider Textfassungen zueinander. Sie betrifft den gesamten langen Überlieferungsweg, in dem beide Textfassungen nur das letzte (wenn auch einzige literarisch belegte) Überlieferungsstadium repräsentieren. Ausgangspunkt muß also der Versuch sein, die Überlieferungsgeschichte des slHen in ihren verschiedenen Bereichen zu rekonstruieren und damit erst die Textgrundlage für eine theologische Interpretation des slHen zu bestimmen.

Die Sicht der Überlieferungsgeschichte beruhte in der bisherigen Forschung wesentlich auf einer gemeinsamen Voraussetzung. Alle Modelle gehen davon aus, daß der Überlieferungsweg geradlinig verlaufen ist - allein im Blick auf seine Richtung (Erweiterung oder Kürzung) schieden sich die Auffassungen.[251] Angesichts einer Gesamtdauer von etwa 1700 Jahren ist dies nun allerdings wenig wahrscheinlich. Viel näher liegt es, F.I. Andersens vorsichtiger Einschätzung - "Abbreviation as well as expansion has almost certainly taken place."[252] - zu folgen und von hier aus weiterzufragen, welche Bedingungen des langen Überlieferungsprozesses eher Erweiterungen und welche eher Kürzungen begünstigt haben könnten. Dabei ist zu bedenken, daß sich die Textüberlieferung über wenigstens drei Kulturkreise (Nordafrika - Byzanz - Bulgarien/Rußland) erstreckte, was eine Übersetzung (Griechisch - Altslavisch)[253] sowie die Teilhabe an sprachlichen Entwicklungen (etwa Koine - by-

---

[251] Darüber geben bereits die Bezeichnungen Auskunft - CHARLES: complete redaction/shortened and incomplete r.; SOKOLOV: polnaja redakcija/sokraščennaja r./promežutočnaja r.; BONWETSCH: längere Redaktion/kürzere R.; VAILLANT: version courte/premiere revision/nouvelle r.; MESCERSKIJ: prostrannaja redakcija/kratkaja r.; ANDERSEN: very long recension/long r./short r./very short r.; SANTOS OTERO: redaccion larga/r. breve.

[252] ANDERSEN 1983, 94.

[253] Die Existenz eines hebräischen Prototyps, besonders von MESCERSKIJ vertreten (s.o. 35f), ist nur schwer zu erweisen und soll im folgenden unberücksichtigt bleiben - vielmehr ist

zantinisch; südslavisch - russisch) bedeutete. Daraus ergibt sich folgende
These:

> Die Überlieferungsgeschichte des slHen läßt sich nicht einseitig auf
> eine Verhältnisbestimmung beider Textfassungen beschränken -
> vielmehr sind deren Unterschiede in Umfang und Charakter das
> Ergebnis eines langen und wechselseitigen Prozesses. Im Verlauf
> einer 1700 jährigen Überlieferung sind Erweiterungen, Kürzungen
> und Überarbeitungen durch den jeweiligen Abstand zur Ur-
> sprungslegende, den Kontext des jeweiligen Kulturkreises sowie
> das jeweilige sprachliche Umfeld bestimmt worden. D.h. -
> Erweiterungen und Zusätze im Text sind wahrscheinlicher für die
> Zeit der griechischen Überlieferung bis zum 8. Jh., während
> Kürzungen als das Ergebnis vielfältiger redaktioneller Arbeit eher
> für die Überlieferung im slavischen Bereich anzunehmen sind. Spä-
> tere Kürzungen müssen nicht mit früheren Erweiterungen identisch
> sein.

Damit ist nun die Aufgabenstellung für die folgende Untersuchung benannt.
In einem ersten Schritt geht es um die Rekonstruktion der Überlieferungsgeschichte. Sie kann sich für den slavischen Bereich hauptsächlich auf die bislang noch kaum berücksichtigten Kontextmanuskripte des slHen stützen und
fragt nach den Konsequenzen, die sich aus der Einbindung in übergreifende
Zusammenhänge für die Gestalt des Textes selbst ergeben. Einige ausgewählte textkritische Beobachtungen sollen die Bedingungen, die sehr wahrscheinlich zu Kürzungen und Überarbeitungen des Textes führten, am konkreten Beispiel verdeutlichen. Von da aus erfolgt die Rückfrage nach dem Bereich der griechischen Überlieferung, für dessen Erschließung sich vor allem
die Methode der Literarkritik empfiehlt. Von Interesse sind dabei Einschübe
und Überarbeitungen im Text der längeren Hss. sowie deren historische und
theologische Bestimmung. Neben diesen textinternen Fragestellungen soll
auch in beiden Bereichen nach Spuren gesucht werden, die eine Kenntnis des
slHen in anderen Schriften hinterlassen haben könnte. Erst in einem zweiten
Schritt kann dann auf der neu gewonnenen Textgrundlage der Versuch unternommen werden, das slHen als literarische Einheit zu interpretieren. Hierbei geht es wesentlich um eine Analyse seiner Struktur, die Bestimmung seiner theologischen Intention und die Einordnung seiner Vorstellungen in den
Chor anderer frühjüdischer Stimmen bzw. in das historische Umfeld des 1.
Jhs. In einem dritten Schritt sollen schließlich die Felder benannt werden, in
denen das slHen für die ntl. Exegese von Bedeutung ist. Der "Ertrag" der vorausgegangenen beiden Teile wird dabei zu einer Art "Zwischenbilanz" für die
weitere Einbeziehung des slHen in die Erforschung der ntl. Zeitgeschichte.

---

wohl anzunehmen, daß die Denkweise des Autors weithin von der hebräischen Sprache geprägt
war.

Hinsichtlich der Hss.-Situation müssen zum gegenwärtigen Zeitpunkt noch einige Fragen offen bleiben. Notwendig wäre hier die kritische Edition der Hss. J, A und V, vor allem aber der noch gänzlich unbekannten Hss. Nr. 8 und Nr. 11. Ebenso müßten die Fragmente Nr. 34 - Nr. 37 auf ihren Zusammenhang mit dem slHen überprüft werden. Gleiches gilt für die zahlreichen, bei Jacimirskij aufgelisteten Texte über Melchisedek.[254] Das Auftauchen neuer Hss. ist wohl kaum zu erwarten, wenngleich auch seit den Entdeckungen Sokolovs eine gezielte Suche nicht wieder unternommen worden ist. Beim gegenwärtigen Kenntnisstand bietet das vorliegende Material immerhin eine ausreichend breite Basis, um zu grundlegenden Aussagen über das slHen zu gelangen. Von einer künftigen Erweiterung des Hss.-Spektrums sind vor allem Differenzierungen und Modifikationen zu erwarten.

---

[254] Vgl. JACIMIRSKIJ 1921, 100-111. Die meisten Texte tradieren die apokryphe Melchisedeklegende des Ps-Athanasius (vgl. u. 123f). Doch viele Titel sind zu allgemein, um bereits auf den Inhalt schließen zu lassen. Zu prüfen ist auch die Hs. Nr. 1490 der Novgoroder Sophienbibliothek, heute in der Leningrader Öffentlichen Bibliothek (Beschreibung bei SMIRNOV 1865, 75f) die auf S. 471 einen Artikel "Über Melchisedek, der aus der toten Sophonima geboren wurde" enthält oder enthielt - nach den Angaben von SMIRNOV ist ein Teil des Textes ausradiert.

II. Untersuchungen zur Überlieferungsgeschichte des slHen

1. Zeugnisse der Überlieferung im slavischen Bereich

1.1. Charakteristika der slavischen Apokryphen

Der Begriff "апокрифический /apokryph" wurde in Rußland erst um die Mitte des vergangenen Jhs. als Fremdwort aus der westeuropäischen Terminologie übernommen. Er trat an die Stelle bzw. an die Seite derjenigen slavischen Termini, die bis dahin als Pendant des griechischen "ἀπόκρυφος" und seiner Synonyme fungiert hatten. In den ältesten Texten betrifft dies zunächst das Adjektiv "сокровенный - κεκρυμμένος/verborgen, heimlich", das mit "потаенный bzw. тайный - λάθρα, ἀπόκρυφος/geheim, verborgen" gleichbedeutend gebraucht werden konnte. Hinzu kommt das Adjektiv "ложный - ψευδής/lügnerisch, erdacht, falsch", das sich vor allem als Gegensatz zu "истинный - ἀληθής, ἀληθινός/wahr, echt, wirklich" in der Überschrift des weitverbreiteten Artikels "Über die wahren und falschen Bücher" findet und die Varianten "подложный" bzw. "ложнонаписанный - ψευδεπίγραφος" aufweist. Daneben stehen die Begriffe "отреченный - ἀπόρρητος/abgewiesen", "неисправленный /unverbesserlich" oder Bezeichnungen wie "вредный /schädlich, gefährlich", "запрещенный /verboten" bzw. direkt "еретический /häretisch". Mitunter benannte man jene Schriften auch nach konkreten Persönlichkeiten wie dem bulgarischen Priester Jeremij (10. Jh.) und dem griechischen Gelehrten Johannes Kartanos (16. Jh.) - oder man sprach ganz allgemein von den "bulgarischen Fabeln".[1]

Allen diesen Termini ist trotz ihrer unterschiedlichen Akzentuierung nun das eine gemeinsam, daß sie eine eindeutig negative Wertung ausspre-

---

[1] Eine Apokryphensammlung unter dem Namen des Priesters Jeremij, den auch die Hs. TSS 253 als Autor nennt (s.u. 78), begegnet in Hss. des 13.-15. Jhs. Seine Identität mit dem Priester Bogomil bzw. der bogomilischen Häresie überhaupt wird heute allgemein abgelehnt (vgl. EncSlov 26/1894, 643 und SANTOS OTERO, TRE 7, 30). "карътанови книги /Kartanovsche Bücher" spielt auf die zahlreichen Apokryphen an, die sich in dem "цвят /Blüte" betitelten Werk des Joh. Kartanos befanden (vgl. ANGELOV 1952, 145[1]). Auf die Klage des Fürsten Kurbskij über die Popularität der "bulgarischen Fabeln" verweist SADNIK 1947, 1053.

chen. Sie knüpfen damit an die Kategorisierung des Schrifttums an, die allmählich in der christlichen Theologie entstanden war. Zunächst hatte hier die Kanonfrage, hervorgerufen durch die Erweiterungen der LXX, die christlichen Theologen zur Aufstellung der beiden Kategorien "kanonisch" und "draußenstehend" veranlaßt, wobei letztere relativ wertfrei verstanden wurde.[2] Das änderte sich jedoch, als die Auseinandersetzung mit verschiedenen Häresien eine dritte Kategorie notwendig machte, die man nun die "ἀπόκρυφα" nannte. Der Begriff wurde aus dem Bereich heidnisch-gnostischer Geheimlehren auf die lediglich für einen begrenzten Adressatenkreis bestimmten Schriften der jüdischen und frühen christlichen Überlieferung übertragen und damit - nun aus christlicher Sicht - negativ gewendet.[3] Man betrachtete sie als bewußt auf Täuschung angelegte Werke der Häretiker, so daß aus verschiedenen Konzils- und Synodalentscheidungen, Urteilen der Väter und Kanonverzeichnissen schließlich eine Art Index zur Warnung der Gläubigen entstand. Seine wohl populärste Form fand er als Anhang zu dem sog. "Verzeichnis der 60 Bücher", das in drei der erhaltenen Hss. dem Anastasios Sinaites (6. Jh.) zugeschrieben, in einer dagegen unter die Verse des Gregor von Nazianz (4. Jh.) über den Bibelkanon eingereiht wird - mit Sicherheit war es seit Anfang des 7. Jhs. bekannt und scheint in der griechischen Kirche weit verbreitet gewesen zu sein.[4] Gemäß der genannten Kategorisierung verzeichnet der Anhang bzw. der dritte Teil der Liste die Apokryphen mit einem Umfang von 25 Titeln, wobei "Ἐνώχ" an zweiter Stelle steht.

Dieses Verzeichnis tauchte schon bald in slavischer Übersetzung auf. Aus dem verlorengegangenen Sbornik des bulgarischen Zaren Simeon (893-927) gelangte es in dessen russische Abschrift, den sog. "Izbornik des Svjatoslav" vom Jahre 1073 und entfaltete von hier aus eine breite Wirksamkeit in der slavischen Literatur.[5] Weiterentwickelt zu dem Artikel "Über die wahren und falschen Bücher" und durch neues Material fortwährend erweitert, fand dieser Index rasch einen Platz vor allem in der kanonistischen Literatur - die Kormčaja Kniga, die Cerkovnye Ustavy, Pandekt und Taktikon des Nikon vom schwarzen Berge, der Pogodinsche Nomokanon oder das Gebetbuch des Metropoliten Kiprian boten dabei jeweils eigene Redaktionen mit zahlreichen

---

2 Vgl. RÜGER, TRE 3, 289-296. "ἔξω bzw. ἔξωθεν" nimmt die hebräische Wendung "sefarim hahitsonim" auf, die ihrerseits lediglich einen Unterschied in der Heiligkeit der betreffenden Schriften bezeichnete.

3 Vgl. auch HENNECKE/SCHNEEMELCHER [4]1968, I 6.

4 Text bei ZAHN 1892, II/1 289-93 und PREUSCHEN 1910, 68-70. Zu den verschiedenen Zuweisungen s. ZAHN 1892. "Die 60 Bücher" scheint weithin als terminus technicus für beide Testamente gebraucht worden zu sein - so z.B. von dem Mönch Antiochus aus dem Sabbaskloster am Toten Meer zu Anfang des 7. Jhs., was auf die Verbreitung der Liste um diese Zeit schließen läßt (vgl. MIGNE PG 89, 1428 bei ZAHN 1892, II/1 292f).

5 Als grundlegende und zugleich materialreichste Arbeit zum slav. Apokryphenindex vgl. PYPIN 1862. Zu den Hss. vgl. JACIMIRSKIJ 1921, 1-75 und LÜDTKE 1911, 230-235. Ebenso TURDEANU 1950, 25-38; ANGELOV 1952; DUJČEV 1952-53, 50-60; auch GUDZIJ 1959, 32.

Varianten in ihren verschiedenen Kopien; eine letzte Redaktion fand ihren Niederschlag in der 1644 ([2]1678) gedruckten Kirillova Kniga, einem Sammelband, der besonders unter den Altgläubigen in Geltung stand. Im Laufe der Zeit war der Bestand - wenn man die Angaben der verschiedenen Redaktionen zu einem "synthetischen" Index zusammenträgt - auf etwa 100 Titel angewachsen, die nun schon genauere Bezeichnungen aufweisen und neben alten jüdischen und christlichen Schriften auch solche slavischer Herkunft bzw. inhaltlich weiter entfernt Liegendes wie astrologische oder magische Texte enthalten.[6] Doch damit war noch nicht alles vorhandene Material erfaßt.[7] Vielmehr spiegelte sich in den ständigen Erweiterungen und der zunehmenden Verbreitung des Indexes der vielfach größere Reichtum und die Popularität der slavischen Apokryphen wider. Denn während in den westeuropäischen Ländern die Apokryphen mit der Entstehung der verschiedenen nationalen Literaturen an Bedeutung verloren, entfalteten sie auf slavischem Boden erst ihre ganze Wirksamkeit und beeinflußten vor allem die Volksdichtung in Legenden und geistlichen Liedern noch weit bis in das 19. Jh. hinein.[8] Trotz der Ahndung, die sie kirchlicherseits erfuhren, fanden apokryphe Motive selbst in der Ikonenmalerei einen festen Platz.[9]

Diese erstaunliche Vitalität der slavischen Apokryphen liegt nun wesentlich in der Form ihrer Überlieferung begründet, für die A. de Santos Otero die treffende Bezeichnung einer "parasitären Existenz" geprägt hat.[10] Da der Index ganze Sammlungen oder unabhängige Überlieferungen unmöglich machte,[11] fanden die Apokryphen als einzelne Texte Aufnahme in Kodizes unterschiedlichsten Charakters und wurden zu deren festem Bestandteil. Sie tauchten unter und fügten sich in größere literarische Zusammenhänge ein, unter deren geliehener Autorität sie nun erfolgreich der kirchlichen Zensur entgingen. Jede neue Kopie des Kontextmanuskriptes tradierte damit auch den apokryphen Text und führte so zu einer fast "gespenstisch anmutenden

---

[6]   Eine solche Zusammenstellung findet sich z.B. bei TICHONRAVOV 1863, I-X und XII, wobei einige Titel dieselbe Schrift zu betreffen scheinen. JACIMIRSKIJ 1921 (1-75) zählte 122 Titel - SANTOS OTERO 1962 (131) spricht von etwa 70 Titeln.

[7]   An diesem Punkt entzündete sich eine Debatte darum, was genau in der slav. Literatur zu den Apokryphen zu zählen sei. Während Tichonravov u.a. allein die Angaben der verschiedenen Indices zum Kriterium machen wollten, bezogen Pypin oder Porfir'ev den Begriff auf alle außerbiblischen Erzählungen über biblische Personen und Ereignisse (vgl. SPERANSKIJ, in: Archiv für slavische Philologie 14/1892, 422-427). Beide Positionen verblieben jedoch im Bereich der slavischen Literaturgeschichte und vernachlässigten die Frage nach den griechischen Originalen.

[8]   Vgl. z.B. JANČUK 1907; SADNIK 1947; SANTOS OTERO 1962; NAUMOW 1976; DERS. in: Palaeobulgarica 4,2/1980, 71-78; PETKANOVA 1981.

[9]   Vgl. die Literatur zu Anm. 249 im I. Teil.

[10]   SANTOS OTERO 1978, I 20f. Auf den Abschnitt 19-29 beziehen sich auch die folgenden Ausführungen.

[11]   Die o. in Anm. 1 genannten Sammlungen stellten Ausnahmen dar - größere Sammlungen tauchen erst im 18./19. Jh. auf (vgl. SANTOS OTERO 1978, I 20[53]).

Allgegenwart" der Apokryphen in der slavischen Literatur. Nahezu alle Sammelbände kamen hier in Frage, wobei sich besonders solche mit einer "lockeren" Struktur wie etwa die Menäen oder der Prolog samt ihrem hagiographischen Material, die verschiedenen Homiliensammlungen oder gänzlich unthematisierte "Sborniki" anboten. Aber auch einheitlich konzipierte Werke wie die Paleja mit ihrer Sammlung und Erläuterung atl. Begebenheiten, verschiedene Chronographen und selbst kanonistische Sammlungen oder Evangelien-Hss. nahmen Apokryphen auf.

Dafür bot nun der Charakter der altrussischen Literatur überhaupt sehr günstige Voraussetzungen.[12] Der große Bedarf an kirchlichem Schrifttum nach der Christianisierung, der auf keinerlei eigene Tradition zurückgreifen konnte, sah sich dem geistigen Reichtum der griechisch-byzantinischen Kirche gegenüber. Unter diesem galt es auszuwählen und für die eigenen Erfordernisse zusammenzustellen. Interessant ist dabei die Beobachtung, daß die slavischen Übersetzer anfangs vorzugsweise auf die Literatur des 4.-6. Jhs. zurückgriffen und - wohl der fehlenden philosophischen Grundlage wegen - neben den notwendigen liturgischen Texten besondere Vorliebe für erzählende oder erbauliche Werke zeigten. Ihre Übertragung oder "Transplantation" in den slavischen Kulturkreis brachte dieselben nun in völlig neue Zusammenhänge, so daß man als das vielleicht markanteste Merkmal altrussischer Literatur ihren kompilatorischen Charakter betrachten kann. D. Lichatschow hat darauf hingewiesen, daß die literarischen Werke oft ein Ensemble heterogener Elemente darstellen, die sich eins nach dem anderen aufgereiht vor dem Leser (den Werken der Architektur und bildenden Kunst vergleichbar) im "Enfilade-Prinzip" entfalten - "Das Kunstwerk war selbst eine Art von "Prozession": einerlei, ob Chronik, Lesemenäen, Prolog, Chronograph oder Palaia."[13]

Es liegt auf der Hand, daß apokryphe Texte in einer derart strukturierten Literatur leicht Platz finden konnten. Zugleich aber ist deutlich, daß sie sich auch den Rahmenbedingungen ihres jeweiligen Kontextes anzupassen hatten. Ohne eigene kanonische Autorität waren sie den Eingriffen der Kompilatoren am ehesten ausgesetzt. Häufig gingen sie ihrer äußeren formalen Erkennungsmerkmale verlustig, erhielten neue Titel bzw. der Gesamtkonzeption entsprechende Gliederungen oder waren der Gefahr ausgesetzt, bei dem ständigen Bemühen um "Orthodoxie" an gar zu häretisch klingenden Passagen gekürzt oder überarbeitet zu werden. Kurioserweise haben einige Apokryphen sogar unter den Augen der Reformer, die sich an die Reinigung und Verbes-

---

[12] Vgl. dazu LICHATSCHOW 1977, 16-56.
[13] LICHATSCHOW 1977, 45. Dazu auch: LICHATSCHOVA, Der Sammelband als Grundtyp slavischen Buchschaffens und sein Platz im geistlichen Leben des alten Rußlands. Vortrag auf der 2. Internationalen Kirchenkonferenz in Moskau im Mai 1987 (der Text war mir leider nicht zugänglich - Hinweis in SOrth 10/1987, 27f).

serung der sog. "Kirchenbücher" machten, zu überleben vermocht[14] - ein Vorgang, der freilich um den Preis mitunter starker Eingriffe geschah. So trägt die Überlieferung auch zum großen Teil fragmentarischen Charakter, was z.B. I.Ja. Porfir'ev veranlaßte, statt von "Apokryphen" lieber von "apokryphen Erzählungen" zu sprechen.[15]

Erst allmählich wuchs auf slavischem Boden eine eigene literarische Kreativität,[16] die wohl auf apokryphe Motive Bezug nahm, dieselben aber kaum ergänzt oder fortgeschrieben hat. Die Bogomilen, denen man lange diese Rolle zugedacht hatte, kommen nach den neuesten Erkenntnissen jedenfalls als Redaktoren nicht in Betracht.[17] Daraus ergibt sich nun insgesamt, daß Kürzungen und Korrekturen eine viel größere Wahrscheinlichkeit haben als Texterweiterungen. Bei der Beurteilung einer Hs. ist also zunächst zu fragen, welchen Spielraum ihr der Typus des entsprechenden Trägermanuskriptes einräumt, in welchem näheren Kontext sie steht und welche Interessen bzw. Kriterien für ihre Eingliederung sich aus der Gesamtkonzeption ableiten lassen. Dies soll im folgenden für diejenigen Kodizes geschehen, in denen sich Texte und Fragmente des slHen befinden.

1.2. Überlieferungsträger der Hss. des slHen

Die Bezeichnung "slavisches" Henochbuch verlangt angesichts der im folgenden zu betrachtenden Kodizes des 14.-18. Jhs. noch eine genauere terminologische Erklärung. Im allgemeinen unterscheidet man zwischen "altkirchenslavisch" und "kirchenslavisch" als zwei Epochen der Sprachentwicklung.[18] Das "Altkirchenslavische", basierend auf der von Kirill und Method geschaffenen Schriftsprache (etwa 862-885) und heute repräsentiert durch nur wenige Hss. des 10./11. Jhs. aus dem südslavischen Raum, bildete zunächst den gemeinsamen Ausgangspunkt aller Literatur in den orthodoxen slavischen Ländern. Seit dem 11./12. Jh. setzte dann mit der Ausprägung regionaler Besonderheiten eine zunehmende Differenzierung ein bis hin zur Ausbildung der modernen Sprachen im 18./19. Jh. Unter dem funktional bestimmten Oberbegriff des "Kirchenslavischen" unterscheidet man in dieser Epoche zuerst das "Mittelbulgarische", "Altserbische" und "Altrussische" als den Beginn eigener Ent-

---

14 Zum Problem der Reformen und Textverbesserungen vgl. SANTOS OTERO 1978, I 4-19 und 21. Fragmente des slHen wurden z.B. vom Novgoroder Erzbischof Gennadij (einem erbitterten Verfolger häretischer Schriften) oder dem Moskauer Metropoliten Makarij (einem großen Reformer und Zensor kirchlichen Schrifttums) tradiert - s.u. 98ff und 79f.

15 PORFIR'EV 1877, 2.

16 Vgl. die zusammenfassende Beurteilung bei PODSKALSKY 1982, 273f.

17 So TURDEANU 1950; vgl. auch SANTOS OTERO, TRE 7, 28-42 (mit umfangreichen Literaturhinweisen).

18 Vgl. dazu die Grammatiken von DIELS ²1963, 2-16; LESKIEN ⁷1955, III-VI; TSCHERNYCH 1957, 25-70; BIELFELDT 1961, 13-23.

wicklungslinien, in deren Verlauf dann wieder verschiedene Dialektgruppen entstanden. Für das Altkirchenslavische finden sich häufig auch Begriffe wie "altslavisch" oder "altbulgarisch", für die anderen Termini "bulgarisch-kirchenslavisch", "serbisch-kirchenslavisch" oder "russisch-kirchenslavisch". Die Texte des slHen sind alle "kirchenslavisch" geschrieben - z.T. in mittelbulgarischer und altserbischer, vorwiegend aber in altrussischer Gestalt. Dabei ist jedoch zu beachten, daß sie in jedem Falle Abschriften älterer Originale darstellen und mitunter noch eine frühere Sprachgestalt durchscheinen lassen.

1.2.1. Vermischte Sammelbände

Der umfangreichste Text des slHen - die Hs. R - befand sich in dem Sammelband Nr. 321 der Belgrader Nationalbibliothek, der bei einem Brand 1941 vernichtet wurde.[19] Im Katalog als "Богословский Сборник/Theologischer Sammelband" bezeichnet, weist er eine bunte thematische Vielfalt auf - neben liturgischen, asketischen, polemischen oder eschatologischen Artikeln stehen Briefwechsel und Väterzitate, neben kanonischen Texten solche, die auf dem Apokryphenindex enthalten sind.[20] Nach Sokolovs Beobachtungen war der Band aus fünf verschiedenen Hss. des 16. Jhs. wohl nach vorwiegend praktischen Gesichtspunkten und ohne besondere kompositorische Absicht zusammengefügt worden; die Offenbarung des Johannes etwa ist zweimal (mit und ohne Erklärung) vertreten, mehrere Seiten blieben frei und wurden erst später beschrieben. Die Hs. mit dem slHen wurde vom Kompilator dreigeteilt und an verschiedenen Stellen mit den anderen Hss. verbunden - sie läßt sich jedoch mit Hilfe der alten Lagenbezeichnungen leicht rekonstruieren. Ihre ersten 10 Seiten gingen offensichtlich verloren - dann folgte ein Text des Ps-Joh. Chrysostomos (bzw. Ps-Eusebius von Alexandrien) über die Reise Johannes' des Vorläufers in den Hades, eine Homilie des Chrysostomos über die Leiden des Erlösers, der Text der Offenbarung des Johannes und schließlich das slHen. Der Kopist vermutlich aller dieser Abschnitte nennt sich am Ende der Offenbarung des Joh. in südslavischer Chiffrierung "Sava tacha" (letzteres ein in der Moldau häufiges Mönchsepitheton). Der Kontext des slHen ist damit deutlich von einem eschatologischen Interesse bestimmt, das zusammenträgt, ohne verschiedene Vorstellungen ausgleichen zu wollen. Möglicherweise bildete die kanonische Offenbarung des Joh. den Kern, an den sich dann apokryphe Überlieferungen anfügten, ohne bereits eine konzeptionelle Absicht zu verfolgen. Allein durch Initialen in roter Tinte deutet sich ein Gliederungsversuch

---

[19] Beschreibungen bei MAKUŠEV 1881, 309-324; STOJANOVIĆ 1903, 225-230; SOKOLOV 1910, II 10-20. Die folgenden Ausführungen beziehen sich auf SOKOLOV.

[20] So z.B. die "Fragen Johannes' des Theologen auf dem Ölberg" oder die "Offenbarung des hlg. Apostels Paulus" sowie andere offensichtlich apokryphe Erzählungen - woraus auch das weite Herz des Kompilators gegenüber dem slHen verständlich wird.

an - die so entstandenen 146 Abschnitte haben jedoch keinerlei Bezug zum Inhalt. Sowohl der Schreiber Sava als auch der spätere Kompilator des 17. Jhs. scheinen also den Text in der Form, in der er ihnen vorlag, ohne Änderungen übernommen zu haben.

Der Text J, der in seinem Umfang etwa R entspricht, befindet sich in dem nicht weiter benannten Sammelband Nr. 13.3.25 der Bibliothek der Akademie der Wissenschaften in Leningrad.[21] Die darin vereinten Artikel sind ausnahmslos asketischen oder hagiographischen Inhaltes und haben zum großen Teil ihre Entsprechungen in den Lesemenäen. Obwohl sich Henoch nun relativ leicht in die Gesellschaft der Wüstenväter, Starzen und Heiligen einfügt,[22] ist der Zusammenhang doch eher ein zufälliger. Die beiden ersten Teile des Kodex gehörten nach Sokolovs Beobachtungen ursprünglich der gleichen Hs. an, in der sie sich jedoch an verschiedenen Orten befanden. Ein dritter Teil, den der Text des slHen einnimmt, ist damit lediglich durch einen viel jüngeren Einband vereinigt. Nach Papier, Schrift, Zeichenabstand und Lagenbezeichnung stammte dieser Teil aus einer anderen Hs. des 16. Jhs., in der dem slHen noch 180 Seiten vorausgingen. Das Anfangsblatt scheint herausgerissen zu sein - eine Überschrift, die den Ton der asketischen Artikel aufnimmt (слово ѡ .../Wort über...) ist von anderer Hand an den unteren Rand der ersten Seite geschrieben. Nach 71,4 (als Nir gerade die Schwangerschaft der Sopanima entdeckt hat) endet der Text auf der Vorderseite von Blatt 125 - der Rest bleibt leer, so daß der Abbruch weder mechanisch durch den Einband noch durch Platzmangel verursacht worden sein kann. Ziffern gliedern den Text in 78 Abschnitte, die wohl dem Kopisten zuzuschreiben sind.[23] Da das slHen also als Bruchstück einer verlorengegangenen Hs. vorliegt, muß die Frage nach seinem ursprünglichen Kontext ebenso offenbleiben wie die, warum sein Text nicht zu Ende geschrieben wurde.

Die Hs. P als weiterer Vertreter der längeren Fassung ist in einem Sammelband der ehemaligen Sammlung Chludov enthalten, der sich heute im Staatl. Hist. Museum in Moskau befindet.[24] Zwei ursprünglich voneinander unabhängige Teile wurden darin um die Wende zum 18. Jh. von einem Buchbinder mechanisch zusammengefügt - der erste Teil bietet "Leben und Kampf des ehrwürdigen Vaters Paisi", geschrieben von dem Mönch Johannes Kolovo;

---

[21]   Er gehörte vorher der Sammlung Jacimirskijs an und ist m.W. bisher nur von SOKOLOV 1910 (II 44-53) beschrieben worden, der zugleich auch die Varianten zu R mitteilte. In ANDERSENS englischer Übersetzung liegt J der längeren Fassung zugrunde.

[22]   Visionen und wundersame Begebenheiten finden sich auch in den Erzählungen über die Wüstenväter und in den Heiligenviten. Die moralischen Belehrungen des "Vorvaters" Henoch haben in der Diktion viel Ähnlichkeit mit den Belehrungen der "Väter": " слышите чада моа /Hört, meine Kinder" - " слышите братіа моа /Hört, meine Brüder".

[23]   Sie sind mit roter Tinte im Text oder am Rand eingetragen und stimmen weder mit der Einteilung von R noch von P überein.

[24]   Die einzige Beschreibung liegt m.W. in der Einleitung zu POPOVS Textedition selbst (POPOV 1880, 66-83) vor.

der zweite Teil läßt einer Widmung an den Fürsten Aleksander Konstantinovič Ostrožskij das slHen sowie Auszüge aus dem "Perlo mnogocennoe/Die
kostbare Perle" des Kirill Trankvilon folgen. Jener zweite Teil stammt von
einer Hand und nennt (nach dem Titel des slHen) den Igumen Gennadij aus
Poltava als Schreiber, dazu die Jahreszahl 1679. Es ist deutlich, daß Gennadij
hier sehr verschiedene Stücke zusammenfügte. Die Widmung an Fürst Aleksander Konstantinovič Ostrožskij gehört noch an das Ende des 16. Jhs. Er war
der Sohn jenes Konstantin Vassilij (1527-1608), der das Fürstentum Ostrog zu
seiner größten Blüte führte und - in dem geographisch bedingten Lavieren
zwischen polnischer und russischer Krone einerseits, katholischem und orthodoxem Glauben andererseits - wieder stärker an Rußland und die Orthodoxie
anschloß.[25] So ruhten die Hoffnungen der orthodoxen Gläubigen zunächst auf
dem jungen Aleksander, dessen früher Tod im Jahre 1603 dann auch als
schwerer Verlust empfunden wurde. An ihn richtet sich die Widmung mit der
Warnung vor der Mode religiösen Philosophierens und der Mahnung, getreu
dem in der Taufe empfangenen Glauben den Spuren seines Vaters nachzufol-
gen - kurz, sich als Hüter und Schützer orthodoxen Glaubens zu erweisen.
Dabei wird auf eine folgende Schrift verwiesen, die der Fürst lesen solle, da
sie der Verteidigung (wohl der Orthodoxie) dienen könne.[26] Das slHen, das
im vorliegenden Band der Widmung folgt, scheint nun für eine solche Absicht
nicht sonderlich geeignet zu sein - noch weniger aber ein Werk aus der Feder
des Kirill Trankvilon, der lange Zeit als Lehrer und Prediger in Lodz lebte
und dessen "Evangelie učitelnoe" (1619, [2]1668) in Moskau als papistisches
Werk auf Befehl des Zaren vernichtet worden war.[27] Seine "Kostbare Perle"
verfaßte er zudem erst 1646 ([2]1699) im Range eines Archimandriten in Černi-
gov, worin er den Lobpreis der Gottesmutter, der Engel und Heiligen sowie
das furchtbare Gericht und das Ende der Welt behandelte. So ist zu vermuten,
daß der Igumen Gennadij, geleitet von einem Interesse an eschatologischen
Themen, zuerst das slHen und Auszüge aus der "Kostbaren Perle" zusammenstellte, mit der ihm vorliegenden Widmung an den jungen Fürst Aleksander
Konstantinovič aber, deren ursprünglicher konkreter Zusammenhang mittlerweile zeitlich und räumlich aus dem Blick seiner Adressaten verschwunden
sein mochte,[28] beiden durchaus fragwürdigen Texten die Legitimation der
Rechtgläubigkeit zu geben versuchte. Dabei war seine kompilatorische Arbeit
wohl zugleich auch eine redaktionelle. Die "Kostbare Perle" etwa ist in Auszü-

---

[25] Vgl. EncSlov 22/1897, 362-365; S. Orgelbranda, Encyklopedja Powszechna 11, Warsza-
wa 1901, 174; POPOV 1880, 73-76 und 82f. Konstantin gründete z.B. in Ostrog eine Hochschule
und eine Typographie, in der die berühmte Ostroger Bibel gedruckt wurde (vgl. DONNERT
1976, 46 und 53f).

[26] POPOV 1880, 83-88, veröffentlichte den vollständigen Text der Widmung.

[27] Vgl. EncSlov 15/1895, 122.

[28] Die männliche Linie der Ostroger Fürsten war 1673 erloschen, und Poltava liegt etwa
600 km östlich von Ostrog. Die Widmung als ein persönlicher, konkreter Text wird keine große
Verbreitung oder Bekanntheit erlebt haben.

gen mit dem Akzent auf jenseitigem Ergehen und Gericht wiedergegeben.[29] Das slHen wird durch Überschriften in 63 "cлoвa/Worte" geteilt, die jeweils den Inhalt des folgenden Abschnittes zusammenfassend angeben, was als eine Übertragung des Musters aus der "Kostbaren Perle" durchaus verständlich wäre - ihr sekundärer Charakter steht außer Zweifel.[30] Der Text endet dann nach 68,7 - also bereits nach Beginn des neuen Erzählabschnittes in 68,5 (s.u. 147f). Es folgen vier freie Seiten, die erst nachträglich mit einem Wort des Joh. Chrysostomos beschrieben wurden, so daß es an Platz also nicht mangelte. Verständlich wäre dagegen, daß Gennadij - beeindruckt von Kirills Lobpreis der Gottesmutter - die Erzählung um Melchisedeks Geburt leicht als blasphemisch oder doch wenigstens unpassend empfinden und somit kurzerhand abschneiden konnte.

Das Fragment P[2] umfaßt 28,1-32,2 und ist von P völlig abhängig, was über den Wortlaut hinaus auch der Kontext belegt.[31] In dem Sammelband Nr. 3058 des Rumjancevschen Museums in Moskau begegnet eine außerordentlich bunte thematische Vielfalt. Der Text des slHen ist überschrieben mit "Buch Henochs des Sohnes Jareds aus der Kostbaren Perle". Der Kompilator dieses Sammelbandes[32] wählte also bewußt nur den Bericht über die Schöpfungswoche aus dem ihm wohl bekannten Kodex des Igumen Gennadij aus. Der Schnitt nach 32,2 ist aus dem nachfolgenden Artikel zu erklären: Der Auszug aus einem Brief des Dmitri Grek an einen Gennadij über den Ablauf von 7000 Jahren erübrigt den gleichen Gedanken, der im slHen 33,1f ausgesprochen wird.

Hierher gehört möglicherweise auch die Hs. Nr. 8, von der kein Text, jedoch eine Beschreibung des Kontextmanuskriptes vorliegt.[33] Dieser Sammelband des 17. Jhs. bietet eine Blütenlese verschiedenster Themen, hauptsächlich Gebete sowie hagiographische und erbauliche Artikel. Interessanterweise sind darin auch ein Sendschreiben an den Fürsten Konstantin Vassilij Ostrožskij und das rechtgläubige Kleinrussland oder die Erzählung, wie Gott den

---

[29] Gennadij schrieb dabei einen bereits im Druck verbreiteten Text ab. POPOV führt die Titel der einzelnen Abschnitte auf (68-73). Aus der "Kostbaren Perle" sind die Seiten 123-237 (nach [2]1699) mit drei kurzen Unterbrechungen geschlossen übernommen worden. Manche Wendungen verraten deutlich katholischen Einfluß.

[30] Die Bezeichnung "slovo" kommt zwar bei Kirill nicht vor, doch das Schema der referierenden Überschrift als solches könnte übernommen sein. Nach ANDERSEN 1983 (Anm. 15a) lagen die Überschriften dem Kopisten schon vor.

[31] Text bei SOKOLOV 1910, I 145-147. Beschreibung bei SOKOLOV 1910, II 77-79. Der Abschnitt ist bei geringfügigen Korrekturen mit P identisch. Auch die Überschriften sind übernommen.

[32] Es sind verschiedene Hände erkennbar. Den Hauptteil hat der Mönch Antonij Šeškov aus der Dreifaltigkeits-Sergius-Lavra in den 30er Jahren des 18. Jhs. geschrieben.

[33] Beschreibung bei LEONID 1894, 148-150. Als Nr. 1828 der ehemaligen Sammlung Uvarov müßte sich der Band heute im Staatl. Hist. Museum in Moskau befinden. Der Umfang von 47 Seiten liegt etwa zwischen V (45) und P (49). Vgl. auch u. 102f.

Adam erschuf, enthalten.[34] Das slHen steht zwischen Auszügen aus Joh. von Damaskus und einem Gebet des Metropoliten Kiprian und scheint in Analogie zu den zahlreichen Viten des Bandes aufgenommen zu sein. In einem Sammelband anthologischen Charakters, dem cod. slav. 125 der Österreichischen Nationalbibliothek, befindet sich die Hs. V.[35] Kanonistisch-moralische sowie eschatologische Artikel bilden seinen Bestand, wobei unter den letzteren (und umfangreicheren) auch eine ganze Reihe (8!) apokryphe Texte stehen.[36] Zwei von ihnen gehören ebenso dem Kontext von R an.[37] Das slHen wird eingerahmt von einer apokryphen Erzählung über Paulus (seinen Aufstieg in den dritten Himmel und die dort vom Herrn offenbarten Worte) und den apokryphen Fragen Joh. des Theologen an Jesus Christus auf dem Tabor (samt Visionen des jüngsten Gerichts) - ein Kontext, der ungeteiltes Interesse an allen Themen des slHen vermuten läßt. Außerdem folgt später noch eine weitere Erzählung unter Henochs Namen (wohl zu Gn 6,1-4),[38] was besonders deutlich die lockere Struktur des Sammelbandes sichtbar macht. Dennoch ist der Text von V kürzer als der von R, was vor allem Einzelheiten zur Weltschöpfung, Mythologisches und die Melchisedekerzählung am Schluß betrifft.[39] Einige Überschriften gliedern den Text in sehr großzügiger Weise.[40] Motive für eine Kürzung oder für die Gliederung sind aus dem Zusammenhang jedoch nicht abzuleiten, so daß sich hier die Frage nach der Vorgeschichte des Textes stellt. Eine Hilfe bietet dazu die Hs. N.

N stimmt mit V nahezu völlig überein. Die geringfügigen Abweichungen, die V den Vorzug zu geben scheinen, weisen auf eine gemeinsame Vorlage hin.[41] N eröffnete den (wie R 1941 verbrannten) Sammelband Nr. 443 der

---

[34] Letztere Erzählung könnte evtl. von slHen 30,8-14 motiviert sein (vgl. auch FÖRSTER 1908). Ein ähnlicher Artikel findet sich auch im Kontext von R - es wäre zu prüfen, inwiefern hier eine Beziehung besteht.

[35] Beschreibungen bei SOKOLOV 1910, II 74-77; JACIMIRSKIJ 1921, 225-229; SPERANSKIJ 1960, 93-94; BIRKFELLNER 1975, 220-224.

[36] Dies betrifft: die Apokalypse des Ps-Methodios von Patara, die Fragen des Bartholomäus an die Gottesmutter, die Erzählung des Ps-Eusebios von Alexandrien über den Abstieg Johannes des Vorläufers in den Hades, die Fragen des Apostels Bartholomäus an Jesus Christus nach der Auferstehung - diese Schriften bilden einen Komplex. Nach einer Unterbrechung folgen eine Erzählung über den Apostel Paulus, das slHen, die Fragen Johannes des Theologen auf dem Tabor - später dann noch einmal ein Stück unter Henochs Namen (Gottessöhne und Menschentöchter).

[37] Die Erzählung über den Abstieg Johannes des Vorläufers in den Hades steht dort im näheren Kontext; diejenige über den Apostel Paulus ist wiederum in den unmittelbaren Kontext des slHen gerückt.

[38] Dieser Inhalt ist der kurzen Notiz bei BIRKFELLNER 1975 (224) zu entnehmen. Der geringe Umfang (353r-353v) läßt eher an eine Erweiterung aus der Paleja zu Gen 6,1-4 als an einen Bezug auf das äthHen (der in der slav. Literatur singulär wäre) denken.

[39] Dieser geringere Umfang deckt sich - vom Schluß abgesehen - im wesentlichen mit den übrigen Hss. der kürzeren Fassung (V, N, B², A, U, B).

[40] Vgl. Exkurs A.

[41] Zu diesem Resultat gelangte der gründliche Textvergleich von REPP 1963, 68.

Belgrader Nationalbibliothek, der hauptsächlich asketische Texte enthält.[42]
Auch hier vereinigte ein neuer Einband (17. Jh.) zwei zunächst unabhängige
Teile - im ersten Teil folgen dem slHen Fragen und Antworten zum vollkommenen Christentum und Gebote der Mönchsväter, im zweiten Teil befinden
sich Auszüge aus zwei Paterika, ein Wort Ephräms und die Vita des Basileios
Neos.[43] Spielraum für einen umfangreicheren Text wäre ebenso vorhanden
gewesen. Der Schluß verrät nun auch tatsächlich Spuren der Melchisedekerzählung. Auf 65,10 folgen in N und V zwei Sätze, die 71,27 und 37 entnommen
sind.[44] "Und Noah, mein Bruder..." (71,37) ist nur im Munde Nirs, nicht aber
Henochs richtig. Die Vorlage von NV hatte also einen längeren Text vor sich,
den sie kürzte. In dieser Gestalt wurde er von den beiden genannten Sammelbänden aufgenommen. Um so wichtiger wird nun die Beobachtung, daß die
gemeinsame Vorlage nach sprachlichen und orthographischen Indizien[45] noch
in das 16. Jh. und nach Rußland gehört. Dieser Spur muß bei der Frage nach
entsprechenden Einflüssen und Bedingungen weiter gefolgt werden.

Ähnliches gilt von der Hs. B² in einem Sammelband der ehemaligen
Sammlung Barsov, der heute im Staatl. Hist. Museum in Moskau aufbewahrt
wird.[46] Dessen lockere Zusammenstellung verschiedener eschatologischer
Texte (abgeschlossen von einigen Artikeln über Glaubensbekenntnisse) erinnert sofort an R und V - unter den 6 apokryphen Texten befindet sich wieder
die Erzählung über den Abstieg Joh. des Vorläufers in den Hades, die hier
dem slHen vorausgeht, während die Reise des Apostels Paulus durch die
Qualen dem slHen folgt. Der erheblich kürzere Text von B² scheint in die
Reihe der anderen Schriften nur eingefügt zu sein und in dieser Gestalt dem
Kompilator schon vorgelegen zu haben. Er deckt sich weitgehend mit NV und
könnte auf die gleiche Vorlage zurückgehen. Diese muß also auch für seine
Textgestalt verantwortlich gemacht werden.

Zu erwähnen ist schließlich noch das Fragment Rum. Sein Kontext, der
Sammelband Nr. 578 des Rumjancevschen Museums in Moskau, entstand
Ende des 16. Jhs. und läßt vier verschiedene Hände erkennen.[47] Er reiht Heiligenviten, liturgische und belehrende Artikel, chronologisch-historische Be-
richte und Allegorisches über Pflanzen und Tiere aneinander, wobei das
slHen mit 71-73,1 (auf 1-67 wird angespielt, 68-70 sind zusammengefaßt) zwischen Zitaten über die kreuzschlagenden Hände und Worten des Vaters Nikon über das Starzentum zu stehen kommt. Weder ein kompositorischer Zusammenhang noch irgendein leitendes Interesse sind für die Auswahl gerade

---

[42] Beschreibung bei SOKOLOV 1910, II 72-74.

[43] SOKOLOV wies darauf hin, daß sich besonders die Vita des Basileios Neos (+ 944) häufig im weiteren Kontext des slHen befinde, so in R, N, B² (SOKOLOV 1910, II 12f).

[44] N und V weisen diese Entlehnung völlig deckungsgleich auf. Vgl. u. 90f.

[45] REPP 1963 und SOKOLOV 1910 (II 72-74) weisen auf die zahlreichen Russismen in beiden serbischen Texten hin.

[46] Beschreibung bei SOKOLOV 1910, II 69-72.

[47] Beschreibungen bei VIKTOROV 1871, 32; SOKOLOV 1910, II 84-89.

dieses Ausschnittes zu erkennen - die Eigenart der Erzählung über Melchisedeks wunderbare Geburt könnte ganz subjektiv die Neigung des Kompilators gefunden haben.

1.2.2. Chronographische Sammelbände

Einen auffallend breiten Raum nehmen in der altrussischen Literatur chronographische Werke ein. Die Übernahme des Christentums hatte es ermöglicht, der eigenen noch relativ jungen Geschichte durch ihre Einordnung in einen größeren Zusammenhang auch ein größeres Gewicht zu verleihen. Als fertige Modelle boten sich dafür die byzantinischen Chroniken etwa des Georgios Monachos (Hamartolos), Johannes Malalas oder Georgios Synkellos an, die (wie z.b. auch Flavius Josephus mit seiner Geschichte des jüdischen Krieges) schon bald in Übersetzungen vorlagen[48] und den altrussischen Chronisten einen Anknüpfungspunkt auf hohem formalem Niveau lieferten. Auch inhaltlich stellten sie die Hauptquelle geschichtlicher Information dar bis zu dem Punkt, an dem das eigene Erleben die Geschichte fortschreiben ließ.[49] Andere Quellen traten hinzu[50] und wurden dem chronologischen Schema eingefügt, so daß chronographische Werke zu historischen Kompendien oder "Anthologien der damaligen Literatur"[51] anwuchsen. Um der terminologischen Klarheit willen hat O.V. Tvorogov vorgeschlagen, die Werke der griechischen oder lateinischen Chronisten als "Chroniken", die russischen Kompilationen aber, die eine weltgeschichtliche Konzeption enthalten, als "Chronographen" zu bezeichnen, wovon sich noch einmal die "chronographischen Sammelbände" mit einer weniger geschlossenen Zusammenstellung von Artikeln aus Chronographen und anderen Werken nach dem chronologischen Prinzip unterscheiden.[52] Zwar boten nun auch die Formen der Geschichtsschreibung genug Raum für die Aufnahme apokrypher Stoffe, unterwarfen sie jedoch einer einheitlicheren Konzeption, die auf die Darstellung eines folgerichtigen Geschichtsablaufes aus war und somit eine gewisse Stimmigkeit bzw. einen Ausgleich widersprüchlicher Texte verlangte.

---

[48]   Vgl. WEINGART 1923. Zu Flavius Josephus vgl. MEŠČERSKIJ 1958.

[49]   Durch Jaroslav den Weisen scheint mit der Errichtung der Kiever Metropolie 1039 auch die erste Kiever Urchronik angeregt worden zu sein, gefolgt 1050 von einer Novgoroder Urchronik und der ersten Chronik des Kiever Höhlenklosters, die schließlich in die in drei Redaktionen wachsende Erstchronik von Kiev (die sog. "Nestorchronik") eingingen und von da aus weite Verbreitung und Fortschreibung in verschiedenen Werken fanden. Vgl. den Überblick bei PODSKALSKY 1982, 202-232 und TVOROGOV 1975.

[50]   Dies betrifft hauptsächlich die sog. Paleja, die atl. Geschichte in Auswahl und gelegentlich abweichender Gestalt vermittelte, ehe eine Vollbibel existierte. Sie liegt vor in einem "historischen" und in einem "kommentierenden" Typ, wobei der erste auf ein griechisches Original des 8./9. Jhs. zurückgeht, das um verschiedene, auch apokryphe Details erweitert wurde.

[51]   TSCHIZEVSKIJ 1968, 54.

[52]   TVOROGOV 1975, 8f.

Bedeutsam ist in diesem Zusammenhang vor allem die Hs. U, die sich in einem Chronographen des 15. Jhs. aus der ehemaligen Sammlung Uvarov (heute unter der Nr. 3(18) im Staatl. Hist. Museum in Moskau) befindet.[53] Der ganze Kodex diente wiederum dem Chronographen Nr. 45.13.4 der Akademie der Wissenschaften in Leningrad zur Vorlage, der als eine Art Redaktion im letzten Viertel des 16. Jhs. dessen Aufriß und Bestand übernahm.[54] Die darin enthaltene Hs. A stimmt also sowohl nach ihrer Textgestalt als auch nach ihrem Kontext im wesentlichen mit U überein, so daß hier beide gemeinsam betrachtet werden können.[55] Für präzise Aussagen wäre nun eine vergleichende Untersuchung beider Chronographen nötig, doch die bislang vorliegenden Beschreibungen gestatten bereits einige wichtige Beobachtungen. Zeitlich wird der Bogen gespannt von der Erschaffung der Welt bis zur Taufe der Rus.[56] Den Grundstock bilden zunächst der Pentateuch, die Bücher Josua, Richter, Ruth, 4 Bücher Könige und Esther. Daran schließen sich Artikel über die verschiedenen Eroberungen Jerusalems an, die sich besonders auf Josephus stützen, jedoch auch apokryphe Stücke sowie Abschnitte über Jesus und die Apostel enthalten. Erstaunlicherweise ist in beiden Chronographen das slHen ganz zum Schluß angefügt, nach einem Auszug aus der Nestorchronik unter den Jahren 986-988. Sein Text ist in dem Uvarov-Chronographen (dem älteren von beiden) von anderer Hand geschrieben worden. Vermutlich war er also zuvor in einen anderen Kontext eingebettet. Ein Kopist empfand den Text als zugehörig, konnte ihn dem bereits fertig geschriebenen Chronographen jedoch nicht mehr an der entsprechenden Stelle einfügen und setzte ihn somit gegen den chronologischen Ablauf an den Schluß, was der Akademie-Chronograph dann übernahm. Diese etwas ungewöhnliche Ergänzung könnte nun dadurch motiviert worden sein, daß schon der ursprüngliche (dem Kopisten vorliegende) Kontext von U ein chronographischer war. Dafür sprechen folgende Beobachtungen: a) Der Text ist insgesamt auf knappe Formulierungen bedacht - im Rahmen der biblischen Urgeschichte stand nur ein begrenzter Raum zur Verfügung, wenn die Erweiterung um die Person Henochs nicht allzu unangemessen breit ausfallen sollte. b) Im Vergleich mit RJP wird der Schöpfungsbericht in AU mit nur wenigen, völlig ungenügenden Bemerkun-

---

53   Beschreibungen bei LEONID 1893, 5-8; SOKOLOV 1910, II 33-44.

54   Beschreibungen bei ISTRIN 1905, 315-341; KOPANEV/KUKUŠKINA/POKROVSKAJA 1965, 7-13; MEŠČERSKIJ 1973. Wie weit die Übereinstimmung zwischen beiden Kodizes im einzelnen reicht, ist den Beschreibungen allein nicht zu entnehmen - TVOROGOV 1975 bezeichnet beide als Abschriften ein und desselben Chronographen (17). MEŠČERSKIJ 1973 weist noch auf einen dritten Chronographen hin, der den gleichen Aufriß und Bestand bietet, jedoch des slHen am Schluß entbehrt (213).

55   ANDERSEN 1983 (98) nennt A und U "virtually identical"; KOPANEV/KUKUŠKINA/POKROVSKAJA 1965 (13) nennen A eine "erste eingehende Redaktion"; MEŠČERSKIJ 1973 (213) spricht von einer "Kopie".

56   Eine große Lücke klafft zwischen der Zeit der römischen Herrschaft und der Taufe der Rus - bei KOPANEV 1965 (7) wird deshalb auch der Kodex als "chronographischer Sammelband" bezeichnet.

gen erledigt, die eigenartige Kosmogonie wird jedoch vollständig wiedergegeben[57] - im Rahmen eines Chronographen wäre der Abschnitt über das Sechstagewerk auch eine Doppelung gewesen, die Kosmogonie des slHen trug dagegen etwas Neues bei und blieb stehen. c) Das gleiche gilt für die Sintflutge-
schichte am Schluß des slHen (73), die im Bestand des Chronographen schon
viel ausführlicher enthalten war. Die Melchisedekerzählung aber bot im Rahmen der Heilsgeschichte einen willkommenen Anknüpfungspunkt. d) Verschiedene astronomische Repliken Henochs fehlen in AU[58] - sie mußten
einem Streben nach Kürze überflüssig erscheinen. Die Erwähnung der Welt-
zeitdauer von 7000 Jahren sowie eines 8. Jahrtausends der beginnenden Zeitlosigkeit in 33,1-2 konnte angesichts des für 1492 erwarteten Weltendes (Ablauf der 7000 Jahre), das besonders die Polemik häretischer Kreise provozier-
te, als problematisch ausgelassen worden sein.[59] e) Die Erzählung um Satanael und seinen Fall wirkte aufgrund ihrer Beliebtheit bei den Bogomilen[60] mit
Sicherheit kompromittierend - Grund genug, sie auszulassen. Ähnliches könnte die antik-heidnische Benennung der Planeten und ihrer Bahnen betreffen.[61]
Dies sind nur einige der wichtigsten Beobachtungen inhaltlicher Art. Nach Sokolov enthält der Text überhaupt eine beträchtliche Anzahl von Unklarheiten
und Fehlern.[62] Bezeichnend ist auch der Titel "Aus den geheimen Büchern
über die Entrückung Henochs des Gerechten", der anders als in R oder P
(aber auch VN) den Leser auf einen umfangreicheren Text hinweist.[63] Alles in
allem - die Textgestalt der kürzeren Hss. A und U läßt sich unter der Voraussetzung eines chronographischen Kontextes am einfachsten als Kürzung verstehen.

Die Hs. B befindet sich in einem Kodex der ehemaligen Sammlung Barsov (heute im Staatl. Hist. Museum in Moskau), der als ein chronographischer
Sammelband zu betrachten ist.[64] Er gehört an das Ende des 17. Jhs. und ist
von einer Hand geschrieben. In chronologischer Reihenfolge wird eine Fülle
von Artikeln über Erde und Gestirne, einzelne atl. Personen und Ereignisse,
frühchristliche und byzantinische Geschichte bis hin zur Taufe der Rus' zusammengestellt, die reichlichen Gebrauch von der biblischen Genesis, der Paleja in beiden Fassungen, den byzantinischen Chroniken, aber auch apokryphen Texten machen. Das slHen folgt chronologisch richtig einem Artikel

---

57 Zwischen 27,3-33,2 (Sechstagewerk) enthalten AU nur gelegentliche Bemerkungen (s.u.
86-88). Der kosmogonische Abschnitt 24-26 entspricht hingegen mit nur geringen Varianten den
längeren Hss.
58 So z.B. 40,6-7; 48,1-4.
59 Vgl. dazu u. 99.
60 So in 29,2-6. Vgl. vor allem TURDEANU 1950, 38-52 und LOOS 1969.
61 So z.B. 27,3; 28,1; 30,2-3.
62 SOKOLOV 1910, II 54-69.
63 Vgl. dazu Exkurs E. Der Text gibt sich bereits im Titel als Auswahl und damit auch angesichts des Apokryphenindexes als "salonfähiger".
64 Beschreibung bei SOKOLOV 1910, II 54-69.

über Seth sowie den beginnenden Verfall der Menschheit. Es endet nach
72,10 - für Kap. 73 wäre hier auch kein Platz mehr gewesen, da sich ein ausführlicher Artikel über die Flut, zusammengestellt aus verschiedenen Quellen,
unmittelbar anschließt. Der Titel lautet kanonisch völlig unbedenklich
"Бытиа праведнаго еноха /Leben des gerechten Henoch". An Gliede-
rungsversuchen finden sich außer einer Zählung der Himmel (wie in den anderen kürzeren Hss.) lediglich zwei ein wenig mißverständliche Überschriften.
Nach Sokolovs Meinung hat der Kompilator das slHen im Gegensatz zu seinen stärkeren Eingriffen in den Text anderer Quellen relativ unverändert abgeschrieben - es scheint als Ganzes aus einem anderen Werk chronographischen Typs übernommen zu sein. Darauf träfen wiederum die für AU ange-
stellten Beobachtungen zu.

Besonders interessant sind nun einige Fragmente (Chr), die in einem
sog. Russischen Chronographen dritter Redaktion erster Kategorie (heute unter Nr. 39 im Institut für Geschichte und Philologie von Nežin) aus dem 17. Jh.
erhalten blieben.[65] Der vorliegende Kodex kommt freilich über das Thema
der Weltschöpfung nicht hinaus, zu dem er - chronologisch sorgfältig kompo-
niert - Aussagen aus einer Fülle verschiedener Quellen zusammenträgt. Vier
Abschnitte aus dem slHen (1) "Über den Aufgang der Sonne und ihren Untergang" 11,1-15,3; 2) "Über den Aufgang des Mondes" 16,1-8; 3) "Über die Namensnennung des Viehs, der Tiere und der Reptilien" 58,1-6; 4) "Über das
Werk Gottes und seine Worte" 37,1-2/24,2-33,5/47,2-48,5/40,1-42,5) sind unter diesen Überschriften den übrigen Artikeln an der jeweils entsprechenden
Stelle eingefügt.[66] Ein fünfter Abschnitt "Über die Sternbilder" trägt zwar den
Randvermerk "Henoch", hat aber im slHen keine Entsprechung.[67] Hier wie
auch bei den übrigen Abschnitten findet sich der Name Henoch nur als spätere Notiz an den Rand geschrieben - von dem Kompilator oder besser Redaktor selbst wird dagegen ein Hinweis auf die Quelle peinlich vermieden.
Eine redaktionelle Überleitung zu 1) beruft sich auf "jemand(en) von den alten Heiligen, der die sieben Himmel sah"; 2) und 4) nehmen mit der Wendung
"jener zuvor erwähnte alte heilige Mann" darauf Bezug; 3) verweist lediglich

---

[65]   Beschreibungen bei POPOV 1869, 164-169; SPERANSKIJ 1900, 83-84; SOKOLOV 1910, II
80-83. Zur Textgeschichte des "Russischen Chronographen" vgl. TVOROGOV 1975, 188-207
(Stemma 189). Der Ursprung der dritten Redaktion wird auf das Jahr 1512 datiert, worauf sich
die vorliegende Kopie aus Nežin bezieht.

[66]   1) steht zwischen einem Artikel über den vierten Schöpfungstag und einem weiteren
Text über das Aussehen der Sonne; 2) steht zwischen einem Artikel über die Erschaffung des
Mondes und einem (Henoch zugeschriebenen) Artikel über die Sternbilder; 3) steht zwischen
einem Abschnitt über das Paradies und einem über das Gericht über Adam und Eva; 4) steht
zwischen Artikeln über meteorologische Ereignisse und einem Lobpreis der ganzen Schöpfung.
Die Texte finden sich vollständig (außer 3)) bei POPOV 1869. Auf 3) weist SOKOLOV mit einer
pauschalen Inhaltsangabe hin, die jedoch nur 58,1-6 betreffen kann.

[67]   SOKOLOV 1910 (II 82) gibt den ganzen Text wieder. Hier wird Henoch wohl nur als
astronomische Autorität in Anspruch genommen.

auf ein "vorliegendes Wort". In 33,3. 5 (unter 4)) ist die Anrede "Henoch!" durch den Vokativ "Mensch!" ersetzt, und alle Erwähnungen von Henochs Schreibertätigkeit, die in den entnommenen Stellen enthalten sind, werden ausgelassen.[68] Bewußte redaktionelle Arbeit zeigt sich vor allem in der Zusammenstellung von 4) - aus verschiedenen Stellen des slHen hat der Redaktor einen neuen, in seinem Aufbau sinnvollen Textkomplex geschaffen.[69] Daß ihm dabei eine Hs. der kürzeren Fassung vorlag, beweist vor allem die Abfolge der Verse zwischen 24,2-33,5. Doch auch in diesem Text hat der Redaktor noch einmal kürzend, umformulierend und mitunter verunklarend eingegriffen. Damit unterliegen die Fragmente von Chr vergleichbaren Überlieferungsbedingungen wie die übrigen Texte der kürzeren Fassung, die somit als besondere Eigenart eines chronographischen Kontextes zu betrachten sind.

Das Fragment Chr[2] im Sammelband Nr. 590 des Rumjancevschen Museums in Moskau gehört seines bunt gemischten Inhaltes (Gebete, Viten, Kanonisches, Historisches usw.) wegen unter den vorigen Abschnitt.[70] Es soll hier jedoch kurz erwähnt werden, da sein Text (11,1-15,3 = Abschnitt 1) "Über den Aufgang der Sonne und ihren Untergang") samt einem Stück des Kontextes aus Chr entnommen ist und zeigt, wie ein stark bearbeiteter Text aus einem streng konzipierten Werk wieder in einen viel lockereren Sammelband mit größerem Spielraum geraten konnte - ein Vorgang, der möglicherweise auch für VN (s.o. 67f) zutrifft.

Ähnliches gilt für das Fragment Tr in dem Sammelband Nr. 793 des Dreifaltigkeits-Sergius-Klosters (heute Leninbibliothek Moskau), der vor allem hagiographische Artikel bietet, jedoch in einigen Passagen auch aus der Paleja in beiden Fassungen und der Chronikenliteratur schöpft.[71] In letzterem Zusammenhang steht - eingebettet in einen Bericht über die Weltschöpfung - auch ein Text aus dem slHen, der einigermaßen vollständig nur 67 und 71 enthält, jedoch auch diese Kap. mit zahlreichen, den Gang der Erzählung beeinträchtigenden Auslassungen und einer der Verständlichkeit schadenden Knappheit, dazu eine großzügige Zusammenfassung der übrigen Kapitel, die also auch deutlich vorausgesetzt sind. Das läßt vermuten, daß der Kompilator von Tr seinen Text ebenfalls in einem chronographischen Kontext vorfand, gemäß seinen hagiographischen Interessen aber hauptsächlich jenen Teil mit der Melchisedekerzählung übernahm und durch die kurzen Anspielungen auf Henoch einleitete.

---

[68] So wechselt unter 4) z.B. die Entlehnung jeweils zu einer anderen Stelle, wenn die Sprache auf Henochs Bücher kommt (nach 33,5; 47,2; 48,6) oder tilgt diese (in 40,2-5). Daß Henoch schreibt, bleibt lediglich in 40,8f stehen und wird sofort relativiert ("schrieb oder sagte").

[69] 1. Präludium zur Offenbarung Gottes (37,1-2); 2. Offenbarung Gottes selbst (24,2-33,5); 3. Henochs Verkündigung des Offenbarten (47,2-48,5); 4. Bestätigung und eschatologischer Ausblick (40,1-42,5).

[70] Beschreibungen bei VIKTOROV 1871, 35-36; SOKOLOV 1910, II 79-80.

[71] Beschreibungen bei ARSENIJ 1879, 222-227; SOKOLOV 1910, II 95-103.

1.2.3. Juristisch - moralische Sammelbände

Die kirchliche Praxis machte nach der Christianisierung Rußlands außer der Beschaffung liturgischer Texte vor allem die Fixierung einer Rechtsprechung erforderlich, die den neuen Glauben auch im alltäglichen Leben durchzusetzen vermochte. Es liegt auf der Hand, daß eine "Transplantation" des reichen byzantinischen Erbes in den slavischen Kulturkreis gerade auf diesem Feld ungenügend bleiben bzw. in einen Gegensatz zur bodenständigen Rechtstradition treten mußte und somit am ehesten nach Modifikationen, Konkretionen oder Ergänzungen verlangte. So war auch hier der Sammelband zunächst das geeignetste Medium, übernommene Tradition und eigene Rechtsentwicklung zu verbinden. Neben den zwei relativ konstanten Typen der sog. "Kormčaja Kniga/Steuerbuch" (die hauptsächlich an den griechischen Nomokanon, eine Zusammenstellung weltlicher und geistlicher Gesetze, anknüpfte) und des sog. "Merilo Pravednoe/Gerechte Waage" entstanden verschiedene Sammelbände eigener, oft regional bestimmter Prägung.[72] Andere Textkomplexe wie etwa die "Russkaja Pravda", der "Zakon Sudnej Ljudej" oder regionale Gesetze wurden vorwiegend im Zusammenhang der genannten Sammelbände überliefert. In ihnen fand nun die Auseinandersetzung des christlichen Glaubens mit der alten heidnischen Religiosität, die noch lange in Form des sog. "Dvoeverie/Zwieglauben" fortlebte, ihren wesentlichen literarischen Niederschlag. Um die Orthodoxie gegen überkommene heidnische Riten und neue häretische Bewegungen durchzusetzen, machten sich schöpferische Aktivität und ständige Korrektur notwendig - besonders anschaulich etwa in den detaillierten Bestimmungen zu Hochzeits- und Beerdigungsbräuchen[73] oder in der eifrigen Redaktion des Apokryphenindexes. Das Überleben apokrypher Texte im Kontext juristisch-moralischer Sammelbände war also davon abhängig, wie weit "unorthodoxe" Vorstellungen unterdrückt, "orthodoxe" dagegen der Gesamtkonzeption dienstbar gemacht werden konnten.

Zum ersten Mal wird ein Text des slHen überhaupt literarisch greifbar in der Hs. MPr, die dem ältesten Exemplar des bereits erwähnten Sammelbandes "Merilo Pravednoe/Gerechte Waage", dem Kodex Nr. 15 aus der Sammlung der Dreifaltigkeits-Sergius-Lavra (heute Leninbibliothek Moskau), angehört.[74] Dieser Kodex Nr. 15 - für die altrussische Literatur insgesamt von großer Bedeutung - entstand mit großer Wahrscheinlichkeit im dritten Viertel des 14. Jhs., also schon nach dem Ende der Kiever Periode.[75] Seiner Herkunft

---

72   Vgl. vor allem GOETZ 1905 und KAISER 1980.

73   Vgl. KAISER 1980, 165-174.

74   Text bei TICHONRAVOV 1863, 20-23; SOKOLOV 1910, II 106-118; TICHOMIROV 1961, 71-76; SCHNEIDER 1986, 93-99. Beschreibungen bei ARSENIJ 1878, 28-33; TICHOMIROV 1961, V-XIII; SCHNEIDER 1986, V-XXIX. Eine englische Übersetzung mit kurzer Einleitung bietet ANDERSEN 1983, 215-221.

75   Der Kodex hat zahlreiche Untersuchungen erfahren, von denen hier nur folgende genannt werden sollen - LJUBIMOV 1940; TICHOMIROV 1941, 88-99; DERS., 1957; KAISER 1980,

nach gehört er nach Tver, wo Bischof Feodor (1344-1360) inmitten schwieriger politischer Verhältnisse als Initiator und Förderer einer fruchtbaren künstlerischen Tradition wirkte. Seinem Einfluß könnte die Anfertigung des Kodex zu verdanken sein, wobei ein Hinweis auf den 1288 verstorbenen Bischof Simeon die Zusammenstellung eines Archetyps bereits am Ende des 13. Jhs. vermuten läßt.[76] Der Inhalt des Sammelbandes setzt sich aus zwei Teilen zusammen, wobei dem zweiten an Umfang und Bedeutung das größere Gewicht zukommt. Hier finden sich etwa 30 Artikel des kirchlichen und weltlichen Rechtes sowohl byzantinischer als auch russischer Herkunft vereint. Dem scheint nun der erste Teil mit einer Sammlung erbaulicher und belehrender Artikel als eine weltanschaulich-moralische Grundlegung vorausgeschickt zu sein. Soziale Gerechtigkeit wird als göttliches Gebot anhand atl. Begebenheiten, prophetischer Kritik, apostolischer Weisungen, Zitaten aus den Vätern oder auch aus einem solchen Florilegium wie der "Biene"[77] illustriert. Eine Miniatur nach dem ersten Artikel, die Salomo als gerechten Richter mit einer Waage in der ausgestreckten Hand zeigt, setzt den Titel und die Thematik auch optisch ins Bild.[78] In diesem Kontext steht der Text aus dem slHen zwischen einem Auszug aus dem Hexaemeron über die Tiere[79] und der apokryphen Erzählung von Daniel und Susanna. Der Titel "Aus den Büchern Henochs des Gerechten, der vor der Flut war und jetzt noch lebt" gibt das folgende bereits als Auszug zu erkennen und nennt ganz offen seine Quelle. Wenn der Name "Henoch" nun durch seinen zweiten Platz auf dem Index der verbotenen Bücher bedenklich sein mußte, so fand er doch in der vorliegenden geschickten Textauswahl eine vollständige Rehabilitierung. Denn was in MPr zunächst als eine bunte Collage von Zitaten aus ganz verschiedenen Stellen des slHen erscheint, verrät bei genauerem Hinsehen eine durchdachte Konzeption. Der Redaktor faßte aus dem zweiten Teil des slHen (39-67), der die Belehrungen Henochs an seine Söhne enthält, alle Aussagen über zwischenmenschliche Gerechtigkeit zu einer Art "Kompendium der Ethik" zusammen, das - wie die Überschrift also bewußt ausdrücken soll - urzeitlich begründet und heute noch gültig ist. Folgende Gliederung läßt sich erkennen:

23-24; VZDORNOV 1980, 54-58; SCHNEIDER 1986. Die Rezension zu der Untersuchung SCHNEIDERS von POLJAKOV 1987 bietet den besten Überblick sowie eine reiche Bibliographie.

[76] Vgl. POLJAKOV 1987, 320.

[77] Vgl. dazu BECK 1959, 643 und GUDZIJ 1959, 50.

[78] Diese Deutung hat vor allem VZDORNOV 1980 mit überzeugenden Argumenten vorgeschlagen.

[79] Dieser Artikel schildert Eigenschaften und Verhaltensweisen verschiedener Tiere, die dem Menschen zum Vorbild dienen sollen. Er ist aus unterschiedlichen Quellen zusammengestellt, vgl. SCHNEIDER 1986, XXVIII und 81-82.

1. Rahmen

- Beginn der Schöpfung	der Mensch, wie er sein Leben einrichtet	65,1-4
- Ende der Schöpfung	der Mensch, wie er dem Gericht entgeht und ewig lebt	65,6-11

2. Füllung

- Voraussetzung	es gibt Unterschiede im Bau der Welt es gibt Unterschiede im Vollzug des Lebens	43,1-3
- Grundlegung	Adam wurde zum Herrn der Schöpfung eingesetzt so ist allein der Mensch Gott verantwortlich	58,1-6
- Konkretionen	Vergehen gegen Tiere	59,5
	Vergehen gegen Gottes Ebenbild	60,1-4;44,2-3
	Vergehen im sozialen Bereich gerechtes Gericht Hilfe für Bedürftige Wahrung der Tradition	zwischen 42-52
- Zielpunkt	die Schrecken des Gerichtes	40,12-13; 41,1-2;42,1-2
	Eigenverantwortung statt Fürsprache	53,1-3;55,3; 61,1;54,1

Von großer Bedeutung ist nun die Frage, welche Textgestalt dem Redaktor dabei vorlag. Ein Vergleich der Hss. zeigt, daß der Text von MPr all des Überschusses der längeren Fassung entbehrt, in der Regel den knapperen Formulierungen der kürzeren Fassung näher steht und sich mit dieser auch vielfach deckt. Sein Schlußsatz 65,11 findet sich nur in AU - die übrigen Hss. lassen ihn vermissen. Dennoch ist MPr in seinen Formulierungen häufig wieder breiter und schwankt in der Wahl von Begriffen und Wendungen gelegentlich zwischen längerer und kürzerer Fassung hin und her. Einige Stellen stehen der längeren Fassung näher,[80] und 58,2 findet sich allein da. Zudem läßt sich eine

---

[80] So z.B. 46,4; 52,6. 9. 15; 65,1.

große Freiheit im Umgang mit dem Text beobachten, die allein schon in der souveränen Umgruppierung sichtbar wird. Hauptsächlich sind es Blöcke von 3-6 Versen, die einander neu zugeordnet sind und in die der Redaktor dann einzelne Verse aus einem anderen Zusammenhang einpaßte.[81] In sich völlig neu wurden die Abschnitte 42,7-14 und 52,5-15 (beides Makarismenreihen) sowie 58,1-6 angeordnet. Hinzu kamen offensichtlich auch nötige Anschluß- und Übergangsformulierungen. Zahlreiche Passagen zeigen ein eigenes Profil, kürzen einmal zusätzlich oder bieten ein andermal mehr als selbst die längere Fassung.[82] Somit ist anzunehmen, daß dem Redaktor von MPr ein kürzerer Text vorlag, der jedoch mit keiner der erhaltenen Hss. identisch ist und eher eine Art Archetyp der kürzeren Fassung gewesen sein könnte.[83] Ein wichtiger inhaltlicher Anknüpfungspunkt mag dabei für den Redaktor die wiederholte Erwähnung von Waage, Maß und Gewicht gewesen sein, die im slHen als Ge- richtssymbole Verwendung finden,[84] sowie die ständig wiederkehrenden Stichworte Gericht, Urteil, Gerechtigkeit.[85] Die ethischen Konkretionen kon- zentrieren sich auf die Makarismen des slHen, deren biblische Analogien der Legitimation des Textes zugute kamen. Interessant ist auch eine Betrachtung derjenigen Abschnitte, die offenbar bewußt ausgelassen wurden. Dies betrifft im wesentlichen die Stücke des erzählerischen Rahmens von 39-67, einen Ab- schnitt über das Paradies, alle Aussagen über Henochs schriftstellerische Tä- tigkeit sowie verschiedene Bemerkungen zur Opferpraxis.[86] Sie waren nur hinderlich, wo es um die Benennung von gegenwärtig gültigen Normen ging. Das führt nun zu einer wichtigen Schlußfolgerung. Um die Wende vom 13. zum 14. Jh. war in Rußland eine kürzere Fassung des slHen bekannt, deren Benutzung in MPr einen den bekannten kürzeren Hss. vorausliegenden und den längeren bisweilen näherstehenden Text erkennen läßt. Die Arbeit des Redaktors bestand in Auswahl, Umgruppierung und Kürzung, ohne sichtbare Erweiterungen vorzunehmen. Auf prägnanteste Weise zeigt sich, wie dabei der Kontext die Bedingungen bestimmte. Der Text mußte sich der Aussageab- sicht des gesamten Sammelbandes einfügen, wobei alles Überflüssige ausge- lassen, alles Brauchbare aber in eine neue Form gebracht und für die Begrün- dung orthodoxer Rechtsprechung nutzbar gemacht wurde.

---

[81]   SOKOLOV etwa gliederte den Text in 10 Paragraphen, was jedoch künstlich wirkt. Ein- zeln stehen die Verse 46,3; 49,2; 51,3; 54,1; 55,3; 59,5; 61,1.

[82]   Kürzungen finden sich z.B. in 43,2; 50,1; 65,1 - breitere Formulierungen z.B. in 42,9; 44,2; 61,1a.

[83]   Nach SOKOLOV 1910 (II 106) entstammt der Text eindeutig der kürzeren Fassung (er hatte jedoch zum Zeitpunkt seines Vergleiches nur R und N vorliegen). ANDERSEN 1983 (215 und 218a2), äußert sich vorsichtiger und weist auf eine Reihe möglicherweise ursprünglicherer Wendungen hin.

[84]   So z.B. 43,1; 44,5; 49,2; 52,15; 61,1.

[85]   So z.B. 40,12f; 42,7. 9. 11; 44,3-5; 46,3; 49,2; 50,4f; 51,3; 52,15; 58,4f; 59,5; 60,4; 61,1; 65,6. 8. 11.

[86]   Rahmen: 39,1-8; 40,1-11; 53,4; 55,1f; 56,1f; 57,1f; 64,1-6. Paradies: 42,3-5. Henochs Bü- cher: 47,1-6; 48,6-9; 54,1b. Opferpraxis: 42,6; 45,1-3; 59,1-4; 61,4f; 62,1-3; Tempelbesuch 51,4.

In dieser Gestalt fand der Text nun eine weite Verbreitung. Von dem Sammelband Merilo Pravednoe selbst sind noch vier weitere Abschriften bekannt.[87] Den Kodex Nr. 187 der Moskauer Geistlichen Akademie, der interessanterweise auch die Kormčaja des Moskauer Häretikers Ivan Volk Kuricyn (15. Jh.) enthält, führte auch Jacimirskij in seiner Bibliographie unter der Nr. 15 auf.[88] Für die anderen drei Exemplare (15./16. Jh.) läßt sich die Anwesenheit des Textes aus dem slHen nur vermuten - leider blieben auch die neueren Hss.-Beschreibungen für einen genaueren Nachweis an dieser Stelle zu pauschal.[89] Wichtig ist, daß eines dieser Exemplare (C) zur Bibliothek des Moskauer Metropoliten Makarij (1542-1563), ein anderes (D) zu der des Moskauer Metropoliten Dionisij (1581-1587) gehörte.

Die im folgenden genannten Hss. aus Jacimirskijs Bibliographie belegen, wie der Text von MPr in andere Zusammenhänge übernommen wurde. TSS 489 (15. Jh.) und TSS 682 (16. Jh.) geben MPr im Kontext vermischter Sammelbände kanonistisch-monastischer Tendenz wieder.[90] Für Nr. 23 war mir eine Beschreibung nicht zugänglich - Titel und Umfang lassen jedoch den Text von MPr vermuten. Nr. 24 (16. Jh.) bietet den Text in einem Sammelband erbaulichen Charakters, der auch apokryphe Schriften enthält.[91] Nr. 27 (17. Jh.) nennt als Quelle des Abschnittes ganz direkt den Merilo Pravednoe.[92] Nr. 28 (17. Jh.) fügt den Text von MPr in eine Reihe moralischer Artikel zum Thema sozialer Gerechtigkeit ein.[93] TSS 253 (17. Jh.) gestattet sich die größte Freiheit, indem (im Kontext eines bunten und völlig unthematisierten Sammelbandes) der Text von MPr in Paragraphen geteilt und jeweils mit dem Namen des Presbyters Jeremij verbunden wird, wozu freilich weder der Text noch der Kontext irgendeinen Anlaß geben.[94] Hier müssen zusätzliche Informationen vorgelegen haben.

---

[87]   Dies sind (nach den Sigla von SCHNEIDER 1986 und POLJAKOV 1987) die Hss.: B) Leningrad, Staatl. Öffentl. Bibliothek, Sammlung des Kirillo-Belozerskij Klosters Nr. 145/1222, 16. Jh.; C) Moskau, Staatl. Hist. Museum, Sinodal'noe sobranie Nr. 525, 15./16. Jh.; D) ebd., Sinodal'noe sobranie Nr. 524, aus dem Jahre 1587; E) Moskau, Staatl. Lenin-Bibliothek, Sammlung der Moskauer Geistlichen Akademie Nr. 187, 15. Jh.; vgl. vor allem POLJAKOV 1987, 318.

[88]   Ivan Volk Kuričyn, ehemals Diplomat in Diensten des Zaren, wurde 1504 in Moskau als Anhänger der Häresie der "Judaisierenden" verbrannt. Jene von ihm redigierte Kormčaja Kniga läßt noch kein eigenes "häretisches" Lehrsystem erkennen, verrät jedoch starkes Interesse an der Verpflichtung des Herrschers zu gerechtem Gericht, was als Forderung in der politischen Publizistik des 16. Jhs. dann häufig wiederkehrt. Vgl. dazu HÖSCH 1975, 87 bzw. 228[695]; BEGUNOV 1956.

[89]   Beschreibung von C und D bei PROTAS'EVA 1970, 165-167. Zum Bestand werden jedoch keine detaillierteren Angaben gemacht. Andere Beschreibungen (etwa von A.A. Turilov 1986, verzeichnet bei POLJAKOV 1987) waren mir nicht zugänglich.

[90]   Beschreibungen bei GORSKIJ/NEVOSTRUEV 1859, 626-627 und 1862, 793; SOKOLOV 1910, II 92f und 93-95.

[91]   Beschreibung bei VIKTOROV 1870, 41.

[92]   Beschreibung bei VIKTOROV 1890, 126-127.

[93]   Beschreibung bei LEONID 1894, 229-231.

[94]   Text bei SOKOLOV 1910, I 155-157; Beschreibung bei SOKOLOV 1910, II 89-92.

Eine wichtige Rolle spielt weiterhin die Tatsache, daß der Text des slHen in der von MPr geprägten Form auch Eingang in die Kormčaja Kniga fand. Diese äußerst komplexe Sammlung kirchlicher Kanones, Briefe, Predigten, byzantinischer säkularer Gesetze oder russischer Rechtsdenkmäler bildete am längsten die Grundlage der Rechtsprechung in der russischen Kirche und fand zugleich weiteste Verbreitung. Erst mit der 1839 vom hlg. Synod veröffentlichten aktuelleren "Kniga Pravil/Regelbuch" trat ihr Einfluß zurück. Von drei Basisredaktionen (11.-13. Jh.) aus entwickelten sich zahlreiche Varianten nach der gleichen Grundstruktur, jedoch mit wechselndem Bestand.[95] Hinsichtlich des Kontextes lagen im wesentlichen die gleichen Bedingungen vor wie im Merilo Pravednoe, so daß es nicht verwundert, auch hier der gleichen Textgestalt des slHen zu begegnen. Der Text Nr. 25 (17. Jh.) als bisher einziger edierter Text des slHen aus einer Kormčaja Kniga deckt sich, von geringfügigen Varianten abgesehen, völlig mit MPr.[96] Für die Texte Nr. 14, 16, 19, 20 und 21, die zeitlich vorausliegen (15./16. Jh.), legt sich nach Titel und Umfang die gleiche Schlußfolgerung nahe, zumal auch die vorliegenden Hss.-Beschreibungen Ähnlichkeiten im unmittelbaren Kontext aufweisen.[97] Damit erweist sich besonders deutlich die Attraktivität jenes "Kompendiums der Ethik" aus dem Text des slHen für die Bedürfnisse juristisch-moralischer Sammelbände.

Nach den wenigen zugänglichen Angaben scheint auch Nr. 22 dem Text von MPr zu entsprechen. Hier ist der Kontext ein Exemplar (Nr. 561 der Moskauer Eparchialbibliothek, 16. Jh.) eines unter dem Namen "Zlataja Cep'/Goldene Kette" bekannten Sammelbandes, der moralische Belehrungen sowohl aus den Kirchenvätern als auch aus russischen Autoren über die Barmherzigkeit, das Gebet usw. zusammenstellt.[98] Die verschiedenen Kopien weisen zahlreiche Varianten im Bestand auf, wobei die Vertrautheit mit Sammelbänden moralisch-erbaulichen Charakters deutlich ist.

Besonders interessant ist schließlich das Auftauchen der Textform von MPr in den "Velikie Minei Četii/Große Lesemenäen" des Moskauer Metropoliten Makarij (1542-1563).[99] Dieses "großartigste Werk der russischen religiösen Kirchenliteratur"[100] umfaßte 12 Bände, die entsprechend ihrem Vorbild, dem griechischen Lesemenaion, für die tägliche Lektüre Viten, Predig-

---

[95]   Eine gute Übersicht und ein Stemma der Hss. bietet KAISER 1980, 19-23.

[96]   Text bei PYPIN 1862, 15-16; Beschreibung bei VOSTOKOV 1842, 319-330.

[97]   Beschreibungen bei - Nr. 14: LEONID 1893, 612-617; Nr. 16: bisher nicht zugänglich; Nr. 19: LEONID 1893, 627-634; Nr. 20: ARSENIJ 1878, 332-339; Nr. 21: VIKTOROV 1890, 82.

[98]   Eine Beschreibung war mir nicht zugänglich. Zum Typ dieses Sammelbandes vgl. EncSlov 24/1894, 600-601.

[99]   Text ediert von der ARCHEOGRAFIČESKAJA KOMMISSIJA 1912, 2496-2499. In JACIMIRS-KIJS Bibliographie hat der Text die Nr. 17 und bezieht sich auf die Hs. Nr. 989 der Sammlung der Moskauer Synodalbibliothek.

[100]   GUDZIJ 1959, 390.

ten, Belehrungen, Lobreden u.ä. sammelten.[101] Metropolit Makarij, ein enga-
gierter Kämpfer für die Stärkung der Führungsposition Moskaus, unternahm
eine breit angelegte Bearbeitung der vorliegenden Menäenliteratur im Stile
der neuen, pathetischen Rhetorik, füllte noch offene Daten auf und fügte die
Viten der auf sein Betreiben hin neu kanonisierten Heiligen ein. Seine Absicht lag in der Reinigung des Bestandes und einer Verbesserung der Texte.
Der Text aus dem slHen könnte ihm nun aus seinem persönlichen Exemplar
des Merilo Pravednoe bekannt gewesen sein.[102] In dieser Gestalt und in diesem Kontext war er auch vor dem Verdacht häretischer Herkunft geschützt.[103]
Eingeführt wird er als "слово ѿт книгъ Еноха.../Wort aus den Büchern
Henochs", was formal die Einführung von Zitaten aus den Vätern assoziiert.
Die Edition des Textes durch die Archeographische Kommission der Moskauer Universität (1868-1917) hat sich von den vier vorhandenen Hss. der Velikie Minei Četii die vollständigste (bestimmt für die Moskauer Uspenskij Ka-
thedrale) zur Grundlage gewählt. Inwiefern die übrigen drei Hss. den gleichen
Text bieten, bedarf noch der Nachprüfung.[104]

1.3. Textkritische Einzelbeobachtungen zu den Hss. des slHen

Eine vergleichende Untersuchung aller Textvarianten würde den Rahmen der
vorliegenden Arbeit weit übersteigen - sie muß die Aufgabe einer künftigen
kritischen Edition des slHen bleiben. Da eine Beziehung zwischen den verschiedenen Hss. weniger aufgrund direkter gegenseitiger Benutzung als vielmehr über den Rückgriff auf gemeinsame "Prototypen" besteht, bieten auch
die kürzeren Hss. gelegentlich bessere Lesarten und machen so ein differen-
zierteres Urteil erforderlich. In den Anmerkungen zu seiner Übersetzung hat
F.I. Andersen bereits zahlreiche wichtige Einzelheiten vermerkt. Die folgenden Beobachtungen sollen sich nur auf einige ausgewählte Stellen beschrän-

---

[101]   Vgl. GUDZIJ 1959, 388-399. Zuvor war Makarij Erzbischof von Novgorod (1526-1542),
wo er an das Werk des Erzbischofs Gennadij (s.u. 98ff) anknüpfen konnte. Von Makarijs Einfluß waren auch   die zeitgenössische Chronographie sowie die neu entstandene "Stepennaja
Kniga" (ein Stammbaum der Zarenfamilie) oder der "Domostroj" (eine Belehrung zur Regelung
des häuslich-familiären Lebens) bestimmt.

[102]   Dies müßte an der Hs. C des Merilo Pravednoe (s.o. 78 Anm. 87) selbst noch nachge-
prüft werden.

[103]   An apokryphen Texten enthalten die Menäen neben dem Fragment aus dem slHen
noch die "Offenbarung Abrahams" und das "Bekenntnis Evas" - nach SPERANSKIJ [3]1921 (171)
ein Zeichen dafür, daß sich die Autorität Makarijs über die Geltung des Indexes hinwegzuset-
zen vermochte.

[104]   In Frage käme hier vor allem der sog. "Carskij-Spisok", geschrieben für Zar Ioann IV.
Zwei weitere Exemplare für die Novgoroder Sophienbibliothek und das Moskauer Čudov-Klo-
ster sind beide unvollständig. Vgl. EncSlov 19/1896, 338. SPERANSKIJ 1921 (166[1]) nennt nur drei
Hss. - es fehlt das Exemplar des Čudov-Klosters.

ken, die eine offensichtliche Kürzung der längeren Fassung anhand textkritischer Details belegen.[105]

Zunächst sind mehrere Einschübe bzw. Erweiterungen im Text der längeren Fassung von Interesse, die in der kürzeren Fassung wieder ausgelassen
wurden.[106] Daß diese Erweiterungen dem Text der kürzeren Hss. vorausliegen
und nicht erst in diese eingetragen wurden, verrät eine sorgfältige Abgrenzung
der entsprechenden Abschnitte. Dem Redaktor der kürzeren Fassung, der
ihre Fremdartigkeit im Text mehr intuitiv empfand, unterliefen bei seinen
Kürzungen verschiedene Inkonsequenzen, so daß von den früheren Erweiterungen auch nach ihrer Auslassung noch Reste zurückblieben. Dies führte zu
Lesarten, die im Text der kürzeren Hss. unklar und mißverständlich bleiben,
jedoch unter Zuhilfenahme der längeren Hss. als ungeschickte Nahtstelle verständlich werden.

a) In 20,3 und 21,6-22,3 findet sich ein Einschub, der den 7 Himmeln 3
weitere hinzufügt und eine Theophanieschilderung bietet. 20,3 hebt sich formal durch eine rhetorische, um Erläuterung bemühte Frage (P: что оубо
естъ зане Гдь тоу пребываетъ на ҃ı мъ нбси?/Was nun ist, weil
sich der Herr dort befindet, im 10. Himmel?)[107] deutlich vom Kontext ab. Inhaltlich unterbricht der Vers Henochs Schau des Thrones und der darum versammelten Dienstengel. 22,4 schließt sich problemlos an 21,5 an - nachdem
Henoch vor Gottes Thron gebracht wurde, fällt er zunächst erst einmal anbe-
tend nieder.[108] Die dazwischengeschobenen Verse, die Vorstellungen der jüdischen Mystik aufnehmen, stehen in einer unübersehbaren Spannung zum übrigen slHen (s.u. 109ff). Dabei fällt jedoch die Aufzählung eines 8.-10. Himmels
(21,6-22,1) viel störender ins Auge als die anschließende Schilderung der
Theophanie im 10. Himmel (22,1-3), die sich relativ leicht auf die vorausgesetzte Thronwelt im 7. Himmel übertragen läßt. So hat auch der Redaktor von
AU und B seine Auslassung auf die besonders schwierigen drei zusätzlichen
Himmel beschränkt, die Theophanieschilderung in 22,1-3 aber in einer über-
arbeiteten und gestrafften Form mit übernommen.[109] Interessanterweise läßt

---

105   Es geht dabei hauptsächlich um einen Vergleich von RJ mit AU als den jeweils wichtigsten Vertretern beider Fassungen. Die übrigen Hss. werden je nach Gewicht mit einbezogen.

106   Dies betrifft alle unter 2.2. aufgeführten Hinzufügungen zum Text, wobei nur diejenigen betrachtet werden sollen, deren "Verzahnung" mit dem Kontext zu abweichenden Kürzungen geführt hat. Einige der Hinzufügungen (z.B. 16,5; 49,1-2; 68,1-4; 71,28) sind so glatt in den
Kontext eingefügt, daß sich ihre Auslassung in den kürzeren Hss. nur mit Hilfe inhaltlicher Argumente wahrscheinlich machen läßt. Auslassungen versehentlicher bzw. mechanischer Art
bleiben unberücksichtigt.

107   Auch die Feststellung in J (что оубо лесатое ҃е .../ was nun der zehnte Himmel
ist ...) bewahrt die Form einer zusätzlichen Erläuterung.

108   Es erscheint dagegen als ungebührlich, vor vollzogener Ehrerweisung die Erscheinung
Gottes zu bewundern, selbst wenn Henochs Bericht vor seinen Söhnen hier auf die Gottesbegegnung zurückblickt.

109   In JP ist 22,1-3 vom Wortreichtum und den Wiederholungen des Kap. 39 bestimmt -
22,1 und 39,5 stimmen auch in der Beschreibung von Gottes Angesicht wörtlich überein ("das

auch R als Vertreter der längeren Fassung den 8.-10. Himmel aus, bietet jedoch die Theophanieschilderung in einer umfänglicheren und JP näheren Form als AU.[110] Konsequenter sind dagegen VN und B² verfahren, die den ganzen Abschnitt auslassen, überdies aber noch in 22,4 die Worte einfügen: "и не могохь видѣти Господа Бога /und ich konnte Gott den Herrn nicht sehen". Weitere Versumstellungen in 22 zeigen, wie sorgsam der Redaktor dabei jeden Eindruck einer unmittelbaren Gottesschau Henochs vor seiner Verwandlung zu vermeiden suchte - sich mit einer solchen also auch deutlich auseinanderzusetzen hatte.[111] Zumindest lag ihm ein AUB vergleichbarer Text vor. Die gegenteilige Annahme einer stufenweisen Erweiterung und Überarbeitung dieses Abschnittes ist insofern unwahrscheinlich, als er von einer Hand zu stammen scheint. Viel eher ist also zu schließen, daß die Redaktoren den Text an dieser Stelle zweimal kürzten.

b) Die Verse 46,1-3 (JRP) sprechen von der Aufrichtigkeit des Herzens bei der Darbringung von Opfern, wobei der Sprachgebrauch nahelegt, auch hier die Hand eines jüdisch-mystischen Redaktors am Werk zu sehen (s.u. 114). In AUB begegnet davon nun lediglich 46,3 - ein Vers, der zu 45,3 keinerlei Verbindung hat und allein völlig funktionslos bleibt. Der Wechsel von der Prüfung der Herzen durch Opfervollzug (45,3) zu dem kommenden Gericht zeigt einen Bruch; als Anknüpfungspunkt für 46,1-2 konnte eher 45,1-3 als etwa 46,3 dienen. Im Zusammenhang des ganzen Abschnittes erweist sich 46,3 dagegen als unverzichtbarer Zielpunkt - im Sinne eines Schlusses a minore ad majus macht der Vers deutlich, um wieviel gewichtiger die Folgen unaufrichtiger Opfer im künftigen Gericht als bei vergleichbaren irdischen Anlässen (Gaben für einen König) sein werden. Aus welchen Gründen auch immer kürzte also der Redaktor von AU die Beispiele in 46,1-2 und ließ 46,3 als Bruchstück stehen. Zudem hat er den Vers auch noch mißverstanden (AU: "und in Finsternis wird das Gericht stattfinden"), was von B dann wieder korrigiert oder richtig bewahrt wurde.[112] VN und B² weisen schließlich eine Lücke

---

Angesicht des Herrn, vom/im Feuer entzündet (und) unaufhörlich Funken sprühend und glühend"); zweimal betont Henoch, das Angesicht des Herrn gesehen zu haben, dreimal spricht er von der Unbeschreibbarkeit der Gotteserscheinung. AUB wirken dagegen lapidar ("ich sah den Herrn"), beschreiben das Angesicht des Herrn mit drei Attributen und fassen alles weitere in eine Aussage über ihre Unbeschreibbarkeit zusammen.

[110] Auch R hat die Beschreibung des Angesichtes Gottes ausgelassen, bietet aber mehr Attribute sowie die Wiederholungen aus JP in abgewandelter Form.

[111] So läßt er etwa unmittelbar auf Henochs Anbetung (22,4) Henochs Verwandlung von Michaels Hand (22,8-10) folgen, um nun erst den seiner irdischen Gestalt Entkleideten vor Gottes Thron und Angesicht treten (22,5-7) und von Vrevoil instruieren (22,10-11) zu lassen. Auch in 39,5 (s.u. 112ff) vermeidet er alle Details und bleibt so allgemein wie schon in 20,3 ("sie zeigten mir aus der Ferne den Herrn").

[112] Nach JRP dient das große Licht (hier wohl Synonym für den großen Äon) gerade dazu, gerechtes Gericht ohne jede Bevorzugung zu halten - deshalb auch kann sich niemand verbergen. In AU ist ein Gericht im Finstern angesichts der Schlußfrage "Und wer will da verborgen bleiben?" unsinnig. AU lasen wohl irrtümlich R: " въ томъ будет сул /in diesem [d.h.

von 46,1-48,9 auf, die nur als großzügige Kürzung zu verstehen ist. In 47 und 48 geht es hauptsächlich um Henochs Bücher und Aufzählungen der darin enthaltenen Schöpfungswerke - um Inhalte also, die Bekanntes wiederholen und relativ leicht entbehrlich waren.

c) In 71,32-37 liegt eine Interpolation von christlicher Hand vor, die den ausschließlich auf die wunderbare Geburt Melchisedeks bezogenen Lobpreis Nirs in 71,30-31 um einen prophetischen Ausblick auf den Priesterkönig von Salem erweitert und damit besonders in 34-36 ein eigenes typologisches Modell des Priestertums verbindet (s.u. 118ff). Dem Lobpreis Nirs ist mit der akklamatorischen Formel ("и ты бѣ великъ/ und du bist der große Gott") in 71,31 ein deutlicher Abschluß gegeben, nach dem dann die Erzählung in 72,1 ganz folgerichtig fortfahren kann. So müssen sich die eingeschobenen Verse auch in 32-33 erst um einen Anknüpfungspunkt für die typologischen Absichten des Redaktors bemühen und schließlich in 37 wieder auf das urzeitliche Thema zurücklenken. In AU fehlen nun lediglich die Verse 34-36, die mit ihren Anspielungen auf Christus sowie der nur knapp angedeuteten Legende von Abels Begräbnis in 36 die auffälligsten Abweichungen vom Kontext bieten. Hätte nun R diese Verse in den Text von AU eingefügt, so müßten in AU alle Züge jener neuen Konzeption, die den wunderbar geborenen Melchisedek mit dem atl. Priesterkönig aus Gen 14 verbinden möchte, fehlen.[113] Damit wäre zuerst die Priesterreihe in 32 überflüssig, doch gerade sie findet sich auch in AU wieder. Ohne 34-36 hat sie hier jedoch kein rechtes Motiv, zumal sich ihre kürzere Form wohl nur als eine Korruption der Liste von R verstehen läßt.[114] B bietet hier eine ebenfalls kürzere Variante, hat aber andere Namen aus R entnommen und in 33 die Konzeption zweier einander ablösender Priesterreihen auf eigenständige Weise formuliert.[115] Des weiteren müßte auch 33 allein auf den wunderbar geborenen Melchisedek bezogen sein. Der Vers bleibt jedoch merkwürdig unklar und scheint auf knappe Weise 33 und 34 in sich zusammengefaßt zu haben.[116] Der Gedankensprung von Abels Be-

---

Licht] wird das Gericht sein" irrtümlich als U: " во тмоу боудеть соуд /in Finsternis wird das Gericht sein" - B stimmt hier mit der Lesart der längeren Hss. überein.

[113] Melchisedek ist im slHen als völlig jenseitige Figur gedacht, bleibt auf ewig im Paradies und hat mit dem irdischen Melchisedek aus Gn 14 nur den Namen gemeinsam. Zu diesen inhaltlichen Fragen vgl. u. 118ff und 204ff.

[114] Sie ist um zwei Namen länger als die Patriarchenliste in 33,10 (mit der sie jedoch auch sonst nicht übereinstimmt). Von orthographischen Varianten abgesehen folgt sie der Liste von R, aus der sie nur die Namen Prasidam (5), Maleleil (6) und Aleem (9) ausläßt.

[115] B schreibt Maleleil doppelt, läßt dafür aber Arusan, Aleem und Methusalem selbst aus, was auf eine eigenständige Benutzung der Liste von R schließen läßt. In 33 fügt B der Aussage von AU ("und Melchisedek wird das Haupt der Priester in einem anderen Geschlecht sein") noch pointiert hinzu: "...wie mir auch Seth in diesem Geschlecht war."

[116] AU haben hier wohl 33R " глава " mit 34R " въ послѣдни род /im letzten Geschlecht" zu " и мелхиседекъ боудеть гⷩва иерѣем в род инъ /und Melchisedek wird das Haupt der Priester in einem anderen Geschlecht sein" kombiniert, womit die Konzeption zweier Priesterreihen übernommen wird.

gräbnis zur schon bekannten Thematik der Flut (z.B. 70,4-10) in 37 konnte schließlich den Redaktor von AU veranlaßt haben, schon hier den Text wieder aufzunehmen, wobei ihm dann doch noch die ganz unpassende Anspielung auf des atl. Melchisedek theokratische Funktion mit unterlief.[117] So haben also AU den interpolierten Text von R um die am leichtesten als fremdartig erkennbaren Zusätze in 34-36 gekürzt, dabei aber deren notwendige Rahmenteile (32-33 und 37) in einer nun ziemlich unverständlichen Form aus R mit übernommen.

Weiterhin verdienen einige Stellen Aufmerksamkeit, an denen der "Überschuß" der längeren Hss. theologisch gewichtige Themen enthält, ohne daß sich diese als Einschübe von ihrem Kontext unterscheiden ließen.

a) Kap. 8 beschreibt in den längeren Hss. das Paradies als eine doppelte Größe, die aus dem irdischen Garten Eden und seinem (durch den Baum des Lebens verbundenen) Pendant im 3. Himmel besteht. Die kürzeren Hss. dagegen entbehren dieser Vorstellung und betrachten das Paradies als einen ausschließlich jenseitigen Ort. Diese Differenz kommt sowohl in gezielten Formulierungen als auch in einem unterschiedlichen Textumfang zum Ausdruck.[118] Eine Reihe von Argumenten spricht nun für eine Kürzung bzw. Überarbeitung des längeren Textes. Da nach Gen 2 das Paradies zunächst als ein irdischer Garten gedacht war, mußte für jüdisches Denken hier ein Ausgleich zu der Vorstellung eines "himmlischen" Paradieses geschaffen werden. Die Reduktion auf einen lediglich jenseitigen Ort und der Verzicht auf den irdischen Garten verrät dagegen ein späteres Stadium theologischer Reflexion.[119] Die 4 Flüsse, die nach den kürzeren Hss. am Paradies vorbeifließen, nehmen sich da recht fremd aus. Entweder spielen sie auf die in Gen 2,11-14 genannten ausschließlich irdischen Ströme an und fügen sie der himmlischen Topographie ein, oder sie setzen die 4 Ströme voraus, die nach der längeren Fassung offenbar im himmlischen Paradies entspringen und von da zur Erde hinabfließen. So ließe sich auch in AU die Bemerkung über die Funktion der Flüsse ("вс҃ѧ градъ добръ ражающи на пищоу /jeden guten Garten bringen sie zur Nahrung hervor") als Rest der Vorstellung ihres zyklischen Laufes

---

[117] In 37 (R) ist Melchisedek das Haupt der Priester, die über das Volk herrschen (царствовати) und dem Herrn dienen, was ganz der Terminologie der Zusätze (71,35/72,6: Melchisedek ist " iереи и цр҃ь /Priester und König") entspricht. Als jenseitiges Urbild (s.u. 207ff) aber kann Melchisedek keine irdischen Funktionen wahrnehmen.

[118] Die Formulierungen bei der Ankunft im 3. Himmel unterscheiden sich auf charakteristische Weise - R: "und sie setzten mich dort nieder und ich blickte hinab und ich sah das Paradies", AU: "und sie setzten mich in die Mitte des Paradieses". In den kürzeren Hss. fehlen die Detailbeschreibungen des Paradiesesbaumes (8,4), der Ströme (8,5-6) und der Hinweis auf die Lage des Paradieses (8,5). Stattdessen erwähnen sie die Ströme schon in 8,2 und schildern den Baum des Lebens als einen neben anderen im Paradies (es ist noch die Rede von einem Ölbaum).

[119] Die Lage des Paradieses als eines Bindegliedes zwischen dieser und jener Welt fügt sich durchaus in das Weltbild des slHen ein - vgl. u. 151ff.

verstehen.[120] Daß die Flüsse zugleich Quellen für Honig und Milch sowie Öl und Wein sind, wird nur in den längeren Hss. gesagt. Die kürzeren Hss. sprechen dagegen noch von einem "anderen Baum" neben dem Baum des Lebens, einem "Ölbaum, der beständig Öl fließen läßt" ("маслинно тоучѧ масло вꙑиноу "). Dieser Baum, der in Konkurrenz zum Baum des Lebens steht,[121] läßt in seiner Beschreibung noch die Quelle bzw. den Strom mit Öl der längeren Hss. als Vorbild vermuten. So hat der Redaktor der kürzeren Fassung offensichtlich die Vorstellung eines doppelten Paradieses getilgt und den Text entsprechend überarbeitet, was sich auch an allen übrigen Aussagen zum Paradies beobachten läßt.[122]

b) In Kap. 12 berichten die längeren Hss. von den beiden "Sonnenelementen" Phönix und Chalkedrios,[123] die kürzeren Hss. dagegen lassen diese vermissen. Daß beide mythologische Wesen auf alte Traditionen zurückgreifen, hat R. van den Broek ausführlich dargelegt.[124] Von einigen Differenzen[125] abgesehen ist das Bild in den längeren Hss. relativ klar: Phönix und Chalkedrios sind himmlische Wesen besonderer Art;[126] sie ziehen oder begleiten den Sonnenwagen und haben 12 Flügel; in besonderer Weise sind sie der Sonnenhitze ausgesetzt und symbolisieren in ihrer Gestalt die Selbsterneuerung der Sonne und damit der Zeit überhaupt.[127] Die kürzeren Hss. enthalten stattdessen einige auffällige Unstimmigkeiten: Die Engel, die nach 11,4 dem Sonnen-

---

[120] B hat die Bemerkung offensichtlich mißverstanden und las statt " градъ /Garten" " гадъ /Gewürm (B: "jedes Gewürm, jede gute Frucht hervorbringend zur Nahrung"). VNB² schreiben nur noch "jede gute Frucht hervorbringend zur Nahrung". Nach den längeren Hss. kehren die Flüsse wieder zurück, nachdem sie die Erde durchlaufen haben - hiervon könnte die Vorstellung in AU, sie befruchteten "jeden guten Garten" motiviert sein.

[121] Das Öl in seiner Heilsbedeutung (vgl. RE³ 6, 301-303) qualifiziert diesen "anderen" Baum in einer Weise, die einen Unterschied zum Baum des Lebens kaum erkennen läßt. Die Vorstellung von einem Baum des Lebens und einem Baum der Erkenntnis (vgl. VOLZ 1934, 415) trifft hier nicht zu - Öl symbolisiert ebenso Leben (vgl. auch VitAd 36).

[122] Vgl. dazu 31,1-2; 42,3; 43,3; 65,10.

[123] Varianten - R: халкедрги/халкедри ; J: халкедри sowie in 15,1 der Plural; P: Халкадрꙑ/Халкадрꙑ . Zur Etymologie und Deutung vgl. BROEK 1971, 291-304.

[124] BROEK 1971, 287-304.

[125] Den Begriff " стихіи слънечнꙑи /Sonnenelemente" bieten nur JP, R spricht dagegen von fliegenden Geistern "in Gestalt zweier Vögel". R vergleicht (" ꙗко финеѱь и дроугꙑ ꙗко халкедрги /wie ein Phönix und der andere wie ein Chalkedrios"), während JP identifizieren (P: "имена имъ финизи и Халкадрꙑ/ihre Namen sind Phönix und Chalkedrios") - dies tut R dann allerdings in 15,1 auch. In R ziehen sie den Sonnenwagen (so wie die Engel in den kürzeren Hss.), in JP begleiten sie ihn.

[126] Trotz ihrer mythologischen Mischform befinden sie sich unter den Engeln, sind wie diese geflügelt und unterstehen Gottes Befehl.

[127] In 12,2 heißt es von ihnen: "носѧще розх и зной /ertragend Tau und Hitze" - " носити " ist hier wohl im Sinne von "βαστάζειν" zu verstehen (Tau und Hitze bedeuten den Wechsel von Erfrischung und Ermattung). Dieser Gedanke, der etwa in IIIBar 6-9 eine Rolle spielt, wird sonst in slHen 12 und 15 nicht weiter ausgeführt. Die kürzeren Hss. aber verstanden " носити " wohl im Sinne von "φέρειν", was jedoch hinsichtlich des Taues Kap. 6 (Vorratskammern im 1. Himmel) widersprechen würde. Zur Symbolik der Selbsterneuerung vgl. BROEK 1971, 301.

wagen vorausgehen, werden in 12,1 überflüssigerweise nochmals als "fliegende Geister" erläutert; sie haben 12 Flügel und ziehen den Sonnenwagen, was sie jedoch nicht hindert, auf den Befehl des Herrn Tau und Hitze sozusagen als Boten mit den Sonnenstrahlen zur Erde hinabzubringen - dies aber sind praktisch unvereinbare Funktionen.[128] VN und B² haben dann auch die Anzahl der fliegenden Geister noch mit 12 angegeben.[129] Verständlich wird dieser Passus allein, wenn man ihn vor dem Hintergrund der längeren Fassung liest. Hier steht der Terminus " дс҃и летаще /fliegende Geister" gerade zu dem Zweck, die beiden "Sonnenelemente" Phönix und Chalkedrios von den übrigen, den Sonnenwagen begleitenden Engeln zu unterscheiden. Indem sie den Wagen ziehen oder begleiten, sind sie Tau und Hitze ausgesetzt und folgen Gottes Befehl. Das Auf- und Absteigen mit den Strahlen der Sonne aber meint in 12,3 den Sonnenwagen selbst und dessen zyklische Bahn.[130] Daran wird deutlich, daß der Redaktor der kürzeren Fassung die beiden mythologischen Wesen bewußt ausließ. Während dies in 15,1-2 problemlos möglich war, mußte er in 12,1-3 die Funktion des "Gespannes" auf andere Wesen übertragen, weswegen er auch bereits in 11,3-5 die gewaltige Zahl der Begleitengel ausließ,[131] die unverfänglichen "fliegenden Geister" in 12,1 beibehielt und mit einer unbestimmten Zahl von dem Wagen vorausgehenden Engeln identifizierte. Aus dem Bestreben nach Zusammenfassung sowie der Doppelbedeutung von " нос ити " (φέρειν, βαστάζειν) erwuchsen dann die genannten Widersprüche in ihrer neuen Funktionsbestimmung.

c) Die auffälligsten Differenzen überhaupt bietet der Passus 28,1-33,2 mit seiner Beschreibung des Sechstagewerkes. Hier enthalten die kürzeren Hss. nur einen Bruchteil (etwa 8 von 41 Versen) des Materials der längeren Hss. Dessen Inhalte, die durchaus den Verdacht gelegentlicher Erweiterungen wecken können, lassen bei aller Verschiedenheit doch eine geschlossene Konzeption erkennen und fügen sich problemlos der Intention des ganzen Buches ein. Dagegen erweisen sich die wenigen Bemerkungen der kürzeren Hss. als ein Fragment, dessen kunstvolle und mühsame "Auffüllung" durch einen Re-

---

[128] U: " и нос аще розоу и   знои егда повелит г҃ъ снити   на землю с лоучами с ҃лнчнами /tragend Tau und Hitze, wenn der Herr [ihnen] befiehlt, mit den Sonnenstrahlen auf die Erde hinabzusteigen."

[129] Dies kann von der Zahl der Flügel oder dem Bedürfnis nach Konkretion bestimmt sein - es entsteht das Bild eines gewaltigen "12-Spänners".

[130] Das Subjekt ist in 12,3 nicht ganz klar. Der Sing. mask. kann jedoch nicht die Engel meinen - am ehesten also den Sonnenwagen.

[131] 11,3-5 hat in den längeren Hss. noch seine eigene Problematik: die 8x 1000 Sterne, die den Sonnenwagen begleiten, scheinen ebenso wie die Myriaden von Engeln Lebewesen zu sein. Nach 11,4 gehen 100 Engel dem Wagen voraus, was für ein "Gespann" zu viel ist. In den längeren Hss. haben sie auch eine eigene Funktion: nach JP werden sie von der Sonne entfacht, nach R sind umgekehrt sie es, die die Sonne entfachen. Die kürzeren Hss. haben Zahlen und Funktionsbeschreibungen ausgelassen.

daktor der längeren Fassung kaum vorstellbar ist.[132] Die "Vorgeschichte" (24-27) ist in den kürzeren Hss. fast doppelt so lang wie das Sechstagewerk selbst und rückt ganz in den Mittelpunkt des Interesses, so daß ein auffälliges Mißverhältnis zu den traditionellen Schöpfungswerken entsteht. Eine Gliederung derselben nach einzelnen Tagen fehlt völlig. Nur einige ausgewählte Schöpfungswerke, die auch in den längeren Hss. vorkommen, sind der Vorgeschichte übergangslos angefügt, wobei in der knappen Aufzählung die Werke des 4. Tages fehlen.[133] Der Sabbat schließlich findet überhaupt keine Erwähnung, was angesichts der auch von allen kürzeren Hss. in 24,5 betonten Ruhelosigkeit Gottes vor Schöpfungsbeginn um so auffälliger ist.[134] Bereits 27 ist ein Bruchstück, das ohne den entsprechenden Zusammenhang der längeren Hss. keinen Sinn ergibt. Nach RJP hat Gott mit der Trennung von Licht und Finsternis einen Zwischenraum geschaffen, in den die kreatürliche Welt hineintritt. Mittels einer Vermischung und Verdickung von etwas Licht und etwas Finsternis schafft er das Wasser, das in Gestalt zweier "Festen" die Finsternis unten und das Licht oben gegen den für die übrige Schöpfung zur Verfügung stehenden Freiraum abgrenzt. Dahinein setzt Gott dann als nächstes die sieben großen Kreise, d.h. die Planetenbahnen. Da der Redaktor der kürzeren Fassung gerade diese aber ausließ,[135] geriet auch das ganze Schema durcheinander. Ganz unverständlicherweise ist es nun der von Licht umgebene Äther, der über der Finsternis ausgebreitet wird - das Wasser aber taucht als Element völlig unvermittelt auf.[136] Damit fehlt auch der Rahmen für die Vorstellung des mit Wassern bedeckten Abgrundes, dessen Erwähnung in 28,3 die kürzeren Hss. mühsam einzuordnen und in verschiedenen Varianten zu erklären versuchen.[137] Ebenso bruchstückhaft reihen sich die folgenden Schöpfungs-

---

[132]   Er hätte beinahe Vers für Vers unterbrechen und ergänzen müssen. Das ohnehin zu enge Wochenschema hätte viel eher auf die kürzere Fassung gepaßt und wäre der längeren entbehrlicher gewesen. Angesichts der Materialfülle bleibt fraglich, warum der Redaktor dann überhaupt noch die wenigen Bemerkungen so getreu bewahrt hätte, anstatt den ganzen Passus neu zu schreiben.

[133]   Dies sind die Erschaffung der Planeten und ihrer Bahnen, der Sonne und des Mondes, des Tierkreises und der Sterne. Die Erschaffung der Sonne wurde bereits an zweiter Stelle genannt.

[134]   Da die einzelnen Tage nicht benannt werden, fällt auch der Ruhetag, von dem der Rhythmus der Schöpfungswoche erst seinen Sinn erhält, auch leichter aus. Für jüdisches Denken ist das Schöpfungswerk ohne Sabbat freilich kaum vorstellbar.

[135]   Auch sonst vermeidet die kürzere Fassung konsequent alles, was mit Astrologie in Verbindung steht - vgl. 21,6; 27,3; 28,1; 30,3-6; 48,1. 3; 68,1-4.

[136]   AU: "Umgebend aber den Äther mit Licht verdickte ich [ihn und] breitete ihn aus oberhalb der Finsternis. Aber vom Wasser machte ich fest einen großen Stein...". VN: "Umgebend aber einiges (" ι-єтєρα " statt " єфєρα " in AU) mit Licht verdickte ich und breitete aus oberhalb der Finsternis den Weg des Wassers. Und ich machte fest einen großen Stein ...".

[137]   Die längeren Hss. nennen den Abgrund bereits in 27,3 (R: "Und so machte ich fest die Wasser, das heißt den Abgrund [= ἄβυσσος]") und kommen in 28,3 darauf zurück (R: "Und in der Mitte der Erde benannte ich einen Abstieg [oyпaдoк - etwa ein abwärtsführender Ort,

werke aneinander. Vom Menschen etwa, auf dessen Erschaffung der ganze
Abschnitt zweifellos zuläuft, wird lediglich vermerkt, daß ihn Gott seiner
Weisheit zu schaffen befahl - 65,2 vermag dies im Rückblick viel differenzierter zu schildern, und selbst die Erschaffung von Pflanzen und Tieren erhielt
noch eine ausführlichere Beschreibung. Redaktionelle Arbeit zeigt sich auch
in 30,1. Bei der Erschaffung der Flora heißt es in den längeren Hss. abschlie-
ßend - R: "Und so schuf ich die Erneuerung der Erde." Die kürzeren Hss., in
denen die darauffolgende Erschaffung der Sterne und der Planeten fehlt, haben den Gedanken als direkte Überleitung zur Erschaffung der Tiere umfor-
muliert - U: "Bevor ich noch lebende Seelen schuf, bereitete ich ihnen Nahrung."

d) Zwei weitere Abschnitte vorwiegend kalendarischen Inhaltes finden
sich allein in den längeren Hss. Während für 40,6-7 keine formalen Indizien
hinsichtlich Erweiterung oder Kürzung festzustellen sind,[138] deutet in 48,1-4
einiges auf eine Auslassung durch die kürzeren Hss. hin. RJP bieten in 47,3-6
eine Zusammenfassung des in Henochs Büchern fixierten Schöpfungswerkes
Gottes. Aus einer Betonung der Einzigkeit Gottes erwachsen dabei in 47,5
und 6 zwei rhetorische Fragen, die seine Unvergleichlichkeit dartun ("wer ist,
der...") und dann assoziativ in eine Aufzählung verschiedener Einzelheiten des
früher beschriebenen Solarkalenders übergehen.[139] 48,6 faßt mit der Wendung
"Dies tue ich euch kund, meine Kinder." den ganzen Abschnitt zusammen, um
wieder zu den Büchern Henochs zurückzukehren.[140] In den kürzeren Hss.
scheint der Abschnitt dagegen "geordnet" worden zu sein - anstatt der zwei
eher zufälligen rhetorischen Fragen stehen deren vier, die etwa gleich bemes-
sen und in einer deutlichen Klimax formuliert sind;[141] die weitschweifigen und
ohnehin bekannten kalendarischen Einzelheiten von 48,1-4 aber fehlen. Da
sich nun Fragen nicht mit einer auf einen Bericht zielenden Feststellung ab-
schließen lassen, ist dieselbe in 48,6 auch ausgelassen, so daß zwischen der
letzten Frage und der Aufforderung, die Bücher Henochs zu verteilen, ein auffälliger Bruch entstand.

---

ein Abhang], das heißt den Abgrund [= ἄβυσσος]"). 28,3 versuchen die kürzeren Hss. nun auf
ihre Weise zu verstehen - AU: "Nicht aber benannte ich [не реꙁохъ statt нарекохъ /ich
benannte] den Abstieg zum Abgrund."; B: "... in Flüssen aber beim Strom des Abgrundes [на
рѣкахъ statt нарекохъ /ich benannte; у потокъ /beim Strom statt оупадоꙁ /Ab-
stieg]"; VN: "... in den Flüssen den Abstieg des Abgrundes ..."; B²: "Ich benannte aber den Abstieg des Abgrundes ...". Der "Abstieg zum Abgrund" ist also nach den längeren Hss. der
Zugang zur Finsternissphäre durch die untere Wasserfeste (das Meer).

[138]   Inhaltlich fügt sich der Passus dem Kap. 40 gut ein - vgl. auch 65,3-4.

[139]   Auch hier wird ein Jahr von 364 Tagen vorausgesetzt, das ursprüngliche System bleibt
dabei noch konsequenter gewahrt als in den oft unklaren Aussagen von 11-17.

[140]   Aussagen zur Weitergabe der Bücher rahmen den ganzen Abschnitt (47,1-2/48,6-9),
der keine Inhaltsangabe derselben, sondern Verherrlichung Gottes sein will.

[141]   1. Zählen von Staub, Sand, Regentropfen; 2. Verbindung von Land und Meer; 3. Ver-
ursachung der Schönheit der Sterne und des Himmelsgewölbes; 4. Erschaffung des Sichtbaren
aus dem Unsichtbaren.

e) Der Abschnitt 53,1-54,1 ist dem Gedanken gewidmet, daß angesichts der Schreibertätigkeit Henochs eine Fürbitte bei Gott ausgeschlossen ist. Dafür bieten die längeren Hss. einige Argumente mehr, die sich in den kürzeren Hss. nicht finden.[142] An 53,2 wird nun deutlich, daß die kürzeren Hss. den Abschnitt überarbeitet haben. Denn den verallgemeinernden Satz in R: "Dort ist für keinen Menschen, der gesündigt hat, ein Helfer." kann ein christlicher orthodoxer Redaktor kaum eingefügt haben. Vielmehr aber wird dieser Satz Anlaß gewesen sein, in Anbetracht der Fürbitterrolle Christi, der Gottesmutter und aller Heiligen in der orthodoxen Theologie den ganzen Passus zu reduzieren und die allgemeinen Aussagen auf Henochs Person zu beschränken.[143]

f) In drei der listenartigen Aufzählungen, die im slHen verschiedentlich begegnen,[144] bieten die kürzeren Hss. eine fragmentarische Fassung. Dies betrifft zunächst 43,2 mit einer Liste von Eigenschaften, die einen Menschen von einem anderen unterscheiden können. Während die 12 mit einer stereotypen Formel ("ωв же...дѣла, ωв же... дѣла /einer aber ... wegen, ein anderer aber ... wegen") eingefaßten Glieder eine überlegte Komposition erkennen lassen, weist die Liste in den kürzeren Hss. nur für die ersten drei Glieder jene Formel auf, schließt zwei weitere mit "und" an und bricht schließlich ab.[145] In 65,3-4 berichtet Henoch von der Einteilung der Zeit. Die längeren Hss. bieten dabei eine Liste von Zeiteinheiten (Jahre, Monate, Tage, Woche, Stunden sowie deren Exaktheit), die nach einem festen Schema vorgestellt werden.[146] Dieses Schema ist von MPr ohne den etwas fehlplazierten Hinweis auf die Woche und die Exaktheit der Stundenmessung bewahrt worden. VNBB[2] zählen einfach Jahre, Monate, Tage und Stunden auf - nach AU aber teilte Gott den Äon nur noch in "Zeiten und Stunden".[147] 66,6 enthält einen Tugendkatalog, den Henoch seinen Söhnen für die Zeit ihres irdischen Lebens anempfiehlt. Die längeren Hss. reihen 13 Abstrakta sorgfältig ("ходите чада моа

---

[142]   Dies betrifft: a) es gibt generell keine Hilfe im Gericht; b) die Taten aller Menschen sind bereits vor der Schöpfung aufgezeichnet worden - ein Determinismus, der jede Fürbitte von vornherein unmöglich macht; c) der Herr sieht auch die eitlen Gedanken, die in der Tiefe des Herzens liegen - das macht eine Spekulation auf Hilfe unmöglich.

[143]   Die Sätze sind knapp formuliert und lassen sich auch als ein gegen familiäre Bevorzugung gerichteter "Spezialfall" verstehen.

[144]   Vgl. auch Exkurs G.

[145]   B hat auch den Einleitungssatz, der von den kalendarischen Differenzen zu den Differenzen menschlicher Eigenschaften vermittelt, ausgelassen. 5 Glieder scheinen eher zufällig zu sein - zu antiken Tugendreihen (Plato 4, Aristoteles 12 oder 13, kathol. Lehre 7) ergeben sich von den Inhalten her keine Parallelen.

[146]   " и ωт...и ωт /und von ... und von" markiert die zunehmende Differenzierung - die Woche wird als Zusammenfassung von 7 Tagen verstanden, daher ihr Platz nach den Tagen. Eine vergleichbare Aufzählung bieten die längeren Hss. auch in 40,6 - was die kürzeren ebenfalls auslassen; vgl. dagegen 43,2 in AU.

[147]   Zeiten (врѣмена) ist in den längeren Hss. der Oberbegriff, AU aber machen ihn zum Zeitmaß neben den Stunden.

въ ... въ .../wandelt, meine Kinder, in ... in ...") aneinander, schließen sie in der Liebe zueinander zusammen und blicken dann auf das Erbe des endlosen Äons voraus. AUB lassen dagegen die Aufforderung zu Beginn aus und verschieben den Imperativ auf den nachfolgenden Satz, so daß die ohnehin nur 4 Abstrakta unversehens zu Verhaltensweisen für das Verlassen dieses Äons werden.[148] In allen drei Fällen entsteht der Eindruck, daß dem Redaktor eher an der Einsparung von Raum als an poetischer oder logischer Geschlossenheit lag.[149]

g) Mit Händen zu greifen ist die Abtrennung der Kap. 68-73 in den Hss. VN und B². Obgleich alle drei Hss. ihren Text nach 67,3 (dem Abschluß der Erzählung um Henoch) beenden, haben sie doch nach 65,10 (der Beschreibung des ewigen Paradieses) noch zwei Abschnitte aus 71,27 und 37 eingefügt und mehr oder weniger passend gemacht.[150] In 71,27 erscheint Gott dem Priester Nir in einer Vision und kündigt (in der 1. Person) die bevorstehende Flut an - U: "Groß ist das Vergehen auf Erden, das ich weder erdulden noch ertragen werde. Siehe, ich gedenke bald ein großes Verderben auf die Erde hinabzuschicken." VN setzen die Ankündigung in die 3. Person und beziehen das Ertragen irdischer Vergehen auf die Gerechten im Paradies, die davon nun frei sind - N: "Aber die Gesetzlosigkeiten, die auf Erden geschehen, werden sie nicht ertragen [müssen]. Es wird der Herr ein großes Verderben auf die Erde hinabsenden und es wird vernichtet werden der ganze Bestand der Erde." 71,37 ist von christlicher Hand eingefügt[151] und läßt Nir selbst in prophetischer Rede die Bewahrung Noahs voraussagen - U: "Denn ich sehe, daß dieses Geschlecht in Aufruhr enden und verderben wird wie alles, und Noah mein Bruder wird bewahrt werden in jenem Geschlecht zur Auferbauung, und von seinem Stamm wird ein zahlreiches Volk aufstehen ...". In VN endet dieser Vers verstümmelt -N: "Denn ich weiß, daß diese in Aufruhr enden und vernichtet werden wird, aber Noah mein Bruder wird bewahrt werden an jenem gesetzten Tag, und von seinem Stamm, und die Sonne." "Die Sonne" spielt offenbar noch auf den ausgelassenen Makarismus von 65,11 (die Gesichter der Gerechten werden leuchten wie die Sonne) an; "Noah mein Bruder" ist im Munde Henochs völlig fehl am Platze; " всаженъ /gesetzt" verliest " в саждении /zur Auferbauung". Beide Zitate zeigen eine Textgestalt, die zwischen R und AU steht und so den

---

[148]   Der Imperativ heißt nicht mehr "wandelt, meine Kinder, in ..." sondern "in ... geht aus diesem Äon des Leidens hinaus."

[149]   Dafür ließen sich noch zahlreiche weitere Beispiele nennen; die Straffung des Textes scheint ein Hauptanliegen der Redaktion von AU gewesen zu sein.

[150]   BONWETSCH 1922 hat im Apparat seiner Übersetzung die Herkunft der Zitate zwar vermerkt, jedoch keine Konsequenzen hinsichtlich der ursprünglichen Zugehörigkeit von 68-73 zum ganzen Buch gezogen.

[151]   Vgl. dazu 83ff u. 118ff.

"Prototyp" der kürzeren Fassung vermuten läßt.[152] Dem Redaktor von VN lag also der ganze Text bis 72/73 vor. Warum auch immer er die Melchisedekerzählung abtrennte, ließ er sich offensichtlich doch von dem Schluß seiner Vorlage bei der Sintflut (73!) inspirieren, an der einzig passenden Stelle[153] noch zwei Bemerkungen über die Flut und Noah einzufügen. B[2] hat die dabei entstandenen Schwierigkeiten noch einmal zu glätten versucht.[154]

h) Noch deutlicher hat P die Melchisedekerzählung abgetrennt. Die Hs. fährt in ihrem Text parallel zu RJ bis 68,7 fort, fügt dann aber einen eigenen Schlußvers an, der mit "Amen" endet. Der ganze Abschnitt klappt dem sachlich einleuchtenden Schluß von 67,3 auffällig nach. Vermutlich sah P in den biographischen Angaben des Einschubes von 68,1-4 eine angemessene Zusammenfassung, wollte jedoch nicht mit den astrologisch gefärbten Bemerkungen in 68,4 enden. Ab 68,5 aber beginnt formal und inhaltlich ein neuer Abschnitt, der sich in 69,1 nahtlos fortsetzt und in dem der Schlußsatz von P nur stört. So ist der Schluß an dieser Stelle wohl als eine Entscheidung des Redaktors zu betrachten.

i) Einen Beleg für die ursprüngliche Zugehörigkeit des Kap. 73 bietet das Fragment Rum, dessen Text der kürzeren Fassung entstammt und vor allem mit B verwandt ist.[155] Es enthält ausführlich 71-72, nachdem ein einleitender Satz den Bezug zu dem ganzen Buch hergestellt[156] und ein kurzer Abschnitt 69 und 70 zusammengefaßt hat. Interessanterweise fügt Rum nun nach 72,10 noch den zweiten Teil von 72,11 aus R an ("Zu dieser Zeit begann ein sehr großer Aufruhr auf Erden."), der bereits zu dem abschließenden Thema der Flut überleitet. Ein weiterer Satz schneidet dasselbe noch an, bricht dann aber unvermittelt ab: "Gott führte Noah auf den Berg Asir und sagte ihm, daß er rasch die Arche bauen solle." 73,1 in R lokalisiert nun den Ararat " междоу асириха и арменïха /zwischen Assyrien und Armenien" und spricht die m.W. nirgends sonst belegte Vorstellung aus, Noah sei von Gott zum Bau der Arche auf einen Berg (gar noch den ihrer Landung) geführt wor-

---

[152] 71,27 "große Gesetzlosigkeiten, die auf Erden geschehen" sowie der Zusatz "und es wird vernichtet werden der ganze Bestand der Erde" stimmen mit R gegen AU überein. 71,37 "denn ich weiß" deckt sich ebenso mit R.

[153] VN haben auch die in AU ohnehin schon gestrafften Mahnungen von 66,2-6 noch ausgelassen. Vor Beginn des erzählerischen Schlußteiles in 67,1 bot sich hier die günstigste Gelegenheit, das irdische Strafgericht als Kontrastbild neben die Beschreibung des Lebens der Gerechten im Paradies zu setzen.

[154] "Denn ich weiß, daß dieses Geschlecht in Aufruhr enden wird, aber mein Bruder wird bewahrt werden an jenem Tag unbeschädigt (невръжданъ) von seinem Stamm."

[155] Rum teilt einige auffällige Eigenheiten, die B von AU unterscheiden: die Auslassung der Gabrielserscheinung in 71,11; die Gestalt der Priesterreihe in 71,32 (die Abfolge entspricht B, wobei nochmals zwei Namen fehlen); die Nennung Michaels in 72,4-5 (3x wird er "Architratege" genannt).

[156] Es wird angespielt auf die "Wohnungen des Höchsten" (1,2); die Söhne Methusalem und Regim (1,10; 57,2); die Zweiteilung von Himmelsreise und Belehrung.

den.[157] So hatte also Rum einen Text vorliegen, der Kap. 73 in einer R entsprechenden Form beinhaltete,[158] und schnitt diesen nach 73,1 (die technischen Einzelheiten beim Bau der Arche sparend) ab.

Schließlich soll noch auf einige Charakterzüge der kürzeren Fassung hingewiesen werden, die bewußte inhaltliche Veränderungen anzeigen.

a) Zwischen 36 und 40 weicht in beiden Fassungen die Abfolge der Kapitel auffällig voneinander ab.[159] Der Auslöser mochte dafür Kap. 39 sein. Ein jüdisch-mystischer Redaktor setzte es vermutlich schon früh an die Stelle einer erzählerischen Überleitung von Henochs Himmelsreise zu seinen Belehrungen (s.u. 112ff), womit aber das Ungenügen an diesem schroffen Wechsel noch nicht beseitigt war und nach weiteren Lösungen verlangte. Die Kapitelfolge der kürzeren Hss. ist nun am ehesten als Versuch einer redaktionellen Klärung zu verstehen. Der Rest des erzählerischen Schlußrahmens von Henochs Himmelsreise in 38, der trotz einiger Spannungen zum Anfangsrahmen für den Erzählablauf unentbehrlich ist,[160] fehlt in allen kürzeren Hss. Stilelement ist hier nicht die Erzählung, sondern der Kontrast. Die neue Anordnung (36-39-37-40) kommt vor allem durch die Umstellung von 37 zustande, dem Bericht von Henochs "Abkühlung" (оустоуди лице мое /er kühlte mein Gesicht ab) durch einen Engel Gottes. Möglich war dies aufgrund einer doppelten Erklärung dieses merkwürdigen Vorganges in 37 selbst: a) es habe Henoch sonst den Schrecken des Herrn (страха гн҃ь) nicht ertragen können, und b) es sei sonst kein Mensch in der Lage, in Henochs Gesicht zu sehen. Im Zusammenhang der bevorstehenden Rückkehr auf die Erde liegt der Akzent zweifellos auf b), während a) wohl lediglich als ein Bild für die Größe Gottes zu verstehen ist.[161] Die kürzeren Hss. aber haben b) ausgelassen und 37 so aus seinem logischen Zusammenhang mit 36 (Beauftragung Henochs) herausgelöst, unter Beibehaltung von a) aber dann folgerichtig mit der Gottesbegeg-

---

[157]   Vgl. dazu u. 126.

[158]   Dies könnte ein Indiz dafür sein, daß auch der Prototyp der kürzeren Fassung noch ein Kap. 73 mit dem Flutbericht enthielt.

[159]   RIESSLER 1928 hat die Reihenfolge nach den längeren Hss. korrigiert, in den "synoptischen" Editionen von CHARLES 1913 und ANDERSEN 1983 ist sie um der Vergleichbarkeit willen ebenso nach dem Maßstab der längeren Hss. umgestellt.

[160]   Kap. 38 gehört zweifellos zum ursprünglichen Bestand und enthielt möglicherweise noch einen inzwischen verlorengegangenen Abschnitt über die Zusammenkunft der Henochsöhne vor ihrem zurückgekehrten Vater. Ein Redaktor hätte wohl schwerlich ein erzählerisches Fragment eingefügt. In Spannung zu 1,10 (Henoch verläßt sein Haus in wachem Zustand, bevor ihn die Engel in die Himmel erheben - vgl. äthHen 81,5) steht die Tatsache, daß Henoch bei seiner Rückkehr in 38,1 auf seinem Bett abgesetzt wird - dies assoziiert eher, das die Himmelsreise eine Vision im Traum oder eine Reise der Seele gewesen sei.

[161]   Daß ein "Abglanz" von Gottes Herrlichkeit für irdische Verhältnisse unerträglich ist und erst auf ein entsprechendes Maß reduziert werden muß, könnte die Erzählung um Mose Ex 34,29-35 zum Vorbild haben - dieses Motiv leuchtet angesichts einer befristeten Rückkehr Henochs auch am ehesten ein. Daß er jedoch abgekühlt oder erfrischt werden mußte, um Gottes Gegenwart zu ertragen, widerspricht der Verwandlungsszene in 22,8-10 und käme an dieser Stelle auch reichlich spät. Das Motiv hat wohl eher metaphorischen als technischen Sinn.

nung in 39 verbunden. Damit ergibt sich folgende Konzeption: Henochs Beauftragung in 36 wird um zwei Verse erweitert (3-4), die einen Kontrast auf-
bauen - Stichwort für den Wechsel von der himmlischen zur irdischen Szene-
rie ist die Wendung in 36,3 "wie ein Mann zu seinem Nachbarn spricht".[162]
Daran schließt sich 39 an, das den Kontrast zwischen Henochs Begegnung mit
Gott und der seiner Söhne mit ihm weiter ausbaut. 39,8 schafft mit der rhetorischen Frage "Wer wird der endlosen Furcht oder der großen Hitze widerste-
hen?" schließlich das Stichwort für die Anfügung von 37, das hier nun einen
wirkungsvollen Abschluß der Gottesbegegnung schafft.[163] Danach kann dann
mit einer erneuten Anrede der eigentliche Belehrungsteil beginnen - nach
einer Art "Prolegomenon" (36,4) setzt hier der Abschnitt der Sachthemen ein
(40,1). Es kommt hinzu, daß die kürzeren Hss. untereinander Abweichungen
an der "Nahtstelle" 36,3-4 sowie im Bestand von 39 aufweisen, die ihrerseits
auf weitere Korrekturversuche schließen lassen.[164] Zwischen AU und den längeren Hss. besteht in 39 hingegen weitgehende Übereinstimmung, so daß die
unterschiedliche Verszählung in Andersens Übersetzung m.E. hier etwas irre-
führend ist.[165] Alles in allem zeigt sich, daß ein Redaktor den Bruch in der
Überleitung vom ersten zum zweiten Teil empfand und durch Umstellungen
sowie Straffungen eine stimmigere Überleitung zu schaffen versuchte.

b) Eine bewußte inhaltliche Veränderung ist in den beiden Hss. AU als
den wichtigsten Repräsentanten der kürzeren Fassung zu beobachten. An allen Stellen, die in 71-72 den Erzengel Michael nennen, haben sie den Namen
Gabriel eingesetzt.[166] Neben dem einstimmigen Zeugnis aller übrigen Hss.[167]
gibt es auch einige inhaltliche Argumente für den sekundären Charakter die-

---

[162]   36,3 erweckt den Eindruck einer bewußten Konstruktion, Gottes Verheißung an Henoch nimmt verschiedene schon bekannte Wendungen auf (bezüglich Henochs: 1a; 22,5-6; 24,3;
40,3; 67,2; bezüglich des "bereiteten Platzes": 9; 23,4; 42,3; 49,2), der Schlußsatz spielt deutlich
auf Ex 33,11 an. 36,4 bietet dann eine eigene Variante des Einleitungssatzes für 39.

[163]   Das Gewicht der Gottesbegegnung wird durch die Notwendigkeit einer abschließenden
Regeneration verstärkt - 37,2 (Erklärung b)) ist dann in einer abschließenden Wendung ("Und
so sprach der Herr alle seine Worte zu mir.") verändert worden, so daß der Neueinsatz in 40,1
möglich wurde.

[164]   BVNB² lassen etwa 36,3 ganz aus und bleiben in 26,4 fragmentarisch. B deckt sich in
39,5 gegen AU mit den längeren Hss. (statt des merkwürdigen Gedankens, die Rechte Gottes
habe ihm zugewinkt, steht, die Rechte Gottes habe ihm geholfen). VNB² bieten von 39 nur ein
Bruchstück, die Verse sind teilweise umgestellt (2-3-7-6-8), alles "Visionäre" ist ausgelassen (allein in 39,6 steht die allgemeine Wendung "ich sah aber die Verheißung [обѣти] des Herrn,
unmeßbar und unvergleichlich."), 39,8 bleibt funktionslos, da gerade der Schluß a minore ad
majus fehlt und somit das folgende Kap. 37 keinen Anknüpfungspunkt mehr findet.

[165]   ANDERSEN 1983 zählt AU 39,1-8. J zählt er dagegen erst ab 5, obgleich dieser nun
monströse Vers nahezu alle Gedanken aus 1-4 in AU bietet. 39 deckt sich in JRP in seinem Bestand mit AU, Abweichungen betreffen lediglich Formulierungen.

[166]   So in 71,28; 72,1. 3(2x). 5(2x). 8. 9.

[167]   Sowohl R und B als auch die Fragmente Rum, Tr, Nr. 41 und Nr. 42 bleiben konsequent bei dem Namen Michael. Allein in Nr. 42 steht einmal ganz unvermittelt (72,8) der Name
Gabriel neben Michael - vielleicht kannte der Kopist beide Varianten und verwechselte sie hier.

ser Lesart in AU. Stilistisch vermag R den Erzengel auch mit Umschreibungen zu variieren,[168] während der stereotype Gebrauch des Namens "Gabriel" in AU wohl um der Eindeutigkeit des Austausches willen erfolgte. Inhaltlich ist hier Michael zu erwarten. Eine Verwechslung beider besonders exponierter Engel, die in der jüdischen Tradition am frühesten mit Namen benannt wurden,[169] läge zwar nahe - zum einen haben beide häufig parallele bzw. austauschbare Funktionen inne oder treten als Engelpaar auf,[170] zum anderen werden beide auch im ersten Teil des slHen nebeneinander genannt.[171] Doch Michael, der "Fürst" Israels, besaß in der jüdischen Tradition einen unbestreitbaren Vorrang vor Gabriel,[172] der seinerseits dann in der christlichen Tradition aufgrund seiner Rolle in Lk 1-2 zum Engel mit der guten Botschaft bzw. zum himmlischen Boten schlechthin wurde.[173] Da 71-72 nun jedem christlichen Einfluß vorausliegen (s.u. 204ff) und die Botendienste des Engels gerade Melchisedek als dem Urbild des Priestertums überhaupt gelten, kann hier wohl nur der Erzengel Michael gemeint sein, dem allein die jüdische Tradition auch priesterliche Funktionen im himmlischen Heiligtum zuschreibt.[174] Vollends klar aber wird die Motivation eines Austausches beider Engel angesichts eines Einschubes, den AU in 71,11 über den Bestand von R hinaus bieten. Auch in R ist der Text nicht ganz schlüssig. Auf die Bitte Nirs um Gottes Barmherzigkeit der toten Sopanima wegen und die Beteuerung, die Hand nicht gegen sie erhoben zu haben, folgt unvermittelt ein Lobpreis darüber,

---

[168]   In 72,4f gebraucht R die Umschreibungen "der eine, der sprach", "der, der redete", "des Herrn Archistratege" - AU nennen nur "Gabriel" bzw. parallel zu "des Herrn Archistratege" in 72,5 "der Erzengel Gabriel". Die Umschreibungen begegnen nur in R - B, Nr. 41 und Nr. 42 schreiben hier "Michael", Rum schreibt "Archistratege Michael", Tr hat zu große Lücken.

[169]   In Dan 10,13. 21 und 12,1 wird Michael, in Dan 8,16 und 9,21 Gabriel genannt. Im äthHen 9,1; 10,1-11 und 87,2 werden sie erstmals in der Gruppe der Erzengel aufgeführt.

[170]   In gleicher Funktion treten sie auf z.B. als Anführer der himmlischen Heerscharen, als Patrone und Wächter Israels, als Begleiter beim Tode des Menschen, als Wächter der himmlischen Pforten oder des Paradieses oder als Beteiligte beim letzten Gericht. Als Engelpaar stehen sie zur Rechten und zur Linken von Gottes Thron, repräsentieren Wasser und Feuer, Silber und Gold. Vgl. die zahlreichen Belege bei LUEKEN 1898.

[171]   Durch die Himmel wird Henoch von den Engeln Samoil und Raguil geleitet (s.u. 150 Anm. 18), im 7. Himmel aber von Gabriel empfangen und vor Gottes Thron gebracht (21,3-5). Dort nimmt ihn Michael in seine Obhut und wandelt seine irdische Gestalt in eine himmlische (22,6-9). Gabriel und Michael sitzen offenbar links und rechts des Thrones (24,1). In 71-72 ist es die Aufgabe des Engels, Melchisedek vor der irdischen Bedrohung zu retten und ins Paradies zu bringen - die Begleitung von Seelen ins Paradies ist für beide Engel mehrfach belegt. Melchisedek freilich wird entrückt - die Begleitung Henochs in der gleichen Situation geschieht in äthHen 24,6 und 71,3f durch Michael.

[172]   Dies zeigt sich bereits in Dan 12,1. Im Talmud ist dieser Vorrang dann betont reflektiert worden (vgl. LUEKEN 1898, 33f).

[173]   Dies zeigen vor allem nachbiblische Texte - vgl. MICHL, RAC 5, 242.

[174]   Belege finden sich in bHag 12b; bZev 62a; bMen 110a (nach LUEKEN 1898, 30f). Gelegentlich wird Michael sogar mit Melchisedek gleichgesetzt. Zu den Texten vgl. auch EGO 1989, 7f.

daß keiner unter den Menschen etwas von dieser Tat Gottes wisse.[175] AU aber fügen nun einen Passus ein, der dem Gang der Ereignisse noch viel auffälliger vorgreift und zu der übrigen Erzählung in vielfachem Widerspruch steht.[176] Nachdem die Bitte Nirs in eine Feststellung umgewandelt worden ist (R: "Und nun habe Gott Erbarmen mit mir ..."; U: "Und nun, barmherzig und gnädig ist der Herr ..."), erscheint der Erzengel Gabriel, nimmt Nir alle Zweifel hinsichtlich Sopanimas Tod und kündigt die Geburt eines Kindes als Geschenk Gottes an.[177] Hier hatte der Redaktor ganz offensichtlich Mt 1,20-24 vor Augen und versuchte, auch für die wunderbare Geburt Melchisedeks eine Ankündigungsszene einzubauen. Eine solche ist im Zuge der Erzählung aber bewußt ausgelassen[178] und konnte nur einem Redaktor fehlen, dem die ntl. Kindheitsgeschichten als Analogie vor Augen standen. Kam denselben nun auch die größere Autorität zu, so lag es nahe, das slHen zu "korrigieren" und statt des Engelsfürsten Michael den ntl. Boten Gabriel einzufügen.

1.4. Spuren des slHen in verschiedenen Werken

Neben den direkten Textzeugen des slHen lassen sich noch einige Spuren in verschiedenen literarischen Werken entdecken, welche die Kenntnis des Buches verraten und somit für die Frage nach seinem Überlieferungsweg von Bedeutung sind.

Der möglicherweise früheste Reflex des slHen im slavischen Kulturkreis überhaupt findet sich in einer Schrift unter dem Namen "Liber Ioannis" bzw. "Interrogatio Ioannis", die als eines der wenigen authentischen Werke der Bogomilen gilt[179] und in zwei lateinischen Textfassungen vorliegt.[180] Nach dem

---

[175]   Dies greift der Kenntnis Nirs vor (denkbar erst nach 71,20). Auch die Wendung " и паки рекх /und wiederum sage ich" deutet auf einen Zusatz hin oder eine Inkonsequenz, die von der mehrfach betonten Verborgenheit des Geschehens (71,3. 14. 23; 72,4) motiviert sein konnten.

[176]   Auch dieser Einschub fehlt übereinstimmend in allen anderen Hss.

[177]   Dies kann zwar an Nirs Frage in 71,10 anknüpfen, widerspricht aber dem übrigen Kontext - Nir eilt sofort danach zu Noah, dem er aber nur seine Verwirrung mitteilt und der ihn in seiner offenkundigen Unwissenheit trösten muß. Zudem erfolgen alle anderen Erscheinungen im Traum (69,5-6; 70,3-11; 71,27-30; 72,3-10), Gabriel aber erscheint Nir in 71,11 bei wachem Bewußtsein.

[178]   Die Unwissenheit der Akteure steigert gerade noch das Wunder der Geburt. Noah und Nir erhalten eine Aufklärung erst im Nachhinein - s.u. 206.

[179]   Nach SANTOS OTERO, TRE 7, 28-42 ist der "Liber Ioannis" die einzige authentische Schrift der Bogomilen. ANDERSEN 1987 (46) rechnet auch noch die kosmologische Schrift "Der Tiberiassee" hinzu.

[180]   Die eine Fassung wird repräsentiert durch den Codex Nr. 1137 der Österreichischen Nationalbibliothek, der alle ntl. Schriften enthält und vermutlich in Norditalien im 12. Jh. entstand (V). Die andere Fassung wird repräsentiert durch einen Text, der sich unter den Inquisitionsakten der Albigenserprozesse aus Carcassone befand und dessen Original verlorenging. Abschriften dieses Textes liegen vor im Codex Nr. 109 der Stadtbibliothek von Dôle aus dem

Zeugnis der Kopie von J. Benoist kam sie um 1190 mit dem bogomilischen Bischof Nazarius, der sich zuvor in Bulgarien hatte unterweisen lassen, nach
Concorrezzo in Oberitalien. R. Reitzenstein datierte die Schrift noch weiter
zurück, indem er ihre Kenntnis in der antihäretischen Schrift "Panoplia dog-
matica" des Byzantiners Euthymios Zigabenos (Ende 11. Jh.) voraussetzte und
somit die Frage nach einem möglichen griechischen Original aufwarf.[181] Die
Schrift gehört zu der Gattung der Frage- und Antwortbücher:[182] Jesus Christus antwortet beim himmlischen Abendmahl auf die Fragen des Evangelisten
Johannes, die im wesentlichen dem Ursprung, der Herrschaft und dem Ende
Satans (einem Hauptthema des bogomilischen Dualismus') gelten. Innerhalb
dieser Thematik tauchen nun mehrere Vorstellungen auf, die sich mit solchen
des slHen berühren. So ist z.B. von 7 Himmeln die Rede, wobei sich Gottes
Thron im 7. Himmel befindet, weiterhin davon, daß der Bestand der Welt 7
Zeitalter währt, daß Gott selbst unsichtbar ist, daß Engel den Naturphänomenen vorstehen, und schließlich von den beiden Mythen des Engelfalles (Gen
6,1-4) und des Hochmutes Satans. Diese Berührungspunkte sind freilich sehr
allgemeiner Art und könnten auch auf gemeinsamen älteren Überlieferungen
beruhen. Auffälliger sind die Aussagen, daß Satan die Engel des 5. Himmels
zum Abfall überredete und die himmlischen Heerscharen aus Stein schafft.[183]
Da aber, wo es um die Figur Henochs geht, hat der Autor die Aussagen des
slHen direkt vor Augen und versucht, sie in ihr Gegenteil zu verkehren. Henoch heißt ein Diener Satans und wird vor dessen Thron über den Wolken
bzw. über dem Firmament erhöht (slHen 29,4). Dort offenbart ihm Satan seine Gottheit, lehrt ihn Tinte und Feder zu gebrauchen, woraufhin Henoch
Platz nimmt und 67 bzw. 76 Bücher schreibt.[184] Auf Satans Gebot bringt er
diese zur Erde, übergibt sie seinen Söhnen und lehrt sie daraus den Vollzug
der Opfer sowie die Kenntnis von Geheimnissen, womit er letztlich die wahre
himmlische Herrschaft vor den Menschen verbirgt. Damit wird nun bis in De-

---

Jahre 1455 (D), einer Hs. der Collection Doat Nr. 36 der Nationalbibliothek von Paris aus dem
17. Jh. (P) sowie der ersten gedruckten Veröffentlichung durch J. BENOIST, Histoire des Albi-
geois et des Vaudois ou Barbets I, Paris 1691, 283-296 (B). Editionen: THILO 1832, I 884-896
(B); HAHN 1847, II 815-820 (B); DÖLLINGER 1890, II 85-92 (V); SOKOLOV 1910, I 165-175 (B,
V); IVANOV 1925, 73-87 (B, V); REITZENSTEIN 1929, 297-311 (B, V); BOZÓKY 1980, 42-87 (D) -
dort auch weitere Literatur. Die jüngste Ausgabe stammt von B. Peichev, The Secret Book of
the Bogomils in a Variant of 1455, in: Problemy Kultura 1/1982, bulgarisch (die Ausgabe war
mir nicht zugänglich - der Hinweis stammt von ANDERSEN 1987, 54). Eine gute Einleitung bietet REITZENSTEIN 1929, 293-296. Den neuesten Forschungsstand präsentiert BOZÓKY (erschöpfende Bibliographie, Einleitung, Text D - erstmals - samt franz. Übersetzung, Kommentar,
Schlußfolgerungen); dort auch zahlreiche weiterführende Hinweise.
181   REITZENSTEIN 294.
182   Vgl. DÖRRIE/DÖRRIES, RAC 6, 342-370.
183   In slHen 18 befinden sich die "Grigoroi", die auf dem Hermon abgefallenen Engel, im
5. Himmel. In slHen 29,3 schafft Gott das Feuer aus dem Fels und bildet dann daraus die kör-
perlosen Heerscharen.
184   D P B haben 67, V 76 - die Varianten mögen auf Verschreibung beruhen. Versucht
man der Zahl einen Sinn zu unterstellen, so bietet sich m.E. eher 76 an.

tails hinein auf Henochs Schriftstellerei angespielt, wie sie sich allein im slHen beschrieben findet.[185] Selbst die Zahl der Bücher könnte eine bewußte Verkehrung sein - 366 im slHen spielt auf den Jahreszyklus als Symbol göttlicher Vollkommenheit an; 76 (4 als Zahl der physischen Welt x 19 als Periode des Metonischen Zyklus') wäre als Symbol irdischer Verhaftung denkbar.[186] Wenn man bedenkt, daß das slHen nun ein in sich geschlossenes und im Kern jüdisches, der "Liber Ioannis" dagegen ein christlich häretisches und in seiner Struktur relativ lockeres Werk ist, so liegt die Abhängigkeit des letzteren vom ersten auf der Hand.[187] Die oben angedeutete Möglichkeit einer griechischen Fassung des "Liber Ioannis" könnte auch einen Hinweis auf einen griechischen Archetyp des slHen geben. Auf jeden Fall aber liegt hier ein Indiz für die Existenz des slHen um die Wende vom 11. zum 12. Jh. im südslavischen Raum vor, was für das höhere Alter der längeren Fassung und gegen N.A. Meščerskijs These von der Übersetzung einer ursprünglich kürzeren Fassung direkt aus dem Hebräischen in der Kiever Rus' spricht.

Die nächste Spur führt nach Rußland im 12. Jh. In einigen Predigten des Bischofs Kirill von Turov (+ vor 1182)[188] fand M.I. Sokolov einen Reflex des slHen, der insofern von Bedeutung ist, als drei der vier angeführten Stellen allein in der längeren Textfassung vorkommen[189] und hier überhaupt das einzige Zeugnis für eine Existenz des Buches in der Kiever Rus vorläge. Allerdings empfiehlt sich Vorsicht, denn statt einer direkten literarischen Abhängigkeit besteht nur die schmale Basis einiger weniger ähnlicher Vorstellungen. Bedeutsam ist vor allem die eigenartige Formulierung aus slHen 30,11, daß der Mensch als ein zweiter Engel geschaffen sei - genauso formuliert auch Kirill. Die Aussagen aber, daß Gottes Wort auch seine Tat sei (33,4) oder daß der Teufel die Eva verführte, Adam aber fest blieb (31,6) sind viel zu allgemeiner Art und werden von Kirill ohnehin noch in anderen Formulierungen geboten. Die Vorstellung von zwei dem Adam vorliegenden Wegen (30,15) schließlich, die Sokolov auch bei Kirill findet, zielt dort m.E. auf etwas ganz anderes - statt von ".в̃. пхти /2 Wegen" spricht Kirill von "завѣта два /zwei Geboten, Testamenten, Verheißungen", was auf Christus zielt. Die Möglichkeit, daß das slHen im 12. Jh. in Rußland bekannt war, läßt sich an den genannten Predigten Kirills nicht belegen.

---

185 Vgl. u. 157-161 und 172-175.
186 Vgl. BISCHOFF 1920, 202 und 225.
187 BOZÓKY 1980 (143) sieht etwa nach ihren ausführlichen Untersuchungen die ganze Passage "sans doute" vom slHen inspiriert. Insgesamt kommt sie zu dem Ergebnis, daß dem Autor das slHen, die Vision des Jesaja und die apokryphe Apokalypse des Johannes vorgelegen haben muß (216).
188 Zu Kirill vgl. vor allem EREMIN 1955 und PODSKALSKY 1982, 79-101. 149-159; auch GUDZIJ 1959, 107-111.
189 SOKOLOV 1910, II 120-121. Die Stellen sind slHen 30,11. 15 und 31,6. 33,4 findet sich in beiden Fassungen.

Aufschlußreicher ist der theologische Streit, der um die Mitte des 14. Jhs. zwischen Novgorod und Tver um die Bedeutung des Paradieses entstand. Bischof Feodor von Tver (1344-1366) hatte, offenbar unter dem Einfluß hesychastischer Gedanken, das Paradies als eine rein geistige Größe propagiert. Mehr kirchenpolitisch-praktisch motiviert war das daraufhin von Erzbischof Vassilij von Novgorod (1331-1352) als Reaktion verfaßte Sendschreiben an Feodor, in dem er für die reale Existenz des Paradieses sowohl in seiner irdischen als auch in seiner himmlischen Gestalt eine ganze Reihe von Belegen aus der Tradition aufführte.[190] U.a. spielte er dabei auch auf die Entrückung Henochs in das himmlische Paradies durch den Erzengel Michael an, wie sie im Prolog berichtet wird.[191] Für diesen Streit hätte das slHen nun eine Fülle von Material bieten können. In den kürzeren Hss. und auch in MPr wird ausdrücklich von einem himmlischen Paradies gesprochen.[192] Die längeren Hss. erzählen (hauptsächlich im Rahmen des Schöpfungsberichtes) zudem auch vom irdischen Garten Eden, der mit dem Paradies im 3. Himmel in direkter Verbindung steht.[193] Bischof Feodor, unter dessen Einfluß wohl die älteste Hs. des "Merilo pravednoe" in Tver entstand (s.o. 74ff), zeigte sich von diesen Vorstellungen unbeeinflußt. Für Vassilij von Novgorod hätten die Aussagen des slHen eine glänzende Bestätigung seiner Auffassung vom doppelten Paradies erbracht. Daß er, der sein gründliches Studium der Quellen besonders betonte, selbst auf die Aussagen der kürzeren Fassung nicht anspielte zeigt, daß um die Mitte des 14. Jhs. das slHen in Novgorod noch unbekannt war.

Diese Situation hatte sich 150 Jahre später unter Erzbischof Gennadij von Novgorod (1484-1504) geändert. Nach der faktischen Entmachtung Novgorods durch Ivan III. im Jahre 1478 gelang es Gennadij, der ursprünglich vom Moskauer Großfürsten entsandt war, den alten Stadtstaat noch einmal zu einer letzten Blüte und relativen Unabhängigkeit zu führen.[194] Begünstigt von der geographischen Lage und den vorhandenen Traditionen versammelte er um sich einen "Humanistenkreis", der sich auch dem lateinischen Westen öffnete und von Moskau mit Argwohn betrachtet wurde. Dabei war Gennadijs

---

[190]   Text bei: SOKOLOV 1910, II 121-122; GUDZIJ 1952, 170-173; ONASCH 1977, 163-168 (dt. Übersetzung mit Anmerkungen, 339-342). Vgl. zur Situation auch HÖSCH 1975, 58-61.

[191]   SOKOLOV, der die von Vassilij angeführte Stelle im Prolog (einer Sammlung von Heiligenviten) ausfindig gemacht hat, möchte dieselbe als Widerspiegelung des slHen verstehen. Denn sowohl hier wie auch in der ganz gleichlautenden Stelle einer Erzählung des Diakons Pantoleon sei der Passus über Henoch in der slav. Übersetzung gegenüber dem griech. Original eingefügt. Dem ist entgegenzuhalten, daß im slHen Henoch das Paradies nur besucht, seine endgültige Entrückung aber zum Thron Gottes erfolgt, die Passage im Prolog und bei Pantoleon also eher eine unabhängige, naheliegende Ausschmückung sein wird.

[192]   8,1-8 schildert das himmlische Paradies, in 65,10 (dies hat auch MPr) wird es künftig verheißen.

[193]   So in 8,4; 30,1; 31,1-2; 42,3. Unabhängig wird das himmlische Paradies genannt in 8,1-8; 65,10; 66,8. Vgl. auch o. 84f.

[194]   Vgl. ONASCH 1969, 160-185; HÖSCH 1975, 43-46.

Treue zur Orthodoxie über jeden Verdacht erhaben. Denn im Zentrum seiner weitläufigen Aktivitäten stand die Bekämpfung häretischer Umtriebe, namentlich der sog. "Judaisierenden", die sich gegen Ende des 15. Jhs. auszubreiten begannen.[195] Um in dieser Frage seine Bischofskollegen zu einem einheitlichen Vorgehen zu bewegen, versandte er eine Reihe von Sendschreiben. Drei von ihnen enthalten nun neben zahlreichen anderen Zitaten auch einen Abschnitt aus dem slHen: so das Sendschreiben an Bischof Prochor von Sarai aus dem Jahre 1487,[196] das Sendschreiben an den Erzbischof Joasaf von Rostov und Jaroslavl aus dem Jahre 1489[197] und das Fragment eines weiteren Sendschreibens aus dem Jahre 1492, dessen Adressat nicht mehr feststellbar ist.[198] Die beiden ersten bieten deckungsgleich die Verse 65,1-4. 6-8[199] - das letzte bei sonstiger Übereinstimmung nur 65,1-4. Anlaß des Zitates war eine Debatte um die Berechnung der Weltzeitalter, da die Ostertabellen auf der Grundlage der traditionell veranschlagten 7 Jahrtausende Weltzeit[200] mit dem Jahre 1492 endeten und eine allgemeine Erwartung des Weltendes auslösten. Die Häretiker aber legten ihren Berechnungen den apokryphen "Šestokryl/ Sechsflügelbuch" zugrunde und nutzten die Unsicherheiten zur Kritik an der Orthodoxie. Damit befand sich Gennadij in einer schwierigen Lage. Nach gründlichem Studium verschiedener Zeitrechnungssysteme (auch des lateinischen Westens) hielt er zwar an einer Berechnung mit 7000 Jahren Weltzeit fest, bemühte sich aber andererseits gemeinsam mit Metropolit Zosima um eine Fortführung der Ostertabellen. Auf das slHen griff er in seinen Sendschreiben sozusagen als abschließendes Wort zur Sache zurück, nachdem er den Häretikern zuvor unter Berufung auf die Kirchenväter entgegengetreten war. Die zitierten Verse sprechen von der Erschaffung und Vernichtung der Zeit allein durch Gottes Souveränität zum Nutzen des Menschen - d.h. von einer Legitimierung der Zeitrechnung, jedoch einer Unbestimmbarkeit des Weltendes. Welche Textform des slHen lag nun Gennadij vor? Wäre es MPr gewesen, so hätte Gennadij Anfang und Ende (die ursprünglich zusammengehörigen Rahmenteile 65,1-4 und 6-8) wieder richtig zusammengefügt und die Erweiterung MPr's in 65,2 richtig wieder ausgelassen. Wäre es ein Text der kürzeren Fassung gewesen, hätte er verschiedentlich gekürzt, in 65,3 aber die

---

[195]   Vgl. LILIENFELD 1963, 62-68; HÖSCH 1975, 68-92; ALLERHAND 1979.

[196]   Das Sendschreiben liegt vor in 4 Hss. Text bei KAZAKOVA/LUR'E 1955, 309-312; dt. Übersetzung in: HAUPTMANN/STRICKER 1988, 240-242.

[197]   Text bei POPOV 1880, 78; SOKOLOV 1910, II 118-119; KAZAKOVA/LUR'E 1955, 315-320.

[198]   Text bei KAZAKOVA/LUR'E 1955, 388-391. Dieses Sendschreiben sowie das an Bischof Prochor von Sarai scheinen Popov und Sokolov entgangen zu sein.

[199]   Das Sendschreiben an Bischof Prochor von Sarai hat allerdings nur den Anfang von Vers 8.

[200]   Die Vorstellung von 7000 Weltjahren, die das Schema der Schöpfungswoche aus Gen 1 zum Schema der Weltgeschichte machte, bildete sich in frühchristlicher Zeit heraus - Belege bei CHARLES 1896, xxixf und Anm. zu 33,1-2. Wenn slHen 33,1-2 als ursprünglich zu betrachten ist, dann liegt hier der früheste Beleg dieser Vorstellung vor.

Kategorien der Zeiteinteilung richtig wieder ergänzt. Wäre es ein Text der längeren Fassung gewesen, so bliebe die sich vielfach mit den kürzeren Hss. deckende Knappheit sowie der Verzicht auf ein Zitat der in 33,2 ausdrücklich genannten und begründeten Dauer der Weltzeit von 7000 Jahren zu erklären. Eher ist also anzunehmen, daß Gennadij jenen Prototyp der kürzeren Fassung kannte, der auch MPr als Grundlage diente und in dem 65,5 schon fehlte - als ehemaliger Mönch des Moskauer Čudov-Klosters konnte er gut mit dem literarischen Erbe des mittlerweile entmachteten Tver vertraut sein. Seine Einleitung "Und Henoch der Gerechte hat so geschrieben..." zitiert Henoch als Autorität, hält die Quelle des Zitates den häretischen Ansichten sozusagen als "orthodoxes" Zeugnis entgegen. Dazu mag ihn die Verbreitung von MPr in der kanonistischen Literatur ermutigt haben - vielmehr noch aber zeigt dies, daß gerade häretische Kreise zu jener Zeit keinen Gebrauch vom slHen machten.[201]

Ein weiteres Beispiel zeigt noch einmal eine andere charakteristische Form der Bezugnahme auf den Text des slHen. Zwei Hss. (15. Jh.) des Buches "Parenios", einer Kompilation atl. Geschichte aus verschiedenen Quellen,[202] sowie ein Synaxar zum Fest des Erzengels Gabriel[203] bieten relativ gleichlautend einen Text, der nacheinander auf Henochs Verfasserschaft einer bestimmten Zahl von Büchern und den Tod der Sopanima anspielt. Hierbei treten nun einige markante Abweichungen auf. Es ist der Erzengel Gabriel, den Gott dem Henoch zur Abfassung von 300 Büchern während einer Frist von 40 Tagen schickt (vgl. slHen 22,10-23,6). Sopanima (Sofonid!) ist die Frau Methusalems, die stürzt und stirbt, nachdem ihr ihr Mann fluchte. Daraufhin erscheint der Erzengel Gabriel und belehrt den Methusalem, was ein ziemlich genaues Zitat des nur in AU enthaltenen Verses 71,11 darstellt. Die beiden deckungsgleichen Hss. des Parenios sind an einigen Stellen ausführlicher, an anderen wieder knapper als der Synaxar. Sokolov sah letzteren Text als den ursprünglicheren an.[204] Hier ist nun auch verständlich, daß der Autor, der of-

---

[201]   Gennadij befaßte sich sehr genau mit den Büchern der Häretiker, listete sie auf und zog über sie Erkundigungen ein (HÖSCH 1975, 45f). Ihnen versuchte er ein verbessertes kirchliches Schrifttum entgegenzuhalten, was ihn u.a. zur Schaffung der ersten russischen Vollbibel (1499) veranlaßte. Eine Übersetzung des slHen aus dem Hebräischen (Meščerskij) hätte angesichts der "Judaisierenden", wenn dies Gennadij bekannt gewesen wäre, seine erbitterte Verfolgung bewirken müssen. MEŠČERSKIJ 1973 (219) hatte einen Zusammenhang zwischen der Entstehung des Uvarov-Chronographen (Ende 15. Jh.) und der Tätigkeit der "Judaisierenden" für möglich gehalten.

[202]   Es handelt sich um die bei ANDERSEN 1983 mit dem Sigel "Syn" versehene Hs. Nr. 387(3) der Sammlung der Moskauer Synodal-Typographie sowie um die Hs. Nr. 69 der Bibliothek der Akademie der Wissenschaften (ehemals im Besitz Jacimirskijs). In beiden Kodizes ist das Buch Parenios jeweils Teil eines thematisch bunten Sammelbandes. Vgl. dazu SOKOLOV 1910, II 145-146.

[203]   Vgl. SOKOLOV 1910, II 103-105.

[204]   Parenios etwa nennt zusätzlich die Zahl der Bücher, verschweigt aber die Dauer der 40 Tage von Gabriels Aufenthalt bei Henoch. Der Synaxar allein nennt den Namen Sofonid, läßt

fensichtlich AU kannte, von seinem Interesse an der Gestalt Gabriels geleitet diesem auch noch Vrevoils Rolle übertrug. Die Fehler und Mißverständnisse aber, die ihm dabei im Detail unterliefen, lassen sich am ehesten erklären, wenn man den Abschnitt als ein Reflexionszitat versteht. Eine Erweiterung zum Namen Henochs in zwei Exemplaren des Apokryphenindexes (17. Jh.)[205] "Über Henoch, der im 5. Himmel war und 300 Bücher schrieb" belegt die gleiche Freiheit gegenüber dem nur in der Erinnerung befindlichen Text.

Die typische Gestalt eines Reflexionszitates findet sich schließlich noch im sog. "Stoglav/Hundertkapitelbuch", jenem Dokument der unter Metropolit Makarij von Moskau gehaltenen großen Synode von 1551. Im 72. Kapitel heißt es da: " Якоже рече праведный Енохъ: не пощадите злата и сребра Бога (bzw. брата) ради, но искупуй его, да отъ Бога сторицею пріимите./Wie auch der gerechte Henoch sagt: Schont euer Gold und Silber nicht um Gottes (bzw. des Bruders) willen, sondern büßt es ein, damit ihr von Gott hundertfältig empfangt."[206] Dieser Satz nimmt eindeutig auf slHen 50,5 Bezug, ist aber so frei formuliert, daß sich die Suche nach einer direkten Vorlage unter den erhaltenen Hss. erübrigt.[207] Die Verbindung mit der Person des Metropoliten Makarij legt freilich nahe, hier an den in den "Velikie Minei Četii" verwendeten Text des slHen zu denken.[208] Möglicherweise wirkte bei der Formulierung auch der in unmittelbarer Nachbarschaft zitierte Gedanke aus Sir 29,13 auf den frei erinnerten Vers ein.[209] Interessant bleibt wiederum, daß ein Zitat aus dem slHen Eingang in einen - wenn auch später heftig umstrittenen - Synodaltext finden konnte.[210]

---

aber den letzten Gedanken ("Du sollst nicht der Vater einer Gabe Gottes sein.") aus. Gerade letzteres erschwert eine befriedigende Erklärung der gegenseitigen Abhängigkeit.

[205] So der Index der Hs. Nr. 759 der Sammlung der Dreifaltigkeits-Sergius-Lavra und der Soloveckij-Index - vgl. TICHONRAVOV 1863, 11; PYPIN 1862, 34; JACIMIRSKIJ 1921, 9f (IV,1 und 3).

[206] Zitiert nach STEFANOVIČ 1909, 202 (Hinweis bei SOKOLOV 1910, II 167).

[207] Differenzen bietet die Satzstruktur (Stoglav: Schont nicht ... sondern büßt ein ... damit ihr empfangt; slHen: verliert ... damit ihr empfangt), die Wahl der Verben und das Motiv (Stoglav: von Gott hundertfältig empfangen; slHen: einen Schatz empfangen in jenem Äon bzw. am Tag des Gerichtes). Der Vers findet sich in allen Hss. des slHen, auch in MPr. STEFANOVIČ führte zum Vergleich nur MPr nach TICHONRAVOV 1863 an und schlußfolgerte ebenso die Vorlage eines Reflexionszitates.

[208] Dies beträfe also Makarijs Exemplar des "Merilo Pravednoe" - vgl. o. 78.

[209] " И пророкомъ рече Богъ: не щадите серебра человѣка ради ./Und durch den Propheten sagt Gott: Schont euer Silber nicht um des Menschen willen." Die abweichende Satzstruktur und die Verwendung des Verbes " щадити " machen den Einfluß von Sir 29,13 wahrscheinlich.

[210] Der Stoglav geriet später zwischen die Fronten der Kirchenspaltung. Die Synode von 1666-1667 verurteilte einige seiner Bestimmungen - und fortan hielten vor allem die Altgläubigen an ihm fest, während die Orthodoxen gegen ihn als eine Frucht der Unwissenheit und Einfalt polemisierten (STEFANOVIČ 1909, Einleitung). Vgl. dazu auch HAUPTMANN/STRICKER 1988, 264-274.

Ein interessanter Text, den Sokolov noch anführt, gehört in einen anderen Überlieferungszusammenhang.[211] Es ist eine hebräische Legende aus dem Kaukasus, die ganz auf die Verherrlichung des Mose konzentriert ist. Henoch und Gabriel spielen die Rolle von Begleitern auf einer Reise, die Mose durch 7 Himmel, 7 Hades- und 7 Paradieseskammern antritt. Dabei sind die Spekulationen der Hekhalot-Traktate mit volkstümlichen Schilderungen ähnlich denen der "Apokalypse des Paulus" oder der "Wanderungen der Gottesmutter durch die Qualen" verbunden[212] - das Vorbild des slHen wird an keiner Stelle wirklich greifbar. Weitere Spuren könnten sich noch in den von Jacimirskij unter Nr. 34-37 (15.-17. Jh.) aufgeführten Hss. finden, was jedoch erst bei Vorlage der Texte selbst festzustellen sein wird. Für den Hintergrund der volkstümlichen russischen Erzählung über die sieben Heldenbrüder, auf die N.A. Jančuk hingewiesen hat, sind wohl eher Märchenmotive als Bezüge auf die Henochliteratur anzunehmen.[213]

Mit einer letzten Nachricht über das slHen ist dann bereits der Anschluß an die moderne Forschungsgeschichte erreicht. In einem Brief an M.P. Pogodin berichtete der russische Ethnograph und Publizist J.P. Sacharov (1807-1863), wie er beinahe in Tomsk seine Hss.-Bibliothek einem Sibirier verkauft habe. Bei der Aufzählung der bibliophilen Kostbarkeiten nannte er dabei auch "das ganze Buch Henoch".[214] Wenig später teilte er dann in einem weiteren Brief vom 4.11.1849 M.P. Pogodin mit, daß nun tatsächlich seine Hss.-Bibliothek verkauft und in den Besitz des Grafen A.S. Uvarov übergegangen sei. Im Zusammenhang einiger Bemerkungen über russische Mythologie erinnert er sich dabei noch einmal an "das vollständige Buch Henoch", das einer seiner Sammelbände enthalten habe.[215] Vermutlich handelt es sich also um die Hss. U oder Nr. 8, die beide der Sammlung Uvarovs entstammen.[216] Das frühe wis-

---

[211] Text bei SOKOLOV 1910, I 175-181 in russischer Sprache, zitiert nach Sbornik dlja opisanija mestnostej i plemen Kavkaza XVIII, Tiflis 1894, 180-192. Von den bekannten Überlieferungen scheint hier noch am ehesten der Anhang zur "Chronik des Mose" in einer arabischen Bearbeitung derselben (auf die JELLINEK 1853, II IXf hinweist) ein Vorbild abgeben zu können.

[212] Zwei der Hss. des hebrHen haben in Kap. 15 das Fragment einer Himmelfahrt des Mose eingeschlossen (vgl. HOFMANN [2]1985, 15-16. Zur "Paulusapokalypse" vgl. HENNECKE/ SCHNEEMELCHER 1964, II 536-567; zur "Wanderung der Gottesmutter durch die Qualen" vgl. ONASCH 1977, 55-63.

[213] JANČUK 1907, 125-143. Es geht dabei um 7 bzw. 12 Brüder, deren ältester (in einem Falle "Onoch" genannt) eine hervorgehobene Rolle spielt und deren Leben im Zusammenhang eschatologischer Vorstellungen steht. JANČUK vermutet dahinter das Bild der Patriarchen vor der Flut und zieht sehr gewagte Parallelen zu den Henochbüchern, darunter auch zu dem äthHen, daß in slav. Übersetzung unbekannt ist.

[214] "вся книга Эноха " - s. BARSUKOV 1971, X 460-471 (Hinweis bei SOKOLOV 1910, II 167). Zur Person Sacharovs vgl. EncSlov 56/1900, 492.

[215] "In einem meiner Sammelbände (Sborniki) war das vollständige Buch Henoch (polnaja kniga Enocha) enthalten, eine sehr alte Übersetzung." (BARSUKOV 1971, 462).

[216] Da Sacharov von einem Sammelband spricht, könnte dies eher die bislang noch immer unbekannte Hs. Nr. 8 meinen - wäre es U gewesen, hätte Sacharov (in Anbetracht seines großen Interesses für die russische Chronographie) sicher bemerkt, daß das Henochbuch in einem

senschaftliche Interesse Sacharovs schlug sich jedoch nicht literarisch nieder, so daß der Text wieder für Jahrzehnte in Vergessenheit geriet.[217]

1.5. Schlußfolgerungen

Fügt man nun alle vorausgegangenen Beobachtungen zusammen, so werden einige Linien der Überlieferung sichtbar. Der zeitliche Bogen spannt sich von einem ersten Reflex des slHen auf slavischem Boden im 11./12. Jh. bis hin zu den letzten Hss. im 18. Jh. - einer Zeit, in der gedruckte Bücher schon eine Selbstverständlichkeit waren. Ein erster Textzeuge taucht im 14. Jh. auf, gefolgt von einigen wichtigen Hss. im 15. Jh. Die größte Zahl der Hss. konzentriert sich auf das 16. und 17. Jh.

Geographisch ist der Ursprung der Übersetzung im südslavischen Raum zu suchen, wie es das Zeugnis des "Liber Ioannis" nahelegt. Von hier aus könnte der Text dann in das Kiever Rußland gelangt sein. Im 14. Jh. wird er in Tver greifbar, von wo aus er vermutlich nach Moskau gelangte. Am Ende des 14. Jhs. aber finden sich seine Spuren bereits in Novgorod. Es scheint, daß mit dem Aufstieg und Einfluß des Moskauer Rußlands auch die Verbreitung des Textes einsetzte. Im 16. Jh. ist er z.B. in Serbien bekannt (VN und Nr. 42), im 17. Jh. wurde die Hs. P in Poltava abgeschrieben.

Eng verbunden zeigt sich damit die sprachliche Differenzierung. Die beiden längeren Hss. J und R sind mittelbulgarisch geschrieben und deuten - will man sie nicht als spätere "Rückübertragungen" nach Süden verstehen - auf ein ursprünglich südslavisches Original hin. Fast alle anderen Hss. sind altrussisch abgefaßt. Selbst VN in ihrer altserbischen Sprachform lassen in ihren Russismen noch eine russische Vorlage vermuten, und P gibt einen südrussischen Dialekt als Werk des Redaktors zu erkennen. Auch hier verläuft der Weg von Bulgarien nach Rußland und von da aus in die angrenzenden Sprachregionen.

Den interessantesten Einblick in die Art der Überlieferung vermittelt der Wechsel der Kontexte, in die sich das slHen eingebettet findet. Die ursprüngliche Übersetzung scheint ihren Ort zunächst unter asketisch-hagiographischen Texten eingenommen zu haben, wie die Hss. J und R (aber auch V

Chronographen enthalten sei. In der Sammlung Uvarovs befinden sich des weiteren die Fragmente Nr. 14, 19 und 28 - alle drei nach der Textgestalt von MPr.

[217] Erst 1893 wurde M.I. Sokolov durch die Beschreibung der Sammlung Uvarovs durch den Archimandriten Leonid (LEONID 1893) auf die Hs. U aufmerksam. Auf die Hs. Nr. 8 ging er erstaunlicherweise nicht weiter ein - ihre Kenntnis blieb bis heute lediglich als bibliographischer Vermerk in eben jener Beschreibung LEONIDS (aufgenommen von JACIMIRSKIJ 1921) erhalten. Die Hs. müßte sich mit der Sammlung Uvarovs heute im Staatlichen Historischen Museum in Moskau befinden.

und N)[218] nahelegen. Hier bestand keinerlei Nötigung zu einem Eingriff in den Text. Als "Vorvater" liturgisch legitimiert,[219] konnte Henoch noch vor der Verbreitung des zunächst ja nur übernommenen Indexes die gleiche Wertschätzung genießen wie die "Väter" allgemein, namentlich aber die hlg. Mönchsväter der orthodoxen Tradition. Mit ihnen hatte er manche Ähnlichkeiten, die eine solche Identifikation erleichtern mochten. So wie die Mönchsväter etwa nach entbehrungsreicher Läuterung durch Askese und mystische Versenkung wieder zu einem aktiven seelsorgerlichen Leben in die Welt zurückkehrten,[220] so kehrte auch Henoch nach den Offenbarungen seiner Himmelsreise wieder auf die Erde zurück, um seine Söhne zu belehren. Was die Mönchsväter mit dem Ideal des engelgleichen Lebens bzw. der Vergöttlichung erstrebten, das widerfuhr dem Henoch mit seiner Verwandlung von Michaels Hand in einen der Herrlichen vor Gottes Thron. Das asketische Leben spielte von Anfang an auf slavischem Boden eine große Rolle und verband sich zudem mit einer starken eschatologischen Ausrichtung.[221] So ließe sich die Attraktivität gerade dieses Henochbuches im asketisch-hagiographischen Schrifttum etwa damit erklären, daß Henoch als eine Art "Ur - Starec" verstanden wurde. Die erste entscheidende Veränderung ergab sich mit der Übernahme des Textes in einen chronographischen Zusammenhang. Dieser Schritt wäre in der Kiever Rus' gut denkbar, die ein Aufblühen der Chronographie erlebte und mit dem Bedürfnis nach heilsgeschichtlicher Selbstvergewisserung auch ein hinreichendes Motiv besaß, altehrwürdige Überlieferungen aufzugreifen. Die damit verbundene Sichtung und Einordnung in die vorgegebene Konzeption bedeutete jedoch auch Kürzungen und Überarbeitungen, die zur Entste-

---

[218]   Obwohl ihre Vorlage möglicherweise aus einem chronographischen Kontext stammte, wäre dann die Einfügung in den neuen Kontext von der gleichen ursprünglichen Empfindung gegenüber dem Inhalt motiviert gewesen.

[219]   Die "Vorväter", die Gerechten des alten Bundes, haben in der ostkirchlichen Tradition einen festen Platz. Jeden Samstag wird ihrer gemeinsam mit allen Heiligen gedacht (vgl. MALTZEW 1905, 446). In der Chrysostomos-Liturgie haben sie ihren Platz in den Interzessionen der Anaphora (vgl. WINKLER 1970 und 1971). Bestimmte Gedenktage im Jahr sind ihnen vorbehalten - im Jerusalemer Kalender z.B. der 21.12. und der 22.1. (vgl. GOUSSEN 1923). Im byzantinischen Ritus haben sie einen Ort in der Vorfeier von Weihnachten (vgl. WINKLER 1970). Die syrischen Jakobiten gedachten direkt des Henoch am Dienstag nach Ostern (vgl. MILIK 1976, 120). Ikonographisch sind sie bekannt in der Darstellung des Paradieses - hier finden sie sich als feste Figurengruppe und halten die Seelen der Gerechten auf ihrem Schoß.

[220]   Ein eindrucksvolles Bild vermittelt hier SMOLITSCH o.J. Interessant ist in diesem Zusammenhang auch die Ansicht GELZERS 1898 (II 262), daß die Wirkungsgeschichte des äthHen unter den Mönchskolonien der nitrischen und sketischen Wüste begann, von wo aus sie dann auf die Chronographie übergriff. Dies könnte ein Modell für die christliche Rezeption der Henochgestalt und -literatur sein, das sich auf russischem Boden unter vergleichbaren "Anfangsumständen" wiederholt hätte. Dieses Empfinden spricht sich auch noch in der Überschrift des Fragmentes Nr. 22 (16. Jh.) in dem Sammelband Zlataja Cep' (s.o. 79) aus: " преподобнаго еноха /des ehrwürdigen Henoch" - dies ist der traditionelle Titel der hlg. Mönchsväter.

[221]   Eine anschauliche Illustration für den Eindruck des asketischen Ideals auf russischem Boden bietet die Geschichte des Kiever Höhlenklosters - vgl. FREYDANK 1988.

hung des Prototyps der kürzeren Fassung führten. Ein weiterer Wechsel des Kontextes brachte die stärksten "Verluste" für den Bestand des Textes mit sich. Die strenge Zweckgebundenheit juristisch-moralischer Sammelbände, die seit dem Beginn des Moskauer Rußlands auf die Stabilisierung der Gesellschaft unter der Führung von zentraler Staatsmacht und Kirche ausgerichtet war, ließ nur wenig Spielraum übrig. Der stark reduzierte und auf ein "immerwährendes" Kompendium der Ethik komprimierte Text, nun schon zum Fragment geworden, vermochte allerdings auch dem mittlerweile gewachsenen Druck des Apokryphenindexes und immer neuer Reformbemühungen standzuhalten, was auch den späten Abschriften der längeren Fassung sicher eine gewisse Deckung gab. Zugleich scheint damit so etwas wie eine Popularisierung einhergegangen zu sein, wie die Übernahme dieses fragmentarischen Textes in Sammelbände wie die Velikie Minei Četii oder die Zlataja Cep' zeigt. Der Text des slHen liegt also in drei Fassungen vor: a) der längeren und ältesten, deren Prototyp mit der Übersetzung identisch war; b) der kürzeren und jüngeren, deren Prototyp für chronographische Zwecke bearbeitet wurde; c) der fragmentarischen und jüngsten, deren vom Prototyp der kürzeren Fassung abhängiges Original in MPr erhalten geblieben ist.

Daraus läßt sich, was das soziologische Umfeld betrifft, im wesentlichen das Mönchtum als Trägergruppe ablesen. Am Anfang steht der relativ kleine Kreis des asketischen Mönchtumes, das seine Klöster mit "Tränen, mit Fasten, mit Beten und mit Wachen"[222] errichtete und weniger in politische Aktivitäten eingebunden war. Diese traten stärker in den Kreisen jener Mönchstheologie zutage, die Träger der chronographischen Tradition wurde.[223] Vollends in den Dienst kirchenpolitischer Interessen geriet der Text mit seiner Einbindung in juristisch-moralische Kontexte: Hier begegnen so politisch tatkräftige Kirchenmänner wie Bischof Feodor von Tver, Erzbischof Gennadij von Novgorod oder gar Metropolit Makarij von Moskau. Von da strahlte der Text aus in erbauliche Sammelbände und gewann stärkere Breitenwirkung vielleicht auch unter dem Kirchenvolk. So läßt sich insgesamt ein Trend vom "elitären" Gebrauch asketischer Lektüre über gezielte Verwendung zu theologischer und moralischer Stabilisierung im Staat hin zu erbaulicher Popularität beobachten.

Diese genannten Überlieferungslinien des slHen im slavischen Bereich zeigen nun einen Weg auf, dem die Chronologie der hsl. Bezeugung des Tex-

---

[222] So in dem Chronikbericht von den Anfängen des Höhlenklosters, vgl. FREYDANK 1988, 291 Anm. 145.

[223] Die Chronographie gehört wohl mehr in die "Ktitor-Klöster", die aus reichen Stiftungen der Fürsten entstanden und diesen somit auch stärker verpflichtet waren - wenngleich auch gerade das Kiever Höhlenkloster einen großen Beitrag zur Chronographie geleistet hat. Das ursprüngliche Werk des Mönches Nestor, daß der später nach ihm benannten großen Nestorchronik zugrunde liegt, war jedoch zunächst noch ganz vom asketischen Ideal erfüllt - ihm ging es darum, daß Andenken Feodossijs, seines geistlichen Vaters, zu bewahren (vgl. FREYDANK 1988, 130).

tes zuwiderläuft. Das kurze Fragment im Merilo Pravednoe stellt die älteste Hs., die längeren Hss. sind jüngeren Datums als die kürzeren in chronographischem Kontext. Hier muß zwischen einer Datierung der Kopien und der Anfertigung der ursprünglichen Redaktionen unterschieden werden. Es blieb von den jüngeren Fragmenten das Original erhalten, während die älteren Hss. der kürzeren und längeren Fassung nur in späteren Kopien überlebten.

Zusammenfassend läßt sich sagen, daß das slHen verschiedenen Bedürfnissen der Theologie im slavischen Sprachraum entgegenkam und in der Lage war, ganz unterschiedliche Funktionen zu erfüllen. Es zeigt sich eine breite Palette von Einbindungen, die jedoch den Preis von Eingriffen in den Text forderten, was hauptsächlich in zwei Etappen geschah. Alle weiteren Varianten sind auf die individuellen Bedingungen des jeweiligen Kontextes zurückzuführen. Für den Bereich der slavischen Überlieferung müssen also die Hss. der längeren Fassung, besonders aber J und R, als die Repräsentanten des ursprünglichen Textes angesehen werden. Das folgende Schema soll versuchen, die Beziehungen der Hss. und Fragmente untereinander sowie ihre Stellung im Prozeß der Überlieferung zu veranschaulichen.[224]

---

[224] Vgl. auch die Schemata bei BONWETSCH 1922, XIII-XIV und VAILLANT 1952, XXIV-XXVI.

ÜBERSETZUNG

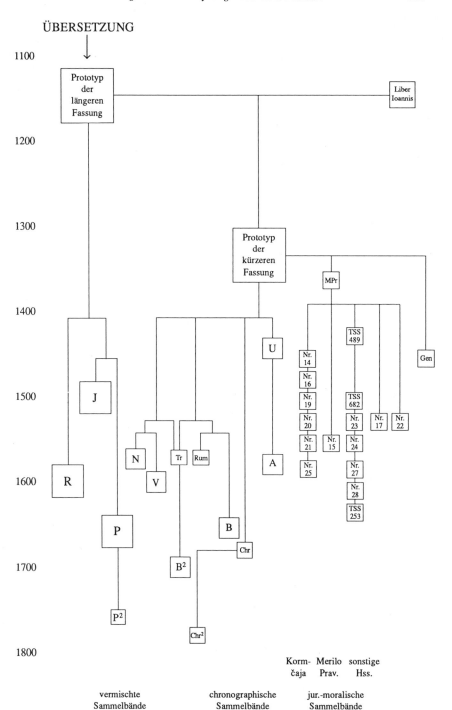

	Korm-	Merilo	sonstige
	čaja	Prav.	Hss.
vermischte		chronographische	jur.-moralische
Sammelbände		Sammelbände	Sammelbände

2. Rückschlüsse auf die Überlieferung im griechischen Bereich

2.1. Rahmenbedingungen

Zu den Rahmenbedingungen eines so langen, allein mit Hilfe von Rückschlüssen rekonstruierbaren Überlieferungsweges ist im voraus nur wenig zu bemerken. Das slHen stellt mit seiner Textüberlieferung keine Ausnahme dar. Auch andere ursprünglich jüdische Schriften sind durch die Jahrhunderte bis in späte slavische Übersetzungen gelangt, und dies mitunter ebenso bei Verlust des Originales.[225] Interpolationen von christlicher Hand treten dabei in unterschiedlichem Umfang auf.[226] Die christliche Theologie mochte viele Gründe haben, auch außerkanonische jüdische Überlieferungen zu tradieren. Als ein Beispiel soll hier nur die altkirchliche Apokalyptik genannt werden, die z.B. K. Berger auch weit über die konstantinische Wende hinaus noch in einer gemeinsamen Tradition mit dem Judentum stehen sieht.[227] Zunehmend hatte sich die Kirche des Einflusses der Gnosis sowie verschiedener Häresien zu erwehren. Allmählich verlagerten sich auch die Zentren der christlichen Theologie. Nordafrika mit seinem starken jüdischen Bevölkerungsanteil verlor seine führende Rolle, der lateinische Westen und der griechische Osten prägten als die Erben ihre unterschiedlichen Charaktere aus. Zur Zeit des 1. Jhs. stand die Henochlegende im Mittelmeerraum noch in voller Blüte. Das slHen entstand als ein neuer Zweig an einem noch fruchtbaren Stamm. So lassen die räumliche und zeitliche Nähe zum ursprünglichen Stoff auch einen freien und kreativen Umgang mit dem Text vermuten. Bis in das 7./8. Jh. hinein, das mit den osmanischen Eroberungen dann auch einen Wandel in Kultur und Gesellschaft mit sich brachte, scheinen Erweiterungen und Einschaltungen am ehesten verständlich zu sein. Durch die zunehmende Konsolidierung der christlichen Kirche, ihre Auseinandersetzung mit häretischen Lehren und den Wechsel der Schrift in den byzantinischen Bereich (der als Zwischenstation auf dem Weg in die slavischen Länder vorausgesetzt werden kann) ist dann eher an Überarbeitungen und Glättungen zu denken. Der folgende Abschnitt versucht, für diesen Weg einige Anhaltspunkte innerhalb und außerhalb des Textes ausfindig zu machen.

---

[225] So etwa das dritte Baruchbuch, das Testament Abrahams, die Ascensio Jesajae, die Achikar-Erzählung - nur slavisch (bzw. ohne griech. Original) erhalten ist die Apokalypse Abrahams.

[226] Vgl. den Überblick bei COLEMAN 1976.

[227] BERGER 1976, 4: "Vielmehr ist auf diesem Gebiet mit einer außerkanonisch vermittelten Kontinuität zwischen Judentum und Alter Kirche zu rechnen; für die Beziehung zwischen "Hellenismus" (im Allgemeinen) und Alter Kirche ist solche Kontinuität geläufig."

2.2. Hinzufügungen zum Text

2.2.1. Jüdisch - mystische Erweiterungen

Einige Abschnitte in den Hss. der längeren Fassung, die sich nach formalen und inhaltlichen Kriterien deutlich als spätere Einfügungen bestimmen lassen, sind von den Spekulationen der frühen jüdischen Mystik bestimmt. Sie können zwar an ähnliche Gedanken im Kontext des slHen anknüpfen, fügen sich diesem aber nicht ein.

a) Die längeren Hss. bieten in 20,3 und 21,6-22,3 einen Abschnitt, der Henochs Reise durch den 8.-10. Himmel beschreibt.[228] In 20,3 wird mit einem Hinweis auf den 10. Himmel dessen Beschreibung in 22,1 schon vorgegriffen. Er paßt sich dem Kontext nur mühsam an, der den 7. Himmel als Szene voraussetzt - allein die Bemerkung zu Beginn von 20,3 (P: "Und sie zeigten mir den Herrn von ferne.") konnte eine Art Anknüpfungspunkt darstellen. Ebenso widerspricht die folgende Klassifizierung der Engel in 10 Stufen bzw. Ränge (степень - βαϑμός) der sonstigen Einteilung in 7 Gruppen und soll wohl eine zusätzliche Angleichung schaffen.[229] In 21,6-22,3 wird die Konzeption eines 8.-10. Himmels dann ausgeführt, wobei der 10. Himmel mit einer Theophanieschilderung den Zielpunkt darstellt. Den ganzen Abschnitt bieten nur J und P - R hat die drei zusätzlichen Himmel ausgelassen, die Theophanieschilderung (22,1-3) jedoch beibehalten. Dennoch handelt es sich bei dem Abschnitt um einen einheitlichen Zusatz von einer Hand. Wollte man die Theophanieschilderung in 22,1 von der Benennung des 10. Himmels abtrennen, dann bliebe ein "Rumpf" übrig, der in keiner Weise der beabsichtigten Klimax genügen könnte.[230] Zudem werden Details der Thronwelt genannt, die für die Beschreibung des Aravoth an dieser Stelle notwendig sind, aus der Beschreibung des 7. Himmels (20-21) aber schon längst bekannt waren. Vor allem inhaltlich stehen jene drei zusätzlichen Himmel nun in einer unübersehbaren Spannung zu dem sonstigen Schema der 7 Himmel. Folgende Widersprüche bleiben unausgeglichen: a) Henochs Reisebegleiter verabschieden sich am Rande des 7. Himmels, wo sie offensichtlich das Ziel der Reise erreicht sehen

---

[228] Eine Abweichung liegt lediglich in 20,3 vor, wo J anstelle der rhetorischen Frage in P eine Feststellung trifft - vgl. o. 81. R hat die zusätzlichen Himmel ausgelassen.

[229] Die 10 Regimenter Engel in 20,1 (gerade R hat hier verräterischerweise die Zahl 10) sind offensichtlich Korrektur im gleichen Sinne. J hat 5, P hat 9 (9 ergibt auch die hier wohl eher zufällige Aufzählung der verschiedenen Engelgruppen). 19,1 nennt 7 Gruppen von Engeln, 19,6 hat dies auf die Ophanim, Cherubim und Seraphim übertragen (s.u. 129). Insgesamt beherrscht die Symbolik der Zahl 7 das ganze slHen (vgl. u. 118 Anm. 276).

[230] Die Vorwegnahme des 10. Himmels in 20,3 deutet schon an, daß hier der beabsichtigte Höhepunkt liegt, der 8.-9. Himmel füllen nur eine Lücke. "Im 10. Himmel Aravoth sah ich die Erscheinung des Angesichtes des Herrn" verlangt nach einer Fortführung, sonst bliebe diese Bemerkung noch hinter den Beschreibungen der viel belangloseren vorangegangenen Himmel zurück.

- der Zusatz aber macht eine zweite Reiseetappe notwendig. b) In 20,1-4 und 21,1-5 wird der 7. Himmel als Ort von Gottes Thronwelt beschrieben - der Zusatz läßt Gott jedoch erst im 10. Himmel residieren. c) Daß Gabriel in 21,5 Henoch vom Rande des 7. Himmels vor Gottes Thron bringt, taugt in dieser Geschwindigkeit (P: "Und es riß mich Gabriel hinweg, wie auch ein Blatt vom Wind hinweggerissen wird.") nicht gut für die Beschreibung einer Reise - es bleibt in dem Zusatz auch nur Raum für die äußerst knappe, jeweils mit der lapidaren Formel "и видѣхъ/und ich sah" eingeleitete Berichterstattung. d) Nach 40,12 schrieb Henoch die Höhe von der Erde bis zum 7. Himmel auf. e) Im Unterschied zu den übrigen Himmeln werden diese drei nun auch mit den hebräischen Namen Muzaloth, Kuchavim und Aravoth benannt - ihre Funktion aber scheint nur sekundär aus eben diesen Namen abgeleitet zu sein. f) Der Zodiakus, der sich nach dem Zusatz im 8. und 9. Himmel befindet, ist von der Bahn der Sonne im 4. Himmel viel zu weit entfernt, um einen sinnvollen Zusammenhang möglich zu machen.[231] Als aufschlußreich erweisen sich nun die Benennungen der Himmel mit Namen, für die sich nur in der rabbinischen Literatur Parallelen finden.[232] Mit ihr scheint der Redaktor auch vertraut zu sein. Der 8. Himmel trägt den Namen Muzaloth (P: Моузалоеъ , J: мхзалоеъ) und wird als Ort der Tierkreisbilder (P: солїамъ) für die Jahreszeiten verantwortlich gemacht. Im talmudischen Hebräisch ist מַזָּלוֹת der Terminus für die Tierkreisbilder bzw. für deren Stationen und steht in Zusammenhang mit Vorstellungen von Glücks- und Unglückssternen.[233] Der 9. Himmel heißt Kuchavim (P: Коухавым, J: коухавим) und enthält die "Häuser" der 12 Tierkreisbilder. Er läßt die hebr. Pluralform כּוֹכָבִים erkennen und erinnert delikaterweise an eine ähnliche Namensbildung in äthHen 6,7 und 8,3, wo ein Engel Kokabiel den Menschen die Geheimnisse der Astrologie verrät.[234] Der 10. Himmel schließlich mit Namen Aravoth (PJ: Аравоеъ bzw. P 20,3: араватъ) ist gut bekannt aus je-

---

[231]   Es wird unterschieden zwischen 12 Tierkreisbildern (8. Himmel) und ihren "himmlischen Häusern" (9. Himmel), worin sich die Not verrät, einen weiteren Himmel füllen zu müssen - "Häuser" werden die Tierkreisbilder gewöhnlich im Blick auf die Planeten genannt, vgl. BOLL [4]1931, 58f; WAERDEN 1953, 216-230. In 30,6 ist vom Tierkreis noch einmal die Rede. Im Unterschied zu dem Zusatz in 21,6 (P: солїамъ , J: зоулїамъ) findet sich hier der griechische Begriff übersetzt (RJW: жиботъ /Lebewesen). Der Tierkreis steht dabei in unmittelbarem Zusammenhang mit der Bahn der Sonne.

[232]   Eine Liste mit Namen der 7 Himmel findet sich in bHag 12b - vgl. Billerbeck III, 532c (mit zahlreichen Parallelen); GINZBERG 1925, I 9; BIETENHARD 1951, 8-10; EGO 1989, 7f. Die gleiche Namensliste findet sich auch im hebrHen 17,13; 18,1-2. Ebenso werden 7 Erden mit Namen benannt (vgl. GINZBERG 1925, I 10; WÜNSCHE 1967, III 170-201; BIETENHARD 1951, 37ff). In beiden Fällen werden alle Synonyme der Schrift zusammengetragen und dann inhaltlich entsprechend verschiedener Schriftstellen ausgedeutet. Es geht also eher um eine philologische als um eine funktionale Bestimmung.

[233]   Vgl. das Wörterbuch von LEVY 1924. Zum Terminus vgl. auch WÄCHTER 1969.

[234]   Nach äthHen 8,3 verrät Baraqel die Sterndeuterei, Kokabiel lehrt "die Zeichen der Sterne" (Aram I 4,3), "Astrologie" (GrS I) bzw. "σημειωτικά" (GrP). Vgl. UHLIG 1984 z.St.

ner Namensliste in bHag 12b (עֲרָבוֹת)[235] und beschließt dort als 7. Himmel die Aufzählung. Die Entlehnung liegt klar auf der Hand - in beiden Fällen enthält der Aravoth die Thronwelt Gottes. Daß ihn der Redaktor des slHen nun zum 10. Himmel machte und zwei weitere als "Füllung" dazwischenschob, dafür läßt sich weder in der vorausliegenden Tradition noch im Kontext selbst ein Grund entdecken.[236] Seine Motive muß der Autor aus einem anderen Bereich bezogen haben - sie scheinen hauptsächlich mit einem Interesse an der Zahl 10 verbunden zu sein. Der Zahl 10 eignet nun aber weniger eine astrale als vielmehr eine arithmetische bzw. geometrische Bedeutung. Als Grundzahl des Dezimalsystems hat sie ihren Ort in abstrakten oder spekulativen Berechnungen. Dies aber erinnert sofort an die 10 Sefirot, die in der jüdischen Mystik eine große Rolle spielen und besonders in der Zahlenmystik der späteren Kabbala breite Entfaltung fanden. Als Urzahlen, verquickt mit kosmogonischen und kosmologischen Spekulationen sowie mit Vorstellungen über den Aufstieg des Mystikers zu Gott, werden sie erstmals in dem Buch Jezira (3.-6. Jh.) greifbar.[237] Hier finden sich nun aber auch zum ersten Mal in der jüdischen Literatur die Namen der Tierkreisbilder genannt, denen die lateinischen Formen zugrunde liegen.[238] So wird man wohl die Ambitionen des Redaktors in dieser Richtung zu vermuten haben. Unverkennbar ist sein Bemühen, den Tierkreis als Grundlage aller astrologischen Berechnungen mit der himmlischen Thronwelt in Verbindung zu bringen.[239]

b) In den gleichen Zusammenhang gehört auch der Abschnitt 68,1-4.[240] Er bietet eine Kurzbiographie Henochs zu dem Zweck, über den Zusammenhang der Stunde der Empfängnis, der Geburt und des Todes eines Menschen zu spekulieren. Der Erzählverlauf von 67,3 setzt sich organisch in 68,5 fort - die Zusammenfassungen und Reflexionen von 68,1-4 schieben sich als ein

---

[235] עֲרָבוֹת bedeutet soviel wie "das Dunkel" - ein Disput erläutert dabei, daß die inneren Gemächer um den Thron voller Licht, die äußeren aber gleich einem Vorhang dunkel seien. Im Aravoth befinden sich nach bHag 12b Gerechtigkeit und Recht, die Schätze des Lebens, des Friedens und des Segens, die Seelen der Gerechten und Seelen derer, die künftig geschaffen werden sollen, der Tau zur künftigen Totenauferweckung - schließlich die Ophanim, Seraphim, die Chajoth, die Dienstengel und der Thron der Herrlichkeit.

[236] Die 10 Engelklassen in 20,1 und 20,3 sind redaktionelle Korrektur. 10 Myriaden von Engeln in 29,3 (JRP) sind vermutlich ein erläuternder Zusatz und symbolisieren lediglich eine sehr große Zahl. Die 10 Weltsphären der Griechen sind als Hintergrund sehr fraglich. Auch daß nach äthHen 14,17 den oberen Teil des großen Hauses mit Gottes Thron Blitze und Sternenbahnen bilden oder daß nach bHag 13a in Anlehnung an Ez 1,22 auf ein achtes Firmament oberhalb der Häupter der hlg. Chajoth hingewiesen wird, reicht m.E. zum Aufweis einer Tradition von 10 Himmeln noch nicht aus.

[237] SCHOLEM 1980, 81-84; BISCHOFF 1920, 216-219.

[238] Vgl. DAVIS, EJ 16, 1191-1192.

[239] Die Erwähnung des Tierkreises in 30,6 steht im Zusammenhang des hellenistischen Weltbildes und ist nicht dem Redaktor zuzuschreiben. Vgl. zum Thema auch CHARLESWORTH 1987. Zu astrologischen Interessen im Umkreis der frühen jüdischen Mystik vgl. ODEBERG 1973 (Greenfield), XXXV-XXXVII.

[240] Er findet sich in RJP, fehlt aber in allen kürzeren Hss.

Fremdkörper dazwischen. Parallelen für derartige Gedanken finden sich wiederum in der rabbinischen Literatur. So war es etwa die Ansicht verschiedener Rabbinen, daß die Frommen auch an ihrem Geburtstag stürben.[241] Im Hinblick auf die Existenz von Schicksalssternen wurde darüber debattiert, ob das Geschick eines Menschen vom Tag oder von der Stunde seiner Geburt abhängig sei.[242] In 68,4 aber ist dieses Problem auf die Spitze getrieben - von den Lebensdaten Henochs wird eine allgemeine, nicht mehr zu überbietende Harmonie der menschlichen Lebensdaten überhaupt abgeleitet und als ein Charakteristikum des menschlichen Wesens (ϵcτьcτʙο/οὐσία)[243] betrachtet. Das astrologische Interesse des Redaktors tritt auch hier deutlich zutage.

c) Kap. 39 führt in seinem Kontext ein auffälliges Eigenleben.[244] Formal ist es als ein eigenständiger Komplex leicht abgrenzbar. Offenbar hatte der ursprüngliche Text zwischen 38,3 und 40,1 eine Lücke - der völlig unvermittelte Szenenwechsel von Henochs nächtlicher Rückkehr zur Belehrung seiner versammelten Söhne verlangt an dieser Stelle noch eine erzählerische Überleitung. Eine solche aber bietet 39 nicht. Statt dessen nimmt das Kap., das in die Lücke eingeschoben wurde, die in 40,1 folgende Berufung Henochs auf Worte von den Lippen des Herrn schon im voraus auf und entfaltet diesen Gedanken breit.[245] Dem Unterschied, der zwischen Henochs Begegnung mit Gott und der Begegnung der Henochsöhne mit ihrem zurückgekehrten Vater besteht, ist nun das ganze Kap. gewidmet. Ein Schluß a minore ad majus beendet den Abschnitt. Dabei fallen einige Widersprüche zum übrigen slHen auf. In 39 betont Henoch ständig seine menschliche Natur mit der leicht variierten Formel "ich, ein euch gleichgeschaffener Mensch"[246] - 22,8-10 hatte dagegen berichtet, wie Henoch vor seiner Gottesbegegnung gerade erst in einen der "Herrlichen des Herrn" verwandelt werden mußte; in 37 wird lediglich Henochs Gesicht vor seiner befristeten Rückkehr von einem Engel vereist, d.h. seine Herrlichkeit auf ein irdisch erträgliches Maß gemindert, jedoch nicht zurückverwan-

---

[241] Vgl. die Belege bei GINZBERG 1925, V 161.

[242] So z.B. bShab 156a (nach dem Wörterbuch von LEVY 1924, III 65).

[243] P: " ϵcτ̃ʙο τϵмнο cϵrо жнтї а ", RJ: "ϵ̃cτʙο τ̃ьмно наcтохщаrο cϵrο жнтї а /die dunkle Natur seines (gegenwärtigen) Lebens" wird von BONWETSCH 1922 auch als "die gleiche Natur ..." übersetzt. Ersterem ist der Vorzug zu geben - die Astrologie ist ja gerade bemüht, Licht in die Undurchschaubarkeit des menschlichen Lebens zu bringen. Ihr großes Thema ist "die Einheit des Alls, in die auch das Menschenleben eingeschlossen ist" (BOLL 1931, 77).

[244] Das Kap. ist in allen größeren Hss. bezeugt. Allein AUBVNB2 (die auch im Text abweichen) ordnen es nach 36,4 ein - s.o. 92f.

[245] Möglicherweise handelt es sich dabei um eine Formel: " ωτ oycτь r̃нх /von den Lippen des Herrn" findet sich in 40,1 und in 47,1 als Eröffnung der Belehrungen Henochs. Sie wird von allen Hss. bezeugt (nur 47,1 fehlt in VNB2). P hat in 46,1 eine ähnliche Formel, hier auf die Rede von Henochs Lippen bezogen.

[246] Auf der Formel liegt Gewicht, sie wird vor jedem Vergleich wiederholt. Es heißt: "euch gleich gemachter Mensch; ein euch ähnlich gemachter Mensch; ein euch an Merkmal(en) gleicher Mensch; ein euch übereinstimmend geschaffener Mensch; euch ähnlich".

delt; nach 56,1-2 lehnt Henoch das Angebot von irdischer Speise ab, nach der ihn nun nicht mehr verlangt. In 48,1. 5 wird Gott unsichtbar genannt - nach 39 aber steht ihm Henoch Auge in Auge gegenüber und macht detaillierte Angaben zu Gottes Erscheinung. Nun spielen in der frühjüdischen Literatur Theophanieschilderungen ohnehin eine untergeordnete Rolle.[247] Häufiger begegnen dagegen Angelophanien, deren Tradition auch das slHen gelegentlich aufnimmt.[248] Umso überraschender ist somit in 39 die große Detailfreude. Eine Aufzählung reicht von den Lippen des Herrn über Gesicht, Augen und rechte Hand bis hin zum Ausmaß seines Körpers (U: "ѡбьнатие тѣла моего - объатие г͠ѣ/Ausmaß meines Körpers - Ausmaß des Herrn").[249] Damit aber ist ein Stichwort gegeben, das seine Heimat in der jüdischen Mystik hat - in der sog. "Schiʿur Koma"-Spekulation nämlich, die sich mit einer Bestimmung der Körpermaße Gottes beschäftigt.[250] Nach G. Scholems Auffassung zielen die ungeheuerlichen Zahlenangaben, die dabei ins Spiel gebracht werden und die jedes realistische Verständnis ad absurdum führen, vor allem auf die Größe der Erscheinung Gottes und auf eine symbolische Realisierung der Erkenntnis "Gott ist König". So wird auch verständlich, warum der Schluß a minore ad majus am Ende des Abschnittes gerade die Metapher von einem irdischen und einem himmlischen König aufgreift.[251] Zum einen identifiziert sich Henoch damit selbst mit jenem irdischen König - die Tradition von Henochs irdischer Priesterherrschaft war ja gerade in der rabbinischen Literatur lebendig.[252] Zum anderen aber stellte dies offenbar ein beliebtes Bild für die Gottesbegegnung bei den jüdischen Mystikern dar. In bBer 28b wird ganz analog berichtet, wie Rabban Jochanan ben Zakkaj auf dem Krankenlager das Hintreten vor einen König aus Fleisch und Blut mit seinem baldigen Hintreten vor den König der Könige vergleicht und daraus für seine Zerknirschung einen ebensolchen Schluß a minore ad majus zieht. Im Kreis der Schüler des Rabban Jochanan ben Zakkaj aber entstanden die Anfänge mystischer Spekulationen.[253] Daß 39 nun gemeinsam mit 20,3 und 21,6-22,3 eingefügt worden

---

[247] Zur atl. Tradition der Theophanie vgl. KAUTZSCH, RE 19, 663-668; LINDBLOM 1961; zu ihrer Weiterentwicklung ROWLAND 1979, 141f. Viel stärker rückte in der frühjüdischen Literatur die mehr "vergeistigte" Form der Audition in den Mittelpunkt, vgl. etwa KUHN 1989.

[248] So z.B. in der Beschreibung von Henochs Reisebegleitern (1,4-6) und den Hadeswächtern (42,1) bzw. bei verschiedenen Begegnungen mit Engeln im 7. Himmel (20-22).

[249] Die Hss. RJP schreiben statt " тѣла /Körper" " дѣла /Tat", was wohl Korrektur ist. Die Aufzählung einzelner Körperteile macht hier " тѣла " viel wahrscheinlicher, wie dies auch von AUB bezeugt wird. VN lassen das "gefährliche" Wort ganz aus.

[250] Vgl. SCHOLEM 1980, 68-72; ODEBERG 1973 (Greenfield), XXXIII-XXXIV. Die Belege lassen sich bis zurück ins 1. Jh. verfolgen.

[251] Zahlreiche rabbinische Gleichnisse benutzen das Bild von einem "König aus Fleisch und Blut" (slHen 39,8 "царь земнь/irdischer König") und bedienen sich eines Schlusses a minore ad majus, vgl. dazu DSCHULNIGG 1988, 541.

[252] Vgl. "Das Leben Henochs" bei JELLINEK 1857, IV 129-132 bzw. WÜNSCHE 1967, I 1-6.

[253] Vgl. SCHOLEM 1980, 44-55. Auf die Analogie in bBer 28b hat GINZBERG 1925, V 160 hingewiesen - sie hat noch eine Parallele in ARN 25,79.

sein dürfte, legt die wörtliche Übereinstimmung von 39,5 und 22,1 in der Beschreibung von Gottes Angesicht nahe.[254] Hier liegt eine Tradition vor, die den Rahmen traditioneller Theophanieberichte bereits verlassen hat.

d) JR und P bieten in 46,1-3 einen Abschnitt, der sich noch einmal des Bildes von einem irdischen König bedient.[255] Das ganze Kap. knüpft an die vorausgegangene Reflexion über den Wert von Opfern an, ist jedoch formal und inhaltlich im Ablauf der Mahnrede leicht entbehrlich. Der Schluß a minore ad majus liegt hier allerdings nicht so klar am Tage wie in 39,8. Er stimmt nur unter der Voraussetzung, daß ein Vergehen gegen den Nächsten einem Vergehen gegen Gott gleichkommt.[256] Es wäre denkbar, daß hier in Anlehnung an 39,8 die mystische Begegnung mit Gott nun ethisch angewandt wurde.

Ob noch weitere Stellen auf das Konto einer jüdisch-mystischen Redaktion gehen, ist nur schwer zu entscheiden. Der ganze erste Teil enthält mit Henochs Aufstieg durch die 7 Himmel zum Thron Gottes einen Stoff, den der Mystiker leicht als geistesverwandt empfinden konnte, wenngleich auch die Absichten in beiden Fällen auseinandergingen.

2.2.2. Frühchristliche Erweiterungen

a) Unter den astronomisch-kalendarischen Angaben bieten die längeren Hss. einige Details, die sich sachlich und z.T. auch formal von ihrem Kontext unterscheiden. Besonders auffällig ist die Erwähnung der Mondepakten und des großen Zyklus' von 532 Jahren in 16,5. Letzterer unterbricht die Beschreibung des Mondjahres in dem deutlichen Bemühen um zusätzliche Erläuterung ("еже сѫт на всѣко лѣто епакти лоунѣ. тъ же великы кръг.../ welches für jedes Jahr die Mondepakten sind. Dieser große Zyklus aber...").[257] Der große Zyklus, dem ein sinnvoller Haftpunkt fehlt, läßt sich mit Sicherheit erst für das 5. Jh. belegen.[258] In einem offenkundigen Widerspruch zu dem ansonsten vorausgesetzten Jahr von 364 Tagen steht die Angabe von 365 1/4 in

---

[254] Diese Parallele sowie die stilistischen Eigenheiten insgesamt verraten die gleiche Handschrift, s.o. 81 Anm. 109.

[255] Die Einleitung in P ("слышите людіе мои и внемлите гли оустъ моихъ ") gleicht den Einleitungsformeln in 39,5 (bzw. 39,3) und damit dem Sprachgebrauch dieses Einschubes. Ohne Einleitung bieten nur noch JR das ganze Kapitel.

[256] Dies wird ausdrücklich gesagt in 44,1-3. 46,3 (Gericht des Herrn) als Zielpunkt des Abschnittes scheint den gleichen Gedanken nahezulegen.

[257] Formal ist die Bemerkung über die Mondepakten organisch eingefügt. Allein der folgende Verweis hebt sich umso deutlicher vom Kontext ab. Eine gemeinsame Einfügung beider Aussagen hat vor allem inhaltliche Argumente für sich.

[258] CHARLES 1896 z.St. nennt als Quelle Victorius von Aquitanien, etwa um 457 - der große Zyklus (auch Dionysische- oder große Passah-Periode genannt) entstand durch Multiplikation des Metonischen Zyklus' (19 Jahre) mit dem Sonnenzyklus (28 Jahre). FOTHERINGHAM 1922 (53) gibt als Quelle Annianus und das Jahr 412 an.

14,1 sowie 16,4 (365 1/2), die das julianische Jahr beschreiben.[259] Auch den Verweis auf den metonischen Zyklus von 19 Jahren in 16,8 und den Zyklus von 28 Jahren hält Andersen in diesem Zusammenhang für sehr wahrscheinlich interpoliert, obgleich die Kenntnis beider Zyklen möglicherweise noch in vorchristliche Zeit zurückreicht. Damit sind genau jene Daten genannt, die Fotheringham mit dem christlichen Osterkalender in Verbindung gebracht und für eine Datierung des slHen in das 5.-7. Jh. herangezogen hatte (s.o. 48f). Da sie jedoch in Spannung zu dem ansonsten vorausgesetzten Kalender des slHen stehen und als Fremdkörper statt als tragendes Element betrachtet werden müssen, liegt es nahe, hier Korrekturen eines späteren christlichen Redaktors anzunehmen. Verwunderlich ist allerdings der Umstand, daß in den kürzeren Hss. alle diese verstreuten Daten fehlen. Sollte sie ein weiterer Redaktor wieder ausgelassen haben, so müßte er mit großer Sachkenntnis zu Werke gegangen sein - ein Motiv läßt sich dafür kaum vorstellen. Daß die Daten erst nach dem Zustandekommen der kürzeren Fassung dem Prototyp der längeren Hss. korrigierend eingefügt worden wären, scheint ebenso problematisch zu sein. Auf jeden Fall aber verraten sie den Versuch eines Ausgleiches mit kalendarischen Vorstellungen, der erst nach dem 5. Jh. in christlichen Kreisen stattgefunden haben dürfte.

b) An verschiedenen Stellen des slHen wird für den Erzengel Michael der Titel "архистратигъ - ἀρχιστράτηγος" gebraucht.[260] Auch in anderen frühjüdischen Schriften sowie in gnostischen und koptisch-christlichen Schriften läßt sich der Titel belegen.[261] Dagegen hat nun J.P. Rohland geltend gemacht, daß die Bezeichnung Michaels als "Archistratege des Herrn" erst im Zuge christlicher Exegese und Legendenschreibung aufkam.[262] Die LXX, die den Titel zweimal (Jos 5,14; Dan 8,11) gebraucht, bringt ihn nicht mit dem Erzengel in Verbindung. Ebensowenig ragt Michael in äthHen 10,11 oder in Qumran (1QM) in seiner kriegerischen Funktion als ein Anführer aus der Schar der übrigen Erzengel hervor. Seine Rolle ist lediglich die eines Schutzherren über das Volk Israel. Erstmals vollzog Origenes bei der Exegese von Jos 5,14 eine Identifikation des "ἀρχιστράτηγος" der LXX mit dem Erzengel

---

[259] Das julianische Jahr konnte einem Autor des slHen im 1. Jh. zwar bekannt sein - vereinbaren konnte er es mit seinem Jahr jedoch nicht. Zur Grundlage wurde es vor allem in der christlichen Kalenderberechnung.

[260] RJP: 22,6; 33,10; R darüber hinaus noch: 71,28; 72,5; Rum: in 72,4f 3x; Tr: 71,28; in der Zusammenfassung von 72 1x; AU: 33,10; 22,6 statt dessen "des Herrn größter Erzengel"; 71,28 und 72,5 ist ausgetauscht gegen "Erzengel Gabriel" s.o. 93ff; B: hat lediglich eine Lücke in 71,28 - folgt ansonsten R; NVB²: 22,6; in 33,10 ersetzt durch "вои-евода - στρατιώτης"; Nr. 41: 71,28; 72,5 - wie B; Nr. 42: nur 72,5.

[261] So z.B. in grBar 11,4. 6-8; 13,3 (im slav. Paralleltext ist der Titel ausgelassen); JosAs 14,7; TestAbr A7; A19; ApkEsdr 4,24; in 11QMelch steht er als Titel für verschiedene Engelsgestalten; in gnostischen Texten vgl. SCHENKE 1980, 117 und 121; in christl.-kopt. Texten vgl. MÜLLER 1959, 10-19 und 28 (die Texte sind allerdings schwer datierbar und weisen späte Einflüsse auf).

[262] ROHLAND 1977.

Michael, worin ihm die Väter des 3./4. Jhs. allerdings nur sehr zögernd folgten. Erst mit der Legende von Chonä im 4./5. Jh. erlebte Michaels Rolle als "ἀρχιστράτηγος τῆς δυνάμεως κυρίου" eine klare Fundierung und rasche Popularität, bis hin zum Kult Michaels als des bevorzugten byzantinischen Kriegspatrons. Auffälligerweise spielt Michael im slHen ebenso wie in den anderen frühjüdischen Zeugnissen nun weder die Rolle eines obersten Feldherren, noch hat er überhaupt kriegerische Aufgaben - vielmehr tritt er jeweils in der Funktion eines Vermittlers auf.[263] Wenn der Titel nun dennoch ganz selbstverständlich gebraucht wird, so muß er dem Schreiber aus anderen Zusammenhängen geläufig gewesen sein. Es liegt nahe, hier die Hand eines christlichen Schreibers nach dem 5. Jh. zu vermuten, dem beim Kopieren des Textes vor dem Hintergrund eines ausgedehnten Kultes des Kriegsherren Michael der Titel "ἀρχιστράτηγος" gegenüber dem einfacheren "ἀρχάγγελος" als der angemessenere erschien.

c) Zumindest unter dem Verdacht christlichen Einflusses steht das Wortspiel um Satanael-Satan in 31,4.[264] Die Worte (R: "сотона ꙗко има емоу бѣшх сатанаил /Satan, denn sein Name war Satanail") stehen als eine Art Gedankensplitter im Text und haben weder nach vorn noch nach hinten eine deutlich erkennbare Verbindung.[265] Ebenso überraschend trägt der Anführer der abgefallenen Wächter in 18,3 den gleichen Namen "Satanail".[266] Zum Thema des abgefallenen Engels finden sich im slHen drei verschiedene Varianten, die alle auf jüdischen Überlieferungen beruhen: a) in 18,3-6 (par. 7,3) der Abfall und die Verschwörung einer Gruppe von Engeln ("der Wächter") auf dem Hermon - basierend auf äthHen 6-11; b) in 29,4-5 der Hochmut eines der Erzengel - basierend auf einer von Jes 14 inspirierten jüdischen Legende;[267] c) in 31,3-6 Satans Anschlag auf Adam und Eva im Paradies - basie-

---

[263]   In 22,6-7 richtet Michael den Henoch vor Gottes Thron auf und verwandelt ihn auf Gottes Geheiß in einen der "Herrlichen des Herrn"; in 33,10 ist er Vermittler (ходатай) der Bücher Henochs; in 71,28 und 72,5 bringt er den Melchisedekknaben vom Hause Nirs in das Paradies.

[264]   Der Passus findet sich nur in RJP.

[265]   In 31,4 geht schon ein Wortspiel voraus (R: " дꙗаволъ ... бхдет бѣсь ꙗко бѣже/ der Teufel ... wird ein Dämon werden, weil er fliegt"), das sich auf Satans Sturz bezieht. Darauf bezieht sich nun auch der folgende Gedanke, daß der Sturz den Teufel von den anderen Engeln unterscheidet, nicht aber eine Veränderung seiner Natur. Hier mag der Anknüpfungspunkt für den Redaktor gewesen sein, noch das Wortspiel um die Namensänderung einzufügen. Ein viel passenderer Ort wäre 29,4-5 gewesen.

[266]   Als Anführer gehört er da eher in den 5. Himmel - die Engel des 2. Himmels bezeichnet 18,3 ja als Gefolgsleute. Im äthHen 6,3. 5 heißt der Oberste der Wächter Semjasa, ev. hat in äthHen 9,6 Asasel eine ähnliche Rolle. Im slHen ist die Stelle in den verschiedenen Hss. insgesamt unklar - nach JRP sind es ein Fürst und 200 Myriaden; nach JP 18,4 steigen letztlich nur 3 herab; nach AU sind es 200 Fürsten und 200 Gefolgsleute, nach B 2 Fürsten und 200 Gefolgsleute.

[267]   Vgl. GINZBERG 1925, I 52-54 und 62-64. Hier geht es darum, daß Satan gegen die Erschaffung Adams und schließlich gegen dessen Verehrung opponiert. Weitere Belege bei GAYLORD 1982.

rend auf verschiedenen frühjüdischen Reflexionen über den Sündenfall.[268] An allen drei Stellen sind die jeweiligen Traditionen auch folgerichtig mit ihrem Kontext verbunden. Das Wortspiel in 31,4 bildet nun den atl. Namen "שָׂטָן" erst um nach der Analogie anderer frühjüdischer (Engel-) Namen auf "-el", wobei sich hier als nächstliegende Analogie wohl der rabbinisch belegte Widersacher Schammael/Sammael anbietet.[269] Das Wortspiel erscheint nun ganz analog in den apokryphen Fragen des Bartholomäus (4,25) sowie in einigen kirchenslavischen Texten und wurde schließlich auch von den Bogomilen aufgegriffen.[270] So läßt sich dahinter eher eine christliche Tradition annehmen, die einen christlichen Redaktor veranlaßte, die Einfügung des Wortspieles in 31,4 und die Gleichsetzung des Anführers der Wächter in 18,3 mit jenem Satanael vorzunehmen.

d) Der Abschnitt in 49,1-2 über das Schwören zeigt eine auffällige, fast wörtliche Übereinstimmung mit Mt 5,37 und Jak 5,12.[271] In einen Schwur, den Henoch seinen Söhnen über die Präexistenz des Gerichtsortes leistet,[272] ist eine Erörterung über das Schwören eingefügt (нх се не клънѫ .../aber siehe, ich schwöre nicht ...). Der unterbrochene Schwur setzt sich in 49,2 nahtlos fort. Was sich formal klar als Interpolation erweist, ist jedoch inhaltlich dem Kontext durchaus nicht fremd. Eine Kritik am Eid gab es nicht allein im prophetischen, weisheitlichen oder schließlich rabbinischen Denken, sondern auch im Hellenismus überhaupt, und Aufrichtigkeit ist im slHen ein immer wieder angesprochenes Thema.[273] Ein vergleichbarer Passus mag hier also denkbar sein. In ihrer jetzigen Gestalt aber wurden die Verse wohl von christlicher Hand nach dem ntl. Wortlaut überarbeitet.

e) Eine kurze Bemerkung über die Dauer von 7 Jahren, die Adam im Paradies zubrachte, ist in 71,28 eingefügt. Eine offensichtlich assoziative Verdoppelung des Wortes Paradies in seiner altertümlichen Form (въ раи едомстѣмь, въ породѣ идеже .../in das Paradies Edem, in das Para-

---

[268] Belege bei BOUSSET 1926, 408f; TENNANT 1903.

[269] Vgl. zum atl. Satan SAEBO, THAT II, 821-823; DAY 1988. IIIBar gebraucht beide Namen wechselweise - im griech. Text steht Samael, im slav. Text Satanael. Vgl. dazu TURDEANU 1950, 39-52.

[270] BONWETSCH 1897; dazu HENNECKE/SCHNEEMELCHER [3]1964, II 424-440. BONWETSCH nennt fünf weitere Beispiele für das Wortspiel in kirchensl. Hss., dazu eine Reihe späterer christl. Belege für die jüdische Tradition vom Hochmut und Fall Satans (36-40). Zur Version der Bogomilen vgl. TURDEANU 1950, 39-52; LOOS 1969, 23-35 (dort auch weitere Beispiele).

[271] Der Abschnitt findet sich nur in RJP - für die kürzeren Hss. war er sehr leicht herauszulösen.

[272] Von Präexistenz und Prädestination war bereits in 23,4 die Rede. Die Bekräftigung einer Aussage durch einen Schwur findet sich z.B. auch in äthHen 98,1; 103,1; 104,1.

[273] Vgl. LUZ 1985, 279-290. Zur Wahrhaftigkeit des Wortes vgl. slHen 10,4; 42,12-14; 46,2; 52,13f; 61,4; 63,3f.

dies, wo ...)[274] und der relativische Anschluß machen die zusätzliche Erläuterung sichtbar. Die Zeitangabe widerspricht 32,1 (5 1/2 h), wenn auch das Motiv des offenen Himmels an 31,2 und 42,3 anknüpfen kann. Die apokryphe Adamliteratur kennt hier verschiedene Überlieferungen.[275] Doch vermutlich ist es wohl in erster Linie die große Bedeutung der Zahl 7 im slHen, die einen Redaktor zur Angleichung an diesen symbolischen Schematismus veranlaßte.[276]

f) Als besonders aufschlußreich erweist sich der Abschnitt 71,32-37 in R. In diesen Versen entwirft der Redaktor sein eigenes Modell der Melchisedek-Christus bzw. Adam-Christus Typologie, wozu er neben dem auf wunderbare Weise geborenen Melchisedek des slHen noch jenen aus Gen 14 bekannten Melchisedek einführt. Der Abschnitt ist einem Lobpreis Nirs (71,30-31) eingefügt, dessen Rahmen er jedoch sprengt. Nirs Lobpreis bleibt in seinem Rückbezug auf die vorausgegangene Offenbarungsrede Gottes (71,27-29) auch konsequent bei dem Schicksal des Melchisedekknaben, woran 72,1 dann wieder anschließen kann. 71,32-37 dagegen erweitert den Lobpreis Nirs zu einer prophetischen Rede mit neuen Inhalten, für die es an dieser Stelle zudem auch an einer Hörerschaft fehlt. Dabei gerät der Abschnitt entweder in direkten Widerspruch zum Kontext, oder er schneidet Themen an, die dem übrigen slHen fremd sind. In 32 wird eine Reihe von 12 Priestern bis auf Nir aufgezählt, die zum einen der Genealogie in 33,10 widerspricht,[277] zum anderen die Patriar-

---

[274] Die Bemerkung findet sich nur in RJP. " пороⰆа " ist eine Übernahme des griech. "παράδεισος", vgl. MEŠČERSKIJ 1965, 101f; VULČANOV 1973/74, 244-245. " пороⰆа " und " раи " werden auch im vorausgehenden Teil schon parallel gebraucht (z.B. 8,4f).

[275] JAGIĆ 1892 (59) stellt die bekannten Belege mit folgenden Varianten zusammen: 3.-6. h; 3.-9. h; 6 h; 40 Tage. Allein eine der Hss. der VitAd gibt am Schluß Adams Aufenthalt im Paradies mit 7 Jahren an (MEYER 1878, 250), was jedoch keine direkte Beziehung zu slHen 71,28 bedeutet. Auf die 5 1/2 h in 32,1 könnte sich das christliche Adambuch des Morgenlandes (DILLMANN 1853, 14f) beziehen, nach dem Gott dem vor dem Paradies klagenden Adam verspricht, sein Wort, das ihn schuf und das er übertrat, nach 5 1/2 Tagen = 5500 Jahren zu seiner Erlösung zu senden, ähnlich auch die Höllenfahrt Christi III (XIX), HENNECKE/SCHNEEMELCHER, I 349ff.

[276] So ist die Rede von 7 großen Stunden der Nacht (14,3); 7 Gruppen von Engeln (19,1); je 7 Ophanim, Cherubim und Seraphim (19,6 - s.u. 129); 7 Himmeln (20,1; 40,12); 7 Planetenkreisen (27,3; 30,3; 48,1); 7 Elementen und 7 Eigenschaften bei Adams Erschaffung (30,8f); 7000 Jahren dieses Äons (33,1); 7 Tagen der Woche (65,3); siebenfach hellerem Licht der Sonne als des Mondes (16,8); siebenfacher Ernte der Gerechten (42,11); siebenfach hellerem Leuchten der Gerechten als die Sonne (66,7); von der Tatsache schließlich, daß im großen Äon alles siebenfach ist (66,8).

[277] 33,10 stimmt völlig mit Gen 5/IChr 1 überein - von da könnten die Namen Sit, Enos und Maleleil übernommen sein. Für Rusi gibt es keine Parallele - sollte hier ein slav. Redaktor eine andere Form gegen den Sippennamen der Rus oder Ros (vgl. STÖKL [4]1983, 38-41) eingetauscht und diesen so in die Urzeit datiert haben? Amilam kann von dem Sippennamen Ami aus Esr 2,57 inspiriert sein, Seroch vielleicht von der Sippe der Serachiter in Num 26,13. 20; Jos 7,17; IChr 27,8. 11. 13. Arusan steht vielleicht in Zusammenhang mit dem Ortsnamen Achuzan (s.u. 196) - die Namen Prasidam (B: Frasidam, Rum: Thrasidam) und Aleem (AU/Nr. 41: Nail) bleiben unklar. Die Zusammenstellung scheint willkürlich und zuerst an der Zahl von 12 Glie-

chen vor Methusalem schon gemeinschaftlich als Hohepriester bezeichnet, während ja ein besonders qualifiziertes Priestertum an zentralem Ort nach 68,5-72,11 eben gerade erst seit Methusalem und nach Henochs Entrückung entsteht.[278] In der Konstruktion dieser Priester- und Patriarchenreihe verrät sich die Absicht des Verfassers, ein typologisches Modell vorzustellen: Es sind zwei Reihen von je 12 Priestern, die einander entsprechen - die erste beginnt mit Seth[279] und findet in dem Melchisedekknaben des slHen ihren Höhepunkt, die zweite knüpft mit dem Melchisedek aus Gen 14 daran an (bzw. identifiziert beide miteinander?) und findet ihren Höhepunkt in Christus. Der Melchisedek aus Gen 14 wird von dem Melchisedek des slHen deutlich unterschieden (инь мелхиседекь/ein anderer Melchisedek). Interessanterweise gebraucht der Redaktor für seinen zeitlichen Vorgriff dabei die Formulierung "въ послѣдни род бждет инь мелхиседекь ", wobei das im Hintergrund stehende "ἐσχάτη γενεά" die Zeit Abrahams (als Kontext von Gen 14) im Sinne von "letzter Zeitabschnitt, letzte Periode"[280] qualifiziert. 12 Priester gehören nun in die zweite Periode, an deren Beginn der atl. Melchisedek steht und deren Erfüllung Christus darstellt. Da jede reale Chronologie hier versagen muß, liegt es nahe, diese 12 Priester symbolisch auf das Volk Israel und jene letzte Periode auf die Zeit des atl. Priestertums überhaupt zu beziehen, als deren Erfüllung und Überbietung dann Christus selbst erscheint.[281] Daran läßt der Redaktor durch die Attribute, die er jenem "Letzten" in der zweiten Priesterreihe zuschreibt, keinen Zweifel, auch wenn er eine direkte Namensnennung sorgsam vermeidet. " и послѣ бждет глава въсѣм /und zuletzt wird ein Haupt aller sein" deutet bereits auf Abschluß und Erfüllung hin. Der Begriff " глава - χεφαλή" verrät in diesem Zusammenhang christlichen Sprachgebrauch im Blick auf Christi Beziehung zur Gemeinde und zum Kosmos.[282] Dieses Haupt aller wird " великы

---

dern interessiert zu sein. STICHEL 1979 (51f) hat darauf hingewiesen, daß die Namen Seruch und Arusan nach einer häresiologischen Schrift des Konstantinopler Patriarchen Methodios von den Melchisedekianern gebrauchte Dämonennamen sein könnten.

[278] Zwar nehmen die Kap. 68-72 auf die auch in 1-67 immer wieder ganz allgemein vorausgesetzte Opferpraxis vor Methusalem Bezug, doch war diese offensichtlich noch nicht institutionalisiert (sonst erübrigten sich auch Henochs diesbezügliche Mahnungen, z.B. 59,2f; 66,2). Für Methusalem und Nir werden auch ausführlich Erwählung und Amtseinführung berichtet.

[279] In der apokryphen Adamliteratur werden die Sethiten ganz besonders als die Gerechten von den verdorbenen Kainiten abgehoben (vgl. vor allem BEZOLD 1883, 10 u.ö.).

[280] Die Bedeutung "Zeitabschnitt" (nach dem Wörterbuch von BAUER 1971, 305) ist im Zusammenhang (es folgt eine Reihe von Priestern) die wahrscheinlichste.

[281] Eine solche Symbolik hat freilich etwas Künstliches und ist m.W. auch ohne Parallele. Entscheidend scheint hier die Entsprechung der Zeit vor und der Zeit nach der Flut zu sein.

[282] Zunächst bezeichnet der Begriff nur den Obersten, Rang- und Funktionshöchsten einer Gemeinschaft, wie die Verwendung von " глава " für den Melchisedek des slHen in 71,29. 33 oder den atl. in 71,37 belegt. Für den Hohenpriester wird in der LXX der Begriff "χεφαλή" nicht gebraucht, was die atl. Wendung "הַכֹּהֵן הָרֹאשׁ" (IIReg 25,18; IIChr 19,11, Esr 7,5) hätte nahelegen können. " глава въсѣм - χεφαλή πάντων" in 71,34 bedeutet demgegenüber eine Steigerung und wird nur mit der hohenpriesterlichen Funktion verbunden. Das führt zu der

архиереи - ἀρχιερεύς μέγας" genannt - eine Terminologie, die hier ohne Parallelen ist und sofort an Hebr 4,14 erinnert.[283] Es kommt hinzu, daß der Begriff "ἀρχιερεύς" dem Judentum zunächst ohnehin fremd war und auch in der LXX als Äquivalent für "הַכֹּהֵן הַגָּדוֹל" nur eine geringe Rolle spielte, dafür aber im NT häufig gebraucht und namentlich im Hebr theologisch bedeutsam gefüllt wurde. Die folgenden Attribute ("слово бжїѧ и сила / Wort Gottes und Kraft") weisen in die gleiche Richtung. Besonders der "λόγος"-Titel, verbunden mit einer endzeitlichen Gestalt, läßt sich nur vom NT und der christlichen Theologie her verstehen.[284] Die sonst weniger geläufige Bezeichnung Christi als "δύναμις" ist wohl zum einen im Blick auf die im folgenden erwähnten Wundertaten zu verstehen,[285] könnte aber zum anderen auch einen Hinweis auf konkrete theologische Auseinandersetzungen des 4.-7. Jhs. geben. Die häretischen Melchisedekianer nannten Melchisedek vorzugsweise "eine große Kraft", so daß sich mit der Zuweisung des Titels an Christus gerade in diesem Kontext eine Art kirchliche Reaktion oder vorbeugende Klärung vermuten ließe.[286] So spielt auch die abschließende Bemerkung, daß jener große Hohepriester "große Wunder, herrlicher als alle früheren" schaffe,

---

theologischen Bedeutung, die "κεφαλή" im NT aufweist, vgl. Christus als "κεφαλὴ τῆς ἐκκλησίας" in Eph 1,22f; 4,15f; 5,23; Kol 2,19 bzw. als "κεφαλὴ πάσης ἀρχῆς καὶ ἐξουσίας" in Kol 2,10 und des Kosmos in Kol 1,18. Vgl. auch SCHLIER, ThWNT III, 672-682.

[283]   " архиереи " kommt nur noch einmal (und dabei ebenfalls von der Hand des Redaktors) in 71,36 vor. Auch da steht der Begriff für Christus. Ansonsten wird neben dem einfachen " иереи " (70,20. 26; 71,29. 33. 34. 34. 37; 72,6) die Wendung " иереи великъ - ὁ ἱερεὺς ὁ μέγας - הַכֹּהֵן הַגָּדוֹל" (71,30. 32) verwendet. Neben diesem Fremdwort steht auch der slav. Terminus " жьрьць - θύτης /Opferer" (69,15; 72,1. 11), die Wendung " жрець жрьцем сщенни /Priester aller hlg. Priester" (71,29) und das Abstraktum " свѧтителство - ἱεροσύνη" (70,13. 19). Vor diesem viel stärker atl. geprägten Sprachgebrauch hebt sich der Begriff " архиереи " des Redaktors in 71,34. 36 ab. Das läßt wiederum auf eine geprägte Terminologie schließen. "ἀρχιερεύς" findet sich nun im Hebr 17x, darunter die Spitzenformulierung "ὁ ἀρχιερεὺς ὁ μέγας" in Hebr 4,14, die sonst nur noch in 1Makk 13,42 und Philo Som 1,219 belegt ist.

[284]   Da hier eine konkrete Person und nicht nur eine metaphysische Realität oder Hypostase gemeint ist, scheidet der Hintergrund der griech./hellen. Logoslehren aus. Im NT dagegen steht "λόγος" für den Christus, bei Joh verbunden mit der Präexistenzvorstellung, bei den Kirchenvätern wieder stärker im Zusammenhang mit philosophischer Begrifflichkeit. Vgl. KITTEL, ThWNT IV, 126-143.

[285]   Ausdrücklich wird Christus selbst nur in 1Kor 1,24 "δύναμις" genannt.

[286]   Diese "Sekte" ist allein bekannt aus der Polemik des Eusebius, Hippolyt, Epiphanius und Marcus Eremita. Sie entstand vermutlich im 2. Jh. im Kreise der Theodotianer. Um die Mitte des 5. Jhs. verschwinden ihre Spuren wieder. Die sog. Athinganer im 7. Jh. könnten Zeugen für eine weitere Wirkungsgeschichte sein. Daß die Theodotianer mit ihrer adoptianischen Lehre Gegner der Logoschristologie waren, ist für die Zusammenstellung der Begriffe "λόγος καὶ δύναμις" in 71,34 von besonderem Interesse. Vgl. vor allem HARNACK [4]1909, I 713-716; STORK 1928, besonders 25-35 (Melchisedek, eine "Kraft" Gottes); HORTON 1976, 90-101 bzw. - 114. Zum Umfeld vgl. SIMON 1962.

eindeutig auf die ntl. Wunderberichte an.[287] Ein weiteres typologisches Modell, das von Adam ausgeht, tritt ab 35 auf den Plan. Zunächst lenkt der Redaktor zu dem atl. Melchisedek zurück und stellt diesen als Priester und König an dem Ort Achuzan vor. Die dem Namen Achuzan beigefügte Erklärung "сирѣч на срѣд земли /das heißt in der Mitte der Erde" zeigt, daß der Redaktor das Pseudonym für Jerusalem richtig verstanden hat und nun folgerichtig zum Anlaß nimmt, weitere am Erdmittelpunkt haftende Überlieferungen einzufügen.[288] Daß Adam in der Mitte der Erde erschaffen und begraben wurde, ist jüdische Tradition, die freilich schon bald eine christliche Adaption erfuhr.[289] Dies wird besonders in 36 deutlich, wo der Redaktor erneut Christus (томь архиереи /dieser Hohepriester) und dessen künftiges Begräbnis am gleichen Ort einführt.[290] Er scheint also die Adam-Christus-Typologie bereits vor Augen zu haben und den ursprünglich auf den Tempelberg bezogenen Namen Achuzan mit Golgatha zu identifizieren.[291] Die Wendung " и ω томь архиереи прописано е̃ /und über diesen Hohenpriester ist zuvor geschrieben" hätte dann die ntl. Passionsberichte vor Augen. Ganz merkwürdig ist schließlich noch eine Bemerkung über das Begräbnis Abels, der drei Jahre lang von Adam betrauert wurde, bis eine Dohle ihn die noch unbekannte Bestattung lehrte. Damit wird auf eine jüdische Legende angespielt, die seit dem 5. Jh. in verschiedenen Midraschim begegnet und von da aus auch in islamische und christliche Überlieferungen einging.[292] Die Funktion dieser Legende

---

[287] Diese Aussage kann sich allein auf die in den Evangelien berichteten Wunder Jesu beziehen, die er in der "δύναμις θεοῦ" bewirkte - vgl. GRUNDMANN, ThWNT II, 300-306. Von Hohenpriestern sind Wundertaten m.W. sonst nicht überliefert.

[288] Gen 14 würde hier als Anregung schon genügen. Daß der Verfasser aber auf eine breitere Tradition zurückgreifen konnte, zeigt die Episode aus der syrischen Schatzhöhle (BEZOLD 1883, 26f), nach welcher Sem und Melchisedek nach der Flut den Leichnam Adams aus der Arche bergen und zum Erdmittelpunkt bringen, wo Melchisedek dann als Priester über dem Grab Adams zurückbleibt.

[289] Vgl. dazu JEREMIAS 1926, 38-40. Nach TestAd 3,6 und ApkMos 40,6 wird Adam im Paradies bestattet, da, woher auch der Staub zu seiner Erschaffung stammt. Die kirchenslav. Adamüberlieferung läßt Adams Geist im Paradies weilen, seinen Körper aber bei einem Gerusia-See bestattet sein (JAGIĆ 1892, 38f). Spätere jüdische Überlieferungen nennen Hebron (JEREMIAS 1926, 38f), was in slav. Hss. auch als Begräbnisort Abels genannt wird. Mit der Entwicklung der Adam-Christus-Typologie ist dann die Lokalisierung von Adams Erschaffung, besonders aber von seiner Bestattung, vom Brandopferaltar des Tempelplatzes nach Golgatha übertragen worden - vgl. auch JAGIĆ 1892, 62f.

[290] " тъ архиереи " bezieht sich zurück auf den " великъ архиереи ", der am Ende der Priesterreihe steht - Melchisedek dagegen steht am Anfang.

[291] Nach JEREMIAS 1926 (40) gehören die Vorstellungen von Adams Erschaffung, Wohnort und Grab zur Symbolsprache des Zentralheiligtums. Sie haften im Judentum am Brandopferaltar des Tempelplatzes, im Islam an Mekka, in christlicher Tradition dann am Golgathafelsen. Ist hier auf Christus angespielt, so muß eine solche Übertragung schon stattgefunden haben. Allerdings ist es immer das Kreuz Christi, das über Adams Grab steht - nie werden beider Gräber am gleichen Ort gesucht.

[292] Die Legende, die Abels Begräbnis als "Prototyp" der Erdbestattung schildert, unterscheidet sich deutlich von anderen Traditionen - nach ApkMos 40,1-7 und VitAd 48,1-3 etwa

ist hier nicht ganz klar - sie folgt unmittelbar dem Hinweis auf das Begräbnis Christi. Vielleicht wollte der Redaktor den unschuldigen Tod des gerechten Abels zum Tod Jesu sowie die drei Jahre seines Unbegrabenseins zur dreitägigen Grabesruhe Jesu in Beziehung bringen, was freilich etwas gezwungen wäre. Auf jeden Fall wird deutlich, wie kenntnisreich er für seine typologischen Interessen auf jüdische Traditionen zurückzugreifen vermochte. 37 kehrt dann relativ abrupt zur Voraussage der Flut und der neuen Menschheit zurück, die schließlich unter der Theokratie jenes nach des Redaktors Auffassung vom atl. Melchisedek begründeten Priestertums leben soll.

g) Einen ganz ähnlichen Charakter wie der eben beschriebene Zusatz zeigen auch die Verse 72,6-7. Sie sind einer Offenbarung des Erzengels Michael an Nir im Traum (72,3-8) eingefügt und lassen sich aus diesem Kontext

---

wird Abel gemeinsam mit Adam (da die Erde seinen Körper nicht vor dem des Ersterschaffenen aufnehmen wollte), von Engeln im irdischen Paradies bestattet; in einer kirchenslav. Überlieferung (JAGIĆ 1892, 6 und 52) reitet Adam auf einem Esel zum Schauplatz des Mordes und begräbt Abel da bzw. bringt ihn nach Hebron; nach der Paleja Nr. 866 (PORFIR'EV 1877, 207) bringt Adam den Leichnam Abels in eine Höhle, nachdem ihm ein Engel erklärt hatte, was der Tod sei. Belege für die im slHen vorausgesetzte Legende: jüdische Überlieferung - Tan Bereschit § 10, um 400; BerR XXII 8, 5. Jh.; PRE, 8.-9. Jh. (FRIEDLANDER 1965, 156f; FABRICIUS 1722, I 113-114); MHG Bereschit IV 16, 13. Jh. (SCHECHTER 1902, 116); vgl. auch APTOWITZER 1922, 53f und 156 (Tan, BerR, PRE) und BIN GORION 1913, I 144. 138. 146f (Tan, BerR, PRE); islamische Überlieferung - Koran Sure V 34; spätere Legende (WEIL 1845, 39; GRÜNBAUM 1893, 84); bei dem jüdisch-persischen Dichter Schahin (BACHER 1906-08, 208); vgl. auch APTO-WITZER 1922, 54; georgische Überlieferung - in der apokryphen Erzählung "Jungfrau und Jüngling" (CHACHANOV 1895, 166; slavische Überlieferung - Paleja Nr. 653, 61v-62r (PORFIR'EV 1877, 106; JAGIĆ 1892, 52); ein Frage- und Antwortbuch aus dem Kontextmanuskript der Hs. R des slHen (SOKOLOV 1910 II, 14); schließlich ein später Reflex im finnischen Legendenschatz - erzählt vom Knecht Viktor Ullgren aus Jakkulassa (K. Krohn, Suomalaisia kansansatuja I, Helsinki 1886; 289 = Nr. 315; Hinweis bei A. Antti, Verzeichnis der finnischen Ursprungssagen und ihrer Varianten (FFC 8), 1912, 9). Eine ikonographische Umsetzung hat das Motiv offensichtlich nicht erfahren (vgl. ULRICH 1981, 101-107). Die jüdische Legende läßt 2 Varianten erkennen - in der einen ist Kain der Akteur, der von zwei reinen Vögeln gelehrt wird (Tan, MHG, sehr frei BerR); in der anderen ist Adam der Akteur, der von zwei Raben gelehrt wird (PRE). Die einzelnen Elemente finden sich dann unterschiedlich kombiniert wieder - die islamische Überlieferung etwa nennt konsequent Kain und zwei Raben, die georgische Adam und zwei Krähen, die slav. Paleja Adam und zwei Turteltauben. Das slav. Frage- und Antwortbuch läßt vor Adam einen Vogel "ракоуил /Rakuil" erscheinen (offensichtlich eine slav. Konstruktion aus " рака /Grab" und "-il/-el" zur Bezeichnung des Gottesboten), worin sich eine freie Abwandlung der Legende zeigt. Die finnische Legende erzählt von einem aus dem Nest gefallenen Rabenjungen, das von seiner Mutter im Angesicht Adams und Evas verscharrt wird. Die Anspielung in slHen 71,36 scheint am ehesten jene Form der Legende vor Augen zu haben, wie sie in PRE begegnet (es agiert Adam, die Dohle steht dem Raben am nächsten - BONWETSCH 1922 beläßt als Eigennamen irrtümlich: Galjuli; andere Übersetzungen - SOKOLOV: monedula; VAILLANT: choucas; SANTOS OTERO: cuervo; ANDERSEN: Jackdaw). Zur Paleja bestehen insofern Beziehungen, als allein hier eine vergleichbare Zeitangabe der Trauer Adams gegeben wird (slHen - 3 Jahre; Paleja - 30 Jahre). Die Unterschiede lassen jedoch eine unterschiedliche Benutzung jüdischer Quellen vermuten. Im slHen wäre dann der früheste christliche Reflex jener jüdischen Legende enthalten. Eine ausführlichere Zusammenstellung und vergleichende Untersuchung der Belege befindet sich in Vorbereitung.

sowohl formal als auch inhaltlich glatt herauslösen. Auch hier wird bewußt unterscheidend der irdische Melchisedek (ннь мелхиседекь) eingeführt, doch er entstammt einem anderen Kontext als Gen 14. Chronologisch wird das künftige Geschehen durch die Eckdaten 12 Geschlechter oder 1070 Jahre (= Geburt Abrahams) und 3432 Jahre seit der Erschaffung Adams (= Begegnung Melchisedeks mit Abraham) bestimmt.[293] Der Redaktor rechnet hier mit einer Weltära, was erst seit dem 4. Jh. üblich wurde und den ganzen Zusatz in den Umkreis früher christlicher Chronographie rückt.[294] Erster Akteur ist Abraham, der von Gott den Auftrag erhält, den auf einem Berg verborgen lebenden Melchisedek zu suchen und als Priesterkönig nach Salem zu bringen. Dies läßt als Quelle die apokryphe Melchisedeklegende erkennen, wie sie seit dem 4./5. Jh. Athanasius zugeschrieben wird.[295] Sie scheint in der frühen Kirche weiter verbreitet gewesen zu sein, als lange Zeit angenommen wurde, und liegt in verschiedenen Hss. sowie Übersetzungen ins Koptische, Arabische, Syrische und Kirchenslavische vor.[296] Die Art und Weise, in der 72,6 nun auf diese apokryphe Legende anspielt, gibt einige Hinweise auf den Standort des Redaktors. Er konzentriert sich ganz auf ihren zweiten Teil, auf Melchisedeks Begegnung mit Abraham. Der erste Teil, Melchisedeks Bekehrung und Flucht, würde den Zusammenhang nur komplizierter gestalten, weswegen er auch lediglich in einem Nebensatz angedeutet wird.[297] Die Angabe von 7 Jahren, die Melchisedek auf dem Berg verborgen lebt, stimmt mit dem Text des Ps-Athanasius überein.[298] Überraschend erscheint in 72,6 jedoch als Ort der Begegnung jener Berg, auf dem die Arche landete - alle Hss. der apokryphen Legende sowie eine bis ins 12. Jh. reichende Tradition von Pilgerberichten

---

[293] Die erste Zahl scheint von der Flut aus zu rechnen, während die zweite von der Schöpfung ausgeht. Vgl. die Einzelheiten bei VAILLANT 1952, 117[5-7].

[294] Die jüdische Weltära beginnt im Jahre 3760 v.Chr. - eine Festlegung, die im Judentum 344 n.Chr. unter Hillel II. als Basis der Kalenderberechnung getroffen wurde. Im 4. Jh. tauchen auch im christlichen Bereich Weltären auf, die vor allem in der Chronographie Anwendung fanden. Unterschiedliche Zahlenangaben in den Quellen führten jedoch zu stark voneinander abweichenden Berechnungen, so daß letztlich mehr als 100 solcher Weltären aufgestellt worden sind - vgl. MAHLER 1967, 459-469 und 156-158.

[295] Texte bei MIGNE, PG 28, 523-530 und VASIL'EV 1893, 206-214. Eine Zuweisung an Athanasius liegt nur bei MIGNES Text vor und ist von diesem schon als irrtümlich erkannt worden. Zur breiten slav. Überlieferung vgl. JACIMIRSKIJ 1921, 100-111.

[296] Vgl. ROBINSON 1987, 26-39. Der Aufsatz bietet neben einer Übersetzung von MIGNES Text auch die informativste Einführung in die gesamte Textüberlieferung.

[297] Beide Teile beruhen nach ROBINSON auf jüdischen Traditionen, wobei der erste Melchisedek gegenüber Abraham aufwertet, der zweite dagegen genau umgekehrt verfährt. Auf den ersten Teil spielt die Bemerkung an, Melchisedek habe sich vor dem Volk, das Götzen opfert, verborgen, damit es ihn nicht töte - seine Herkunft und Familie zu nennen wird jedoch vermieden.

[298] Nach VASIL'EVS Text bleibt Melchisedek dagegen 40 Jahre auf dem Tabor.

nennen dagegen übereinstimmend den Tabor.[299] Besonders fällt auf, daß von einem Segen oder von Brot und Wein in 72,6 überhaupt keine Rede ist. Melchisedek bleibt völlig passiv und Abraham untergeordnet, der ihn aus seiner Verborgenheit herausführt und zum Priester und König in Salem einsetzt. Von christlicher Hand kann dieses Verfahren wiederum nur gegen eine Überbewertung Melchisedeks gerichtet sein, wie sie bei den Melchisedekianern gegeben war.[300] Daß der Zusatz aber von christlicher Hand stammt, zeigen die folgenden Verse. Nach einer die Legende abschließenden Wendung ist Melchisedek Priester und König in Salem "nach dem Bilde dieses Melchisedek, des Anfanges der Priester". " по ѡбразоу сего мелхиседека - κατὰ τὸν τύπον τούτου Μελχισέδεχ" assoziiert die bekannte Formulierung des Hebr ("κατὰ τὴν τάξιν Μελχισέδεχ - по чину Мелхиседека "),[301] die jedoch schon für Christus "besetzt" war und deshalb im Blick auf den zuvor wunderbar geborenen Melchisedek des slHen abgewandelt werden mußte.[302] Christus selbst aber kommt nun wieder ganz parallel zu 71,34 als Höhepunkt und Überbietung einer ebenso mit dem irdischen Melchisedek beginnenden Reihe von 12 Priestern ins Spiel, die wohl auch nur als Symbol für Israel und das atl. Priestertum zu verstehen ist. Die Attribute dieses Letzteren lauten anders als in 71,34 - doch sie sind nicht weniger deutlich auf Christus bezogen. " великъ i гоуменъ - ὁ ἡγούμενος ὁ μέγας" erscheint als Analogiebildung zu dem " великъ архиереи " in 71,34 - vor dem Hintergrund des jüdischen und ntl. Sprachgebrauches bietet sich hier vor allem Mt 2,6 an, wo Christus der "ἡγούμενος" genannt wird.[303] Das griechische Wortspiel "ἡγούμενος ἐξηγουμένος" mußte der Übersetzer durch die Übertragung des Fremdwortes " i гоуменъ " auch im Slavischen erst ermöglichen, was die eingeschobene Erläuterung verrät: "си рѣч вожда иже извел /das heißt Führer, der herausführt". Was er aber herausführt, ist nichts weniger als " всѣ видима и невидима - πάντα τὰ ὁρατὰ καὶ τὰ ἀόρατα". Damit ist zwar noch keine Schöpfungsmittlerschaft wie etwa in Kol 1,15-18 oder Hebr 1,2 ausgesagt, doch können solche

---

299   Vgl. ROBINSON 1987 und JEREMIAS 1926, 48-50. Nach VASIL'EVS Text flieht Melchisedek zuerst auf den Ölberg und von da aus auf den Tabor. Die Vorstellung, daß die Arche auf dem Tabor landete, ist m.W. nirgends belegt.

300   Die Anspielung verstärkt durch ihre Beschränkung noch eine Tendenz, die ROBINSON schon in der Quelle bei Ps-Athanasius beobachtete - der zweite Teil der Erzählung sei zunächst jüdische Reaktion auf die christliche Aufwertung Melchisedeks im Hebr, dann in einer zweiten Phase der christlichen Endredaktion aber bewußt gegen die Spekulationen der Melchisedekianer verwendet worden. Vgl. auch SIMON 1962, 109-112.

301   So z.B. Hebr 5,6. 10; 6,20; 7,11. 17.

302   Der Satz setzt zwei Melchisedekgestalten gegeneinander ab. Letztere wird " начало иереѡм " (71,34 " зачало в҃i иереѡм ") genannt, was "ἀρχή ἱερέων/ἱερωσύνης" bedeutet und hier wohl Urbeginn oder Urgrund meint, sich also genau auf die Rolle des wunderbar geborenen Melchisedek bezieht.

303   Im NT ist damit sonst das Amt des Gemeindeleiters im Blick (analog zu profanem Sprachgebrauch). Mt 2,6 dagegen geht auf atl. messianische Traditionen zurück (IISam 5,2 "נָגִיד" übersetzt die LXX mit "ἡγούμενος").

Vorstellungen durchaus im Hintergrund stehen. Denn in den früheren Kapiteln des slHen taucht dieses Begriffspaar stets im Zusammenhang mit Schöpfungsaussagen auf.[304] Auf jeden Fall aber zielt das Wortspiel auf eine endgültige Offenbarung der gesamten Schöpfung hin - und dies allein läßt den Bezug auf Christus eindeutig erkennen.[305] Weitere Stellen, die den Verdacht christlicher Interpolation erwecken, lassen sich m.E. nicht eindeutig als solche erweisen. Dies betrifft vor allem 28,5 bzw. 33,1-2 (Betonung des 8. Tages als Tages des Herrn),[306] 30,8-14 (Adams Erschaffung und Namensgebung)[307] und die Verse 32,1; 42,5; 70,10 ("zweite Ankunft/Vernichtung" als ein endzeitliches Geschehen),[308] die durchaus noch in den Rahmen frühjüdischen Denkens passen. Daß hier mehr christliche als jüdische Analogien zur Verfügung stehen mögen, belegt nur einen bevorzugten Gebrauch mancher Motive durch die christliche Theologie.

2.2.3. Byzantinisch - chronographische Erweiterungen

a) Kap. 73, das nur von R geboten wird, hebt sich deutlich vom übrigen slHen ab. Es ist allerdings zu vermuten, daß ein abschließender Bericht über die Flut noch zum Grundbestand des Buches gehörte. 72,11 schließt in R folgerichtig

---

[304] In absolutem Gebrauch in 24,2. 4; 25,1; 48,4. 5; 65,1 sowie adjektivisch in 30,10; 32,1; 47,4; 51,5; 64,5; 65,6.

[305] "ἐξηγέομαι" steht im griechischen Sprachgebrauch als terminus technicus für die Kundgabe göttlicher Geheimnisse, im NT an so exponierter Stelle wie Joh 1,18.

[306] Daß die verschiedenen Vorstellungen einer Heilszeit in Gestalt letzter Perioden ausgedrückt wurden, findet sich reichlich belegt (vgl. VOLZ 1934, 63-77). Interessanterweise beginnt auch in der Zehn-Wochen-Apokalypse des äthHen die Heilszeit mit der 8. Woche (äthHen 91,12). Zur Vorstellung im christlichen Bereich vgl. PODSKALSKY 1972.

[307] Vgl. hierzu die Arbeiten von FÖRSTER 1908 und TURDEANU 1974. Während FÖRSTER den Passus im slHen für die Quelle aller weiteren Vergleichstexte hält, betrachtet ihn TURDEANU als Interpolation nach einem verlorengegangenen Adam-Apokryphon (430). Nun entspricht der Passus freilich gerade darin dem Gesamtzug des slHen, daß er griechisches Denken (Abstrakta wie 7 Elemente und 7 Eigenschaften bei der Erschaffung Adams) mit jüdischen Überlieferungen (Adams Namensgebung - vgl. GINZBERG 1925, I 54f; auch Sib 3,24-26) verbindet. Bis ein anderer positiver Nachweis für den Ursprung dieser Verse erbracht ist, kann ihr Ursprung im Diasporajudentum durchaus angenommen werden.

[308] M.E. gehören alle drei Stellen gedanklich zusammen - als Interpolationen hätten sie sehr geschickt verteilt werden müssen. Den Schlüssel bietet 32,1 - " пришествiе второе/zweite Ankunft" (" пришествiе " heißt auch Henochs Rückkehr in 38,2) im Munde Gottes bedeutet das Kommen bzw. die Initiative Gottes zum Gericht, die gegenüber seinem Kommen bzw. seiner Initiative zur Schöpfung eine zweite sein muß. 42,5 bezieht sich auf Adam - hier heißt der terminus " послѣднее пришествiе /letztes Kommen" (ANDERSEN übersetzt J: "When the last one arrives..."; in P fehlt 42,2-13 völlig), die Anspielung auf das eschatologische Freudenmahl (vgl. VOLZ 1934, 367-368) erklärt also auch hier Gott selbst als den Akteur bei der Erlösung Adams. Ein christlicher Leser konnte dies allerdings besonders leicht auf die Höllenfahrt Christi deuten (vgl. z.B. HENNECKE/SCHNEEMELCHER 1968, I 351). In 70,10 meint " до втораго погибенiа /bis zur zweiten Vernichtung" das Ende des zeitlichen Äons im Gegensatz zur ersten Vernichtung, der Sintflut.

den Bericht über Nirs Priestertum ab und verweist zugleich auf das Ende des irdischen Priestertums überhaupt. Damit wird beim Leser die Erwartung geweckt, dieses Ende mit einer Bemerkung über die Flut, die während des ganzen Buches immer wieder anvisiert wird,[309] nun auch bestätigt oder abgerundet zu finden. Der Schluß von 72,11 leitet mit dem aus 70,26 schon bekannten Stichwort "метѧж на зем ѕѣло/großer Aufruhr auf Erden" auch ganz organisch dazu über. In seiner jetzigen Gestalt scheint sich Kap. 73 jedoch auf spätere Quellen und einen anderen Adressatenkreis zu beziehen, die die Atmosphäre byzantinischer Chronographie verspüren lassen. In der Schilderung des Geschehens spiegelt sich eine Gelehrsamkeit wider, die fast ausschließlich auf geographische, metrologische und chronologische Details konzentriert ist. Seine Distanz zum Kontext gibt der Redaktor durch das ständige Bemühen um Übersetzung und Erklärung von Einzelheiten kund. Zunächst fällt seine geographische Darstellung auf. Nach 73,1 beruft Gott den Noah zum Bau der Arche auf den "Berg Ararat, zwischen Assyrien und Armenien im Lande Arabien am Meer". Als Landeplatz der Arche kann sich der Ararat auf biblische und nachbiblische Tradition beziehen[310] - als Bauplatz der Arche steht er m.W. einzig da.[311] In Spannung stehen die Lokalisierungen "zwischen Assyrien und Armenien" sowie "im Lande Arabien am Meer" zueinander. Entweder sind hier die geographischen Kenntnisse des Redaktors mangelhaft, oder er betrachtet das Kaukasusgebiet als Arabien zugehörig, was sich mit den islamischen Eroberungen großer Teile Vorderasiens seit 632 (bis zu den osmanischen Eroberungen ab etwa 1300) decken könnte. "при мори/am Meer" müßte sich dann (vielleicht aus byzantinischer Perspektive) auf das Schwarze Meer beziehen.[312] Aufschlußreich ist auch das Bemühen des Redaktors, die biblischen Baumaße der Arche in ein wohl seinem Adressatenkreis vertrautes Maß umzurechnen. Die Formel " и ѡнѣх лакти ... а наших .../und nach ihrer Elle ... aber nach unserer ..." in 73,2 bringt den Abstand von einem jüdischen Kontext deutlich zum Ausdruck, was der folgende Vers mit der Bemerkung, die Juden (жидове - Ἰουδαῖοι) hielten an diesen Maßen der Arche fest, nach denen sie auch bis heute alle ihre Berechnungen ausrichteten,[313] nochmals unterstreicht. Der Maßstab, den er für die Umrechnung der biblischen Elle angibt, ist 1:50.[314] Grammatisch bezieht sich "наших" eindeutig auf "лакти" - sachlich aber ist dies unmöglich, denn bei allen Differenzen, die

---

309   So in 33,12; 34,1-3; 35,1-3; 70,4-10; 72,1.

310   Vgl. WESTERMANN 1985, 594-596 (Exkurs: Die Landung der Arche auf dem Ararat).

311   Eine ganz andere Sicht vertritt der Zusatz in 72,6, der wohl den Tabor als Landeplatz der Arche vor Augen hat und somit sicher von anderer Hand stammt.

312   "beside the ocean" (ANDERSEN) assoziiert Arabische Halbinsel und Indischer Ozean. " морі-є " meint aber "θάλασσα"; "Ozean / ὠκεανός" hieße " морі-є оточное ".

313   Schon im NT wird "Ἰουδαῖοι" vorwiegend als Fremdbezeichnung des Volkes Israel im Gegensatz zu den Christen gebraucht (vgl. GUTBROD, ThWNT III, 387. 21-25).

314   Bei der Höhe liegt ein Fehler vor - sie müßte bei 30 Ellen 1500 statt 900 betragen.

das Maß der Elle in verschiedenen Zeiten und Kulturkreisen aufweist,[315] ist allein schon durch die Vorgabe des Körpermaßes dem Spielraum eine viel engere Grenze gesetzt. Die Umrechnung muß sich also entweder einer anderen Einheit bedienen, die etwa 1/50 der hebräischen Elle beträgt,[316] oder sie beabsichtigt lediglich, die Dimensionen der Arche ins Riesige zu steigern. Ebenso interessant sind die Angaben zur Chronologie. Im Blick auf Noahs Lebensdaten stimmen sie mit MT und LXX überein. Die Berechnung der Flut aber erweist sich als schwierig. Zum einen widersprechen sich die Angaben untereinander,[317] zum anderen weichen sie in der Benennung der Monatstage für Ein- und Ausgang aus der Arche von MT und LXX ab.[318] Für letztere Angabe nennt der Redaktor den hebräischen und den ägyptischen Monatsnamen nebeneinander, die er in diesem Falle jedoch beide als offensichtlich fremd erläutert.[319] In der Zuordnung der ägyptischen Monatsnamen unterläuft ihm dabei ein Fehler in der Reihenfolge, so daß hier wohl eher das Spiel der Gelehrsamkeit als der reale Gebrauch eines doppelten Kalenders im Hintergrund stehen dürfte.[320] Man könnte immerhin vermuten, daß der Redaktor damit Züge seiner Vorlage erhalten oder betonen wollte, die auf Ägypten zur hellenistischen Zeit verwiesen. A. Vaillant hat nun einige Ähnlichkeiten benannt, die zwischen Kap. 73 und einem Kiever Chronographen sowie der slav. Übersetzung der Chronik des Georgios Monachos (Hamartolos) bestehen.[321] Der Kiever Chronograph deckt sich vor allem in seinem Aufriß weitgehend mit Kap. 73, widerspricht ihm jedoch auch in einigen Details.[322] Größer sind

---

[315]   Vgl. dazu BÖCKH 1838; SCHILBACH 1970; ROTTLÄNDER 1979.

[316]   Das auf den Körpermaßen beruhende System enthält nach der Elle die Spanne (1/2), die Handbreit (1/6) und die Fingerbreite (1/24) als Einheiten. Die hebräische Elle ist durch die Inschrift des Siloahtunnels mit 43,75cm (also rund 44cm) bekannt. 1/50 davon wäre weniger als 1cm - eine Einheit, die sonst nirgends vorkommt. Die kleinste Einheit, die Fingerbreite, beträgt etwa 1,85cm. Auch die alten russischen Maße helfen hier nicht weiter.

[317]   Noah und seine Familie befinden sich 120 Tage in der Arche - nach der genauen Berechnung des Aus- und Einganges aber wäre das etwa 1 Jahr. Die Dauer des Regens beträgt 150 Tage, 40 Tage lang schwimmt die Arche. Bereits in Gen 6-8 tauchen bei P und J verschiedene Angaben auf, die der Redaktor mehr oder weniger unsystematisch aufgegriffen haben könnte.

[318]   MT nennt den 17. des 2. Monats und den 27. des 2. Monats im darauffolgenden Jahr - die LXX hat 2x den 27.2. - slHen 73 aber nennt den 18. Ijjar und den 28. Nissan.

[319]   Die Formel "ihrer ... unserer" fehlt hier. " по евреѡм / по егуптѣном " ist gleichermaßen distanziert, statt "Ἰουδαῖοι" steht hier "Ἑβραῖοι" wohl zur Bezeichnung des Sprachbereiches.

[320]   Monatsnamen werden nur noch in den längeren Hss. in 48,2 und in dem sekundären Abschnitt 68,1-4 genannt, ansonsten folgt das slHen der Praxis von äthHen und Jub in der Verwendung von Zahlenangaben. Im ägyptischen Kalender folgt der Pharmouthi auf den Phamenoth, im hebräischen der Ijjar auf den Nissan - 73 ordnet die Paare einander umgekehrt zu. Zum Ausgleich beider Kalender vgl. GINZEL 1906, I 196-200; BICKERMANN ²1963, 21-23.

[321]   VAILLANT 1952, XXIf.

[322]   Auffällig ist die parallele Angabe von Noahs Alter (500 Jahre), bevor er seine Söhne zeugt sowie die Notiz, daß er 100 Jahre später in die Arche ging. Unterschiedliche Funktionen

die Abweichungen zur Chronik des Georgios Monachos, obgleich auch hier eine vergleichbare Struktur zu beobachten ist.[323] So liegt m.E. die Vermutung näher, daß Kap. 73 gemeinsam mit den genannten Texten in der Tradition byzantinischer Chronographie steht, als daß hier eine direkte literarische Abhängigkeit bestehen muß.

b) Eine lexikalische Besonderheit, die in das 9. Jh. und in den Umkreis des Studiosklosters von Byzanz gehört, hat J.T. Milik festgestellt, wenngleich seine Schlußfolgerungen daraus wohl zu weit reichen. Ein etwas merkwürdiges Charakteristikum der himmlischen Bücher in 22,11 besteht darin, daß ihnen offenbar ein Wohlgeruch entströmt - ihre wie auch immer geartete Behandlung mit Myrrhe scheint ein Konsens der ansonsten gerade hier stark differierenden Hss. zu sein.[324] Milik vermutete nun hinter der von ihm favorisierten Lesart von B² (книги испещрены измирнием /Bücher, bedeckt mit Myrrhe) eine Verschreibung bzw. ein Mißverständnis des griechischen "βιβλία συρμαιόγραφα", abgeleitet von dem im 9. Jh. als Neologismus auftauchenden Verb "συρμαιογραφεῖν/in Minuskeln schreiben (also schnell)".[325] Sollte dem so sein, dann muß es sich jedoch schon bei dem griechischen Original um eine Hinzufügung gehandelt haben, denn die Notwendigkeit einer Schnellschrift hat in 22,11 kein Motiv - sie wäre eher für Henochs Niederschrift als für die Abfassung der himmlischen Originale erforderlich.[326] Myrrhe und Wohlgeruch spielten dagegen im Altertum gerade im kultischen Bereich eine große

---

haben die Zahlen 120 und 40, beide Texte beziehen sich auch unabhängig voneinander in unterschiedlichen Details auf den Text der Gen.

[323] Sein Text ist knapper als der des Kiever Chronographen und des slHen. Der Aufriß weicht darin ab, daß die Daten zur Flut denen zum Lebensalter Noahs nicht vorausgehen, sondern folgen. Die Zahlen 120 und 40 sind parallel zum Kiever Chronographen in anderer Funktion gebraucht.

[324] Varianten - R: книги изащеннь измурнам, JP: книги изащии (и)змурны / Bücher, glänzend von Myrrhe; AU: книги изощрени змоурен넘емь , BVN: книги изоощренни bzw. из ѡштренни измурнемъ /Bücher, geschärft (oder verfeinert) mit Myrrhe; B²: книги испещрены измурнием /Bücher, bedeckt mit Myrrhe. BONWETSCH 1922 übersetzt P: "Bücher, auserlesene, von Myrrhen" (das müßte издрадьни heißen). ANDERSEN 1983 übersetzt J: "the books, a knife (?), and ink (?)", ohne sich weiter zur Stelle zu äußern.

[325] MILIK 1976, 111-112. STICHEL stimmte in seiner Rezension (in: Byzantinoslavica 39/1978, 63-67, 64f) der Beobachtung MILIKS zu, lehnte aber die Schlußfolgerungen ab; vgl. auch DERS. 1977; DERS. 1979, 48. Nach STICHELS Meinung stellt slHen 22,11 einen weiteren Beleg für die Begriffsgeschichte von "συρμαιογραφεῖν" dar, jedoch keinen Anhaltspunkt für eine Datierung.

[326] Wendungen im unmittelbaren Kontext wie " трьсть скорописаніа / Schreibrohr der Schnellschreibung" (RP 1x, J nach ANDERSEN 2x in 22,11 - in den anderen Hss. fehlt dieses Attribut) oder der Hinweis auf Vrevoils anderen Engeln überlegene Schnelligkeit an Weisheit konnten dafür einen Anknüpfungspunkt bieten - oder sie gerieten gemeinsam mit dem Zusatz in den Text. Auf jeden Fall aber wäre die Existenz himmlischer Bücher in Minuskeln eine glänzende Legitimation für den Gebrauch dieser neuen Schriftform.

Rolle und tauchen auch im slHen gelegentlich auf.[327] Möglicherweise "korri-gierten" die slavischen Übersetzer also unbewußt die spätere Hinzufügung - lediglich deshalb, weil ihnen das im Wort anklingende "σμύρνα" aus dem gottesdienstlichen Gebrauch von Räucherwerk vertrauter war als ein terminus technicus der byzantinischen Schreibkunst.[328]

c) Hierher gehört auch noch eine Beobachtung, die É. Turdeanu zu der merkwürdigen, sonst nirgends belegten Vorstellung einer Gruppe von 7 Phö-nixen unter den höchsten Engeln des 6. Himmels (19,6) gemacht hat.[329] Eine solche Vervielfachung des Sonnenvogels steht nicht nur in dem reich entwik-kelten Phönixmythos völlig singulär da,[330] sondern sie steht auch im Wider-spruch zur Rolle des Phönix als Begleiters des Sonnenwagens im 4. Himmel, wie sie 12,1-15,2 schildern. Turdeanu vermutet wohl zu Recht, daß in 19,6 ur-sprünglich von Ophanim, Cherubim und Seraphim die Rede war - einer Reihe, wie sie etwa auf die drei Engelklassen in äthHen 66,10 und 71,7 zu-rückgehen konnte und ja auch in slHen 20,1 auftaucht.[331] Ein später Kopist aber mochte mit der griechischen Form des hebräischen "ὀφαννύμ" bzw. "ὀφαῖ-νμ" nichts mehr anzufangen gewußt und so - angeregt durch die Erzählung vom Phönix in 12,1-15,2 - das Ganze als "ο᾽ φοῖνιχες/70 Phönixe" gedeutet und schließlich entsprechend der 7 Gruppen von Engeln in 19,1 auf 7 reduziert ha-ben. Daß auch die slavischen Übersetzer und Kopisten Schwierigkeiten mit den "Ophanim" aus Ez 1,15-16 hatten, zeigt die große Variantenvielfalt der verschiedenen Hss. in 20,1.[332]

d) In 70,24-25 wird schließlich in R die Erzählung vom beginnenden Aufruhr der Menschheit durch eine Erwägung zu deren Spaltung unterbro-chen (аще и ..., зане /wenn auch ..., doch), die einerseits den anachronisti-

---

[327] Vgl. zum Gebrauch von Myrrhe in Ägypten STEIER, PRE 1/31, 1141-1143. In slHen 8,2f duften die Bäume im Paradies; in 22,9 (also unmittelbar zuvor) wird Henoch von Michael mit Öl gesalbt, das nach Myrrhe duftet - er wird damit Gottes Welt gleich (und vielleicht auch dem Wert der Bücher ebenbürtig?).

[328] In der Liturgie werden ja Apostolos und Evangeliar ebenfalls beräuchert.

[329] TURDEANU 1968.

[330] Vgl. die Materialien bei BROEK 1971. BROEK, der nach VAILLANT die kürzere Fassung für ursprünglich hält, weist darauf hin, daß sich auch in der islamischen Überlieferung der Phö-nix unter Gottes Thron befinde und seine Auffassung als Engel keine Schwierigkeiten bereite (290). Dies erklärt freilich noch nicht seine Vervielfachung.

[331] Die drei Klassen der Cherubim, Seraphim und Ophanim werden noch einmal in 29,3 genannt, jedoch nur in den kürzeren Hss. In 19,6 ist die Reihenfolge eine andere, die Seraphim am Schluß werden zudem "Sechsflügelige" genannt. Dies ist von AU noch einmal mißverstanden worden, die jene dritte Klasse unterschlagen und "sechsflügelig" als Attribut zu den 7 Phönixen und 7 Cherubim schreiben.

[332] JR: ѡтанимское ; P: Іѡанитское ; A: ѡѳанимское ; U: ѡфанимьское ; B: серафимское ; VN: ѡстанимское ; B²: отаимское . Die Schreibweise der kürzeren Hss. in 29,3 ist dagegen relativ einheitlich ѡфанимъ , allein B² hat оѳанни . Gewöhnlich übersetzte man die אֹופַנִּים aus Ez 1,16 nach der LXX (οἱ τροχοί) mit dem slavischen Äquiva-lent колеса /Räder.

schen Eindruck von 23, es könnten schon verschiedene Völker existieren,[333] zurücknehmen, andererseits den Teufel (dessen Herrschaft dabei periodisiert wird!) für diesen Aufruhr verantwortlich machen will (зане нача діаволъ .../denn der Teufel begann ...). Besonders letzteres ist ungewöhnlich, denn obwohl der Teufel oder Satan auch vorher schon auftaucht, fällt die Vorstellung einer in Zeitabschnitte gegliederten Herrschaft doch ganz aus dem Rahmen. Sie ist im jüdisch-christlichen Bereich völlig undenkbar, zumal wenn die erste Periode die Zeit vor dem Paradies - also noch während oder vor der Schöpfung - meint. Das ist dualistische Denkweise, die einen bewußten oder unbewußten Einfluß häretischer Kreise verraten könnte.[334]

Exkurs E: Titel und Proömium

Die starken Differenzen zwischen Titeln und Proömien der Hss. des slHen lassen zuerst den Einfluß verschiedener Kontexte und Redaktoren vermuten. Zunächst fällt die Variantenvielfalt der Titel auf. Einen deckungsgleichen Wortlaut haben lediglich die ohnehin eng verwandten Hss. V und N, A und U sowie die Mehrzahl der von MPr abhängigen Fragmente.[335] Bei der Frage nach einem möglichen ursprünglichen Titel scheiden nun einige Hss. von vornherein aus. In J ist der Titel (" Слово ѡ енохоу како възат его Гь на нбо/Wort über Henoch, wie ihn Gott in den Himmel aufnahm") von anderer Hand am unteren Rand der ersten Seite nachgetragen. Die Fragmente P², Chr, Chr² und Rum formulieren so, wie es ihrem jeweiligen Ausschnitt entspricht.[336] MPr und die davon abhängigen Fragmente haben ihren

---

[333] Dieser entsteht durch den Gebrauch der Begriffe " юлние - λαός, ἔϑνος" und " ідзикъ - γλῶσσα", so daß ein Redaktor offenbar die Notwendigkeit empfand, bewußt auf Gen 11,1 anzuspielen.

[334] Erstaunlicherweise haben die Vertreter der "Bogomilenthese" diese Stelle nie in Betracht gezogen. Der stets zitierte Passus 29,4-5 vom Hochmut und Fall Satans zielt gerade nicht auf einen eigenen Herrschaftsbereich, sondern auf Bestrafung. Interessant ist in diesem Zusammenhang dagegen die nur in der slav. Adamüberlieferung bekannte Geschichte von dem Chirographum, das Adam dem Satan gibt - hier beansprucht Satan ausdrücklich die Herrschaft über die Erde (vgl. JAGIĆ 1892, 32f).

[335] Der Titel " Отъ книгъ неноха праведнаго преже потопа і нынѣ живъ ксть /Aus den Büchern Henochs des Gerechten, der vor der Flut war und jetzt noch lebt" (MPr) wird deckungsgleich übernommen von Nr. 15; ohne Nachsatz ("und jetzt noch lebt") von Nr. 16, 19, 20, 25, 27, 28; mit dem Zusatz " Слово отъ ... / Wort aus..." von TSS 489 und Nr. 24 (lange Form), Nr. 17 (kurze Form) sowie Nr. 23 ("Wort aus den Büchern Henochs des Gerechten"); Nr. 14 schreibt "Über die Bücher Henochs des Gerechten, der vor der Flut war"; Nr. 22 hat " преподобнаго еноха, написавшаго от книг преже потопа /Des ehrwürdigen Henoch, aufgeschrieben aus Büchern [von] vor der Flut".

[336] P² spielt auf P und den Kodex des Igumen Gennadij (s.o. 66) an ("Buch Henochs, des Sohnes Jareds, aus der Kostbaren Perle"); Chr und Chr² vermeiden jeden Hinweis auf Henoch und bezeichnen nur den Inhalt der jeweiligen Abschnitte (s.o. 72f); Rum: "Erzählung aus den

Titel ganz auf die vorliegende Auswahl zugeschnitten.[337] Doch auch in den übrigen Titeln lassen sich ohne Schwierigkeiten sekundäre Elemente erkennen. Die Wendung " ѡт потаенныхъ книгъ .../Aus den geheimen Büchern ..." in AU und Nr. 8 charakterisiert den folgenden Text als Auszug (ähnlich MPr). Zusätzliche Angaben benennen inhaltliche Details ("... über die Entrückung des gerechten Henoch" AU Nr. 8; "... was er dort sah und Erzählung über das Paradies" B[2]), nehmen bereits ein Stück des Proömiums vorweg ("... des Sohnes Jareds, des weisen und von Gott geliebten Mannes" P)[338] oder fügen dem Titel einen Bittruf an ("...ѡ г̅и бл̅гослови| владико/... oh segne Herr, Herrscher" AU). Andere Hss. versuchen, den bedenklichen terminus "таиныє книги - βιβλία ἀπόκρυφα" durch Alternativen wie " Бытиѧ праведнаго еноха/Leben des gerechten Henoch" (B) oder " Началнихъ кн̅гъ Еноховыхъ /Anfang der Bücher Henochs" (Nr. 11) zu ersetzen.[339] Die Betonung der Offenbarung Gottes in VN ("А се книгы таины божіе ꙗвлꙇєнꙇ а Еноховы /Und das sind die geheimen Bücher der Offenbarung Gottes an Henoch") erweckt den Eindruck, die "geheimen Bücher" legitimieren zu wollen. Als konstante Elemente finden sich dagegen in fast allen Titeln Henochs Name in Verbindung mit Büchern[340] sowie der Hinweis auf deren Geheimnischarakter. Die knappe Formulierung in R (" Книги ст̅их таинь еноховъ /Bücher der hlg. Geheimnisse Henochs") scheint somit einem ursprünglichen Titel noch am nächsten zu kommen.

Mit dem Begriff "Proömium" wird eine literarische Form der Texteröffnung bezeichnet, die in enger Verwandtschaft zum Hymnus steht.[341] In der Mehrzahl der größeren Hss. des slHen (ausgenommen VN und B[2]) geht ein solches Proömium dem Einsatz der Erzählung unmittelbar voraus. In allen Fällen ist es eng mit dem Titel verbunden, den es durch eine Aufzählung inhaltlicher Details auf den Text hin entfaltet. Von Henoch spricht es ebenso in der 3. Person, fügt seinem Namen Titel an, spricht von seiner Aufnahme in die jenseitige Welt und von dem, was er dort sah. Dies geschieht in einem einzi-

---

geheimen Büchern über den Priester Melchisedek, wie er geboren wurde aus dem Leib der Sopanima".

[337] Es geht um die urzeitliche Verankerung und heute noch gültige Verbindlichkeit von Henochs ethischen Weisungen, vgl. o. 75 und 130 Anm. 335.

[338] Mit " с̅на Ареѧова/des Sohnes Jareds" spielt P auf 33,10 an, mit " моужа моуѧра и бг̅олюбива/des weisen und von Gott geliebten Mannes" auf das Proömium 1a,1. 2.

[339] Dieselbe Tendenz ist auch bei anderen eindeutig sekundären Titeln zu erkennen: " слово ѡ .../Wort über ..." in J und " слово отъ .../Wort aus ..." in TSS 489, Nr. 23, 24 und Nr. 17 entspricht der Einführung von Väterzitaten; " преподобнаго еноха .../Des ehrwürdigen Henoch ..." in Nr. 22 (Zlataja Cep') greift eine für die hlg. Mönchsväter übliche Titulatur auf.

[340] Lediglich B[2] (" Сиѧ Кн̅га Таꙇ ны .../Das ist das geheime Buch ...") sowie P und P[2] (" Книга ѡ .../Buch über ...") formulieren im Singular. Der Verweis auf Bücher im Plural bezieht sich sehr wahrscheinlich auf die mehrfach im slHen erwähnten "Bücher" Henochs, als deren Reflex das slHen wohl betrachtet wurde - s.u. 174f.

[341] Vgl. zur Form vor allem BERGER 1984a, 1171-1173.

gen langen Satz, der eine Fülle von Attributen und Prädikationen aneinander-
reiht. Auch hier erweist sich ein ursprünglicher Wortlaut als unsicher. Sehr
nahe beieinander stehen RJ und P, deren Typ auch Nr. 11 bei einigen größeren Abweichungen angehört.[342] Deutlichere Differenzen in Umfang und Formulierung bestehen zu AU.[343] B faßt das lange Proömium auf eigenständige
Weise zusammen, wobei manches offenbar mißverstanden ist.[344] Es fällt auf,
daß die Inhalte vor allem dem ersten Teil (1-38) entnommen, mitunter sogar
wörtlich entlehnt sind. Es geht ausschließlich um die Thronwelt Gottes. Das
mag zum einen in der Funktion des Proömiums begründet sein, die Beziehung
zwischen Gott und Mensch zu beschreiben. Zum anderen deutet sich darin
aber auch die grundlegende Bedeutung an, die der jenseits erworbenen Weisheit Henochs in dem gesamten Buch zukommt - die ethischen Weisungen und
kultischen Vorstellungen des zweiten und dritten Teiles sind dann lediglich als
Entfaltungen oder Konkretionen zu verstehen.

Mit dem Einsatz der Erzählung in 1,1 in der 1. Person vollzieht sich dann
ein markanter Wechsel der Perspektive. Die nach den ersten Worten einge-
fügte Formel " реч еноχ /sprach Henoch" verbindet den folgenden Text nur
sehr lose mit dem Proömium. Auch inhaltlich geschieht ein so unvermittelter
Neubeginn, daß etwa F.I. Andersen noch einige ursprünglich vorausgehende,
nun aber abgeschnittene Erzählungen vermutete, wobei das jetzige slHen Teil
eines größeren Werkes, vielleicht eines Midraschs zur Genesis, gewesen sei.[345]
Nun setzt freilich das slHen auch an anderen Stellen die Vertrautheit mit den
Traditionen um Henoch ganz offensichtlich voraus,[346] so daß ein Beginn mit
den knappen biographischen Daten aus Gen 5,21 durchaus genügen konnte.[347]
Zudem bleibt fraglich, was konkret sich als "Vorspann" angliedern ließe - ein

---

[342] Die Differenzen in RJ und P sind unerheblich. Nr. 11 (das Proömium ist in JACIMIRS-
KIJS Bibliographie vollständig abgedruckt) hat einige Auslassungen, Wortumstellungen, Hinzufügungen oder abweichende Formulierungen.

[343] Die größeren Auslassungen sind in ANDERSENS Übersetzung leicht erkennbar. Daß es
sich um solche handelt, legt folgende Beobachtung nahe: der Stand der Diener des Herrn fehlt
in 1a,4 vor der Beschreibung des Thrones, wird aber danach verkürzt nachgeholt, was insgesamt
logischer geordnet erscheint - Henoch sieht Königreich Gottes, Thron, himmlischen Hofstaat.
Die wortreiche Inkonsequenz in JRP Nr. 11 scheint besser zur ursprünglichen hymnischen
Sprache zu passen.

[344] Den Attributen Henochs ist " в роле /in dem Geschlecht" angefügt ohne weitere Erklärung. Nach 1a,2 soll Henoch "die unteren und die oberen Wohnungen" gesehen haben; nach
1a,3 endet das insgesamt sehr knapp formulierte Proömium.

[345] ANDERSEN 1983, Anm. zu 1a.

[346] Um nur die markantesten zu nennen: das Fürbittersuchen der Wächter an Henoch in 7
(äthHen 12-16); die Sünde der Engel mit den Menschentöchtern in 18 (äthHen 6-11), die astronomischen Kenntnisse in 11-16 (äthHen 72-82). Der Leser des slHen erfährt zwar nicht, warum
Henoch im Schlafe so betrübt ist (1,3) - doch dem Text zufolge weiß Henoch das ja selbst nicht,
so daß hier nicht unbedingt eine vorausgehende Episode angenommen werden muß.

[347] Die Angabe, Henoch habe Methusalem mit 165 Jahren gezeugt und danach noch 200
Jahre gelebt, entspricht dem Text der LXX und nicht dem MT (65 ohne Angabe der bis 365
verbleibenden Lebensjahre).

Midrasch zur Genesis als ganzer könnte nicht die Erzählung in der 1. Person bieten, wie sie Henoch bis zum Schluß von Teil 2 durchhält,[348] und andere Themen der Henochtradition wären hier chronologisch unangebracht.[349] Wahrscheinlicher ist, daß das slHen zunächst als ein geschlossenes Werk in einem mit der Henochtradition vertrauten Kreis entstand, eingeleitet durch die biblische Notiz, sehr bald aber dann erweitert durch einen knappen Titel und ein längeres Proömium mit dem Ziel, einem in der hellenistischen Welt geläufigen literarischen Standard zu genügen. Da auch das Priestertum im dritten Teil (68-73) in der Nachfolge Henochs steht, bedurfte es dabei keiner besonderen Erwähnung des Melchisedek. Es empfiehlt sich also, in dem Proömium frühe, in den verschiedenen Titeln späte Spuren der Überlieferung zu sehen, die dem ursprünglichen Text nicht mehr angehören und bei einer Untersuchung des slHen unberücksichtigt bleiben sollten.

2.3. Spuren des slHen in verschiedenen Werken

Allen Zeugnissen für eine Kenntnis des slHen vor dem 10./11. Jh. kommt angesichts der nur kirchenslavisch erhaltenen hsl. Überlieferung besondere Bedeutung zu. Im folgenden geht es vor allem darum, die in der bisherigen Forschung zusammengetragenen Belege zu sichten und erneut zu prüfen.[350]

Für die christlichen Schriftsteller der ersten Jahrhunderte war Henoch eine wohlbekannte Figur. Neben häufigen Anspielungen auf seine Person, die bereits die Bekanntschaft mit außerbiblischen Traditionen verraten, beziehen sich mehrere Autoren auch direkt auf ein Buch (oder mehrere) Henochs.[351] Betrachtet man dabei nun die jeweiligen Themen und Kontexte, so scheinen ausnahmslos alle das äthHen vor Augen zu haben.[352] Eine einzige Ausnahme bietet Origenes in De princip. I 3,2 mit der Bemerkung: "Nam et in eo libello ... quem Hermas conscribit, ita refertur: Primo omnium crede, quia est Deus, quia omnia creavit atque composuit; qui cum nihil esset prius, esse fecit omnia, qui est omnia capiens, ipse vero a nemine capitur. Sed in Enoch libro his

---

[348] Erstmals schaltet sich ein Erzählstil in der 3. Person wieder in 64,1-6 ein, endgültig dann ab 67,1 - beide Male geht es um die Entrückung Henochs.

[349] Der große Kummer, der Henoch im Schlaf überkommt, könnte mit einer Vision über die bevorstehende Flut zusammenhängen, ähnlich wie in äthHen 83 (dort ist Henoch mit seinem Großvater Mahalalel zusammen).

[350] Eine Auflistung von möglichen Bezugnahmen auf das slHen bieten vor allem CHARLES/MORFILL 1896, xvii-xxiv; SOKOLOV 1910, II 123-125; FRIEDLANDER 1965, xxxiii- xxxvi; BONWETSCH 1922, XIV-XVIII; GINZBERG 1925, V 158-162 (vor allem Bezüge zur rabbinischen Literatur); ODEBERG 1928, 52-63; dazu die Anmerkungen der verschiedenen Ausgaben.

[351] Vgl. die Belege bei BERGER 1988, 532-542.

[352] Die jeweiligen Stellen im äthHen hat BERGER 1988 identifiziert - sie betreffen hauptsächlich den Engelfall, Aussagen zum Gericht sowie die astronomischen Passagen. Die Stichometrie des Nicephoros (um 850) führt ein Buch Henoch mit 4800 Versen auf, die Genesis vergleichsweise mit 4300 - damit kann nur das äthHen gemeint sein (vgl. PREUSCHEN 1910, 64).

similia describuntur." Für den Gedanken einer Schöpfung aus dem Nichtsein ins Sein sowie die Schöpfungsterminologie überhaupt bietet das slHen ausreichend Belege,[353] während die konkrete Vorstellung sowie das ganze Thema im äthHen gänzlich fehlen. Dennoch ist hier Vorsicht geboten. Origenes, dem die Traditionen des äthHen insgesamt vertraut waren, bezog sich in De princip. IV,35 ganz analog zu Clemens (Eclog. proph. I 2,1), seinem großen Vorgänger in Alexandrien, eindeutig auf äthHen 19,3 bzw. 21,1 - hierfür eine Parallele im slHen finden zu wollen, wäre gezwungen.[354] Sollte er nun an beiden Stellen verschiedene Henochbücher zitieren, die - waren sie ihm bekannt - genug Eigenständigkeit zeigten, müßte man eine Differenzierung erwarten.[355] So aber scheint Origenes an beiden Stellen wohl ein und dasselbe Henochbuch zu meinen. Das Zitat in De princip. I 3,2 gilt auch zuerst dem Hirten des Hermas, den es relativ exakt zitiert (mand 1; ähnlich vis 1,6). Die Erwähnung des Henochbuches aber findet sich dann lediglich als ein Anhang und reichlich ungenau (his similia describuntur) angefügt zum Zwecke der Bekräftigung durch eine weitere Autorität. Daß Origenes, der hier offensichtlich aus seiner allgemeinen Erinnerung schöpft, über die creatio ex nihilo im slHen gelesen haben könnte, ist dadurch zwar nicht völlig auszuschließen - anhand der genannten Stelle läßt sich das jedoch nicht ausreichend belegen und somit auch nicht für einen Nachweis des slHen im 2. Jh. fruchtbar machen.

Neben die direkten Bezugnahmen auf ein Henochbuch treten die zahlreichen Analogien, die spätere Schriften mit dem slHen gemeinsam haben. Sie bleiben als Zeugnisse für seine Überlieferung allerdings ohne Wert, sofern sie keine unmittelbare literarische Beziehung erkennen lassen oder nichts Spezifisches, nur dem slHen Eigenes bieten. Dies betrifft vor allem die Vorstellung einer Weltzeit von 7000 + 1000 Jahren (32,2-33,2),[356] die Namen der

---

[353] Vor allem slHen 24,2 - dann auch 24,4-5; 48,5; 65,1. 6. Daß Gott alles allein schuf - 33,4; 47,4; 58,1; 66,4. Zur Schöpfung überhaupt - im Munde Gottes: 24-36; im Munde Henochs: 2,2; 44,1; 47,4-48,5; 58,1-4; 65,1-10. Verwendet werden zahlreiche konkrete Verben, vorzugsweise jedoch " сътворити - κτίζειν, ποιεῖν".

[354] Clemens legt Henoch in Anfügung zu Dan 3,55 (LXX) die Worte "καὶ εἶδον τὰς ὕλας πάσας" in den Mund, was ein Mißverständnis von äthHen 19,3 zu sein scheint. Dies klärt sich ein wenig auf bei Origenes, der die gleiche Wendung ("universas materias inspexi") noch mit einem Bezug auf äthHen 21,1 erläutert - eine überzeugende Deutung bietet BERGER 1988, 534f (hier auch weitere Belege für die Kenntnis des äthHen bei Origenes). Zwar leitet Henoch auch im slHen den Bericht über seine Reise häufig mit der Wendung "ich sah" bzw. "ich nahm wahr" ein und sein Beobachtungsfeld ist breit gefächert, doch findet sich hier nichts, was der Intention des Clemens oder des Origenes entspräche.

[355] Daß Origenes einmal von einem "liber Enoch", das andere Mal von einem "libellum dicente Enoch" spricht, müßte dann schon genau entgegengesetzt gebraucht sein und steht hier wohl ohne besondere Absicht.

[356] Vgl. z.B. Barn 15,4-8; Irenäus, Contra Här. V 28,3; Augustin, De civitate Dei 30,5; die byzantinischen Chronographen Cedrenus und Synkellos. Hier ist vor allem der große Einfluß des Milleniarismus in Rechnung zu stellen - vgl. BIETENHARD 1944; PODSKALSKY 1972.

Planeten (30,3),[357] das Spektrum der Angelologie[358] und die Tradition um Satanael und seinen Fall (29,4-5; 31,4), die ja ohnehin den Verdacht christlicher Überarbeitung erweckt. Größeres Gewicht haben jene Analogien, die sich zu Adams Erschaffung und Namensgebung (30,8-14) und zur Gestalt des Sonnenvogels Phönix (12,1-2; 15,1-2) finden lassen. Das umfangreiche Vergleichmaterial hat mittlerweile in beiden Fällen gründliche Untersuchungen erfahren, die eine Zugehörigkeit der genannten Passagen zu jeweils weitverbreiteten Traditionen, nicht aber direkte Abhängigkeiten nachweisen konnten.[359] Sehr häufig begegnet in späteren Schriften auch das Schema der 7 Himmel, das im slHen (3-22) mit dem Kontext auf ursprüngliche Weise verbunden ist.[360] Unmittelbare Beziehungen lassen sich jedoch angesichts der Rolle, die die Zahl 7 überhaupt in der jüdisch-christlichen Tradition spielt, nur schwer bestimmen - bHag 12b etwa zeigt, wie in der rabbinischen Überlieferung ein ebensolches Schema mit völlig eigenständigen Merkmalen zu entstehen vermochte.[361]

Von Interesse sind einige Analogien, die das Weiterleben der nur dem slHen eigenen Konzeption von Henochs Büchern belegen könnten. Im IVEsr (nach 70) ist die Rolle Esras als Verfassers heiliger Schriften deutlich am Vorbild Henochs orientiert - eine zeitlich begrenzte Niederschrift in einer konkreten Situation nach einer konkreten Aufforderung führt zur Entstehung einer symbolischen Zahl von Büchern, die nur Eingeweihten vorbehalten sein sollen.[362] Während des 2. Jhs. berichtet die christliche Ascensio Jesajae (9,21-22), wie dem Propheten vor Gottes Thron von einem besonders herrlichen Engel Bücher zur Einsichtnahme herbeigeholt werden, die sich in ihrer Be-

---

[357] Hier lassen sich zahlreiche Parallelen finden - die Kenntnis der Planeten gehört freilich seit der Zeit des Hellenismus zum Grundbestand astronomischen Wissens.

[358] Vor allem die Verbindung von Engeln mit Naturphänomenen entspricht einer weit verbreiteten Vorstellung. Das leuchtende Gesicht des Engels (1,5) begegnet auch in IVEsr 6,71; die Harmonie der äußeren Erscheinung (19,1) in AscJes 8,16. Das alles aber bleibt viel zu allgemein. Auf die Analogie in der Aufzählung von Engelrängen/-gruppen zwischen slHen 20,1 und Thomas von Aquin (Summa I, Quaestio 108) hat KUHN 1948 (223) hingewiesen - die Kontexte sind hier jedoch viel zu verschieden, und Thomas schöpft seine Aufzählung jeweils aus Schriftzitaten.

[359] Mit dem Passus über Adams Erschaffung und Namensgebung befaßten sich eingehend FÖRSTER 1908 und TURDEANU 1974 - letzterer kam zu dem etwas vorsichtigeren Ergebnis, daß slHen 30,8-14 zwar nicht die Quelle des Traditionsstromes sei, dieser jedoch noch am nächsten stehe. Zum Phönix vgl. die gründliche Untersuchung von BROEK 1971. Zu einer direkten Bezugnahme auf slHen 12,1-2 und 15,1-2 s.u. 141f.

[360] So z.B. TestLev 3; IVEsr 6,55-74; ApkAbr; grBar 6-16 (nur 5 Himmel, vermutlich unvollständig); ebenso ApkSoph nach Clemens Strom. V 1909 11,77; AscJes 6-9; Fragen des Bartholomäus 4,30; in der rabbinischen Literatur bHag 12b; vgl. auch GINZBERG 1909, I 9; zum Thema CHARLES 1895; CHARLES/MORFILL 1896, xxx-xlvii; EGO 1989, 7f.

[361] Hier liegt kein Schema im Sinne einer Klimax nach funktionalen Kriterien vor, vielmehr hat das Schema in bHag 12b ein Motiv in der Suche nach 7 Synonymen für "Himmel" in der Schrift, die dann eine nachträgliche etymologische Deutung erfahren.

[362] Vgl. die Szene IVEsr 14,23-47. Hier sind es 94 Bücher.

schaffenheit ausdrücklich von irdischen Büchern unterscheiden. Nach der gnostischen Pistis Sophia (3. Jh., Ägypten) wird Henoch als Verfasser der beiden Bücher Jeû genannt - er verfaßt sie im Paradies nach Diktat, gespeist aus Mysterien und dazu bestimmt, auf der Erde niedergelegt zu werden, wo sie für die Würdigsten allein bestimmt sind und um der Sintflut willen einen eigenen Wächter (den Archonten Kalapatauroth) erhalten.[363] Die Legende vom Buch des Engels Raziel steht mit dem Motiv im slHen insofern in Verbindung, als auch hier eine direkte Übertragung vom Himmel auf die Erde stattfindet und Henoch dabei eine hervorgehobene Rolle spielt.[364] Nach der islamischen Überlieferung ist Henoch mit einer Zahl von 30 Büchern unter die anderen Verfasser heiliger Schriften eingereiht.[365]

Zu erwägen ist ferner, ob eine Häufung von Analogien, verbunden mit strukturellen Ähnlichkeiten, auf die Verwandtschaft ganzer Schriften mit dem slHen schließen läßt. Hier kommt zunächst IIIBar (Ende 1. Jh.) in Betracht.[366] Vergleichbar ist die Überlieferung der Schrift - ein griechischer Text, beheimatet in einer jüdischen Tradition um die Person Baruchs und gelegentlich von christlicher Hand erweitert, findet sich in einer slavischen Version wieder. Vergleichbar ist auch die Struktur - a) Baruch, ein Gerechter, klagt über das Schicksal seines Volkes, b) ein Engel nimmt ihn daraufhin mit auf eine Reise durch die Himmel, c) vor Gottes Thron erhält er Offenbarungen, d) die Rückkehr auf die Erde erfolgt mit dem Ziel, seine Zeitgenossen zu belehren.[367] Zwei thematische Analogien sind besonders auffällig.[368] Zum einen liegt ein Schema von 7 Himmeln vor, wobei sich Hades und Paradies im 3. Himmel befinden.[369] Zum anderen begegnet Baruch (6-8) dem Sonnenwagen und dem

363   SCHMIDT 1925, Kap. 99 und 134.

364   Vgl. GINZBERG 1909, I 90-93; 154-157.

365   Vgl. die verschiedenen Zitate bei FABRICIUS 1722, I 215-219 bzw. 31. Dort werden insgesamt 104 heilige Schriften gezählt, die auf Adam, Seth, Henoch, Mose, Jesus, David und Mohammed verteilt sind. Die Anspielung, die SOKOLOV 1910 (II 146-148) im Koran finden möchte, wäre für eine direkte Kenntnis des slHen viel zu verschlüsselt - in 83,7-9 und 83,18-22 werden mit den Namen "Siddschin" und "Illijun" Bücher der Unfrommen und Frommen bezeichnet, wobei letzterer zugleich für einen "hohen Ort" (= Ort der frommen Seelen und der Entrückung des Propheten) steht.

366   Text bei GAYLORD 1983 und HAGE 1974. Dort auch weitere Literatur.

367   Eine Offenbarung vor Gottes Thron wird nicht ausdrücklich erwähnt, doch vermutlich fehlt auch ein Stück des Textes (die Reise bricht nach dem 5. Himmel ab). Sie ist jedoch anzunehmen; die slav. Version nimmt in 18 ausdrücklich darauf Bezug. Die anschließenden Belehrungen Baruchs an seine Zeitgenossen werden nicht geboten, doch eindeutig festgestellt (18 - auch hier ist die slav. Version konkreter).

368   Daß etwa auch ein Lasterkatalog in 4,17 mit slHen 10,4 vergleichbar wäre, liegt wohl eher an der Popularität dieser Form in der frühjüdischen Literatur. Der Titel Archistratege für Michael und die Auswechslung von Samael (grBar) durch Satanail (slBar) sind Indizien für einen vergleichbaren Überlieferungsweg.

369   IIIBar 4-5. Es werden lediglich 5 Himmel genannt (ähnlich TestLev 3,4-7), wahrscheinlich aber ist der Text hier nur unvollständig (Origenes kennt in De princip. II 3,6 bei seinem Bezug auf eine Baruchschrift 7 Himmel). Das Schema hat hier allerdings einen ganz ande-

Sonnenvogel Phönix, deren Beschreibung bei manchen Eigenheiten doch bis in Details hinein mit jener in slHen 12,1-2 und 15,1-2 übereinstimmt.[370] Beide Passagen stehen einer gemeinsamen Quelle bzw. Tradition so nahe, daß eine direkte Kenntnis des slHen bei dem jüngeren IIIBar immerhin eine sehr hohe Wahrscheinlichkeit hat.[371] Es scheint, daß IIIBar in nächster Nachbarschaft zum slHen entstand und als eine Art "Weggefährte" mit diesem bis in die slavische Literatur gelangte.[372] Von Interesse ist des weiteren die AscJes, eine christliche Schrift des 2. Jhs., die das jüdische Martyrium Jesajas fortschreibt.[373] Auch hier bietet die Überlieferung Vergleichspunkte - der Text schöpft aus einer bereits vorliegenden Tradition um die Person Jesajas, wurde aus dem Griechischen u.a. ins Äthiopische übersetzt und erlebte schließlich in einer slav. Version große Popularität. Die Struktur zeigt ebenso Ähnlichkeiten - a) Jesaja, ein Gerechter, mahnt König Hiskia in prophetischer Rede und fällt

---

ren Charakter als im slHen - die einzelnen Himmel werden von verschiedenen Menschengruppen bewohnt, die als Tiere symbolisiert sind.

[370] Vgl. SOKOLOV 1905 und BROEK 1971, 261-287. Übereinstimmungen: die Sonne fährt ihre Bahn auf einem Wagen, der von geflügelten Engeln gezogen wird; sie trägt eine feurige Krone, die ihr morgens und abends von Engeln aufgesetzt bzw. wieder abgenommen wird; der Wagen wird von dem Vogel Phönix begleitet, dessen Größe mit der Zahl 9 in Zusammenhang steht (grBar: wie ein Gebirge; slBar: wie 9 Gebirge; slHen: wie 900 Maße); der Phönix singt einen Hymnus auf den Lichtspender (hier ist eine gemeinsame Quelle auch literarisch greifbar - grBar 6,14 bietet einen kurzen, direkt an die Sonne adressierten Vers; slBar läßt hier den Adressaten offen - ähnlich dem ausgebauten Hymnus in slHen 15,2; der Anfang deckt sich beinahe wörtlich mit IIIBar); der morgendliche Gesang des Phönix weckt die Hähne auf Erden. Unterschiede: im IIIBar befinden sich Sonnenwagen und Phönix im 3. Himmel (slHen: 4. Himmel); IIIBar benennt ausdrücklich die Schutzfunktion des Phönix, der mit seinen Flügeln als Begleiter die Erde gegen die Hitze der Sonnenstrahlen abschirmt (slHen: er zieht den Wagen); IIIBar erwähnt eine Inschrift auf dem rechten Flügel (slHen: er hat 12 Flügel) und erwähnt auch Speise und Exkremente des Phönix; IIIBar reflektiert über die Regeneration des Phönix nach den Mühen des Tages und das Aufpolieren der Sonnenkrone; im IIIBar fehlt der Chalkedrios, der im slHen den Phönix begleitet.

[371] Vgl. auch BROEK 1971, 290.

[372] SOKOLOV 1910 (II 128-136) zog auch die ApkAbr (2. Jh.) zum Vergleich heran (Text bei PHILONENKO-SAYAR/PHILONENKO 1982; RUBINKIEWICZ 1983). Vorzugsweise greift diese Schrift aber auf das äthHen zurück. Zwar findet sich auch hier die Vorstellung von 7 Himmeln (10,8; 19,4. 7-8), jedoch viel stärker im Sinne der Hekhalot-Mystik, zu der insgesamt ein auffälliger Hang zu beobachten ist. Hinsichtlich der Überlieferung besteht eine Analogie lediglich darin, daß auch die ApkAbr allein in slav. Hss. vorliegt. Eine weitere Analogie bietet auch das TestAbr (1. Jh.) (Text bei JANSSEN 1975). Zwei Fassungen des griechischen Textes, möglicherweise basierend auf einer semitischen Vorlage, gelangten jeweils bis in eine slav. Übersetzung - inhaltlich wäre lediglich eine Himmelsreise Abrahams zu nennen. Auf eine Reihe von Analogien in den TestXII hat noch CHARLES/MORFILL 1896 (xxiii-xxiv) hingewiesen. Sie betreffen vor allem die Zahl der Himmel (sie ist in TestLev 2-3 allerdings widersprüchlich, die ursprünglich 3 Himmel scheinen auf 7 erweitert worden zu sein), Angelologisches (gefangene Engel im Himmel, Engelheere, Satan als Anführer der abgefallenen Engel), sowie die Berufung auf Henochs Bücher hinsichtlich des Abfalles der Menschheit zur Unzucht. Hier scheint m.E. jedoch eher die Henochtradition im allgemeinen als das slHen im besonderen benutzt worden zu sein.

[373] Text bei HENNECKE/SCHNEEMELCHER [3]1964, II 454-468. Zur slav. Überlieferung vgl. LÜDTKE 1911, 222-226.

dabei in Trance, b) ein Engel nimmt ihn daraufhin mit auf eine Reise durch die Himmel, c) vor Gottes Thron schaut er das künftige Heil in Christus, d) er kehrt auf die Erde zurück, um König Hiskia und seinen Leuten das Geschaute zu berichten.[374] Dazu kommen einige markante Analogien - auch Jesaja ruht vor Beginn der Reise auf einem Bett; der Begleitengel führt ihn durch 7 Himmel; vor Gottes Thron wird Jesaja in einen Engel verwandelt; in einer besonders gestalteten Szene erhält Jesaja durch einen Engel am Thron Einblick in himmlische Dokumente, die von irdischen Büchern betont abgehoben werden.[375] Das Vorbild des slHen schaut in der AscJes selbst aus einem christlichen Gewande so deutlich hervor, daß somit auch diese Schrift als ein jüngerer "Weggefährte" des slHen betrachtet werden kann. Die ganz sicher nächste Verwandtschaft überhaupt findet sich jedoch in dem hebrHen, dessen Hss. in den Kreis der sog. Hekhalot-Traktate gehören.[376] In dieser esoterischen Literatur fanden die frühesten Zeugnisse der jüdischen Mystik ihren ersten literarischen Niederschlag. Die Schrift selbst beschreibt den Aufstieg des Rabbi Ismael durch die Firmamente bzw. die himmlischen Paläste zum Thron Gottes, wo er Henoch-Metatron als dem höchsten Engel begegnet und vor allem Einblick in die ungeheure Vielfalt der Thronwelt und der himmlischen Liturgie erhält. Eine Endredaktion ist für das 5./6. Jh. anzunehmen, wenngleich auch viele ältere Traditionen mit eingeflossen sein mögen.[377] In welchem Maße die Schrift nun aus der Henochtradition und -literatur geschöpft hat, zeigt die lange Auflistung und Kommentierung von Analogien sowohl aus dem äthHen als auch aus dem slHen, wie sie H. Odeberg im Vorwort seiner Edition geboten hat.[378] Dies betrifft im Falle des slHen vor allem Einzelheiten der Kosmologie und Angelologie, Aussagen zur Person Henochs und Vorstellungen über das Gericht bzw. das künftige Schicksal von Seelen und Geistern. Die Reise Rabbi Ismaels verläuft derjenigen Henochs ganz parallel. Grundlegend ist dabei die Vorstellung von 7 Firmamenten.[379] Ganz besonders aber ragt die

---

[374] Der Körper des Propheten bleibt bei der Reise freilich auf Erden zurück. Die Himmel sind stereotyp allein auf die Liturgie vor Gottes Thron ausgerichtet und lediglich durch zunehmende Vollkommenheit unterschieden. Zu Gott selbst hat Jesaja keinen direkten Kontakt.

[375] Reisebeginn: 6,2f; Schema der 7 Himmel: 7-9 (geschildert werden auch der Ab- und Wiederaufstieg Christi); Verwandlung Jesajas: 8,11-15; 9,2. 7-9. 30 (Bild vom "fleischlichen" und vom "höheren" Gewand; 9,9 spielt direkt auf die Verwandlung Henochs an, den Jesaja dann auch sieht); himmlische Bücher: 9,21-22.

[376] Text bei ODEBERG 1928 (er bestimmte den Titel in Absprache mit R.H. Charles, obgleich nur die von ihm zugrundegelegte Oxforder Hs. Henoch im Titel trägt); ODEBERG (Greenfield) 1973; ALEXANDER 1983; HOFMANN [2]1985; SCHÄFER 1981.

[377] So ALEXANDER 1983, 229. Greenfield (ODEBERG 1973, XI) vermutet das 6./7. Jh.; ODEBERG 1928 hatte für das 3. Jh. plädiert (63), während MILIK 1976 mit einer Datierung nach dem 12. Jh. (127) die extreme Gegenposition bezog.

[378] ODEBERG 1928, 52-63. Dazu Greenfield (ODEBERG 1973, XI): "Even though many of these can be disregarded as being stock phrases of the Hekalot Literatur, there remains a valid block of comparative material."

[379] Weitere Belege in der mystischen Literatur bietet ALEXANDER 1983, 239f.

Verwandlung Henochs in den höchsten Engel aus allen anderen Analogien hervor - hier wird vorausgesetzt, was slHen 22 berichtet und was außerhalb der Hekhalot-Literatur ohne Parallele ist. Bedenkt man dazu, daß nach dem Konsens der gegenwärtigen Forschung die jüdische Mystik überhaupt zu einem wesentlichen Teil auf dem Boden apokalyptischen Denkens entstand,[380] dann zeichnet sich eine klare Traditionslinie von den jeweils einfacheren Vorstellungen des slHen hin zu ihrer spekulativen Entfaltung im hebrHen ab.[381] Die Kenntnis des slHen im Kreis der jüdischen Mystik bis zum 6. Jh. läßt sich damit sicher belegen.

Ein spätes, dafür aber um so wichtigeres Zeugnis für die Existenz eines griechischen Originals des slHen in seiner längeren Fassung vor einer Übersetzung ist eine byzantinische Schrift aus dem 13. Jh., die "Disputation eines Orthodoxen mit einem Lateiner". Sie liegt in 3 griechischen Hss. und einer kirchenslavischen Übersetzung vor, deren Hss. sich wiederum 3 Redaktionen zuordnen lassen.[382] Die Disputation, die zur Gattung der Frage- und Antwortbücher gehört,[383] richtet sich abseits der gelehrten kirchlichen Auseinandersetzungen als ein Produkt volkstümlich-kräftiger Polemik gegen die Unionspolitik des Kaisers Michael Paläologos (1261-1282). Um darin die Überlegenheit des orthodoxen Gesprächspartners darzutun, werden die Fragen des Lateiners jeweils mit dem Rückgriff auf besonders populäre - und darunter auch apokryphe - Vorstellungen der orthodoxen Tradition beantwortet. An zwei Stellen besteht nun eine Übereinstimmung mit dem slHen, die sich nur durch die Annahme direkter literarischer Beziehungen erklären läßt. A. Vaillant hat in der kirchenslavischen Übersetzung eine der Quellen gesehen, die der erste Revisor (R) für seine Erweiterungen benutzte.[384] Verschiedene Beobachtungen belegen jedoch gerade im Gegenteil die Abhängigkeit des griechischen Textes der Disputation vom slHen. Zunächst betrifft dies Einzelheiten in der Beschreibung des Paradieses (slHen 8,1-8). Der Baum des Lebens wird in slHen 8,4 beschrieben als " златовидно и цръвено ωбразом и ωгнезрачно н покрывает весь пород имать ωт всѣх сажденных дрѣвь и въсѣх плодовь /golden und von karmesinrotem Aussehen und feurig und bedeckt das ganze Paradies. Er hat von allen frucht-

---

[380] Vgl. SCHOLEM 1980, 78; GRUENWALD 1978.

[381] Auch FRIEDLANDER 1965 hat in seiner Edition der PRE (xxxiii-xxxvi) eine lange Liste mit Analogien zum slHen aufgeführt. In diesem späten Midrasch (8. Jh.) wird nun insgesamt reichlich Gebrauch gemacht von alten jüdischen Überlieferungen. Die von FRIEDLANDER genannten Stellen sind so allgemeiner Art, daß sie als direktes Zeugnis für den Überlieferungsweg des slHen nicht in Betracht kommen.

[382] Griech. Text bei: VASIL'EV 1893, 179-188; SPERANSKIJ 1895 (zugleich Untersuchung); KRASNOSEL'CEV 1896; slav. Text bei: POPOV 1875, 211/265/283 (alle drei Redaktionen); VJAZEMSKIJ 1879. Auszüge aus dem griech. und slav. Text bei SOKOLOV 1910, II 136-144. Vgl. auch BECK 1959, 680. VASIL'EV nannte den Text, der in den griech. Hss. ohne Titel ist, nach dem Titel der slav. Übersetzung "Panagiotae cum Azymita disputatio".

[383] Vgl. DÖRRIE/DÖRRIES, RAC 6, 342-370.

[384] VAILLANT 1952, XVI-XVII.

baren Bäumen und allen Früchten". Die Disputation beschreibt ihn als "ἔνι τὸ δένδρον χρυσοειδὲς καὶ περισκέπει τὸν παράδεισον καὶ ἔχει ἀπὸ ὅλων τῶν ξύλων κεκωλυσμένων αὐτόν". Der Lokalisierung des Paradieses in slHen 8,5 " межлоу тлѣнїем и нетлѣнїем/das Paradies aber ist zwischen Vergänglichkeit und Unvergänglichkeit" entspricht in der Disputation wörtlich "μέσον φθορᾶς καὶ ἀφθαρσίας γίνεται". In slHen 8,3-6 werden in einem längeren Passus zwei Quellen beschrieben, die aus dem Paradies hervorgehen und von denen die eine Honig und Milch, die andere Öl und Wein führt. Sie durchziehen in 4 Armen das Paradies und teilen sich danach in 40 Teile, welche die Erde entlangfließen und schließlich zum Paradies zurückkehren. Die Disputation läßt die zwei Quellen an den Wurzeln des Lebensbaumes entspringen, vollzieht die gleiche Aufteilung (wobei jedoch die zweite Quelle ohne jede weitere Begründung Quelle der Unsterblichkeit genannt wird), benennt die 4 Flüsse mit den Namen aus Gen 2,13f und läßt sie ebenfalls die Erde durchziehen. Bereits die Verbindung mit dem Kontext erweist die Parallelen in der Disputation als sekundär. Was im slHen als eine stimmige Beschreibung entwickelt und ganz parallel zu dem Besuch Henochs im Hades konzipiert ist,[385] verteilt sich in der Disputation auf zwei Fragen, die auch andere Quellen aufgreifen und z.T. unausgeglichen nebeneinander stellen, gerahmt von Fragen kosmologischer und meteorologischer Art.[386] Hinzu kommen Einzelheiten. Die schwierigen Adjektive in der Beschreibung des Paradiesesbaumes (karmesinrot und feurig) sind leichter auszulassen als zu erfinden[387] - gleich der Lokalisierung des Paradieses zwischen Vergänglichkeit und Unvergänglichkeit, die ohne die Kosmologie des slHen schwer verständlich ist und so in einer weiteren griech. Hs. schon verändert, in der slav. Übersetzung dann ganz ausgelassen worden ist.[388] Besonders aufschlußreich ist die Abweichung hinsichtlich der Paradieses-

---

[385] Der allgemeinen Bewunderung (1) folgt die Beschreibung der üppigen Bäume (2) und schließlich des Lebensbaumes in ihrer Mitte (3f). Dessen Ausmaße leiten über zur Lage des Paradieses (5) und zur Beschreibung der Ströme (5f), die eine Art Verbindung zur Welt darstellen. Allein eine erneute Bemerkung über die Bäume (7) steht deplaziert, bevor auf die Wächterengel verwiesen wird (8). Dem Staunen Henochs folgt die Erklärung seiner Begleiter (Kap. 9) - ganz analog zur Hadesbeschreibung in Kap. 10.

[386] Zuerst fragt der Lateiner nach der Lage des Paradieses, dann nach seiner Beschaffenheit. Die zweite Frage beantwortet der Orthodoxe zunächst mit einer topographischen Beschreibung, die das Paradies als eine mit Schilfrohr umschlossene Insel darstellt und nur schlecht zu der Lokalisierung zwischen Vergänglichkeit und Unvergänglichkeit in der vorigen Antwort paßt - sie stammt wohl aus anderen Quellen. Dann zitiert er wörtlich exakt IKor 2,9 und schließt die Beschreibung des Lebensbaumes und der Paradiesesströme an. Voraus gehen Fragen nach Himmel und Erde, Wasser und Land, Donner und Blitz.

[387] Die slav. Übersetzung bietet allerdings auch diese Adjektive - entweder verglichen die Übersetzer mit dem inzwischen ebenfalls übersetzten slHen, oder sie hatten einen vollständigeren griech. Text vorliegen (vgl. SPERANSKIJ 1895). Für den Nachweis einer umgekehrten Abhängigkeit genügt dieses Indiz jedoch nicht.

[388] Die Hs. KRASNOSEL'CEVS nennt das Paradies ganz abweichend "ἄφθαρτος, νοητός, χορταροειδής" und schließt sofort die topographische Beschreibung an, die dazu schlecht paßt. Die slav. Hss. setzen gleich mit der topographischen Beschreibung ein.

ströme. Der Name der 2. Quelle (ἡ ἀθάνατος πηγή) stört die Parallelität und scheint Öl und Wein in ihrer Heilsbedeutung zusammenfassen zu wollen.[389] Daß die Ströme das Paradies wie eine Insel umschließen und abschirmen, hat slHen 8,6 mißverstanden, wo die Ströme in einem Kreis die Erde durchlaufen und gleich den atmosphärischen Elementen zurückkehren. Die Benennung der Ströme mit den Namen aus Gen 2,13f ist zudem unvereinbar mit der Vorstellung, die Ströme führten Milch und Honig bzw. entsprängen einer Quelle der Unsterblichkeit. Eine weitere Passage, die vom Sonnenwagen sowie den beiden Sonnenvögeln Phönix und Chaledris handelt, bietet einen noch deutlicheren Beleg. Ihre Abhängigkeit von slHen 12,1-2 und 15,1-2 hat R. van den Broek überzeugend nachgewiesen[390] - seine Ergebnisse sollen hier nur kurz zusammengefaßt werden. Eine direkte literarische Beziehung beider Schriften zeigt sich darin, daß nur sie ein Paar kosmischer Vögel mit den Namen Phönix und Chaledris bzw. Phönix und Chalkedrios kennen, für das sich sonst in der reichen Tradition um den Sonnenvogel keine Parallele findet. Für weitere Einzelheiten (besonders den Hymnus, mit dem sie die irdischen Hähne wecken) käme auch IIIBar 6-9 in Frage.[391] Auch hier verweist schon der Kontext auf den sekundären Charakter der Disputation. Die Funktion der Vögel sowie ihr Hymnus sind zwei Fragen zugeordnet. Der Hymnus selbst wird dabei den irdischen Hähnen übertragen und auf deren 4 (entsprechend den Himmelsrichtungen ?) verteilt - d.h., es muß dem Autor dafür ein geschlossener Text wie slHen 15,2 bzw. IIIBar 6,14 vorgelegen haben.[392] In beiden Abschnitten löst Christus selbst das Geschehen aus - die Erneuerung der Sonne und ihr Lobpreis erscheinen als Symbol für die Auferstehung Christi. Dies hätte nun ein orthodoxer Redaktor schwerlich auslassen können, ohne "Christus" wenigstens noch durch "Gott" oder "Herr" zu ersetzen. Für das hohe Alter und die Geschlossenheit der Passage im slHen hat van den Broek zahlreiche Belege erbracht. Namentlich ein Wesen wie der Chalkedrios, das vom Phönix unterschieden ist und dennoch gleiche Funktionen ausübt, ist am ehesten im ägyptischen Synkretismus der römischen Zeit verständlich.[393] Es hat (wie auch der

---

[389] In VitAd 37-43 wird z.B. berichtet, wie Eva und Seth Öl des Lebens vom Baum des Erbarmens aus dem Paradies für den todkranken Adam holen wollen. Die Heilsbedeutung des Weines dürfte durch seinen eucharistischen Gebrauch selbstverständlich gewesen sein. Der griech. Text von KRASNOSEL'CEV 1896 nennt 4-36-40 Flüsse, die zweite russ. Redaktion 4-37-40 Flüsse.

[390] BROEK 1971, 287-304.

[391] So etwa auch die Krönung der Sonne mit einem Kranz durch Engel; das Verbrennen ihrer Flügel an der Sonnenhitze; ihre Regenerierung.

[392] "ὁ εἷς λέγει. πορεύου, ὁ ἕτερος. φωτοδότα, ὁ τρίτος. δὸς τὸ φῶς, ὁ τέταρτος. τὸν κόσμον" bezieht sich auf IIIBar 6,14 "Lichtgeber, gib Glanz der Welt!" oder slHen 15,2 "Es kommt der Lichtgeber und gibt Licht seiner Schöpfung."

[393] "χαλκύδρα" meint nach CHARLES/MORFILL 1896 (z.St.) eine bronzene Wasserschlange - also wohl ein Krokodil, zumal Schwanz und Kopf ausdrücklich als die eines Krokodiles bezeichnet werden ("χηλύδρος" meint lediglich Wasserschlange). Der Chalkedrios ist also nach slHen 12,1 eine Kombination aus Löwe und Krokodil, beide galten in Ägypten als Sonnentiere.

Phönix im slHen) seine Aufgabe weniger im Schutz der Erde vor der Sonnenhitze als vielmehr darin, Symbol der Sonne bzw. der sich selbst erneuernden
Zeit zu sein. Die Disputation dagegen möchte verschiedene Traditionen miteinander verbinden. Die beiden Sonnenvögel versucht sie durch den Oberbegriff des Greifen zu erläutern: "καὶ εὐθὺς δύο ὄρνεα καλούμενα γρύψι, τὸ ἕν κα-
λεῖται φοίνιξ καὶ τὸ ἕτερον χαλέδρις". Ihre Größe wird mit "9 Ellen" angegeben,
was die "90 Maße" des slHen konkretisiert.[394] Daneben wird aber wieder die
Schutzfunktion gegenüber der Erde eingeführt, was bei einem Vogel wie in
IIIBar, nicht aber bei zwei Vögeln (zu beiden Seiten des Wagens - JP; vor dem
Wagen - R) verständlich ist. Ihre Regenerierung erfolgt nach Sonnenunter-
gang beim Bad im Ozean - hier liegt auch ein anderes Weltbild zugrunde als
im slHen. Beide Stellen lassen also die sichere Schlußfolgerung zu, daß der
griech. Text des slHen noch im 13. Jh. (vermutlich in Byzanz) bekannt war - zu
einer Zeit, als eine Übersetzung ins Kirchenslavische schon vorlag. Besonders
wichtig aber ist, daß alle genannten Stellen der längeren Textfassung angehören und somit ein weiteres Mal deren Ursprünglichkeit belegen.

Die Kenntnis des slHen in der lateinischen Kirche könnte vielleicht eine
Randnotiz im Kodex Boernerianus (G 012, 9. Jh., griech.-latein. Bilingue, St.
Gallen, heute Sächsische Landesbibliothek Dresden) verraten, auf die E.
Nestle aufmerksam gemacht hat.[395] Neben dem "Weckruf" in Eph 5,14 ist von
späterer Hand die Bemerkung "in secreto Enoch" hinzugefügt, womit zwar
keine wörtliche Parallele benannt ist, aber durchaus auf die Szene in slHen
1,1-8 angespielt sein könnte.[396]

Auf die Verbreitung eines Henochbuches unter dem Namen "Nebrotiani" (Nebrothbuch = Nimrodbuch) in der georgischen Literatur hat schließlich
A. Chachanov hingewiesen.[397] M.P. Tarchnišvili wiederum beurteilt dieses
Werk als eine Rezension der syrischen Schatzhöhle.[398] Angesichts der sehr
knappen Bemerkungen beider Gelehrten bleiben dennoch einige Fragen offen.[399] Sofern dieser der ältesten Periode (bis 980) zugeordnete Text oder an-

---

Ihre Verschmelzung zu einer dem Phönix vergleichbaren Gestalt paßt also am ehesten hierher
und in die Zeit des 1./2. Jhs.

[394]   Die Zahl gehört irgendwie zur Tradition - slBar 6,2 spricht von einer Größe von "9
Gebirgen".

[395]   NESTLE 1897-98.

[396]   Die Bemerkung könnte den Titel des slHen vor Augen haben (in fast allen Varianten
ist vom Geheimnischarakter des Buches die Rede - vgl. Exkurs E), bleibt aber in jedem Falle
eine sehr freie, rätselhafte Assoziation des lateinischen Korrektors.

[397]   CHACHANOV 1895, 362. CHACHANOV zählt eine Liste von Apokryphen auf, deren Existenz in der georgischen Sprache nur aus Hinweisen verschiedener Hss., Bücher und Kataloge
zu erschließen ist. Vgl. den Vermerk bei SOKOLOV 1910, II 167.

[398]   TARCHNIŠVILI 1955, 335f und 93. Zur georgischen Überlieferung der Schatzhöhle vgl.
vor allem AVALICHVILI 1927-28; auch hier fehlt jeder Hinweis auf die Henochüberlieferung.

[399]   Wie etwa kommt CHACHANOV dann zu der Bemerkung "Nebrotiani ili kniga Enocha"?
TARCHNIŠVILI erwähnt dies mit keinem Wort und verweist lediglich auf Zitate des Nebrothbu-
ches in dem Geschichtswerk des Leonti Mroveli (8. Jh.). Nach CHACHANOV wird auf die Exi-

dere Texte der georgischen Apokryphenliteratur irgendeinen Bezug zum
slHen erkennen lassen sollten,[400] wäre damit ein besonders wichtiger Anhaltspunkt für die Überlieferung des Buches gegeben.

2.4. Schlußfolgerungen

Die vorausgegangenen Beobachtungen gestatten bei aller gebotenen Vorsicht
die Rekonstruktion einiger Momente des Überlieferungsweges, den das slHen
im griechischen Bereich genommen hat.

In den Anfangszeiten christlicher Theologie scheint das slHen ganz im
Schatten des weit bekannteren und namentlich um seiner Erzählung vom Engelfall willen populäreren äthHen gestanden zu haben. Dies könnte seinen
Grund darin haben, daß das slHen schon bald nach dem Jahre 70 in den esoterischen Kreis jüdischer Mystik geriet, während das äthHen eine Heimat in
den christlichen Klöstern Ägyptens fand.[401] Wenn einige jüdische und christliche Schriften (wie z.B. IIIBar, AscJes, hebrHen) nach dem Jahre 70 in ihrer
Struktur dennoch die Kenntnis des slHen verraten, dann mag dies ein Zeichen
für ihre Nähe zu mystischen Spekulationen im Judentum sein. Zwischen dem
4.-7. Jh. zeigen vorsichtige Interpolationen von christlicher Hand den Wechsel
in christliche Bibliotheken an. Deutlicher treten dann der Einfluß der byzantinischen Chronographie sowie die Kenntnis des slHen in der byzantinischen
Polemik des 13. Jhs. hervor. Diese letzte Spur weist die Existenz der längeren
Fassung und damit das Ende des Textwachstums in eine Zeit nach, in der die
kirchenslavische Übersetzung schon stattgefunden haben dürfte.

Alexandrien kann als Entstehungsort die größte Wahrscheinlichkeit beanspruchen. Über die mystischen Kreise der großen Metropole könnte das
slHen dann nach Palästina, dem Mutterland der jüdischen Mystik, gelangt
sein. Will man in den beiden christlichen Einschüben zur Person Melchisedeks eine vorsichtige Auseinandersetzung mit den häretischen Melchisedekianern sehen, dann wäre eine nächste Station etwa in Kleinasien zu vermuten.[402]

---

stenz eines solchen Buches in verschiedenen Zusammenhängen nur angespielt, nach TARCH-
NIŠVILI aber müßte sein Text für eine Nachprüfung vorliegen. Darüber, daß das Nebrothbuch
"nicht selten erwähnt wird", vor allem aber wo, machen beide Gelehrten keine weiteren Angaben. Vgl. dazu auch LÜDTKE 1919-20, 164-167. Nach LÜDTKE enthält das Nimrodbuch Stoffe,
die eine Verbindung zwischen dem biblischen Nimrod und der georgischen Geschichte herzu-
stellen versuchen - es scheinen aber verschiedene Schriften mit diesem Namen belegt worden zu
sein, so daß auch er die Gleichsetzung "Nebrotiani ili kniga Enocha" offen läßt (166).

[400]   Es findet sich in der georg. Literatur z.B. auch ein "oft vertretenes" Melchisedekbuch
(TARCHNIŠVILI 1955, 336), dazu auch Frage- und Antwortbücher, deren Wissen konkrete Quellen verraten könnte (350f).

[401]   Vgl. GELZER 1898, II/1 262; dazu LAWLOR 1904, 178-183.

[402]   Vorzugsweise sind die Melchisedekianer wohl in Ägypten beheimatet gewesen, doch
auch in Kleinasien waren sie bekannt (vgl. HORTON 1976, 101). Die große Zurückhaltung bzw.

Der Einfluß der Chronographie in slHen 73 sowie die Benutzung in der "Disputation eines Orthodoxen mit einem Lateiner" belegen, daß das slHen schließlich nach Byzanz gelangte.

Die zahlreichen Hebraismen im Text lassen zumindest hebräisches Denken vermuten.[403] Daneben finden sich jedoch ebenso viele Wendungen und Begriffe, die das Griechische als Ursprache wahrscheinlich machen. Für einen charakteristischen christlichen Sprachgebrauch finden sich nur äußerst spärliche Anzeichen.

Den entscheidendsten Einfluß auf die Überlieferung hatte wohl der Umstand, daß sich das slHen schon sehr bald statt in dem breiten Spektrum der jüdischen Diaspora in dem kleinen Kreis jüdischer Mystik und damit beinahe in der Rolle einer Geheimschrift wiederfand. Der Wechsel in christliche Hände scheint ebenfalls zunächst nur einem engen Kreis gelehrter Theologen gegolten zu haben, der an einem heilsgeschichtlichen Modell des Priestertums interessiert war und der dafür die Mittel der Typologie samt alten jüdischen Überlieferungen zu nutzen verstand. Über kalendarische und chronographische Interessen mag sich der Kreis dann erweitert haben. Die "Disputation ..." im 13. Jh. läßt das slHen als Reservoir volkstümlicher Argumente erscheinen, das sowohl von den Verteidigern der Orthodoxie als auch von den häretischen Bogomilen (in dem "Liber Ioannis") benutzt wurde. Der anfängliche "Rückzug" in einen esoterischen Gebrauch und die erst so späte "Popularisierung" in Byzanz könnten erklären, warum das griechische Original verloren ging - das slHen hat auf seinem langen Weg anfangs wohl nur eine geringe Verbreitung erfahren, und seine zu vermutende spätere Verbreitung in Byzanz konnte leicht dem Schicksal der Stadt 1453 mit zum Opfer fallen. Auf slavischem Boden aber gewann das Buch im Hinblick auf Henoch als einen "Ur-Starec" wieder an Aktualität und konnte nun in der Übersetzung eine erneute Verbreitung erfahren.

---

fehlende Schärfe des Redaktors lassen eher an den Rand als an das Zentrum der Auseinandersetzungen denken.

[403] Besonders KAHANA 1936f hatte darauf mit seiner Übersetzung aufmerksam gemacht. ANDERSEN weist in seinen Anmerkungen immer wieder auf verschiedene Hebraismen hin.

III. Untersuchungen zur Theologie des slHen

1. Grundlagen

Nach den Ergebnissen des vorangegangenen Teiles liegt den folgenden Untersuchungen zur Theologie des slHen die längere Textfassung zugrunde. Dies betrifft namentlich die Hs. R, aus der - wenn nicht anders angegeben - auch alle Zitate erfolgen. Zum ständigen Vergleich wird dabei vor allem J in Andersens Übersetzung herangezogen. Die Einbeziehung der übrigen Hss. erfolgt je nach Relevanz ihrer Varianten. Unberücksichtigt bleiben alle jene Abschnitte, die sich als spätere Zusätze zum Text erwiesen haben. Nach formalen und inhaltlichen Gesichtspunkten wurde die folgende Gliederung vorgenommen, die zugleich die drei großen Themenkreise des slHen markiert:

Die Abgrenzung der Teile gegeneinander bedarf in beiden Fällen einer Erläuterung. Die verschiedenen Hss. weichen in der Abfolge der Kap. 36-40 voneinander ab - offensichtlich bestand auch zwischen 38,3 und 40,1 eine Lücke, in die Kap. 39 dann sekundär eingefügt wurde.[1] Die äußerst knappe und unvermittelte Überleitung zu dem formal und inhaltlich vom vorigen Teil abgehobenen Komplex moralischer Belehrungen ("Dann sagte ich zu ihnen ...") beginnt nach der vorliegenden Zählung noch am Ende von 38,3. Ein deutliches formales Eröffnungszeichen setzt dann die nun häufig wiederkehrende Anredeformel "чада моа /meine Kinder" in 40,1.[2] Den Abschluß von Teil 2 bildet mit 55-67 ein relativ eigenständiger Textkomplex, der alle Merkmale der literarischen Gattung "Testament" aufweist.[3] Inhaltlich sind die Reden Henochs durch zahlreiche direkte Bezugnahmen mit dem ersten Teil verbunden.

---

[1]   S.o. 92f u. 112-114.
[2]   Die Formel steht insgesamt 21x (dazu 2x als Anrede an Methusalem) und kann auch innerhalb eines Abschnittes der Rede noch einmal neue Aufmerksamkeit verschaffen. Belege: 2,1. 2. 4; 40,1; 42,6; 43,1; 47,1; 48,6; 49,1. 3; 50,2; 53,1. 4; 55,1. 3; 56,2; 57,1; 58,1; 61,1. 4; 65,1; 66,1. 6.
[3]   Vgl. NORDHEIM 1980, 221-225; zu den Gattungsmerkmalen 229-242.

Schwieriger liegen die Verhältnisse bei der Abgrenzung des dritten Teiles gegen den zweiten. Hier gilt es vor allem zu beantworten, ob die Melchisedekerzählung überhaupt dem Hauptteil des Buches gegenüber als ein eigenständiger Text oder als ein integraler Bestandteil des Ganzen betrachtet werden muß. Charles und Bonwetsch ließen in den Anhängen ihrer Ausgaben die Erzählung bei 69,1 beginnen, da sie den Hauptteil des slHen nach dem Umfang von P (bis 68,7) bemaßen. Das erweist sich bei genauerem Hinsehen jedoch als Irrtum. In den verschiedenen Hss. finden sich insgesamt vier Schlüsse:[4] 1. NV und B[2] beschließen ihren Text nach 67,3 übereinstimmend mit einer allgemein üblichen Doxologie.[5] Nach Henochs endgültiger Entrückung in 67,2 kommt das Buch damit sehr rasch zum Schluß, die Wirkungen der ausgedehnten Belehrungen Henochs in seinem Volk sind nicht mehr im Blick. Doch mehr erwartet der Leser zunächst auch nicht, da bisher ausschließlich Henochs jenseitig erworbenes Wissen im Mittelpunkt stand, dessen Mitteilung in 67,2 eben erschöpft ist. 2. In P endet der Text nach 68,7 - damit hat bereits der Bericht vom Altar der Henochsöhne begonnen. Der eigenständige Schluß von P ist einem Redaktor zuzuschreiben (s.o. 91). 3. Daß AU nach 72,10 die Erzählung offensichtlich abbrechen, ist oben schon erörtert worden. Ihre Schlußdoxologie gehört zum traditionellen Formelgut der slavischen Liturgie.[6] B endet an gleicher Stelle, doch ohne Schlußdoxologie. 4. In R endet der Text nach 73,9. An dieser Stelle ist mit dem Bericht von der Flut die gesamte Urzeit zum Abschluß gebracht und der Stoff nunmehr endgültig erschöpft. Die Schlußdoxologie von R zeigt auch die stärkste Individualität. Zum einen ergab nun die Untersuchung der Hss., daß außer MPr und den davon abhängigen Fragmenten alle Hss. des slHen die Melchisedekerzählung bezeugen.[7] Zum anderen aber ist ein Schluß der Erzählung um Henoch nur nach 67,3 sinnvoll - die Erzählung um Methusalem, Nir und Melchisedek reicht dagegen von 68,5-73,9. B setzt interessanterweise eine (freilich etwas irreführende) Überschrift vor 68,5 - ein weiteres Zeichen dafür, daß hier die

---

[4] Nach JACIMIRSKIJS bibliographischen Angaben endet der Text von Nr. 11 (vermutlich einer Hs. der längeren Fassung) nach 33,8 - mitten in dem Auftrag Gottes also, Henochs Bücher auf Erden zu verteilen. In J bricht der Text nach 71,4 unvermittelt ab - mit der Entdeckung von Sopanimas Schwangerschaft steht hier der Höhepunkt der Erzählung gerade erst bevor. Daß dieser Schluß in beiden Fällen kein redaktioneller, sondern eher ein technisch bedingter ist, liegt auf der Hand. Beide werden hier als "Schluß" nicht mit gerechnet.

[5] Sie entspricht dem Schema Nomen + Person im Dativ + in Ewigkeit + Amen (vgl. BERGER 1984, 237) auf kürzeste Weise. In B[2] fehlt die Doxologie.

[6] Vgl. die zahlreichen Beispiele bei MALTZEW 1967.

[7] Als direkte Textzeugen stehen R, J, A, U, B; fragmentarisch Rum, Tr, Nr. 41, Nr. 42. Die Existenz der Erzählung in ihren Vorlagen bezeugen P, V, N, B[2] sowie die Reflexionszitate im "Parenios" und im "Synaxar" (s.o. 100f). Ein weiteres Zeugnis scheint nach den Angaben von SMIRNOV 1864-65 (75f) in der Hs. Nr. 1490 (16. Jh.) der Leningrader Öffentlichen Bibliothek vorzuliegen.

Zusammengehörigkeit der Verse 68,5-7 mit dem folgenden Text empfunden wurde.[8]

Wenn nun eine Naht allein zwischen 67,3 und 68,5 anzunehmen ist, so läßt sich dies hauptsächlich sachlich begründen. Formal läuft auch hier die Erzählung relativ flüssig weiter. Ein Wechsel der Erzählung in die 3. Person setzt folgerichtig schon in 67,1 ein, vorbereitet durch zwei Unterbrechungen in Henochs Testament (56 und 64). Zahlreiche Gedanken der vorangegangenen Kap. werden aufgenommen und weitergeführt. Anknüpfungspunkte sind z.B. der Ort Achuzan (64,2), die Opferpraxis im allgemeinen und im besonderen,[9] die Flut,[10] bestimmte markante Formulierungen[11] und nicht zuletzt Methusalem und die Ältesten des Volkes als die wesentlichen Akteure des neuen Erzählabschnittes.[12] Die Entrückung Melchisedeks hat in derjenigen Henochs ein Vorbild - auf Henoch nehmen auch Methusalem und Nir wiederholt Bezug.[13] Immerhin tragen 68,5-73,9 aber auch eine ganze Reihe neuer Gesichtspunkte ein. Die beherrschende Rolle Henochs wird nun durch ein besonders qualifiziertes Priestertum in seiner Nachfolge, ausgezeichnet durch Investitur und Insignien sowie die Verbindung von Opferdienst und prophetischer Funktion, abgelöst. Neu betreten Noah, Nir und dessen Frau Sopanima die Szene. Ihren Höhepunkt erreicht die Erzählung schließlich in der wunderbaren Geburt des Melchisedek, die mit ihrem Einbruch der göttlichen Welt in die menschliche "konkurrierend" neben Henochs Himmelsreise tritt. An die Stelle von Henochs direkter Schau treten nun Vision und Audition im Traum.[14] Henochs Bücher finden keinerlei Erwähnung mehr. Das weisheitlich-ethische Moment tritt ganz hinter das kultische zurück. Das Volk, bisher nur als Adressat bzw. Publikum von Henochs Belehrungen genannt, erhält verstärkt ein eigenes Profil.[15] Überhaupt tritt nun der Gedanke einer zeitlichen Erstreckung in den Vordergrund, bezeugt durch das Interesse an Genealogien, an der priesterlichen Sukzession und an der Nachkommenschaft, durch die Benen-

---

[8] "Noch einmal über die Entrückung Henochs in den Himmel, wo er war" - inhaltlich ist dies unzutreffend, als Gliederungselement jedoch von Bedeutung.

[9] Von Opfern ist vorher schon wiederholt die Rede - vgl. 2,2; 45,1. 3; 59,2; 66,2 - ganz bewußt aber wird die Regel aus 59,3 (Tiere sind bei der Schlachtung an den 4 Füßen zu binden) in 69,12 und 70,20 wieder aufgenommen.

[10] Vgl. 33,12; 34,1-3; 35,1-3.

[11] "Ewiges Erbteil" in 70,1 nimmt 9; 10,6; 55,2 auf. "Wer bin ich, daß ..." in 69,14 (hier Methusalem) kann 22,2 (da Henoch) zum Vorbild haben.

[12] Methusalem ist bereits durch 1,1. 10; 38,2; 56,1. 2; 57,1. 2 eingeführt. Die Ältesten des Volkes sind bekannt aus 57,1. 2; 64,3.

[13] So z.B. in 68,7; 69,1. 4. 5; 70,3 (in der Rede Gottes). Nir nennt Henoch nicht direkt, ist aber deutlich auf seine Vorfahren bezogen.

[14] So z.B. in 69,5f; 70,3-11; 71,27-30; 72,3-10.

[15] Das Volk tauchte vorher nur gelegentlich und stets passiv auf (64,1f auch einmal zahlenmäßig benannt) - nun aber wird es ständig erwähnt. Die Ältesten des Volkes haben in 69,8 Namen - von ihnen und vom Volk geht auch die Initiative bei der Priesterwahl und beim Opfer aus. Das Volk spielt schließlich als eigene Größe eine Rolle beim Abfall vor der Flut.

nung von Zeitabschnitten sowie die Beschreibung von Begräbnisriten.[16] Schließlich aber hat der ganze Abschnitt ein starkes Gefälle hin zur Flut, was mit Bemerkungen über den Verfall der Menschheit einhergeht.

Daraus wird ersichtlich, daß mit 68,5-73,9 trotz des Themenwechsels keine schon länger eigenständig überlieferte Geschichte dem Hauptteil des slHen angefügt wurde[17] - vielmehr bewegt sich dieser Abschnitt in der gleichen Vorstellungswelt, aus der er einen weiteren Faden aufnimmt und fortspinnt. Daß dabei andere Traditionen (Priestertradition, Melchisedektradition) aufgegriffen werden und sich die Akzente verschieben, hat thematische Gründe und spricht nicht gegen die ursprüngliche Zugehörigkeit zu 1-67. So müssen die Kapitel 68-73 als ein integraler, der thematischen Konzeption bewußt eingefügter Bestandteil des slHen betrachtet werden.

Als ein Leitgedanke aller drei thematischen Bereiche läßt sich m.E. das Bemühen um eine "Integrationsfigur" erkennen, die sowohl die Aufnahme fremden Gedankengutes in das eigene religiöse Leben als auch die Darstellung der eigenen Religion einer andersgläubigen Umwelt gegenüber gestattet. Unter diesem Leitgedanken sollen im folgenden die drei Teile des slHen betrachtet werden.

2. Thematische Schwerpunkte

2.1. Henoch als weisheitliche Integrationsfigur (1-38)

2.1.1. Bezugsrahmen

2.1.1.1. Das Schema der sieben Himmel

Den "Grundstock" seiner Weisheit erwirbt Henoch auf einer Reise, die er in Begleitung der beiden Engel Samoil und Raguil durch die 7 Himmel beginnt

---

[16] Auf verwandtschaftliche Beziehungen berufen sich: 70,4. 13. 26; 71,12-14. 17-23. Um die Nachkommenschaft geht es in 71/72 allgemein, speziell in 72,11. Zeitabschnitte werden benannt in 70,1. 3. 22; 71,4f. 28; 72,1 - besonders auffällig dann in 73. Begräbnisriten werden beschrieben in 70,16f; 71,16f. 22.

[17] Auch das Fragment Nr. 41, das unabhängig vom slHen überliefert ist und das deshalb in JACIMIRSKIJS und KOZAKS Bibliographie unter dem Stichwort "Melchisedek", bei BONWETSCH 1893 unter "Weitere Sagen zur Genesis" steht (es findet sich in seinem Kontext zwischen einem Text über Salomos Urteil und einem über Simson) und 71-72 nahezu deckungsgleich mit U bietet, stellt keine ursprüngliche "Quelle" der Erzählung dar - es zeigt eher (ebenso wie Rum, Tr und Nr. 42), daß die im Zusammenhang des slHen überlieferte Erzählung von Melchisedeks wunderbarer Geburt als merkwürdig genug empfunden wurde, so daß sich das Interesse verschiedener Kompilatoren ausschließlich auf die Kap. 71-72 konzentrierte.

(3-22).[18] Es ist zunächst die räumliche Dimension der Welt, die sich dabei vor seinen Augen nach folgendem Schema entfaltet:

1. Himmel:	meteorologische Sphäre	3-6
	Luft	
	Aufbewahrungsort für Schnee, Eis,	
	Wolken, Tau	
	Dienstengel für Sterne und Planeten	
2. Himmel:	Strafort gefallener Engel	7
3. Himmel:	Paradies und Hades	8-10
4. Himmel:	astronomische Sphäre	11-17
	Bahn der Sonne	
	Bahn des Mondes	
	Dienstengel unter Waffen	
5. Himmel:	Strafort gefallener Engel (григори -	18
	ἐγρηγοροῖ)	
6. Himmel:	Verwaltungszentrale der Dienstengel	19
	für astronomische Belange (Sonne,	
	Mond, Sterne)	
	für irdische Belange (Naturpro-	
	zesse, Menschenleben)	
7. Himmel:	Thron Gottes und himmlischer Hofstaat	20-22

Einen unverhältnismäßig breiten Raum nehmen die astronomischen Phänomene im 4. Himmel ein.[19] Engel befinden sich in allen Himmeln, wobei ab dem 4. Himmel auch der liturgische Dienst beginnt und bis zum 7. Himmel beständig an Vollkommenheit zunimmt. In seinen späteren Mahnreden kommt Henoch gelegentlich auf die Inhalte der Himmel zurück.[20]

Im Hintergrund des Schemas steht eine streng vertikale Ausrichtung aller kosmologischen Vorstellungen. Neben häufigen Bezeichnungen für oben und unten wird eine reiche Terminologie des Hinauf und Hinab gebraucht.[21]

---

[18] Die Namen der Begleiter Henochs werden erst nachträglich in 33,6 genannt. Varianten - JR: самоил и рагоуил ; P: Самоуил и   Рагоуил ; AU: семеил и расоуил ; B: Селоил и Русул ; VN: Семил и   Расоуил ; B²: Симиил и Расоуил . VAILLANT 1952 (XII) sieht dahinter die Namen der Erzengel Ῥεμειήλ und Ῥαγουήλ aus äthHen 20,4. 7 - letzterer ist auch in äthHen 23,4 Henochs Reisebegleiter. MILIK 1976 (112) hat vermutliche hebräische Äquivalente hinzugefügt und gedeutet: "Šemê²el - die Himmel Gottes", "Raṣû²el - Geliebter Gottes".

[19] Sie beruhen auf den Vorstellungen des astronomischen Buches in äthHen 72-82, denen in der Henochtradition insgesamt ein besonderes Gewicht zukommt. Vgl. RAU 1970, 203-209.

[20] So vor allem in 40,1-13; 42,1-5. Der Rückbezug auf eine Begegnung mit Adam und Eva in 41,1-2 und 42,5 hat keinen Anhaltspunkt in 3-22, muß jedoch nicht unbedingt christlich sein, wie ANDERSEN 1983 (z.St.) auch nur vorsichtig vermutet.

[21] Die grundlegenden Schöpfungsakte in 25-26 differenzieren streng zwischen oben und unten. Höchster Thron (20,3) und höchster Himmel (33,6; 55,2; 67,2) stehen neben Bezeich-

Dabei greift der Autor auch auf andere kosmologische Modelle zurück. Gelegentlich findet sich z.b. die einfache, im alten Orient geläufige Gegenüberstellung von Himmel und Erde.[22] Davon, daß auch der Äonendualismus in seiner dem slHen eigenen Form auf einer solchen Zweiteilung beruht, wird unten noch die Rede sein.[23] Vor allem aber ist die Vorstellung geläufig, daß sich der Stockwerkbau der Welt auch unter dem Erd- bzw. Meeresboden fortsetzt.[24] Vrevoil erzählt in 23,1 alle Dinge des Himmels, der Erde und des Meeres; in 40,12 mißt Henoch die Höhe von der Erde bis zum 7. Himmel und die Tiefe bis zum tiefsten Hades; in 47,3 rühmt Henoch, daß außer dem Herrn keiner ist - weder im Himmel noch auf der Erde noch in den tiefsten Tiefen noch in irgendeinem Fundament; nach 66,4 ist Gott der Schöpfer am Himmel, auf Erden, in der Tiefe des Meeres und in allem Unterirdischen zu finden. Nach 18,7 wurden die gefallenen Engel unter die Erde verbannt, und in 28,3 berichtet Gott von der Benennung der Erdmitte: "и посрѣдѣ семлıа нарекох оупадок си рѣч безднх /und in der Mitte der Erde benannte ich einen Abstieg, das heißt den Abgrund (- ἄβυσσος - תְּהוֹם)". Dahinter steht die ganz eigenartige Sicht des Universums von 27-28: In drei Schichten liegen Finsternis, eine Zwischenzone und Licht übereinander, wobei Licht und Finsternis den Stoff abgeben, aus dem die Zwischenzone (die kreatürliche Welt) gebildet ist.[25]

Ebenso steht das Siebener-Schema in Spannung zu den Inhalten, die der Autor einfügte. Es scheint nach dem Vorbild der 7 Sphären bei den Babyloniern als ein Ordnungsprinzip für das vorliegende Material übernommen worden zu sein.[26] Einige Inkonsequenzen machen dies deutlich. Bereits die for-

---

nungen einer Spannweite zwischen Oberem und Unterem (33,3. 6; 40,12). Die gefallenen Engel steigen hinab (18,3), Satan wird hinabgestoßen (29,4-5; 31,4). Henoch wird von Himmel zu Himmel hinaufgebracht (Vorzugsvokabeln in 3-22: въэ ати /ergreifen, aufheben; възнести / hinauftragen; възвести /hinaufführen); in 38,1 steigt er wieder herab (vgl. auch die letztliche Entrückung in 55,2; 67,2).

[22] In einer zweigliedrigen (18,7; 19,3; 70,22) und dreigliedrigen (2,2; 49,1) Formel ist damit zunächst nur die semitischem Denken eigene Umschreibung einer Ganzheit gegeben - 1,8f und 33,3 deuten jedoch an, daß beide Bereiche auch gegeneinander abgesetzt gedacht wurden. Vgl. BIETENHARD 1951, 13.

[23] Vgl. Abschnitt 2.1.2.2.2.

[24] Dies entspricht altorientalischem Denken - vgl. MICHEL/REICKE, BHH, 2161-2163. Eine ausgebaute Vorstellung von 7 Erden, die wiederum unterteilt sind, bietet die rabbinische Literatur - vgl. GINZBERG 1909, I 10.

[25] Aus einer Vermischung und Verdickung von Licht und Finsternis wird nach 27,1-3 das Wasser geschaffen und einmal als Schutzwall gegen die Finsternis unten (hier führt das Meer also zum "Abgrund"), ein andermal als Begrenzung gegen das Licht oben eingesetzt. Dazwischen kann dann die Schöpfung der wahrnehmbaren Welt treten, wie der Hinweis auf die 7 Planetensphären verdeutlicht ("und ich schuf 7 große Kreise von innen..." - d.h. innerhalb der Wasser-"Festen").

[26] Dies machen 27,4 und 30,2-6 wahrscheinlich, wo jede Planetenbahn einem der Himmel zugeordnet ist.

male Gliederung ist nicht streng durchgehalten.[27] Die astronomische Sphäre ist dem 4. Himmel zugeordnet und mit einer großen Schar von Dienstengeln ausgerüstet. Dienstengel für Sterne und Planeten befinden sich aber schon im 1. Himmel, wo sie nur schwierig einzuordnen sind, und weitere Dienstengel steuern die astronomischen Vorgänge noch einmal vom 6. Himmel aus. Besonders auffällig ist jedoch die Spannung zwischen 2. und 5. Himmel - hier wurde die Gruppe der gefallenen Wächter auf zwei Himmel aufgeteilt, was sich angesichts der dadurch entstandenen Ungereimtheiten nur als eine Verlegenheitslösung zur Auffüllung des Schemas verstehen läßt. Daß beide zusammengehören, wird ausdrücklich gesagt.[28] Die Engel des 5. Himmels aber, obgleich die Anführer der Verschwörung auf dem Hermon, werden deutlich bevorzugt, wofür wohl allein das Schema selbst verantwortlich zu machen ist, das Qualen eben nur bis zu jener Grenzlinie im 3. Himmel zuläßt, jenseits davon aber schon den Beginn des liturgischen Dienstes ansetzt.[29] Interessant ist dabei ein Blick auf die Herkunft jenes Materials, das der Autor den 7 Himmeln zuordnet. Reichlich hat er aus jüdischen Quellen geschöpft. Die Geschichte vom Engelfall in 7 und 18 geht auf äthHen 6-11 zurück, die astronomisch-kalendarischen Aussagen in 11-17 nehmen die Tradition aus äthHen 72-82 auf; für die vielgestaltige Hierarchie der Engel, die himmlischen Schatz- bzw. Vorratskammern oder die Beschreibung von Paradies und Hades gibt es

---

[27] Jede Schilderung eines neuen Himmels beginnt mit einer zweigliedrigen Formel (z.B. "sie ergriffen mich und führten mich hinauf in den ... Himmel" - die Verben variieren), bzw. an gewichtigen Punkten (1. und 3. Himmel) mit einer dreigliedrigen Formel (z.B. "und sie nahmen mich und führten mich hinauf in den ... Himmel und setzten mich dort nieder"). Der 3. und 4. Himmel sind aber nochmals unterteilt durch jeweils eingliedrige Formeln beim Szenenwechsel (3. Himmel: 10,1 vom Paradies aus nach Norden zum Hades; 4. Himmel: 13,1 nach Osten; 14,1 nach Westen). Hier machte das umfangreiche Material eine weitere Gliederung notwendig.

[28] Nach 17,3 machten die Engel im 2. Himmel gemeinsame Sache mit denen im 5., nach 18,3 waren sie deren Gefolgschaft. 18,7-8 nennt beide Gruppen "Brüder". Das macht eine Differenzierung zwischen den "positiven" Wächtern aus Dan 4,10. 14. 20 (vgl. auch äthHen 12,3) und jenen gefallenen aus dem äthHen, wie sie VAILLANT 1952 (X) vornimmt, unmöglich. Der Titel ist im äthHen auch für die gefallenen Engel reich belegt (z.B. 10,9. 15; 12,4; 13,10; 14,1. 3; 15,2; 16,1f). Er erwuchs wohl aus der Funktion einer besonderen Engelgruppe - das äthHen nennt z.B. parallel zu Dan 4 "die, die nicht schlafen" (39,13; 40,20; 61,10. 12). Der terminus verbreitete sich jedoch hauptsächlich in Verbindung mit den gefallenen Engeln - so z.B. 1QGenAp 2,13-16; CD 2,18; Jub 4,15f; ApkMos 7; TestRub 5,6f; TestNapht 3,5; Josephus, Ant 11,12; 15,5; 59,4. Dem slavischen " григори " liegt wohl die griech. Form "ἐγρήγοροι" (so auch in einem griech. Fragment des äthHen - GrSFr 8) zugrunde.

[29] Die Engel des 2. Himmels haben "das Aussehen der Finsternis", werden unter Bewachung gehalten und gequält, sie weinen unaufhörlich, ihr Ersuchen um Fürsprache beim Herrn lehnt Henoch ab. Die Grigori des 5. Himmels sind dagegen gewaltige Erscheinungen, ihre Gesichter sind lediglich entmutigt und sie schweigen, woraufhin Henoch sie ungefragt zu liturgischem Dienst ermutigt, den sie schließlich in 4 Abteilungen unisono und mit 4 Trompeten wieder aufnehmen und der mitleiderregend und rührend vor dem Herrn dringt. Hier werden also die Anführer des liturgischen Dienstes gewürdigt, die Gefolgsleute aber hart bestraft. Der naheliegendste Grund dafür scheint m.E. eben die Lage der jeweiligen Himmel zu sein, wobei der Autor sein Schema möglicherweise entgegen der Zählung von oben nach unten konzipierte.

zahlreiche frühjüdische Parallelen. Daneben stehen jedoch auch die in der hellenistischen Welt sehr geläufigen Vorstellungen vom Sonnenwagen und dem Sonnenvogel Phönix.[30] Die Existenz der Planeten klingt hier nur ganz verhalten an, da sie das Schema stören könnte[31] - in 30,3 werden sie später ganz selbstverständlich aufgezählt. Erkennbar ist das Bemühen, die jüdische Tradition gegenüber Vorstellungen der Umwelt zu öffnen.

Das Schema der 7 Himmel hat nun im slHen eine tragende Funktion. Seine Originalität gegenüber den anderen bekannten Schemata besteht darin, daß es hier zunächst um eine funktional bestimmte Differenzierung des Stockwerkaufbaues der Welt geht.[32] Henochs Reise ist Wissenserwerb und Offenbarung zugleich.[33] Der Bau der Welt begegnet Henoch in einer wohlgefügten, nachprüfbaren Ordnung.[34] Die Weisheit, die Henoch hier zuteil wird und die enzyklopädisches Ausmaß besitzt, läßt sich entsprechend geordnet erfassen und klassifizieren. Die ganze Welt, von den untersten Fundamenten bis zum Thron Gottes, ist ein klar strukturiertes und ausdifferenziertes Ganzes, dessen umfassende Kenntnis nun Henochs Weisheit erst ausmacht. Dieselbe schlägt sich auch in einigen listenartigen Aufzählungen nieder, in denen Henoch zusammenfaßt, was er in den Himmeln sah.[35] Hier ist weisheitliches Denken weiterentwickelt bis zu einem Stand, der auch die Integration neuer Gedanken in ein umfassendes Spektrum von Weltweisheit gestattet.

---

[30] BROEK 1971 hat mit zahlreichen Beispielen gezeigt, daß die Passage vom Phönix und seinem Begleiter Chalkedrios (12,1-2; 15,1-2) innerhalb der Tradition am ehesten in den ägyptischen Synkretismus zu Beginn der Zeitrechnung gehört (298).

[31] Ob in 4,2 mit den termini "сложеніе нбсем /himmlische Verbindungen" bzw. "плавающе /die Schwimmenden" tatsächlich die Planeten gemeint sind, ist nicht ganz klar. Hier wären sie alle dem 1. Himmel zugeordnet, während sie nach einer anderen Vorstellung (die noch in 27,4 und 30,2-6 durchscheint) auf die 7 Sphären verteilt sind. Das wirkt allerdings während des Schöpfungsberichtes weniger störend als hier.

[32] Die 7 Sphären der Babylonier sind hauptsächlich von astronomischen Interessen bestimmt, die z.T. unvollständigen Schemata verschiedener frühjüdischer Schriften haben einen eher sporadischen Charakter, die AscJes ist ausschließlich von einer relativ einförmigen liturgischen Klimax geprägt, bHag 12b folgt vor allem philologischen Interessen in der Auslegung verschiedener Namen.

[33] KÜCHLER 1979 (67) hat dargelegt, daß in der Apokalyptik Weisheit nicht mehr erarbeitetes Wissen, sondern vorwiegend göttliches Geschenk ist. Wenn Henoch im slHen sein Wissen z.T. aktiv (durch Messen, Prüfen usw.) erwirbt, so ist doch auch hier die grundlegende Voraussetzung, daß Gott ihn erst der Himmelsreise würdigt und seine Begleiter ihn an die verschiedenen Orte führen.

[34] Henoch beteuert immer wieder, alles geprüft, ausgemessen, nachgerechnet, erforscht und verglichen zu haben (11,2; 13,2; 40,1-12; 43,1).

[35] Vgl. 19,4-5. 6; 23,1-2; 40,1-13. Dazu auch STONE 1976.

2.1.1.2. Das Schema der Schöpfungswoche

Nachdem Henoch zur Linken des Thrones Platz genommen hat, führt ihn
Gott selbst mit einer langen Offenbarungsrede (24-35) in den Ablauf seines
Schöpfungswerkes ein. Zur räumlichen tritt nun die zeitliche Dimension. Die
Darlegung der Schöpfungswoche entwickelt sich nach folgendem Schema:

- Vorgeschichte		24-27
	Beschlußfassung zur Schöpfung	
	Schaffung materieller Voraussetzungen	
	Adoil	25
	Archas	26
	Urflut, Planetenbahnen, Himmelsfeste,	
	Licht-Finsternis	
1. Tag:	Meer und Land	28
2. Tag:	Feuer, Engel, Fall Satans	29
3. Tag:	Erdoberfläche, Flora, Garten Eden	30,1-2a
4. Tag:	7 Planeten und Tierkreis, Sterne, Sonne	30,2b-6
	und Mond	
5. Tag:	Fauna	30,7
6. Tag:	Adam und Eva, ihr Fall und ihre Vertreibung	30,8-32,1
7. Tag:	Ruhe Gottes	32,2
8. Tag:	Symbol für Beginn des großen Äons nach	33,1-2
	7000 Jahren	
- Nachgeschichte		33,3-36,2
	Auftragserteilung an Henoch	
	eschatologischer Ausblick	
	Flut	
	Noahs Geschlecht	
	endzeitliches Geschlecht	

Viel umfangreicher als das Wochenschema selbst ist dessen Vor- und Nachgeschichte gestaltet - in dieser Disproportion deutet sich bereits eine Akzentver-
schiebung an.[36] Auch auf das Schöpfungswerk kommt Henoch in seinen
Mahnreden häufig wieder zurück, wobei auch neue Einzelheiten erzählt werden.[37] 29,6 bemerkt nebenbei: "и сътворих тако всѣ нбса /und ich schuf

---

[36] Die Vorgeschichte ist ihrerseits wieder in einzelne Akte gegliedert, die ANDERSEN 1983
(Anm. 25a) als 1. Auflösung, 2. Verfestigung, 3. Mischung beschrieben hat. Sie erinnert besonders an ägyptische Schöpfungsmythen, in denen etwa eine Schilderung des Zustandes vor der
Schöpfung, die Beschlußfassung der Gottheit sowie verschiedene vorbereitende Akte geläufig
sind (vgl. LÄ 5, 677-690).

[37] So z.B. in 44,1; 47,3-6; 58,1-4; 65,1-4. In 44,1 wird neu berichtet, daß Gott den Menschen
mit seinen beiden Händen schuf; 58,1-4 erzählt, wie Adam auf Gottes Geheiß den Tieren Namen gibt.

so alle Himmel" - dies könnte ein Versuch sein, beide Schemata miteinander zu verbinden. Bezüglich der 7-Tage-Woche konnte der Autor nun auf das Schema zurückgreifen, das aus der biblischen Schöpfungserzählung in Gen 1 wohlbekannt war. Dies zeigt sich besonders darin, daß er die formelhaften Wendungen " и бы̃ вечерь и пакы̃ бы̃ оутро дн̃ь .../und es wurde Abend und wiederum wurde es Morgen, der ... Tag" sowie " и видѣх ꙗ ко бы̃го /und ich sah, daß es gut war" aufnahm.[38] Zudem verband er die beiden biblischen Schöpfungsberichte mittels einer Hinzufügung der Erschaffung des Gartens Eden zum 3. und 6. sowie des Sündenfalles zum 6. Tag. Doch schon im Aufriß zeigen sich einige markante Abweichungen. Noch vor Beginn des eigentlichen Schemas steht die Vorgeschichte, in der ganz offensichtlich das Hauptinteresse des Autors zum Ausdruck kommt. Sie behandelt die Entstehung des Seins - ein Thema, dem der biblische Schöpfungsbericht nicht genügen konnte, das aber im griechischen Denken von großer Bedeutung war. Was den ersten beiden Tagen in Gen 1 zugeordnet ist, hat dann der Autor auch schon in die Vorgeschichte aufgenommen - mit seinem 1. Tag zieht er die Trennung von Land und Meer vor, die Gen 1 erst am 3. Tag berichtet, um dann den 2. Tag mit der Erschaffung der Engel ausfüllen zu können.[39] Übereinstimmung herrscht etwa ab dem 4. Tag, doch auch hier gibt es noch zahlreiche Differenzen. Die Erschaffung der Tiere wird geschlossen dem 5. Tag zugeordnet, an allen anderen Tagen aber kommen weitere Werke bzw. detailliertere Darstellungen zum biblischen Bericht hinzu. Besonders die Benennung eines 8. Tages, die bereits eine Analogie zwischen der Schöpfungswoche und den Perioden der Weltgeschichte voraussetzt, überschreitet das biblische Schema und leitet notwendigerweise zu dessen eschatologischer Verlängerung über. Dabei wird allerdings wenig Konkretes gesagt - ganz anders als z.B. in den allegorischen Geschichtsdarstellungen des äthHen. Aus der vom Autor gewählten urzeitlichen Perspektive kündigt Gott zunächst die Flut an. In knappen Bemerkungen (35) kommt dann die Generation Noahs und schließlich eine aus dieser hervorgehende letzte Generation zur Sprache, in der Henochs Bücher offenbart und befolgt werden. Ein Ende der Welt war mit Anbruch des 8. Jahrtausends in 33,1f schon anvisiert, jedoch fehlt hier jedes Interesse an einer genaueren Bestimmung des Ereignisses und seiner Begleitumstände. Es besteht zwar eine Entsprechung zwischen Schöpfung und Endzeit, doch viel stärker ist das Schöpfungsgeschehen betont.

Offensichtlich hatte der Autor also Probleme mit dem Schema, das für ihn jedoch aufgrund der biblischen Vorgabe sowie der günstigen Parallele zum Schema der 7 Himmel verpflichtend war. Hatte bereits der Verfasser der

---

[38] Die erste Formel wird regelmäßig (6x; in 29,6 verkürzt) gebraucht, die zweite gelegentlich (25,3; 26,2; 27,3) und im Munde Gottes in der 1. Person.
[39] Die Erschaffung der Engel am 1. Tag berichtet etwa Jub 2,2. Weiter verbreitet ist ihre Erschaffung am 2. Tag - vgl. z.B. GINZBERG 1909, I 13-18; PRE IV; dazu auch TSAKONAS 1963, 137-138.

Priesterschrift Mühe, die einzelnen Schöpfungswerke mit den 7 Tagen in Dek-
kung zu bringen,[40] so sprengte das reiche Material, das dem Autor des slHen
vorlag, vollends diesen Rahmen. Neu hinzu kam zuerst jener breite Bericht
über die Weltentstehung noch vor dem Beginn der Schöpfungswoche. M. Philonenko und S. Pines haben gezeigt, in welchem Maße hier kosmogonische
Vorstellungen aus der ägyptischen und iranischen Mythologie miteinander
verschmolzen worden sind.[41] Gerade dieser Themenkreis ließ sich wiederum
leicht zu einem Äonendualismus gestalten, der eine Reihe wichtiger Gedanken aus der griechischen Philosophie aufzugreifen vermochte.[42] Aus der hellenistischen Welt sind auch die astronomischen Kenntnisse bezüglich der Planeten und des Tierkreises samt einem verhaltenen astrologischen Interesse übernommen worden.[43] Jüdische Überlieferungen treten stärker in den angelologi-
schen Passagen hervor,[44] während die Herkunft der anthropologischen Vorstellungen in dem Passus über Adams Erschaffung und Namensgebung sowohl
im jüdischen als auch im griechischen Denken gesucht werden kann.[45] Eine
Periodisierung der Geschichte, wie sie apokalyptischem Denken eigen war,
hat der Autor auf eigenständige Weise mit der Weltschöpfung verbunden und
dabei von drängender Endzeiterwartung gelöst. Von anderen vergleichbaren
Schemata hebt sich der Schöpfungsbericht im slHen so vor allem durch seine
Offenheit gegenüber fremden Vorstellungen ab.[46]

Die Funktion des ausgebauten Schemas im slHen liegt auf der Hand.
Dem biblischen Wissen um die Weltschöpfung soll eine ganze Reihe neuer,
vor allem der hellenistischen Umwelt geläufiger, Vorstellungen integriert
werden. Es wird ein großer Bogen geschlagen, der von Gott als dem alleinigen
Ursprung alles Seins und einer creatio ex nihilo bis hin zu einer Auflösung aller Kreatürlichkeit reicht. Darin hat auch vieles Platz, was in der hellenistischen Welt zu Werden und Vergehen gedacht wurde, ohne in einen Widerspruch zur atl.-jüdischen Tradition treten zu müssen. Auch hier ist weisheitli-

---

[40]   Vgl. zum biblischen Wochenschema WESTERMANN [2]1976, 123-126.

[41]   PHILONENKO 1969 und PINES 1970.

[42]   Vgl. u. 164ff.

[43]   Die Kenntnisse in 30,3 sind sehr unvollständig - Sonne und Mond werden unter die Planeten gerechnet, deren Zählung von oben nach unten geht. Ihre Namen, die ja zugleich Götter
bedeuten, werden bei dem ersten (Kronos) noch ausdrücklich als Name des Sternes bezeichnet,
den Gott erschafft und somit auch seiner Herrschaft unterordnet. Der Tierkreis und die Beziehung von astronomischen Konstellationen auf die menschliche Geburt (30,6) sind dem Judentum zunächst ebenfalls fremd gewesen - es war noch der Stolz der frühen Rabbinen, daß Israel
frei sei vom Einfluß der Planeten (vgl. DAVIS, EJ 16, 1191-1192).

[44]   Vgl. TSAKONAS 1963; KUHN 1948.

[45]   Vgl. hierzu FÖRSTER 1908 und TURDEANU 1974. Die reiche Wirkungsgeschichte jener
Vorstellung von slHen 30,8-14 gerade in der orthodoxen Theologie zeigt z.B. die von Pavel Florenskij reflektierte Tradition um "Makrokosmos und Mikrokosmos" (Florenskij, Makrokosmos
und Mikrokosmos. Eine Studie über die Wechselbeziehung von Mensch und Natur, in: SOrth
11/1988, 42-45. 48 und 12/1988, 40-43. 46-48).

[46]   Sehr ähnlich ist die Schöpfungswoche in den PRE dargestellt, vgl. auch GINZBERG 1909,
I 1-46. Enger am biblischen Bericht halten sich Jub 2 und IVEsr 6,38-55. Vgl. auch GRY 1908.

ches Denken weiterentwickelt worden, wobei ein Erwerb der Weisheit nun ausschließlich durch direkte Offenbarung erfolgt. Gott selbst legt den Hergang der Schöpfung in der 1. Person dar und legitimiert damit eine Weltweisheit, die den biblischen Schöpfungsbericht mit hellenistischen Vorstellungen der Weltentstehung in Einklang zu bringen versucht.

2.1.1.3. Der Einblick in die himmlischen Bücher

Zu den Quellen, aus denen sich Henochs Weisheit speist, gehören schließlich noch himmlische Bücher, in die Henoch im Verlauf einer eigens gestalteten und zwischen beide Schemata eingefügten Szene (22,10-23,6) Einblick erhält. Da das Motiv des himmlischen Buches im alten Orient und in der hellenistischen Welt weit verbreitet war, sollen hier zunächst einige seiner wichtigsten Züge zusammengefaßt werden, um den Hintergrund der entsprechenden Aussagen im slHen deutlich zu machen.[47]

Grundlegend läßt sich das reiche Material nach zwei Kategorien klassifizieren. Fragt man zum einen nach dem Wirkungsbereich, so ist zwischen "himmlischen Büchern" und "heiligen Schriften" zu unterscheiden.[48] Himmlische Bücher sind solche, deren Ursprung und Verwendung ausschließlich jenseitig ist. Heilige Schriften dagegen befinden sich als religiöse Urkunden in der Hand des Menschen, wenngleich auch ihr Ursprung ein jenseitiger sein kann. Fragt man zum anderen nach der Funktion, so lassen sich etwa drei Gruppen erkennen. Die erste umfaßt "deterministische Bücher" - hier findet sich die Ordnung der Welt, der Ablauf der Geschichte oder das Schicksal des einzelnen Menschen im voraus fixiert. Zur zweiten Gruppe gehören "dokumentarische Bücher", die ein aktuelles Geschehen verzeichnen - hier sind vor allem die Bücher der Werke, das Buch des Lebens oder die häufig erwähnten Protokolle beim endzeitlichen Gericht zu nennen. Eine dritte Gruppe schließlich enthält "theologische Schriften", die für den Gebrauch in einer Gemeinschaft gläubiger Menschen bestimmt sind. Die ersten beiden Gruppen beschränken sich auf den Bereich der himmlischen Bücher, während die letzte in dem Bereich heiliger Schriften aufgeht. Ein Zusammenhang zwischen beiden Bereichen ist insofern gegeben, als sich der Inhalt heiliger Schriften oftmals aus dem Inhalt himmlischer Bücher speist bzw. auf direkter Vermittlung beruht. Die genannte Unterscheidung hat auch eine unterschiedliche Beantwortung der Verfasserfrage zur Folge. Mit himmlischen Büchern werden in der

---

[47] Vgl. vor allem KOEP 1952; LEIPOLDT/MORENZ 1953; SPEYER 1970; REICHELT 1975; dazu auch VOLZ 1934, 290-292. In allen Titeln findet sich jeweils weiterführende Literatur.

[48] Vgl. die Definition bei KOEP 1952, 1. Diese begriffliche Unterscheidung wird allerdings in der Literatur nicht konsequent genug durchgehalten.

Regel Gestalten der jenseitigen Welt in Verbindung gebracht.[49] An die Stelle
von altorientalischen Schreibergottheiten wie Marduk, Nebo oder Thot (später auch Hermes)[50] traten in der jüdischen Überlieferung erwartungsgemäß
Engel. Heilige Schriften führte man dagegen stets auf Menschen zurück, die
sich durch eine besondere Gottesbeziehung auszeichneten. Dies betraf im Judentum vor allem die Ur- und Erzväter und reichte über Mose und die Propheten bis hin zu Esra. Allein Henoch nahm in dieser Reihe eine Sonderstellung ein und avancierte zum Schreiber par excellence. In vielen Texten taucht
er sowohl als Verfasser heiliger Schriften als auch in dem Amt eines Schreibers himmlischer Dokumente auf und vermittelt so in seiner Person auf ein-
malige Weise die sonst stets getrennten Bereiche.[51] Im äthHen, dem ersten
großen Sammelbecken, in dem alle Traditionen um Henoch zusammenflos-
sen, findet Henoch nun in der jenseitigen Welt schon eine funktionierende
Buchführung vor. Da sind die aus dem babylonischen Mythos bekannten Tafeln, ein Buch mit allen Werken der Menschen, Protokollbücher über die Verfehlungen von Israels Führern, ein Heiliges Buch, das Buch des Lebens und
schließlich Namenslisten der Gerechten.[52] In diese Buchführung, als deren
Autoren neben anonymen Engeln gelegentlich Uriel und Michael auftauchen,[53] wird Henoch nur teilweise mit einbezogen. Er erhält den Titel "Schreiber der Gerechtigkeit" und richtet eine Botschaft an die gefallenen Wächter
aus, für die er im Gegenzug wieder eine Bittschrift verfaßt;[54] nach 33,3f
schreibt er gemeinsam mit Uriel astronomische Phänomene nieder. Seine
eigentliche Aufgabe besteht darin, sich mit der himmlischen Buchführung vertraut zu machen und so etwas wie eine Kopie oder ein Referat derselben für
seine Söhne und die kommenden Geschlechter anzufertigen.[55] Einzelne Einheiten, die im äthHen zusammengewachsen sind, stellen sich nun als solche
"Nachschriften" Henochs vor bzw. werden vom Verfasser mit diesen identifiziert.[56]

---

[49]   Mitunter wird die Existenz himmlischer Bücher oder Tafeln auch anonym vorausgesetzt, ohne an einem Verfasser interessiert zu sein.
[50]   Hermes (Trismegisthos) wurde in Ägypten mit Thot identifiziert und als Verfasser eines
umfangreichen Schriftkorpus' betrachtet. Auch andere römische Götter schrieben - so z.B.
Zeus, Hades, Nemesis, Dike, Pluto und Prosperina.
[51]   In die jüdische Gestalt Henochs scheinen hier Züge babylonischer Schreibergottheiten
oder Urzeitweiser eingeflossen zu sein. Vgl. vor allem VANDERKAM 1984, 45-51 und 104-106;
KVANVIG 1988, 214-342.
[52]   Tafeln: 81,1; 93,2; 103,2; 106,19; 107,1 (vgl. dazu vor allem KVANVIG 1988, 239-242).
Buch aller Werke der Menschen: 81,2. Protokollbücher über die Verfehlungen von Israels Führern: häufig in 89-90. Das heilige Buch: 103,2; 108,3. Das Buch des Lebens: 108,3. Namenslisten
der Gerechten: 104,1; 108,3.
[53]   Uriel: 33,4; Michael: 89-90 (er wird zwar nicht namentlich genannt, ist jedoch zu erschließen); Engel: 108,7.10.
[54]   Schreiber der Gerechtigkeit: 12,4; 15,1; die Bittschrift: 13,4. 6; 14,4. 7.
[55]   So (evtl. 68,1); 81,1. 2; 93,2; 103,2; 106,19; 107,1.
[56]   So z.B. 68,1; 82,1-3; 92,1; 100,6; 104,11-13; 105,1; 108,1. Andere Teile beruhen auf Visionen (14,1) oder der direkten Anschauung astronomischer Phänomene (33,3. 4; 72,1; 82,7).

Das slHen macht nun von dem vorliegenden Traditionsgut reichlichen Gebrauch, akzentuiert jedoch Henochs Rolle neu und verleiht vor allem den himmlischen Büchern ein ganz eigenes Profil. Zunächst begegnet Henoch auch hier einer bereits bestehenden, gut organisierten Buchführung. Sie wird ausgeführt von Engeln im 6. Himmel und ihrem Oberhaupt, dem Erzengel Vrevoil,[57] "der schneller an Weisheit war als die anderen Erzengel und alle Taten des Herrn schrieb" (22,10), und der sich in unmittelbarer Nähe des Thrones befindet. Die Bücher heißen ausschließlich " книгы - γράφαι",[58] für ihre Abfassung stehen die Verben " писати - γράφειν" und " написати - ἀπο- bzw. ἐπιγράφεσθαι". Die Engel im 6. Himmel dokumentieren Leben und Taten der Menschen auf Erden (19,5), Vrevoil dokumentiert die Taten des Herrn (22,10). Daneben aber existieren noch Bücher, die in einem himmlischen " хранилище - θησαυρός" aufbewahrt werden (22,11). Vrevoil, der sie offensichtlich verwaltet, wird als Verfasser nicht eindeutig greifbar - nach 33,3 könnte man auch Gott selbst als Autor vermuten.[59]

Den Einblick Henochs in diese Bücher hat der Autor nun in 22,10-23,6 zu einer besonderen Szene ausgebaut, die sich für die ganze Thematik als Schlüsselstelle erweist. Nachdem Henoch von Michaels Hand selbst in einen der Herrlichen vor Gottes Thron verwandelt und so der Offenbarungen würdig geworden ist, gebietet Gott seinem Erzengel Vrevoil, jene Bücher aus ihrem Aufbewahrungsort zu holen, Henoch ein Schreibrohr[60] auszuhändigen und ihm die Bücher vorzulesen. Dies geschieht, und Henoch schreibt 30 Tage und 30 Nächte nach dem Diktat Vrevoils.[61] Daraufhin aber befiehlt ihm dieser, erneut - und nun in eigener Verantwortung - zu schreiben. Nach einer zweiten, ebenso langen Sitzungsperiode hat Henoch dann 366 Bücher[62] (auch

---

[57] Varianten - RJ: врѣвоил ; P: Правоуил ; AU: веревеил ; BB[2]: Вретеил ; VN: вретил . GRY 1940 nimmt eine weitläufige etymologische Herleitung aus der jüdischen mystischen Tradition vor über die Engelnamen Radweriel/Daryo'el und Merauuê-êl/Deruui-êl, was ihn schließlich zur Identifizierung Vrevoils mit dem inspirierenden hlg. Geist Gottes führt (195-199). VAILLANT 1952 deutete den Namen von der hebräischen Wurzel br + bo (in ihm) + el (für den Stand eines Engels) her (XII). MILIK 1976 schließlich schlägt eine Ableitung von der griechischen Form für Uriel (Οὐρειήλ) vor (111), vgl. auch GINZBERG 1925, V 159. Letzteres hat m.E. die größte Wahrscheinlichkeit - Vrevoil wird eindeutig als Erzengel bezeichnet; die Gruppe der 7 Erzengel taucht erstmals in äthHen 20 auf (Uriel, Raphael, Raguel, Michael, Sariel, Gabriel, Remiel); ihr Vorläufer dürfte die Vierergruppe von Engeln in äthHen 9,1 sein (Michael, Uriel, Raphael, Gabriel). Nach äthHen 72ff kommt aus diesem Kreis Uriel der Funktion Vrevoils am nächsten.
[58] Vgl. 22,11; 33,3; 52,15.
[59] Alle Hss. stimmen hier in der 1. Pers. Sing. überein. Als Autor von Büchern wird Gott z.B. auch in Ps 69,29 oder 87,6 vorgestellt.
[60] " трьсть - θρύον", verwendet für Schreibrohr.
[61] Nach REICHELT 1975 diktiert Vrevoil nicht, sondern trägt frei vor (215[3]). Dagegen spricht, daß Henoch ausdrücklich bereits während dieses Vortrages schreibt.
[62] Varianten- JRP: 366; AUBVNB[2]: 360; 2 Exemplare des slav. Apokryphenindexes (s.o. 101): 300. Nach der islamischen Überlieferung schrieb Henoch/Idris 30 Bücher, nach dem "Liber Ioannis" 67 bzw. 76. Die Zahl 366 hat wohl die größte Wahrscheinlichkeit (s.u. Anm. 68).

hier " книгы ") verfaßt. Sie aber sind dazu bestimmt, als heilige Schriften Henochs Söhnen und den folgenden Geschlechtern auf Erden überbracht zu werden. Von entscheidender Bedeutung sind nun die Inhalte, um die es dabei geht. Mag man bei den Büchern im himmlischen Aufbewahrungsort auch zunächst an die babylonischen Schicksalstafeln denken - die Lesung Vrevoils hat nach der Liste in 23,1-2 ausschließlich Gottes Schöpfungsordnung in ihrer irdischen und himmlischen Gesamtheit zum Thema.[63] Henoch faßt in 23,3 die vorausgegangene Liste mit der Wendung " всѣ знаменіа вса хтвари / alle Merkmale alles Geschaffenen" zusammen. Nach 54,1 enthalten sie ausdrücklich " дѣла гн̄а прѣчюдная /die überaus wunderbaren Taten des Herrn". Auch äußerlich besitzen die Bücher eine hervorgehobene Bedeutung.[64] Schwieriger zu deuten ist der Umstand, daß Henoch seine Niederschrift in zwei Perioden zu je 30 Tagen und Nächten anfertigt.[65] In der zweiten Periode schreibt Henoch ohne Diktat. Vrevoil fordert ihn in 23,4 auf mit den Worten: "Diese Dinge, welche ich dich gelehrt habe, welche du gelernt hast und welche wir (!) niedergeschrieben haben, setze dich nieder und schreibe alle Seelen der Menschen, welche noch nicht geboren sind, und ihre Orte, die bereitet sind in Ewigkeit." Hier wird das zuvor Geschriebene also wiederholt, Henochs eigene Erfahrung mit einbezogen (die Niederschrift sogar als "Gemeinschaftswerk" betrachtet) und schließlich noch ein prädestinatorischer Zusatz in der Art der Schicksalsbücher gemacht.[66] Gerade letzterer aber kann wiederum nur aus den Büchern stammen, die Henoch nun offenbar zur Einsicht freistehen. Daß es hier um eine rein rechnerische Verdoppelung geht, um eine bestimmte Aufenthaltsdauer Henochs im Himmel zu belegen,[67] scheint mir angesichts des inhaltlichen Gewichtes jener zweiten Sitzung unwahrscheinlich zu sein. Gegen eine Doppelheit im Sinne von 2 Sitzungen/2 Schriftenkorpora spricht die enge inhaltliche Verknüpfung. Gemeint ist vom Verfasser wohl ein Reifeprozeß, in dem Henoch vom Schüler Vrevoils zum Eingeweihten selbst wird. In den 366 Büchern aber fließt die gesamte Schöpfungsordnung Gottes zusammen, die eben auch Zukünftiges mit einschließt. Die Zahl 366 (vermutlich als 365 zu lesen) steht als ein Symbol erschöpfender Vollständigkeit, analog etwa den Lebensjahren Henochs.[68] Die Bücher sind

---

[63] Es werden aufgezählt die "Dinge des Himmels und der Erde und des Meeres", Astronomisches und Meteorologisches, die himmlischen Heerscharen, menschliche Dinge, Sprache und Gesang, menschliches Leben samt seinen Regeln und Unterweisungen, schließlich alles, was gut zu lernen ist.

[64] S.o. 128f.

[65] NV enthalten die zweite Periode ebenso wie RJP - allein AU kürzen hier ab. Dies ist offenkundig, weil zwar die Angabe von weiteren 30 Tagen und Nächten fehlt, dennoch aber Vrevoils erneute Aufforderung zum Schreiben stehengeblieben ist.

[66] Dieser prädestinatorische Zug (der hier noch begründet wird) findet sich etwa auch in 53,2f - er tritt jedoch insgesamt nur sehr verhalten auf.

[67] So GOUDOEVER 1959, 112-115.

[68] So erstmals GINZBERG 1925, V 161. Die Analogie liegt auf der Hand. Einerseits waren die Werte für 5 und 6 (ε und ζ) in den slav. Hss. leicht zu verwechseln. Andererseits konnte die

eine Art Enzyklopädie, welche die Fülle aller Kenntnisse über die göttliche Weltordnung beinhaltet. Die Geschichte gehört insofern dazu, als Sein und Geschehen zusammengehören. Doch im Gegensatz zu dem von G. Reichelt beschriebenen "Buch des göttlichen Weltplanes" ist hier der Schwerpunkt anders gelagert, müssen die himmlischen Originale und ihre Kopien im slHen zutreffender als "Bücher der göttlichen Weltordnung" beschrieben werden.[69] Die Weisheit Henochs, die in der Abfassung der 366 Bücher ihren Niederschlag findet, die er sich erwarb und die ihm offenbart wurde, ist also Weltweisheit im umfassendsten Sinne. Sie beansprucht damit universale Geltung, die auch nationale Grenzen überschreiten muß.

2.1.2. Theologische Intention

2.1.2.1. Ausgangspunkt: Weisheit und Schöpfungstheologie

Die grundlegende Bedeutung der Schöpfungstheologie für das slHen kommt bereits in dem erweiterten und ausgebauten Schema der Schöpfungswoche zum Ausdruck. Sie fügt sich ein in die Entwicklung des Frühjudentums insgesamt, in dem der Schöpfungsgedanke immer stärker in den Mittelpunkt des theologischen Interesses rückte.[70] In diesem Strom bewegt sich das slHen dann, wenn es etwa für Gott hauptsächlich die Titel " творьць - κτίστης" oder " Гд вѣсах твари/Herr der ganzen Schöpfung" gebraucht,[71] die anderen Götter dadurch charakterisiert, daß sie nicht Himmel und Erde erschufen (2,2) oder die in der frühjüdischen Literatur geläufigen Vorzugsvokabeln für

---

Zahl auch bewußt so gemeint sein als 365 Bücher + 1 Buch, nämlich das slHen selbst (so KAPLAN 1929-30, 436). Eine vergleichbare Vorstellung bietet die ägypt.-hellen. Offenbarungsliteratur, nach der Hermes dem König Amon alle Weisheit enthüllte und ihm ein Buch mit 365 Abschnitten zeigte (vgl. REITZENSTEIN 1904, 363-364 zu S. 107). Ähnlich auch die PRE XXIII, nach denen es in der Arche (in der Noah ein Sonnenjahr lang blieb) 3x366 bzw. 365 (so eine Variante) Kammern für die entsprechende Zahl der Arten gab. Die Variante 360 drückt Gleiches auf andere Weise aus - hier ist es die Zahl für den vollen Kreis. Eine analoge Symbolik dafür findet sich etwa in grBar 4,7 - hier heißt es, daß Gott 360 Flüsse machte. Die Zahl 365 war am besten geeignet, Henochs Offenbarungen in ihrer Deckung mit der Schöpfungsordnung als universale Offenbarungen darzustellen, so wie vorher etwa die Zusammenstellung von 5 Henochschriften zu einer Art "Henochpentateuch" die Analogie der nur für Israel gültigen Thora assoziieren mußte (vgl. MILIK 1976, 76 u.ö.). Dies entspricht auch dem universalen Gesamtzug des slHen.

[69] Vgl. REICHELT 1975, 214-217. M.E. betont REICHELT damit den Gedanken der Prädestination und der Geschichte zu stark - sie spielen gegenüber den Ausführungen über Schöpfungs- und Weltordnung eine untergeordnete Rolle.

[70] Vgl. RAD 1936; SCHWANTES 1923; JERVELL 1960.

[71] Gewöhnlich steht nur " господь /Herr" oder " богъ /Gott". Von insgesamt 5 Titeln gelten 3 dem Schöpfer (10,6; 51,5; 66,5) - 1,8 nennt den "ewigen Gott"; 70,22 den "Herrn, den Gott des Himmels und der Erde".

Gottes Schaffen (сътворити - ποιεῖν, κτίζειν, πλάσσειν; повелѣти - κελεύειν, προστάσσειν; рещи - καλεῖν) aufnimmt.[72] Dennoch liegt die Schöpfungstheologie im slHen in einer charakteristischen, eigenständigen Gestalt vor. Zum einen wird die Schöpfung im Selbstbericht Gottes sehr detailliert und unter Verwendung einer Fülle von handwerklichen termini beschrieben.[73] Zum anderen aber ist die Schöpfungstheologie besonders intensiv von weisheitlichem Denken durchdrungen bzw. damit verquickt. Schöpfungsaussagen werden wesentlich von weisheitlichen Formen bestimmt. An erster Stelle sind hier die verschiedenen Listen zu nennen, auf die M.E. Stone aufmerksam gemacht hat.[74] Sie zählen z.B. im Munde Vrevoils die Schöpfungswerke Gottes auf (23,1-2); im Munde Gottes die Planeten (30,3); die 7 Elemente und 7 Eigenschaften bei der Erschaffung Adams (30,8. 9); im Munde Henochs schließlich rückblickend das gesamte offenbarte Schöpfungswerk (40,1-12); die Unterschiede menschlicher Eigenschaften (43,2); 4 Sinne (65,2); die Teilung der Zeit in Einheiten (65,3-4) und Tugenden oder Anfechtungen (66,6). Hinzuzurechnen sind auch der Weisheitsspruch Gottes in 30,10 (хитрое слово /etwa: kunstvoller Spruch) oder das Anagramm des Namens Adams in 30,13. Mit rhetorischen Fragen ("Wer kann ..."), wie sie aus der Weisheitsliteratur bekannt sind,[75] fordert Henoch in 40,3 und 47,5-6 seine Hörer zum Eingeständnis jeglicher Unvergleichbarkeit gegenüber Gott als dem Schöpfer heraus.

Inhaltlich geht es wesentlich um Verstehen und Einsicht. Nach 30,16 war der Grund des Sündenfalles der, daß Adam sein Wesen und dessen Befähigung zum Guten wie zum Bösen nicht kannte - " тово ради невѣдениѥ е̃ горе съгрѣшениа ѥако съгрѣшити ѥмоу е̃/deshalb ist Unwissenheit schlimmer als die Sünde, daß er sündigen muß."[76] So fordert Gott auch in 33,5 Henoch ausdrücklich zum Gebrauch seines Verstandes auf ("положи оумъ свои еноше и познаи .../setze deinen Verstand [νοῦς] ein, Henoch, und erkenne ...") und mißt dem künftigen Studium von Henochs Büchern (35; 36,1) große Bedeutung bei. Darauf kommt Henoch im Laufe seiner Ermahnungen häufig zurück.[77] Im Zusammenhang mit dem Beginn des Schöpfungswerkes spricht Gott auch von seiner eigenen Weisheit (мждрость - σοφία), die dabei als eine selbständige Größe auftritt. In 30,8 erteilt ihr Gott den Auf-

72 Vgl. die Belege bei SCHWANTES 1923, 9.

73 Dies sind etwa 30 Verben, die konkrete handwerkliche Tätigkeiten ausdrücken. Die Verben in 25-26 gehören zum Sprachgebrauch von Emanationsbeschreibungen (sich öffnen, auflösen, geboren werden, herauskommen, herunterkommen), stehen jedoch für Vorgänge, die ausschließlich auf Gottes Befehl erfolgen.

74 STONE 1976.

75 Sie haben ihren Ort in den "Streitgesprächen der Weisen" - vgl. FOHRER 1988, 50.

76 Der Text ist nicht ganz klar - vielleicht ist hier so etwas wie der "böse Trieb" im Gegensatz zur freien bewußten Entscheidung gemeint.

77 Zum Verstehen: 42,14 (Makarismus und Fluch); 47,1; 48,8; Studium der Bücher: 47,2; Gottesfurcht: 42,6; 43,2; 48,7-8; 66,2; zur Tradition der Väter: 52,9. 10.

trag ("повелѣх моеи мждрости /ich befahl meiner Weisheit"), den Menschen zu schaffen - in 33,4 bezeichnet er sie als seinen Ratgeber
("съвѣтникь мои е̃ мждрость моа /mein Ratgeber ist meine Weisheit"). 33,3 und 48,4 (im Munde Henochs) formulieren vorsichtiger und lassen
die Weisheit lediglich als eine Eigenschaft Gottes erkennen. Spannungsvoll ist
vor allem der Textzusammenhang von 33,3-4. Einerseits betont Gott, daß es
für die Schöpfung weder Ratgeber noch Nachfolger gäbe - andererseits aber
heißt es schon im nächsten Satz, daß Gottes Weisheit sein Ratgeber und sein
Wort seine Tat seien. Möglicherweise wollte sich der Autor hier gegen die
stark differenzierten Hypostasenvorstellungen seiner Umwelt absetzen, ohne
zugleich den auch im Judentum mittlerweile beheimateten Gedanken ganz
aufgeben zu müssen.[78] Adam erhielt unmittelbar nach seiner Erschaffung
Anteil an der Weisheit Gottes (30,12), die er jedoch im Sündenfall nicht zu
gebrauchen verstand. Henoch indessen gelangte bis vor Gottes Thron und
wurde in Geheimnisse eingeweiht, die selbst den Engeln verborgen blieben
(24,3; 40,3).

Diese Weisheit, die Henoch nun in Gestalt konkreten Wissens wieder
auf Erden weitervermittelt, scheint die direkteste Verbindung zwischen Gott
und Mensch zu sein. Es ist also eine ausgeprägte "Schöpfungsweisheit", die
den ersten Teil des slHen bestimmt. Gotteserkenntnis bedeutet Erkenntnis
seiner Schöpfung. Der Autor vollzieht eine weite Öffnung zur Welt, die er als
solche uneingeschränkt bejaht. Wenn die atl. Autoren im Schöpfungsbericht
noch alle mythologischen Elemente sorgsam ausschlossen, so konnte der
Autor des slHen dieselben in seinem Schöpfungsbericht wieder viel ungehin-
derter aufnehmen. Allerdings bleiben auch bei ihm alle Dinge Gott als dem
alleinigen Schöpfer untergeordnet, weswegen die Betonung einer Erschaffung
aus dem Nichts und Gottes Fürsorge für die Welt einen unverzichtbaren To-
pos darstellen.[79] Mit einem Bekenntnis zu Gott als dem Schöpfer der Welt
war aber zugleich die breitest mögliche Basis religiöser Verständigung erreicht. Weisheit zu erlernen und Wissen zu erwerben war jedem Menschen
möglich, und die Schöpfung lag ausgebreitet vor eines jeden Auge da.

---

[78] Vgl. die Definition und das Vergleichsmaterial bei PFEIFER 1967, 14-16 und 106-109.
Dazu auch HENGEL ²1973, 275-282.

[79] Die creatio ex nihilo belegen 24,2; 65,1. Die Fürsorge Gottes für seine Schöpfung
kommt zum Ausdruck z.B. in der Sorge um Nahrung (30,1 - hier sind AU konkreter); der Namensnennung der Tiere durch Adam (58,2-3); den Bestimmungen zum Schutz der Tiere (58,4-
6). Die Vorzugsvokabel für Gottes Schaffen (сътворити) kann in 33,12 auch für ein künftiges
Geschehen (hier die Flut) gebraucht werden.

2.1.2.2. Schwerpunkt: Eschatologie

2.1.2.2.1. Zeit und Ewigkeit

Eines der markantesten Merkmale eschatologischer Vorstellungen im slHen ist ein Äonendualismus ganz eigener Ausprägung. Er erwächst aus den ersten und grundlegenden Schöpfungsakten Gottes noch vor Beginn der Schöpfungswoche, wie sie in 25 und 26 beschrieben werden. Beide Kap. sind symmetrisch aufgebaut und kreisen um die beiden mythologischen Wesen Adoil und Archas, mit deren Hilfe Gott die Erschaffung der Welt beginnt. Als mythologische Wesen erweisen sie sich dadurch, daß sie einen Namen tragen und auf Gott, der diesen Namen ruft, reagieren. Sie steigen herab oder kommen hervor, ihr Leib (чрѣво ist der Mutterleib, vgl. 71,6) enthält etwas Neues, das geboren werden kann. Die Geburt aber geht nicht im Sinne des biologischen Vorganges oder im Sinne von Emanationen vonstatten, sondern sie bedeutet zugleich die Vernichtung oder Selbstauflösung beider Wesen.[80] Merkwürdigerweise gehören Adoil und Archas zu den "unsichtbaren Dingen / невидимне ", die selbst vor Gottes Schöpfungsentschluß schon existieren und unter denen sich nach 24,4 Gott allein bewegt.[81] Darüber, daß Gott sie erschuf, wird nichts gesagt, doch sie unterstehen ganz offensichtlich seinem Befehl. Zwischen beiden Wesen besteht zuerst ein räumlicher Unterschied. Gott befiehlt dem Adoil im Oberen (выспрьнь - ὁ ἄνω),[82] aus dem er herabsteigt (сънити - καταβαίνειν, κατέρχεσθαι). Dem Archas dagegen befiehlt Gott im Untersten (прѣисподьнь - ὁ κάτω), aus dem er hervorkommt (изити - ἐξ-, ἀνέρχεσθαι). Beider Hervorbringungen oder Geburten trennen sich auf gleiche Weise - die des Adoil steigt hinauf und wird Grundlage des Höchsten (основанїе вышним), die des Archas geht hinab und wird Grundlage des Untersten (основанїе нижним).

In beiden Fällen sind die Hervorbringungen nun als Äonen zu verstehen, was in dem Begriff " вѣкъ - αἰών" zum Ausdruck kommt. Allerdings besteht an dieser Stelle eine gewisse Unklarheit, die wohl daraus resultiert, daß gemeinsam mit den beiden Äonen auch eine Separation des Urlichtes und der

---

[80] Dem Geburtsvorgang, beschrieben mit den Verben " изити - ἐξ-, ἀνέρχεσθαι" bzw. " раждати - τίκτειν, γεννᾶν" geht bezüglich beider Wesen ein Prozeß voraus, für den das Verb " разлрѣшити - καθαιρεῖν, καταλύειν" steht. CHARLES/MORFILL 1896 (z.St.) haben hierbei auf den ägyptischen Mythos von der Entstehung der Welt aus einem Ei verwiesen. Vgl. dazu LÄ I, 1185-1188.

[81] Dem Schaffen Gottes aus dem Nichtsein ins Sein wird nach 24,2 das Schaffen aus dem Unsichtbaren ins Sichtbare gleichgesetzt. Dies ist insofern unklar, als im weiteren Verlauf das "Unsichtbare" als ein Synonym für die jenseitige Welt verwandt wird. In 48,5 bezeichnet Henoch Gott als unsichtbar. Denkbar wäre ein Nacheinander beider Akte, obwohl der Text dazu keine Aussagen macht.

[82] Diese Form bietet allein R - alle anderen Hss. haben dagegen einhellig " прѣисподьнь - ὁ κάτω". Aus Gründen der Symmetrie verdient hier m.E. R den Vorzug, die Form wird auch vom folgenden "Herabsteigen" des Adoil bestätigt.

Urfinsternis stattfindet - möglicherweise sogar damit identifiziert wird.[83] In einer solchen Koppelung wird neben der räumlichen auch schon die qualitative Unterscheidung sichtbar. Adoil etwa erscheint zuerst - der Äon, der aus ihm hervorgeht, offenbart die gesamte künftige Schöpfung (вс҃а тварь). Archas folgt an zweiter Stelle - der Äon, den er aus sich entläßt, trägt nur noch die Schöpfung aller unteren Dinge (тварь долньıх въсѣх). Daraus folgt, daß hier ein Äonendualismus räumlich-qualitativer Art vorliegt, der beide Äonen als gleichzeitig bestehende, übereinanderliegende Bereiche ansieht. Zwei weitere Gegensatzpaare bestätigen diese Vorstellung. In enger Verbindung mit Gottes Schöpfungswerk gebraucht der Autor wiederholt die Begriffe " видимъ и невидимъ - ὁρατός καὶ ἄορατος".[84] Im Zusammenhang mit der Lokalisierung des Paradieses und direkt mit der Beschreibung beider Äonen stehen die Begriffe " тлѣнїе и нетлѣнїе - φθαρτόν καὶ ἄφθαρτον".[85] Beide Begriffspaare entstammen der griechischen Philosophie, wo sie im wesentlichen einer Unterscheidung der sinnlich-wahrnehmbaren, vergänglichen Welt von einer Welt der Ideen, die unvergänglich ist und Urbildcharakter hat, dienten.[86] Wie stark dieses philosophische Denken auf den Äonendualismus im slHen eingewirkt hat, zeigt sich darin, daß im folgenden die begriffliche Unterscheidung beider Äonen (вѣк сь /dieser Äon - вѣк ѡнъ , великъ , единъ , бесконечнъ /jener, der große, eine, endlose Äon) stets im Sinne von "diese Welt - jene Welt" gebraucht wird.[87]

Dem räumlich-qualitativen Charakter muß sich nun der zeitliche Aspekt, der den Begriff "αἰών" ursprünglich bestimmte,[88] unterordnen. Da, wo von einem Ablauf der Zeit die Rede ist, betrifft dies nur den "irdischen" Äon. In 65 wird berichtet, wie Gott die Zeit selbst erschuf, um des Menschen willen einteilte und schließlich am Ende der Schöpfung wieder vernichten wird. Nach 33,2 wird dann eine Zeit beginnen, in der es weder Jahre, Monate, Wochen, Tage oder Stunden gibt. Der große Äon erscheint als die alles umfassende

---

[83] Nach 25,1 (JRP) hat Adoil in seinem Leib ein großes Licht, während 2 Verse später ein großer Äon aus ihm hervorgeht. AUB und Chr haben gleich den großen Äon, VNB[2] sprechen von einem sehr großen Stein. In 25,4 spricht Gott den großen Äon dann wiederum als Licht an. Archas selbst wird in 26,1 "fest, schwer und schwarz bzw. rötlich" genannt - der Äon, der aus ihm hervorgeht, heißt "finster und sehr groß". Jenseits jenes Lichtes und jener Finsternis, die zum höchsten bzw. tiefsten Ort auf- und absteigen, befindet sich jeweils das Nichts.

[84] In absolutem Gebrauch: 24,2. 4; 25,1; 26,1; 48,4. 5; 65,1; in adjektivischem Gebrauch: 30,10; 32,1; 47,4; 51,5; 64,5; 65,6; in absolutem Gebrauch, aber einzeln: 25,2; 26,1. Vgl. auch MICHAELIS, ThWNT V, 369-371.

[85] 8,5 und 65,10. Vgl. auch HARDER, ThWNT IX, 94-106.

[86] Nur an diesem Punkt besteht eine Analogie zwischen beiden Begriffspaaren und dem Äonendualismus des slHen. Ansonsten sind sie jedoch nicht einfach miteinander zu identifizieren.

[87] "dieser Äon": 18,5; 26,2; 66,6; "jener Äon": 50,5; "der große Äon": 25,3; 61,2; 65,8 (2x); "der eine Äon": 65,8; "der endlose Äon": 50,2; 66,6. Direkt von "dieser Welt/ миръ съ bzw. свѣтъ сь " sprechen 42,3. 10.

[88] Vgl. SASSE, ThWNT I, 197-209.

Sphäre der Zeitlosigkeit, in der Gott zu Beginn der Schöpfung den irdischen Äon als einen Bereich einrichtete, für den er eigens die Zeit erschuf und nach genauem Maß unterteilte, um diesen endlich wieder in seiner Zeitlosigkeit aufgehen zu lassen. Das Ende des zeitlichen Äons bedeutet das Ende der Welt (47,2; 65,6). Einerseits scheint es durch jene Periodisierung in 7 Jahrtausende nach dem Modell der Schöpfungswoche berechenbar zu sein.[89] Andererseits aber ist der Beginn des 8. Jahrtausends, also der Übergang der irdischen, zeitlichen Welt in die schon immer bereitstehende zeitlose Ewigkeit, ausdrücklich allein von Gottes Willen abhängig.[90] An dieser Stelle stehen griechisch-philosophisches und jüdisch-geschichtliches Denken unausgeglichen nebeneinander.

Die Bestimmung der Äonen als zeitlich und zeitlos muß nun auch den Schlüssel zur Deutung der Namen beider mythologischer Wesen bieten. Für Adoil ist dann eine Herleitung von dem hebräischen "עֲדוֹ / seine Ewigkeit", verbunden mit der Endung "-el" zur Bezeichnung eines dem Bereich Gottes zugehörigen Wesens, am verständlichsten.[91] Besondere Bedeutung kommt dabei den weitverbreiteten Mysterien des Ewigkeitsgottes "Αἰών" zu, die vornehmlich in Alexandrien beheimatet waren und die dem Autor des slHen ganz sicher bekannt gewesen sein dürften.[92] Hinter dem Namen Archas steht wohl der griechische Begriff "ἀρχή", der in seiner zeitlichen Bedeutung vor allem den Beginn von etwas Neuem, zeitlich Begrenztem (bei Philo konsequent die Nicht-Ewigkeit) bezeichnet oder etwa für die Urstoffe oder Grundelemente des Weltwerdens Verwendung findet.[93] Daß der Autor

---

[89]   Die Periodisierung der Zeit hat LICHT 1965 als eines der wesentlichsten Merkmale apokalyptischen Denkens im Judentum beschrieben. Sie liegt im slHen nur in 33,1-2 vor und hat an dieser Stelle keine Schlüsselfunktion.

[90]   Nach 33,4 werden alle Dinge untergehen, wenn Gott sein Angesicht abwendet - eine solche Aussage entzieht sich jeder Bestimmung.

[91]   Varianten- RJB²: адоил; PAUChr: Адоилъ bzw. AU: адаилъ ; B: адоилъ ; VN: идоилъ . Deutungen - CHARLES/MORFILL 1896, z.St.: "אֵל יָד / Hand Gottes"; LOISY 1896, 42: "הָאוֹר/das Licht"; GRY 1908, 287-291 und 1940, 200-203: "אוראל bzw. אל "אורי aufgrund von Buchstabenvertauschung im Namen des Erzengels Uriel; VAILLANT 1952, XI: " ad-o/seine Ewigkeit"; FISCHER 1978, 55: "עֲדוֹ + אֵל" als Personifikation der göttlichen Ewigkeit; SCHOLEM 1962 (65⁴⁰): Korruption von "Sadoqil/Gerechter"; MILIK 1976, 113: ein griech.-semit. Bastard aus "Hades + El".

[92]   Vgl. dazu SASSE, ThWNT I, 198; besonders aber BOUSSET 1979.

[93]   Varianten - RJ: архасъ ; P: Архасъ ; AU: ароухазъ ; B: арухасъ ; VN: ароухасъ ; B²: Арухас ; Chr: Арухасо . Deutungen - CHARLES/MORFILL 1896, z.St.: "רָקִיעַ" oder "ἀρχή"; LOISY 1896, 43: "הָאָרֶץ/die Erde"; GRY 1908, 287-290: "הרקיע (LXX: στερέωμα)", "'Αρχίας"; VAILLANT 1952, XII-XII: steht für "στερέωμα/Fundament", ev. aus "aruch + az/fest geordnet bzw. gegründet"; MILIK 1976, 113: die feminine Form "ארוכה/geographical basin" + maskuline Flexionsendung - "'Αρουχας"; ANDERSEN 1983, z.St.: "ἀρχή" als beziehungsreicher terminus bezüglich Kosmogonie und Kosmophysik. Bei BONWETSCH 1896 taucht im Text parallel zu "Archas" noch ein "Tjažis" auf - hier hat BONWETSCH lediglich eine in P großgeschriebene Eigenschaft des Archas (Архасъ твердъ   и Тяжисъ и   черменъ   sѣло /Archas, fest und schwer und sehr schwarz bzw. rötlich) als weiteres mythologisches We-

sowohl einen hebräischen als auch einen griechischen Begriff nebeneinander verwandte, zeigt einmal mehr sein Bestreben, jüdische und hellenistische Traditionen miteinander zu verbinden.

Grundlegend für die Eschatologie des slHen ist also die Vorstellung von zwei Äonen, die parallel von Anbeginn der Welt an bestehen und die räumlich-qualitativ bestimmt sind. Der obere Äon als Bereich der Zeitlosigkeit umschließt den unteren, in dem allein sich der Ablauf der Zeit vollzieht. Beide verhalten sich nach der Analogie von Sichtbarem und Unsichtbarem oder Vergänglichkeit und Unvergänglichkeit zueinander wie Abbild und Urbild. Ein Ende ist dem zeitlichen Äon durch die Auflösung der Zeit in die Zeitlosigkeit des großen Äons gesetzt. Von daher wird verständlich, warum der Autor des slHen auch kein Interesse an einem apokalyptischen Terminkalender hatte, der die Welt bei zunehmender Verschlechterung schließlich in eine von kosmischen Erschütterungen begleitete Katastrophe steuern läßt.[94] Seine Vorstellung von dem Dualismus beider Äonen atmet eine große Gelassenheit und läßt die Not unmittelbarer Bedrängnis vermissen.

2.1.2.2.2. Struktur der Welt

Zur Struktur der Welt, wie sie im slHen beschrieben wird, sind in Bezug auf das Schema der 7 Himmel und den Äonendualismus schon entscheidende Dinge gesagt. Dieser Rahmen und diese Schwerpunktsetzung bestimmen wesentlich alle weiteren eschatologischen Vorstellungen. Deren Eigenständigkeit läßt sich nun besonders deutlich mit Hilfe der von N. Walter vorgeschlagenen Unterscheidung zweier "Typen" frühjüdischer Eschatologie kennzeichnen.[95] Dieser Unterscheidung zufolge steht neben einer "apokalyptischen Eschatologie", die menschheits- und weltgeschichtlich nach vorn blickt und das Heil in einem zukünftigen irdischen Geschehen erwartet, eine "hellenistische Eschatologie", die statt dessen räumlich nach oben blickt und die Heilsgüter im Himmel schon bereitliegen weiß. Zu dieser Gleichzeitigkeit des Heils mit der Gegenwart des Frommen, die also weniger an dem Ablauf der Zeit als an der Struktur der Welt interessiert ist, sollen im folgenden noch einige Beobachtungen hinzugefügt werden.

Anders als in der apokalyptischen Vorstellungswelt gibt es im slHen keinen scharfen Schnitt oder Trennungsstrich zwischen beiden Äonen bzw.

---

sen verstanden. Zu ἀρχή vgl. DELLING, ThWNT I, 477-483. Vgl. auch das Zitat von Ps 101 in Hebr 1,10.

[94] Auf geschichtlichen Ereignissen überhaupt liegt nur wenig Gewicht. FICHTNER 1951 hat gezeigt, daß ganz allgemein im weisheitlichen Denken, von dem ja gerade der erste Teil des slHen so stark bestimmt ist, eine Aufnahme geschichtlicher Überlieferungen erst allmählich stattfand.

[95] WALTER 1985.

Welten. Obgleich sie räumlich und qualitativ klar unterschieden werden, sind sie doch auch auf vielfältige Weise miteinander verflochten. Engel lenken von den Himmeln aus die Prozesse der Natur und haben genaue Kenntnis von allen menschlichen Ereignissen.[96] Henoch selbst passiert die Grenze beider Bereiche drei Mal und erhält Anteil an der Dokumentation sowohl diesseitiger als auch jenseitiger Dinge. Die Übertragung seiner 366 Bücher auf die Erde schafft eine Verbindung besonderer Art. Daß der liturgische Dienst der himmlischen Heere in irgendeinem Zusammenhang mit der irdischen Praxis steht, wird zwar nicht ausdrücklich gesagt, läßt sich jedoch vermuten.[97] Die Motive der Himmelsreise und der Vision Gottes sind wesentliche Mittel jener vertikalen Verflechtung.[98]

　　Die Gegenwart der Eschata kommt nun vor allem in der Beschreibung jenseitiger Orte zum Ausdruck. An erster Stelle ist hier die Schilderung von Paradies und Hades zu nennen, die in 9 und 10,6 ein "ewiges Erbteil" (насл҄ѣдіе bzw. достоаніе - κληρονομία) genannt werden. Mit der Wendung " достоаніе покоа /Erbteil der Ruhe" ist wohl in 54 ebenfalls das Paradies gemeint.[99] Doch auch Henochs Platz vor dem Thron Gottes wird in 55,2 mit der gleichen Formulierung beschrieben.[100] Damit kommt ein theologisch gewichtiger Begriff ins Spiel. Denn schon das hebräische Äquivalent נַחֲלָה bezog sich hauptsächlich auf den vom Heil Israels unlösbaren Landbesitz, eine Tendenz, die sich in der LXX verstärkte und in der frühjüdischen Literatur eine eschatologische Ausweitung erfuhr. "Erbe des ewigen Lebens" wurde schließlich zu einer festen Wendung.[101] Ein Erbe liegt schon bereit und braucht unter gewissen Bedingungen nur zum entsprechenden Zeitpunkt angetreten zu werden. Ebenso liegen die Heils- und Unheilsorte schon zu Lebzeiten des Menschen bereit, in die er dann zum entsprechenden Zeitpunkt eintreten wird. Andere Stellen formulieren weniger konkret, doch wohl im gleichen Sinne - 65,10 spricht von " кровь жилища [οἰκίας] вѣчнаго /

96　Die Engel des 1. Himmels (3-6) sind für den Ablauf der meteorologischen, die des 4. Himmels (11-17) für den Ablauf der astronomischen Ereignisse verantwortlich. Im 6. Himmel (19) befindet sich eine Art Verwaltungszentrale, in der die Erzengel alle diese Dinge in Übereinstimmung bringen (съмирꙗати - συν-, καταλλάσσειν/versöhnen - 19,3), einschließlich einer Dokumentation menschlicher Seelen, Taten und Leben (19,5).

97　In 21,1 singen die Engel z.B. die Keduscha, was auch liturgischer Brauch im Tempel war (vgl. ELBOGEN ²1924, 61-67). Die große Bedeutung einer Entsprechung zwischen himmlischer und irdischer Liturgie, wie sie GRÖZINGER 1982 und EGO 1989 (27-110) für das spätere rabbinische und jüdisch-mystische Denken durch eine Fülle von Material dokumentieren, wird sicher auf frühere Ansätze zurückgehen.

98　Vgl. dazu ROWLAND 1979; DEAN-OTTING 1984.

99　HOFIUS 1970 (68) verweist auf die Charakterisierung des Paradieses in 8,3 und 42,3 bzw. durch die Wendung "ewiges Erbteil" als eines Ruheortes Gottes und der Gerechten. Daß diese Vorstellung ihre Heimat im eschatologischen Denken des antiken Judentums hat, weisen die zahlreichen Belege bei HOFIUS überzeugend nach.

100　Nach 70,1 hofft auch Methusalem auf ein ewiges Erbteil (насл҄ѣдіе вѣчное).

101　Vgl. FOERSTER/HERRMANN, ThWNT III, 766-786.

Obhut eines ewigen Wohnortes", 61,2 verweist darauf, daß " многа хранилища [ϑησαυροῖ] оуготованна сѫт /viele Aufbewahrungsorte bereitet sind".[102] Allein die Hs. P setzt in 55,2 durch einen Zusatz noch Henochs ewiges Erbteil mit dem himmlischen Jerusalem (вышнїи Іерлимъ / höchstes Jerusalem) gleich - obwohl dies durchaus in den Kontext frühjüdischer Vorstellungen paßt und in äthHen 90 etwa ein Vorbild haben könnte, ist hier angesichts der unsicheren Bezeugung dennoch Vorsicht geboten.[103]

Der Mensch befindet sich also im unteren, durch den Ablauf der Zeit bestimmten Stockwerk eines wohlgeordneten Baues. Der Blick auf die zukünftigen Dinge ist für ihn zugleich ein Blick auf bereits bestehende Existenzformen, die mit seinem jetzigen Leben schon in Verbindung stehen und die ihm zum Zeitpunkt seines Todes endgültig zuteil werden. Der Übergang von einem Äon in den anderen bzw. vom diesseitigen Bereich der Welt in den jenseitigen erscheint damit als ein ausschließlich individuelles Geschehen.

2.1.2.2.3. Gericht und Leben nach dem Tod

Der beschriebene Individualismus wirkt sich vor allem auf die Vorstellung vom Gericht und vom Leben nach dem Tod aus. Zwischen dem individuellen Tod des Einzelnen und dem kollektiven Ereignis des Gerichts-"Tages" entsteht eine Spanne, die überbrückt werden muß. Da sie notwendigerweise von einer Vorentscheidung ausgeht, verändert sich auch die Rolle des Gerichtes selbst. Schließlich gibt es auch für die Art und Weise der neuen Existenz andere Bedingungen als etwa in dem zeitlich-irdischen Rahmen der apokalyptischen Eschatologie.

Zunächst ist deutlich, daß der Verfasser des slHen von einem Zwischenzustand für die Verstorbenen ausgeht. Von den gefallenen Engeln im 2. Himmel und den Gefangenen im Hades heißt es, daß sie an diesem Ort auf das maßlose Gericht warten (7,1; 40,13). Von den Bewohnern des Paradieses, das wie der Hades durch Wächter gesichert wird, läßt sich das gleiche annehmen.[104] Selbst den Tieren scheint nach 58,5-6 ein Ort in der jenseitigen Welt vorbehalten zu sein.[105] Unmittelbar nach seinem Tod gelangt der Mensch nun offensichtlich direkt in das Paradies oder in den Hades. Darüber aber, wie

---

[102] Der Begriff wird sonst für verschiedene Reservoirs meteorologischer Phänomene verwandt, so z.B. in 5,1. 2; 6,1; 40,10. Für menschliche Vorratskammern steht er in 51,2; für das Verborgenste des Herzens in 53,3. Zur Vorstellung von himmlischen "Wohnungen" oder "Häusern" im Frühjudentum vgl. FISCHER 1975, 137-178, zum slHen spez. 148-150.

[103] Vgl. VOLZ 1934, 372-375.

[104] 30,1 (Paradies); 42,1-2 (Hades). Eine Bewachung scheint nur sinnvoll zu sein, wenn die Bewohner noch das Gericht erwartet. Nach 8,8 gibt es auch noch einmal 300 Dienstengel für das Innere des Paradieses.

[105] AU sprechen den Gedanken, der in RJP nur anklingt, deutlich aus: "Alle Tier-Seelen haben im großen Äon einen Ort und eine Hürde und eine Weide." (58,5).

eine solche gewichtige Entscheidung erfolgt, wird keine weitere Aussage gemacht.[106] Ausschlaggebend sind wohl die Werke, die von den Engeln des 6.
Himmels dokumentiert werden und die ihre Entsprechung nun an den jenseitigen Orten finden. Trotz ihres vorläufigen Charakters werden diese Orte
nun dennoch als ein "ewiges Erbteil" bezeichnet, so wie auch die Folgen guten
und bösen menschlichen Tuns überhaupt sehr häufig "ewig" genannt werden.[107] Der Zusammenhang legt nahe, daß dies nur im Sinne von Endgültig-
keit gemeint sein kann. Dem entspricht auch 62,2 mit der Feststellung, daß es
nach dem Tod keine Reue gibt, ebenso wie der wiederholte Hinweis darauf,
daß eine Fürsprache Henochs ausgeschlossen sei.[108] Wenn die unmittelbar
nach dem Tod gefallene Entscheidung endgültigen Charakter hat und nicht
mehr korrigierbar ist, dann müssen auch das Paradies und die Straforte für
einen bleibenden Aufenthalt gedacht sein. Die Vorstellungen von einem zwi-
schenzeitlichen und von einem endzeitlichen Paradies bzw. Hades sind also
miteinander verschmolzen.

Der Tag des großen Gerichtes hat indessen an realer juristischer Bedeutung verloren. Zwar wird nach 44,5 erst dann alles offengelegt und geprüft
werden, zwar stehen erst dann Henochs Aufzeichnungen als Gerichtsproto-
kolle zur Verfügung[109] - doch der Urteilsspruch bestätigt nur die im voraus gefallene Entscheidung. Das Gericht schafft keine neuen Tatsachen, sondern
verleiht nur den bestehenden abschließende Gültigkeit. Damit verschiebt sich
aber die Bedeutung des Gerichtstages, der nun hauptsächlich zur überwälti-
genden Offenbarung von Gottes Machtfülle und Einzigkeit wird. Vorzugsweise ist von dem "großen Gericht/ схдъ великъ " oder dem "maßlosen
Gericht/ схдъ безмѣрнъ " die Rede, daneben wird es häufig als "großes
Gericht des Herrn" bezeichnet.[110] Der Herr ist es, der nach 50,4 am Gerichtstag als Rächer auftritt und dessen Zorn erst das ganze Ausmaß der Strafe offenbart.[111] Gott, dem alleinigen Schöpfer und Erhalter der Welt, bleibt es
auch vorbehalten, ihr alleiniger Richter zu sein.

Die Frage nach der neuen Existenzweise der Verstorbenen steht in der
Spannung zwischen atl.-jüdischem und griech.-hellen. Denken.[112] Verschiedene Beobachtungen legen nahe, daß hier vor allem die Fortexistenz der un-
sterblichen Seele im Blick ist. Ein Übergang des Einzelnen in den großen Äon
unmittelbar nach seinem Tod kann kein leiblicher Vorgang sein. Jene Züge,
die der große Äon mit der griechischen Vorstellung von einer Welt der Ideen

---

[106]   Nach 40,3 schreibt Henoch alle Verdammten (схдіе схдимих /vom Richter
Gerichtete) im Hades auf. Wer und welches Ereignis damit gemeint ist, bleibt unklar.
[107]   Ewig Gutes: 2,2; 42,5; ewig Böses: 18,7; 40,13; 42,2; 60,1-5; 63,4.
[108]   So in 7,5 und 53,1ff - vgl. auch 2.2.2.3.
[109]   Vgl. 40,13; 43,1; 50,1; 52,15; 53,2-3; 64,5; 65,5; 66,8; 68,2.
[110]   Großes Gericht: 18,6; 48,9; 58,6; 60,4; maßloses Gericht: 7,1; 40,13; Tag des großen
Gerichtes: 44,5; 50,4; 52,15; großes Gericht des Herrn: 44,3; 65,6. 8; 66,7.
[111]   Vom Zorn Gottes sprechen 18,8; 44,3; 50,6-8.
[112]   Zum ganzen Thema vgl. NICKELSBURG 1972.

und Urbilder gemeinsam hat, lassen eher an einen Aufstieg der Seele denken. Ein Dualismus von Leib und Seele äußert sich auch in der Darstellung von Adams Erschaffung aus 7 Elementen und der Zuordnung von 7 Eigenschaften in 30,8f.[113] Am deutlichsten wird die Präexistenz der Seele und ihre Unsterblichkeit schließlich in 23,4f beschrieben.[114] Dabei fällt freilich auf, daß sich diese Belege auf den ersten Teil des slHen (1-38) konzentrieren, der wesentlich um die Integration hellenistischen Denkens bemüht ist. Im zweiten Teil (39-67) dagegen, der vorwiegend ethischen Problemen gewidmet ist und sich stärker auf jüdische Traditionen bezieht, wird der Begriff "Seele" mehr im atl. Sinne der Ganzheitlichkeit[115] und somit einer Auferstehung des Leibes gebraucht. U. Fischer hat anhand einiger Schlüsselstellen in der kürzeren Fassung überzeugend nachgewiesen, daß hinter der Wendung " доуша жива - ψυχὴ ζῶσα" (U: 30,6; 58,4; 61,1) das hebräische Äquivalent "חַיָּה נֶפֶשׁ" in der Bedeutung "das ganze Lebewesen" steht.[116] M.E. bleibt dieses Verständnis jedoch nicht nur auf die von Fischer untersuchten Stellen der kürzeren Fassung beschränkt, sondern liegt auch einer Reihe von anderen Aussagen der längeren Hss. zugrunde. Besonders aufschlußreich ist hier der Abschnitt 59,1-60,5. In einer stereotypen Aneinanderreihung wird jeweils einem irdischen Verhalten seine jeweilige (ewige) Konsequenz zugeordnet. Der Begriff "Seele" bezeichnet dabei im Vorsatz den Nächsten auf Erden, dem Unrecht geschieht, im Nachsatz aber den Täter in seiner jenseitigen Existenz. Im Mittelpunkt steht die Formel " исцѣленіе дши - θεραπεία ψυχῆς" bzw. " исцѣлѣти дшх - θεραπεύειν ψυχήν", womit eine Vergebung der Sünden in endzeitlicher Perspektive gemeint ist.[117] Diese Formel wird nun in 60,1 variiert als " исцѣленіе плъти - θεραπεία σαρκός", ebenso wie 59,4 den jenseitigen Aspekt von " доуша " durch den Begriff " плъть - σάρξ" und 60,2 durch " тѣло - σῶμα" erläutern. In 58,5f wird schlicht konstatiert, daß im großen Äon "dem Menschen/ чдком " ein besonderer Platz bereitet sei und daß auf Erden übel behandelte Tiere "den Menschen/ чдка " anklagen werden. An allen anderen Stellen, an denen der Begriff der "Seele" auftaucht, ergibt sich nur dann ein Sinn, wenn damit ein menschliches Lebewesen in seiner Ganzheit gemeint ist.[118] Auch die Peinigung im Hades, die nach 10,3 mit scharfen Werkzeugen ausgeführt wird, scheint eine jenseitige Leiblichkeit

---

[113] " плъть - σάρξ, σῶμα" und " доуша - ψυχή" stellen in 30,8 die beiden Eckpunkte in der Reihe der 7 Elemente dar. In 30,9 sind es " плъть " und " помыслъ - νοῦς" (in 30,8 an 5. Stelle), während die Seele an 3. Stelle steht. Entscheidend ist, daß diese Elemente klar unterschieden werden.

[114] In 49,2 wird noch prägnanter formuliert - allerdings kann diese Stelle nur mit Vorsicht herangezogen werden - s.o. 117.

[115] Vgl. WESTERMANN, THAT II, 71-96.

[116] FISCHER 1978, 64.

[117] Vgl. dazu u. 201 Anm. 238.

[118] Vgl. 9; 10,5; 19,5; 21,4; 61,2; 66,1.

vorauszusetzen.[119] Im Unterschied zu dem hellenistischen Motiv einer Himmelsreise der Seele[120] reist Henoch in seinem Leib durch die 7 Himmel. Vor Gottes Thron wird er gesalbt und bekleidet, vor der Rückkehr vereist ein Engel sein Gesicht. Allein das eschatologische Freudenmahl in 42,5 wird lediglich als ein Bild und nicht als ein reales Geschehen geschildert.[121] Nach 56,1-2 scheint die jenseitige Existenzweise jedoch den Bedingungen irdischer Bedürfnisse nicht mehr zu unterliegen.

Die Spannung zwischen atl.-jüdischem und griech.-hellenistischem Denken kommt in der Alternative zwischen Auferstehung des Leibes oder Fortexistenz der Seele besonders deutlich zum Ausdruck. Der Autor des slHen zeigt an dieser Stelle nur wenig Interesse an einem Ausgleich der logischen Probleme. Er greift auf beide Vorstellungsbereiche zurück, sofern sie seiner jeweiligen Absicht dienlich sind. Dabei entsteht das Bild der leiblichen Existenz in einer jenseitigen Welt, in dem ursprünglich getrennte Traditionen zusammenfließen.

2.1.2.3. Kristallisationspunkt: Henochs Bücher

Von den Büchern Henochs war bereits die Rede. Ihren Inhalt, die oben beschriebene "göttliche Weltordnung" in Gestalt einer erschöpfenden Fülle an Weltweisheit, betrachtete der Autor des slHen jedoch nicht nur als Gegenstand theoretischer Spekulation. Die Bücher Henochs hatten für ihn vielmehr den Charakter realer, im Kreis der Gerechten überlieferter Urkunden. Die Abfassung der Bücher zu Füßen des Thrones Gottes, nach dem Diktat aus und dem Einblick in die himmlischen, besonders wertgeachteten Originale diente dem Ziel einer höchstmöglichen Garantie ihrer Zuverlässigkeit. Nach der Gottesrede an Henoch in 24-37, die eine persönliche Vertiefung (es dominiert das Thema der Schöpfung) und eine weiterführende Einweihung (Henoch erfährt Dinge, die auch den Engeln verborgen waren)[122] darstellte, erhält Henoch den konkreten Auftrag, jene 366 Bücher seinen Söhnen auf Erden zu übermitteln. Dafür gewährt ihm Gott nochmals eine Frist von 30 Tagen. Mit der direkten Übertragung der Bücher von Gottes Thron auf die Erde wird nun die höchste Geltung für heilige Schriften beansprucht. Sie sind identisch mit entsprechenden himmlischen Büchern, sie sind deren an Ort und Stelle verfertigte zuverlässige Kopien. Interessanterweise werden sie von nun an auch ter-

---

[119] Nach CAVALLIN 1979 (257f) erlaubt hier "... gerade die bildliche Sprache keine Schlüsse auf theoretische Vorstellungen vom Leben im Jenseits." Doch zweifellos lebt das Bild von der Peinigung nur von der (wenn auch unreflektierten) Empfindung der Leiblichkeit.

[120] Vgl. dazu COLPE 1967; SEGAL 1980.

[121] Vgl. VOLZ 1934, 367-368.

[122] So in 24,3 und 40,3. Zur Unkenntnis der Engel vgl. auch äthHen 16,3; Sir 42,17; IPetr 1,12.

minologisch konsequent unterschieden als " книгы рхкописаниѩ еноха /Bücher der Handschrift Henochs";[123] Henochs Schreibertätigkeit bezeichnen die Verben " писати, написати, исписати" sowie die Wendung " въ писани положити - εἰς τὴν γραφὴν τιθέναι";[124] Im Munde Gottes heißt Henoch nach 36,3 " кънижьникъ - γραμματεύς" - im Munde der Ältesten nach 64,5 " написатель ".[125] Auf Erden sollen Henochs Bücher vor allem der Erkenntnis von Gottes Einzigkeit und zur Belehrung allgemein dienen.[126] Sie erfreuen und sind zugleich Last (48,7f).

Betrachtet man nun die Anweisungen zu ihrer Verbreitung, dann fällt die Spannung zwischen Offenheit und Abgrenzung auf. Zuerst sind sie für Henochs Söhne vorgesehen, sollen von diesen jedoch an alle Generationen weitergegeben und niemandem vorenthalten werden.[127] Mehr noch - nach 48,7 sind sie für alle Völker bestimmt, damit diese Gott fürchten mögen. So umfassend ihr Inhalt ist, so umfassend ist auch ihr Adressatenkreis gedacht. Zugleich aber wird in 48,7 auf die Gottlosen verwiesen, die sie ablehnen im Gegensatz zu jenen, die "den Büchern anhängen/ приложетсѧ книгамъ ". Gott selbst trifft eine ganze Reihe von Vorkehrungen zu ihrem Schutz: Der Erzengel Michael wird Henoch als Vermittler (холатай) mit auf den Weg gegeben (33,10), und die beiden Engel Ariuch und Pariuch werden zu Wächtern der Bücher auf Erden bestellt, damit diese unversehrt die Flut überdauern (33,11f).[128] Die Bemerkung, ein Gerechter im letzten Geschlecht werde

---

[123] So in 33,8. 9; 35,2; 36,1; 47,2 (2x). Nur " рхкописаниѥ " heißt es in 33,10; 53,3. Von einer " рхкописаниѥ ѡтпь /Handschrift der Väter" (in diesem Falle Adam, Seth, Enos, Kainan, Malaleil, Jared) spricht 33,10. Offenbar galten dem Autor alle Urväter als Verfasser heiliger Schriften, in deren Tradition sich Henoch nur an hervorgehobener Stelle einfügt.

[124] " писати ": 23,3; " написати ": 23,4; 33,5; 40,1-12 (außer 6); 53,2; 68,2; " исписати ": 40,6; 43,1; " въ писани положити ": 50,1; 66,8.

[125] Nach 36,3 in AU nennt Gott Henoch einen " книжник рабомь моимь /Schreiber für meine Diener", denn er werde alles, was auf Erden geschieht und was auf Erden und im Himmel existiert, niederschreiben sowie Zeuge für das große Gericht sein. Zum Titel vgl. auch äthHen 12,3.4.

[126] Vgl. 33,8; 35,3; 36,1; 40,1-12; 47,3; 54,1; 48,6; 66,8.

[127] Vgl. 33,8f; 35,3; 36,1; 47,1-2; 48,6-7; 54,1; 68,2.

[128] Varianten - R: ариоух/париоух ; J: арїоух/парїоух ; P: hat hier eine Lücke; AU: ариѡх/мариѡх ; BB²: ариох/мариох ; VN: ѡрнѡх/Марїѡх . Ein Zusammenhang mit den beiden Engeln Harut und Marut, die im Koran 2,96-104 auftauchen (so MILIK 1976, 110), ist unwahrscheinlich - sie treten dort als Verführer bzw. als Lehrer von Magie und Unzucht auf. Die islamischen Kommentatoren bieten dann die ganze Legende: Beide Engel steigen auf die Erde herab, erliegen den Verführungen einer schönen Frau und verraten ihr den unaussprechlichen Namen Gottes - alle bekannten Texte finden sich bei LITTMANN 1916. Die Herleitung GRYS (1940, 199-200) von sumerischen und akkadischen Wurzeln zu den Funktionsbeschreibungen "longueur" und "sequestre" scheint zu aufwendig und auch einem Adressatenkreis des Buches im 1. Jh. zu fernliegend zu sein. Einleuchtender ist GINZBERGS (1925, V 160) Deutung als "אוריר/Gott ist Licht" und "מריר/Gott ist Meister" - die Aussprache "-iok" diene der Vermeidung der Endung "-io" zum Schutze des Gottesnamens (ein nach GINZBERG auch heute zu beobachtender Brauch). Eine Legende von den beiden guten Engeln "Αρώτ" und "Μαρώτ", die zum Zwecke guter Herrschaft und gerechten Urteils von Gott auf die Erde gesandt werden

sie offenbaren (35,2), spielt offenbar auf das Bekanntwerden konkreter Henochbücher zur Zeit der Adressaten des slHen an - möglicherweise könnte damit auch auf eine historische Figur des "Henochkreises" verwiesen werden. Die Bemerkung in P (67,3), nach Henochs Entrückung sei eine Schriftrolle mit den Aufzeichnungen des unsichtbaren Gottes gefunden worden, steht hier völlig singulär und ist leicht als späterer Zusatz zu erweisen.[129]

Die Bücher bleiben nach Henochs endgültiger Entrückung als ein "Erbe" auf Erden zurück. Indessen aber verwandelt sich Henochs Rolle noch einmal. Es scheint, daß er nun an Vrevoils Stelle tritt und die himmlische Buchführung ganz übernimmt, vorzugsweise als Protokollant des bevorstehenden Gerichtes.[130] Vom Schüler ist Henoch über den vollmächtigen Vermittler schließlich zum obersten himmlischen Schreiber überhaupt geworden. Die auf Erden zurückgelassenen Bücher dienen inzwischen als Grundlage der ethischen Unterweisung. Obwohl die Zahl 366 oben als eine symbolische Größe beschrieben wurde, scheint doch gleichzeitig auch ein reales Schriftenkorpus im Blick zu sein - anders lassen sich die wiederholten Mahnungen zum Studium der Bücher kaum verstehen. Damit fällt zugleich ein wenig Licht auf das Selbstverständnis des slHen im Ganzen der Henochtradition. Mit der Zahl 366 war es möglich, die sicher nicht für jeden überschaubare und möglicherweise noch wachsende Zahl der Henochschriften (unter dem Vorbehalt einer erst nach und nach erfolgenden Entdeckung) insgesamt als gültige, für den Adressatenkreis des slHen grundlegende Literatur zu umfassen. Das slHen selbst aber konnte sich innerhalb dieser lebendigen Tradition als eine Art "Leitfaden", als "Einführung" oder "Zusammenfassung" verstehen, bestimmt für einen Leserkreis, für den die apokalyptischen und messianischen Gedanken der Henochtradition weniger vertraut oder gelegen sein mochten. Und wenn auch die enzyklopädische, erschöpfende Fülle der Weltweisheit, wie sie für das Gesamtkorpus der Henochbücher in Anspruch genommen wurde, im slHen selbst nur auszugsweise enthalten war, so reihte es sich doch in dieses

---

(sie findet sich unter den Schriften des ehem. Kaisers Johannes VI. Kantakuzenos - vgl. MIGNE, PG 154, 628; Hinweis bei MILIK 1976, 110), bezieht sich ebenfalls auf die islamische Legende (Kontext: Contra Mahommetem Oratio II). Vgl. auch GRÜNBAUM 1877, 224-240.

[129] Es fehlt jeder Zusammenhang zu Henochs Büchern, die ja bereits verteilt und in dessen Lehrvorträgen bekanntgemacht worden waren. Über Verbleib und Funktion der Rolle wird nichts gesagt. Für ähnliche Funde von heiligen Schriften an heiligen Orten gibt es zahlreiche Beispiele in der antiken Literatur, die bis weit in das Mittelalter hineinreichen - vgl. dazu SPEYER 1970. Sie alle dienten einer Legitimierung der neuen alten Offenbarung, was im vorliegenden Falle überflüssig ist - die Rolle wäre im Gegenteil eher eine "Konkurrenzoffenbarung" neben Henochs Büchern. ANDERSEN (z.St.) erwägt auch eine Anspielung auf Act 17,23 (" невѣдимъ Бг҃ъ /des unbekannten Gottes" statt " невидимъ Бг҃ъ /des unsichtbaren Gottes"). Der Satz "Ich ließ ein Blatt auf die Erde fallen." (33,11) in RIESSLERS Übersetzung, der an eine Art "Himmelsbrief" denken läßt, ist lediglich eine sehr freie Deutung der Übersetzungserwägungen BONWETSCHS 1896 gegenüber der wohl versehrten Stelle in N.

[130] Zu Henochs Rolle in der himmlischen Buchführung vgl. 40,13; 43,1; 50,1; 52,15; 53,2-3; 64,5; 65,5; 66,8; 68,2.

Korpus ein, spiegelte seine wesentlichen Vorstellungen wider und hatte Teil an seiner einzigartigen Geltung.[131]

2.1.3. Schlußfolgerungen

Die Kap. 1-38 zeichnen Henoch als einen "Eingeweihten", dessen jenseitige Erfahrungen aus der Fülle göttlicher Weisheit schöpfen. In den verschiedenen Offenbarungen fließen atl. Überlieferungen mit Vorstellungen der hellenistischen Welt zu einer Raum und Zeit umfassenden Weltweisheit zusammen. Sie hat in Henoch einen Repräsentanten, der nach der biblischen Urgeschichte am Anfang menschlicher Weisheit und Frömmigkeit überhaupt steht. Dennoch spielt Henoch in diesem Zusammenhang weder die Rolle eines Erfinders der Weisheit noch die eines Siegers im Wettstreit mit nichtjüdischen Weisen.[132] Mehr noch als einen Anspruch auf Alter oder Überlegenheit verkörpert Henoch ein Bemühen um Integration allen vorhandenen Wissens unter der Prämisse göttlichen Ursprunges. Statt Apologetik oder Polemik geht es um eine nüchterne Reflexion, die den Konsens verschiedener Vorstellungen sucht. Sie wird von der Überzeugung getragen, daß sich das Wissen der hellenistischen Welt an zahlreichen Punkten mit dem jüdischen Glauben von jeher in Übereinstimmung befindet. Dieser urzeitliche Konsens wird in den Einsichten Henochs nach Inhalt und Begrenzung offenbar. Damit erscheint der jüdische Glaube als eine Weltweisheit, die universale Gültigkeit beanspruchen kann. Er ist allen Menschen zugänglich und zieht seine Grenzen nicht nach nationalen oder geographischen Kriterien, sondern vielmehr nach der Maßgabe einer umfassenden Weltordnung. Das Bewußtsein einer Konfrontation ist gegenüber dem Bemühen um Integration in den Hintergrund getreten.

---

[131] Vor diesem Hintergrund ist auch das Schwanken der verschiedenen Titel des slHen zwischen Sing. und Plur. zu verstehen - vgl. Exkurs E.

[132] Die Rolle des Erfinders oder Bringers der Weisheit und Kultur war Henoch wohl ursprünglich zu eigen - vgl. z.B. Gen 4,17; Jub 4,17; vor allem aber die häufig untersuchte Herkunft der Henochgestalt aus der babylonischen Überlieferung von den Urzeitweisen (so etwa VANDERKAM 1984). Nach slHen 33,10 verfaßten schon Henochs Väter Schriften. Zu jener Gestalt der Weisheit, die Israel als Mutter aller Weisheit oder die Weisen Israels als überlegene Sieger im Wettstreit mit nichtjüdischen Weisen darstellen, vgl. KÜCHLER, 115-156.

2.2. Henoch als ethische Integrationsfigur (40-67)

2.2.1. Bezugsrahmen

2.2.1.1. Die Struktur ethischer Aussagen

Mit dem beschriebenen eschatologischen Dualismus beider Äonen ist im slHen auch ein Dualismus ethischen Charakters verschränkt. Er geht von einer Scheidung der Menschheit in zwei gegensätzliche Gruppen aus, die sich durch ihre gegensätzlichen Verhaltensweisen unterscheiden. Diese wiederum haben ihre Entsprechung in gegensätzlichen jenseitigen Folgen.

Eine solche dualistische Struktur ethischer Aussagen kommt nun in der Verwendung verschiedener Begriffspaare, Formen oder Schemata zum Ausdruck, wie sie den frühjüdischen Autoren im allgemeinen geläufig waren. Das slHen läßt jedoch keinen bevorzugten Sprachgebrauch erkennen und variiert seine Mittel. "Die Gerechten und die Ungerechten" treten als Begriffspaar nur einmal in 46,3 auf (правы и не правы - οἱ δίκαιοι καὶ οἱ ἄδικοι), doch ist vom "Gerechten" allein (праведьникъ - ὁ δίκαιος) noch häufiger die Rede.[133] Ein synonymes Begriffspaar nennt 61,2 mit "den Guten und den Bösen" (добры и зли - οἱ ἀγαθοὶ καὶ οἱ πονηροί). Dahinter steht als Maßstab, daß die Werke des Herrn gerecht und gut sind.[134] Hieran schließt sich ein Sprachgebrauch an, der verallgemeinernd und typisierend von gerechtem und ungerechtem Tun, von " неправьда - ἀδικία" und " сълоба - πονηρία, κακία" handelt.[135] Eine Typisierung erfolgt auch, wenn menschliche Verhaltensweisen in Katalogen oder Reihen zusammengestellt werden.[136] In direkter Gegenüberstellung zeigt Gott dem Adam, welcher Weg gut und welcher böse ist (30,15), gibt es gute und böse Werke (42,14; 65,4). Im großen Äon sind gute und böse Aufbewahrungsorte bereitet - sie heißen in 61,3 auch "gesegnete und böse Häuser". Dies bezieht sich wohl auf die Beschreibung von Paradies und Hades (8-10), die - bis in formale Details hinein parallel gebaut - zwei klare Antitypen darstellen, was ihren Bewohnern korrespondiert.[137] Interessant ist ferner Kap. 52, das in abwechselnder Reihenfolge Seligpreisungen und Flüche zusammenstellt. Hier wird menschliches Verhalten in absoluter Unvereinbar-

---

[133] So z.B. 9; 35,1; 42,3.4; 65,8; 66,7. Vgl. auch den Exkurs zum "Gerechten" bei NISSEN 1974, 154-158; zum Begriffspaar "Gerechter und Frevler" SCHMID 1966, 159-161; auch VOLZ 1934, 85-86.

[134] So z.B. 42,14; 44,1; zum gerechten Gericht 42,2; 44,5; 46,3; dazu die Formel, mit der Gott seine Schöpfung bestätigt (25,3; 26,3; 27,3) und deren Verallgemeinerung in 19,2.

[135] Gerechtes Tun: 9; 42,6. 7. 9. 11; 43,1; 66,2; ungerechtes Tun: 9; 18,5; 19,3; 50,3; 55,3; 63,2; 66,2; Ungerechtigkeit: 9; 34,2; 44,1; 63,4; Bosheit: 34,1; 44,4.

[136] So z.B. 2,2 (Abschiedsmahnungen Henochs); 9 (Eigenschaften der Gerechten im Paradies); 10,4-6 (Eigenschaften der Hadesbewohner); 42,6-14 (Makarismenreihe); 66,6 (Tugendkatalog).

[137] Vgl. dazu FISCHER 1978, 48f.

keit voneinander abgesetzt und gewertet. Da mitunter Seligpreisung und
Fluch das gleiche Thema betreffen, gibt es für die Entscheidung also nur ein
striktes "Entweder - Oder". Auch die Bücher Henochs bewirken eine Scheidung der Menschheit bzw. machen diese offenbar - einige werden ihnen anhängen, andere werden sie ablehnen (48,7f). Schließlich nimmt der Autor des
slHen auch Bezug auf das beliebte Bild von den zwei Wegen.[138] Nach 30,15
zeigte Gott dem Adam zwei Wege (.ᴃ . ⲡⲭⲧⲏ - β´ ὁδοί), Licht und Finsternis
(ⲥⲃⲉⲧ ⲏ ⲧⲃⲙⲭ - φῶς καὶ σκότος), und erläutert ihm, daß dieser gut, jener
aber böse sei. In 40,10 wird derjenige seliggepriesen, der sich abwendet von
dem "vergänglichen Weg dieser eitlen Welt" und auf dem "rechten Weg, der in
jenes endlose Leben führt", geht.

Die dualistische Struktur ethischer Aussagen im slHen fügt sich in das
Gesamtbild frühjüdischer Ethik ein. Eine Unterscheidung etwa zwischen Gerechten und Ungerechten war auf dem Boden weisheitlichen Denkens entstanden. Vor dem Hintergrund der atl. Jurisdiktion, die nur einen Urteilsspruch im Sinne von schuldig oder unschuldig kannte, mochte die Unterscheidung menschlichen Verhaltens nach einem strikten "Entweder - Oder" plausi-
bel gewesen sein.[139] Gleichzeitig scheint aber auch die Ethik der griechischen
Popularphilosophie einige Anknüpfungspunkte geboten zu haben, wie etwa
die Form der Tugend- und Lasterkataloge oder der Einfluß der Fabel von He-
rakles am Scheideweg auf die Herausbildung des Zwei-Wege-Schemas vermuten lassen.[140] Griechisches Denken verrät vor allem das rationale Element in
der Ethik des slHen. Wissen und Vernunft spielen für die Entscheidung eine
bedeutende Rolle.[141] Der Wille (ⲃⲟⲗⲓ-ⲁ - θέλημα, βούλημα), mit dem Gott
den Adam nach 30,15 ausrüstete, kann im Zusammenhang nur die Fähigkeit
zu wählen meinen, den eigenverantwortlichen Willensakt.[142]

Eine solche dualistisch strukturierte Ethik gewinnt klare und eindeutige
Kriterien. Es gibt im menschlichen Verhalten nur gegensätzliche, einander
ausschließende Positionen. Grenzfälle sind nicht im Blick. Der starke weisheitliche Einfluß zeigt sich darin, daß der Autor vor allem auf das rationale
Unterscheidungsvermögen setzt. Der Weise findet die Unterschiede in der
Ordnung der Welt heraus und trifft danach seine Entscheidungen. Was Henoch dabei herausfand und in seinen Büchern niederlegte, kommt nun auch
allen anderen zu. Der ethische Dualismus ist von keinerlei nationalen Fakto-
ren bestimmt, sondern hat vielmehr die Menschheit vor Augen. Er bleibt aber
- wie schon jene Öffnung des weisheitlichen Denkens gegenüber nichtjüdi-

---

138 Vgl. dazu MICHAELIS, ThWNT V, 42-65; WIBBING 1959, 33-42 und 61-64.
139 Vgl. SCHMID 1966, 160.
140 Vgl. WIBBING 1959, und MICHAELIS, ThWNT V, 43-46.
141 Vgl. o. 162.
142 Das AT geht weithin von einer Möglichkeit der menschlichen Selbstentscheidung aus.
Während die frühe griechische Philosophie vorwiegend deterministisch dachte, spielt dann der
Gedanke der menschlichen Willensentscheidung etwa seit Sokrates eine große Rolle - vgl. dazu
RUNZE, RE 21, 305-310.

schen Vorstellungen - unbedingt an die Einzigkeit Gottes gebunden. Hier wird auch die Grenzlinie durch negative, ausschließende Formulierungen viel schärfer gezogen. Doch diese Grenzlinie ist ganz offensichtlich nicht mehr mit den Grenzen des jüdischen Volkes identisch.

2.2.1.2. Die Interpretation des Gesetzes

Für die ethischen Anschauungen des Judentums hatte die Thora konstitutive Bedeutung. Auch da, wo sie nicht direkt genannt wird, steht sie doch als Autorität im Hintergrund. Dies wird nun im slHen auf sehr vielfältige Weise sichtbar.[143]

Um im Rahmen der urzeitlichen Erzählperspektive einen Anachronismus zu vermeiden, umgeht der Autor des slHen sorgfältig jeden Bezug auf das "Gesetz" (законъ - ὁ νόμος). Stattdessen gebraucht er aber eine Reihe von Ersatzbegriffen. In 59,5 ist - negativ gewendet und in der unbestimmten Form - von einem "bösen Gesetz" (зло законъ - πονηρὸς νόμος) die Rede. Im unmittelbaren Kontext (59,1-5) wird auch 4x das Verb " беззаконити - ἀνομεῖν" gebraucht; in 18,3 findet sich ein von diesem Verb abgeleitetes Partizip. Die Verderbnis der Welt vor der nahen Flut wird in 71,24-25. 27 (4x) als " беззаконие - ἀνομία" beschrieben. Andere Begriffe zielen vor allem auf die Einzelweisungen des Gesetzes. In 2,2 verweist Henoch auf die "Urteilssprüche Gottes" (схльба - κρίμα - מִשְׁפָּט).[144] Insgesamt 5x geht es ganz allgemein um "Gebote" (заповѣдь - ἐντολή).[145] Hinzu treten in 19,3 und 23,2 "Belehrungen" (пооучение - παραίνεσις) und in 31,1 der "Bund Gottes mit Adam" (завѣтъ - διαθήκη, ἐντολή).[146] Nach 7,3 gehorchten die gefallenen Engel nicht der "Anordnung" des Herrn (повелѣние - δόγμα) - AUB bieten an dieser Stelle "гласа господня/Stimme des Herrn". Zu den

---

[143] Vgl. auch den Exkurs über das Gesetz im slHen bei NIEBUHR 1987, 192-194.

[144] "מִשְׁפָּט" hat seine Wurzel in der Sphäre des Rechtes, kann diese jedoch auch verlassen. Mit dem Begriff wird u.a. eine grundlegende Ordnung beschrieben, die der Richter durch sein Handeln lediglich wiederherstellt. In Verbindung mit JHWH sind damit eher einzelne kasuistische Rechtssätze, als daß damit etwa eine Bedeutung wie "Gesetz" unterstellt würde - vgl. LIEDKE, THAT II, 999-1009.

[145] Vgl. 19,3; 23,2; 31,1; 34,1; 65,1. J hat auch in 2,2 " заповѣдь " statt " схльба " geschrieben - vermutlich stellt dies eine Korrektur dieser nur vor dem Hintergrund hebräischen Denkens verständlichen Wendung dar. In 31,1 steht der Begriff im Singular. "ἐντολή" bezeichnet in der LXX und im Judentum vorzugsweise die Einzelweisungen der Thora und weckt somit beim Leser eine klare Assoziation, vgl. SCHRENK, ThWNT II, 542-553. In 65,5 ist der Bezug von "seine" Gebote nicht ganz klar - grammatisch könnten dies auch die Gebote des Menschen sein. Sachlich aber ist wohl der letzte Teilsatz zu überspringen, so daß die Gebote des Herrn gemeint sind.

[146] Nach 31,1 schuf Gott den Garten Eden für Adam, " да блюдат завѣт и хранит заповѣд /damit er den Bund hält und das Gebot bewahrt". Bund und Gebot spielen hier wohl auf das Tabu des Lebensbaumes an, wovon ansonsten im slHen keine Rede ist.

Ersatzbegriffen kommen allgemeinere Umschreibungen hinzu. Ein beliebtes Bild ist das des "Joches" (ꙗрьмъ, иго - ζυγός, -όν), das der Gerechte willig auf sich nimmt, der Ungerechte aber ablehnt.[147] Auch die "Gründung der Väter/ ꙍснованиѥ ѡтѭь " bzw. die "Bestimmungen der Vorfahren und Väter/ оустави прѣдъ и ѡтѭь " in 52,9. 10 zielen auf ethische Normen. Die typisierende Rede vom menschlichen Tun setzt voraus, daß Normen bekannt sind. Diese werden gelegentlich auch mit ganz allgemeinen Wendungen wie "alles, was ich dir gesagt habe, und alles, was du verstanden ... gesehen ... geschrieben hast" (33,3), "alle Worte eures Vaters" (53,4) oder "alles Wohlgefällige vor dem Angesicht des Herrn" (35,2; 55,3)[148] umfaßt.

Mit der Verwendung von Ersatzbegriffen oder Umschreibungen für die Thora versucht der Autor jedoch nicht nur einem Anachronismus zu entgehen - er befindet sich zugleich im Zuge all jener Bemühungen zur Zeit des Frühjudentums, die Bestimmungen der Thora zusammenzufassen oder zu aktualisieren. Die begriffliche Betonung der Einzelgebote weist bereits in diese Richtung. Darüber hinaus aber finden sich weitere Anzeichen. Das Schma etwa, das als Grundbekenntnis des jüdischen Glaubens auch zunehmend eine liturgische Funktion erhielt, tritt in den zahlreichen Warnungen vor Götzendienst und Abfall von Gottes Einzigkeit thematisch hervor.[149] Die Furcht des Herrn, die in der Weisheitsliteratur das Primat eines Hauptgebotes erlangte, wird in 43,3 nachdrücklich betont: "Keiner ist besser als derjenige, der den Herrn fürchtet. Er wird der Herrlichste sein in jenem Äon."[150] 61,2 bietet eine Verhaltensmaxime, die Ähnlichkeiten zu der "goldenen Regel" aufweist.[151] Andere Versuche, die Thora im Doppelgebot der Gottes- und Nächstenliebe zusammenzufassen, haben sich im slHen thematisch niedergeschlagen - eine Konzentration auf die Wahrung von Gottes Einzigkeit sowie auf die Einhaltung sozialer Gerechtigkeit ist leicht zu erkennen. Dazu gehören

---

[147] In 34,1 wird " ꙗрма " synonym zu den "ἐντολαῖ" verwendet; nach 41,2 gibt es ein Joch des Hades. " иго " steht in 48,9 als Joch der Bücher Henochs und in 51,3 im Sinne von Schicksal oder Los. Als Metapher wird "ζυγός" meist in sittlich-religiösen Zusammenhängen gebraucht und zielt auf eine Grenzsetzung des Verhaltens, vgl. SCHRENK, ThWNT II, 740-748.

[148] 35,2: " оугодьникъ моим /das mir Wohlgefällige"; 55,3: "alles Wohlgefällige (благоволѥниѥ - [συν-] εὐδοχία - רָצוֹן) vor dem Angesicht des Herrn".

[149] Polemik gegen den Götzendienst findet sich z.B. in 2,2; 10,4-6; 34,1; 66,2. 5; den Dienst Gottes betonen 2,3; 42,6. 14; 51,4; 52,1. 3. 5; 66,1; die Einzigkeit Gottes 33,7f; 34,1; 35,8; 36,1; 48,3; seine Ehre 10,4. Zur Rolle des Schma vgl. SAFRAI 1976.

[150] Vgl. dazu BERGER 1972, 137; NISSEN 1974, 182-192.

[151] 61,2: "Wie aber ein Mensch von Gott für seine Seele bittet, so soll er auch jeder lebenden Seele tun." NISSEN 1974 (390-399) bietet zahlreiche weitere Belege; vgl. auch MATHYS/HEILIGENTHAL, TRE 13, 570-577. Bei einer großen Variantenvielfalt ist allen Beispielen gemeinsam, daß zwei handelnde Subjekte (das eigene und das Nächsten) in einem wechselseitigen Verhältnis aufeinander bezogen sind. slHen 61,2 genügt diesem formalen Kriterium nicht. Vielmehr wird Gott ins Spiel gebracht und damit der ursprünglich neutrale Charakter verlassen. Ähnlichkeit besteht lediglich darin, daß das eigene Wohlergehen auch für andere gelten soll. An der Deutung, die goldene Regel könne eine Zusammenfassung des Gesetzes bieten, hat NISSEN Kritik geübt - sie stellt eher eine Brücke hin zum Studium der Thora dar.

auch die Warnungen vor Unzucht und Habgier, die in den paränetischen Teilen gelegentlich auftauchen.[152] Sie binden nach E. Reinmuth auf eigene Weise
die Gottesbeziehung und das soziale Verhalten zusammen: "In der Enthaltung
von beiden Lastern kommen nach frühjüdischer Auffassung die beiden vor-
dringlichen Forderungen des Gesetzes zur Erfüllung."[153] Auf eine Bündelung
oder Aktualisierung der Einzelgebote der Thora in katechismusartigen Weisungsreihen, wie sie etwa in slHen 10,4-6 oder 42,6-14 vorliegen, hat K.-W.
Niebuhr aufmerksam gemacht.[154] Hier werden Verhaltensweisen exempla-
risch zusammengefaßt, die für Verfehlung oder Erfüllung der Thora stehen.

Eine ganz besondere Rolle spielen schließlich die 366 Bücher Henochs.
Es scheint unvermeidlich zu sein, daß sie in Konkurrenz zur Thora geraten,
sofern man ihre reale Gestalt vor Augen hat. Stellt man jedoch ihre symbolische Bedeutung in Rechnung, nach der sie Fundus einer erschöpfenden Weltweisheit sind und die Gesamtheit von Gottes Weltordnung enthalten, dann
wird mit ihnen eher der Horizont beschrieben, vor dem auch eine Interpretation der Thora steht. Die Thora wäre danach eine Darlegung der Weltordnung und des Goteswillens in einer späteren und konkret für Israel bestimmten Form, während die Grundzüge dieser Weltordnung und des Gotteswillens
von der Urzeit an auch schon einem jeden Menschen zugänglich waren. D.h.,
daß mit den Büchern Henochs auf eine Art "natürliches Gesetz" angespielt
würde, das auch ganz allgemein der menschlichen Vernunft und Einsicht zugänglich wäre. Ein solches "natürliches Gesetz" aber blieb dennoch ausschließlich an Gott den Schöpfer und Richter der Welt gebunden und ließ
keine Abweichung von seiner Einzigkeit zu. So konnte der Autor des slHen
also in seinen ethischen Darlegungen von einer allgemeinmenschlichen Basis
ausgehen, ohne dabei das Wesen der Thora aufzugeben. Vielmehr wird sich in
der Beschreibung des materialen Gehaltes der Mahnungen Henochs zeigen,
wie vieles davon in den Weisungen der Thora wiederkehrt. Der breite, univer-
selle Ansatz des slHen bietet zahlreiche Übergänge zum atl. Gesetz.

2.2.2. Theologische Intention

2.2.2.1. Ausgangspunkt: Ethik und Eschatologie

Die ethischen Aussagen des slHen, wie sie vor allem auf die Kap. 40-67 konzentriert sind, stellen keinen selbständigen, vom Ganzen ablösbaren Teil dar -
sie sind im Gegenteil auf vielfältige Weise mit den eschatologischen Vorstellungen des ersten Teiles verbunden. Ziel der Ethik ist es, im Blick auf

---

[152] Unzucht: 10,4; 34,2; Habgier: 10,4-5. Als Laster wird die Habgier nicht direkt genannt,
spiegelt sich aber in der Beraubung des Armen wider.
[153] REINMUTH 1985, 39.
[154] NIEBUHR 1987, 185-194.

menschliches Verhalten eine Orientierung und Motivation zu bieten. Eine Orientierung erfolgt im slHen dadurch, daß der Mensch aus der eschatologischen Perspektive sein Verhalten im unteren Stockwerk des großen Gebäudes als Teil der umfassenden Weltordnung Gottes einsehen und einordnen kann. Eine Motivation erfolgt aufgrund der Entsprechung von diesseitigem Verhalten und jenseitigen Folgen. Dieses Verhältnis läßt sich nun durch eine Reihe inhaltlicher und formaler Kriterien noch genauer bestimmen.

Zunächst ist die ethische Ausrichtung des zweiten Teiles schon in dem weisheitlich bestimmten Rahmen des ersten Teiles angelegt. Das Wissen, das der Weise erwirbt, richtet sich wesentlich auf die praktische Lebensführung. In dem Maße, in dem sich nun Henochs Weisheit durch die jenseitigen Offenbarungen vertieft hat, gewinnt auch seine ethische Unterweisung an Tiefe. Vor dem Hintergrund jener räumlich-qualitativen Vorstellung zweier Äonen oder Welten wird das Leben des Menschen zu einem Weg aus dem einen in den anderen Bereich, zwischen denen es also auch in ethischer Hinsicht eine Entsprechung gibt. Die alleinige Verantwortlichkeit des Menschen vor Gott gründet sich rückblickend auf das Ereignis der Schöpfung, während sie vorausschauend auf den Tag des Gerichtes zielt. Gott als Schöpfer und Richter der Welt ist in nahezu allen ethischen Aussagen des slHen gegenwärtig.

Besonders deutlich läßt sich das Verhältnis zwischen Ethik und Eschatologie unter formalen Gesichtspunkten beschreiben. Bereits in den ersten Teil (1-37), also unmittelbar in die Entfaltung der eschatologischen Vorstellungen hinein, sind ethische Normen und Wertungen eingefügt. Nach der Definition von K. Berger haben sie epideiktischen Charakter, d.h., sie wollen beeindrucken und dadurch eine Veränderung erreichen.[155] Als "Ohrenzeuge" von Henochs jenseitigen Erlebnissen erhält der Hörer Kenntnis davon, wie Paradies und Hades beschaffen sind und welche irdischen Verhaltensweisen die Vorbedingungen für einen künftigen Aufenthalt an diesen schon existierenden Orten darstellen.[156] Dazu werden ihnen urzeitliche oder jenseitige Ereignisse vorgestellt, die - wie etwa die Geschichte der gefallenen Engel, der Sturz Satans, der Sündenfall, die Flut und Noahs Gerechtigkeit - in Form von Modellfällen die Folgen konkreten Verhaltens aufzeigen.[157] Entscheidend ist dabei die Entsprechung, die zwischen dem Leben in dieser und in jener Welt besteht. Den zweiten Teil (40-67) beherrscht dann fast ausschließlich die direkte Paränese. Hier finden sich Formen symbuleutischen Charakters, die den Hörer durch Mahnung oder Aktivierung zu verändern suchen.[158] Dabei lassen

---

[155] BERGER 1984, 17.

[156] Vgl. FISCHER 1978, 48f. Hier wird bereits das Tat-Folge-Schema sichtbar: Die Formel "dieser Ort ist bereitet denen, die ..." (9; 10,4) erfüllt dabei die Funktion der Apodosis - vgl. auch KÄHLER 1974, 142.

[157] Engelfall: 7; 18; Sturz Satans: 29,4-5; Sündenfall: 30,16; 31,3-32,1; Flut und Noahs Gerechtigkeit: 34-35.

[158] BERGER 1984, 17.

sich wieder mehrere kleinere Formen unterscheiden. Mahnungen ohne Begründung erhalten ihr Gewicht durch Henochs jenseitig erworbene Autorität.[159] Da aber, wo den Mahnungen einfache Begründungen angefügt sind, beziehen sich diese vor allem auf eschatologische Sachverhalte wie das Gericht oder die im großen Äon bereitliegenden Orte.[160] Breiten Raum nehmen Mahnungen im Tat-Folge-Schema ein, in denen eine Bedingung (Protasis) und eine Folge (Apodosis) grammatisch aufeinander bezogen sind. Eine futurische Apodosis findet sich in a) Konditionalsätzen mit einer Heilsangabe, b) talionsartigen Konditionalsätzen und c) Makarismen (bzw. Fluchworten).[161] Die Heilsangaben in den Sätzen unter a) sind - abgesehen von wenigen Ausnahmen, in denen sich das Heil offenbar noch zu Lebzeiten auswirkt - stets auf eschatologische Heilsereignisse bezogen.[162] Die Sätze unter b) zielen vorwiegend auf eine eschatologische Vergeltung im Gericht, wobei auch hier der Gedanke einer innerweltlichen Folge die Ausnahme darstellt.[163] In den Makarismen oder Fluchworten unter c) ist die Apodosis zu einer formelhaften Wendung geworden, die mit " блаженъ - μακάριος" und " проклатъ - ἐπικατάρατος" über den irdischen Bereich hinausweist und die eschatologische Dimension der entsprechenden Verhaltensweisen pauschalisierend zum Ausdruck bringt.[164] In einigen Fällen sind noch zusätzliche Kausal- oder Finalsätze angefügt, die sich jeweils auf Sachverhalte wie Gericht, die jenseitigen Orte, Sündenvergebung oder Vergeltung beziehen.[165] Präsentisch wird die Apodosis formuliert in Sätzen mit einer stellvertretenden Affizierung - d.h., daß sich die Tat in der Konsequenz gegen eine andere als die zunächst unmittelbar betroffene Adresse richtet.[166] Damit ist formal zunächst der innerweltliche Bereich im Blick. Nach dem Kontext gehen die Folgen jedoch auch hier

---

[159] So z.B. 2,1; 46,1; 61,4; 65,1 - Aufforderung zum Hören; 55,2 - Mahnung, alles Wohlgefällige vor dem Angesicht des Herrn zu tun.

[160] 2,1 - bevorstehende Himmelsreise; 2,2, - die Götzenverehrer werden umkommen; 49,2; 61,2 - Verweis auf die jenseitigen Orte; 50,4 - der Herr wird Rächer sein; 53,1f - es gibt keine Fürsprache im Gericht; 61,6; 66,1 - der Herr haßt Ungerechtigkeit; 66,3 - nichts ist dem Herrn verborgen.

[161] Zur Terminologie vgl. KÄHLER 1974, 102-111; BERGER 1984, 167ff.

[162] 45,1-2 - Gericht und jenseitige Vorratskammern (letztere wohl im Sinne eines Schatzes an Verdiensten); 51,3 - Gericht; 65,8-10 - jenseitige Freuden. Ein innerweltliches Heil haben im Blick 47,2 - keine Sünde gegen den Herrn; 51,1-2 - keine Betrübnis in den Vorratskammern und der Zeit der Arbeit.

[163] 48,8; 58,6; 60,4f; 63,1-2 - Gericht und Vergeltung; innerweltlich bezogen sind 61,4f - Erfolglosigkeit der Arbeit; 62,2f - Verspielen von Reue.

[164] Vgl. KÄHLER 1974, 109ff.

[165] 41,2 - Bewahrung vor dem Hades; 42,11 - siebenfältige Ernte des Gerechten (analoge Symbolik in 66,7); 44,4f; 48,9 - Ergehen im Gericht; in 52,1-14 stehen 7 Makarismen und 7 Fluchworte kontrastierend einander gegenüber - 52,15 verweist dann auf die Offenlegung aller zuvor genannten Verhaltensweisen im Gericht; 61,3 - jenseitige Orte; 62,1 - Sündenvergebung. Hier ist auch der Wehe-Ruf aus 41,1 zu nennen - Folge von Gottlosigkeit ist der Aufenthalt der Väter im Hades.

[166] Vgl. BERGER 1984, 184.

darüber hinaus.[167] Dies wird besonders deutlich, wenn ein Vergehen gegen den Nächsten Gott selbst trifft.[168] Neben die Mahnungen im Tat-Folge-Schema treten ethische Finalsätze, die grammatisch einen Imperativ mit einer positiven oder negativen Zielangabe verbinden.[169] Abgesehen von jenen Sätzen, die eine Weitergabe von Henochs Büchern zum Inhalt haben, zielen alle jene Finalsätze auf die Existenz des Menschen im großen Äon.[170] Als paränetische Formen sind schließlich noch zwei Tugendkataloge zu nennen. Auch ihre Verknüpfung mit dem Kontext zeigt, daß sie im Blick auf die eschatologischen Folgen menschlichen Verhaltens formuliert sind.[171]

Die spezifische Gestalt einer "hellenistischen" Eschatologie prägt also ganz entscheidend auch die ethische Konzeption des slHen. Sie geht von einem grundsätzlich positiven Verhältnis zur Welt aus. Obgleich diese und jene Welt qualitativ deutlich voneinander unterschieden sind, stehen sie doch in keinem absoluten Gegensatz zueinander wie etwa die beiden Äonen in einem zeitlich-quantitativen Dualismus. Bei aller Mangelhaftigkeit des Abbildes hat diese Welt doch immer noch etwas vom Urbild in sich, ist im großen Gebäude der Weltordnung immerhin ein - wenn auch das untere - Stockwerk und steht mit der jenseitigen Welt, in vielfältiger Verbindung. Der Beginn des großen Äons ist nicht abhängig von der Beseitigung dieses Äons, weshalb auch der eschatologische Ausblick, den Gott dem Henoch in 34-35 gewährt, folgerichtig nicht bei der Flut, sondern bei Noahs Geschlecht und dessen künftiger Herrlichkeit endet. Damit aber ist die Ethik auch weder ausschließlich der jenseitigen oder kommenden Welt zugewandt,[172] noch hat sie etwa den Charakter einer "Notstandsgesetzgebung".[173] Der Akzent liegt ganz auf dem diesseitigen Verhalten, das allein aus der Perspektive jenseitiger Entsprechungen betrachtet wird. Das menschliche Leben erweist sich als eine Vorstufe, ein Bewährungsfeld oder eine Art Qualifikationsetappe. Es kommt darauf an, bereits in dieser Welt und unter zeitlich-irdischen Bedingungen so zu leben, wie es der ganzen großen Weltordnung Gottes entspricht. Indem hier die Weichen

---

[167] 59,1-5 - Frevel gegen Tiere richtet sich letztlich gegen die eigene Person, dafür erfolgt keine Sündenvergebung; 60,1-3 - Frevel gegen Mitmenschen richtet sich ebenso gegen die eigene Person, auch dafür wird es keine Vergebung in Ewigkeit geben.

[168] 44,2-3 - wer gegen einen Mitmenschen frevelt, tut dies Gott (der nach 44,1 den Menschen nach seinem Bilde schuf) selbst an, er wird dafür Gottes Vergeltung im Gericht erfahren. Vermutlich steht dies auch im Hintergrund, wenn zum Erdulden von Widerwärtigkeiten "um des Herrn willen" ermutigt wird (50,3-4; 51,3).

[169] Vgl. STAUFFER, ThWNT III, 330-334.

[170] 50,2; 66,6 - Erbe des großen Äons; 50,5 - Schatz in jener Welt; 53,4 - künftige Reue; 54,1 - Erbe der Ruhe. Auf die Weitergabe von Henochs Büchern beziehen sich 48,6f; 54,1.

[171] 43,2 - die 12 Tugenden werden in 43,3 überboten durch die Gottesfurcht; 66,6 - dieser Katalog enthält vorwiegend Verzichte, ein abschließender Finalsatz verheißt das Erbe des großen Äons.

[172] So sieht z.B. MÜNCHOW 1981 (141) das Verhältnis von Ethik und Eschatologie in der apokalyptischen Literatur.

[173] So LAMPE 1978.

gestellt werden, geschieht schon ein Stück Vorwegnahme oder Verwirklichung des Heils in dieser Welt. Das bedeutet auch, daß sich die Ethik nicht nur aus geschichtlicher Erfahrung speist, sondern daß sie in einem Raum und Zeit umschließenden Gesamthorizont steht. Damit lassen sich auch die Bedrängnisse der unmittelbaren Gegenwart bewältigen. Eine Ausrichtung der Ethik an Gottes umfassender, von ihrem Anfang her und bis in ihre jenseitige Gestalt hinein einsichtigen Weltordnung konnte den in Zweifel geratenen Zusammenhang zwischen Tun und Ergehen wieder herstellen. Die Ausnahmen unter den Sätzen im Tat-Folge-Schema zeigen zudem an, daß es für die jenseitigen Folgen menschlichen Verhaltens durchaus auch schon diesseitige Vorzeichen gibt. Neben der tröstlichen eschatologischen Umkehrung der Verhältnisse für die hier Leidenden wird auf diese Weise auch irdischem Wohlergehen sein Recht zugestanden.[174] Zusammenfassend läßt sich sagen, daß die einzelnen ethischen Aussagen des slHen ihre Orientierung und Motivation hauptsächlich aus der eschatologischen Vorstellungswelt beziehen. Aus diesem Grunde ist auch ihnen eine Universalität jenseits nationaler und geschichtlicher Erfahrungen zu eigen, zugleich aber auch ein hoher Anspruch an die Verantwortlichkeit des Einzelnen vor Gott als dem einzigen Schöpfer und Richter der Welt.

2.2.2.2. Schwerpunkt: Noachidische Gebote

Betrachtet man den materialen Gehalt der Ethik im slHen, so stellt sich die Frage nach inhaltlichen Schwerpunkten oder Leitlinien. Nach dem ersten Eindruck scheinen die Belehrungen Henochs eher etwas Zufälliges an sich zu haben. Inhaltlich zusammenhängende Gedanken finden sich in einzelnen Sätzen oder kleineren Blöcken über den ganzen 2. Teil verstreut und bieten sich - vor allem bis zum Einsatz von Henochs Testament in 55 - in einer mehr oder weniger regellosen Aneinanderreihung dar. Umso überraschender ist das Bild, das sich bei einer Zusammenstellung der einzelnen Aussagen nach inhaltlichen Gesichtspunkten ergibt: Die Themenkreise der materialen Ethik im slHen stimmen ohne Rest mit jenen Themenkreisen überein, die in der späteren rabbinischen Theologie unter dem Stichwort der noachidischen Gebote zusammengefaßt wurden.[175] Nach bSan 56a-b handelt es sich dabei um ein Gebot und sechs Verbote: 1. das Gebot der Rechtspflege, 2. das Verbot der Gotteslästerung, 3. das Verbot des Götzendienstes, 4. das Verbot der Unzucht, 5. das Verbot des Blutvergießens, 6. das Verbot des Raubes, 7. das Verbot des Genusses eines Gliedes von einem noch lebenden Tier. Verschiedene Parallelen veranschaulichen die Diskussion der Rabbinen um diese Tradition,

---

[174] Zur Vorstellung einer Umkehrung der Verhältnisse: 9; 50,2-4; 51,3; Erfolg im Bereich irdischer Arbeit wird positiv gesehen: 51,1-2; 61,4-5.

[175] Vgl. GUTTMANN 1927, 98-114.

in der auch die Zahl der Gebote oder die Formulierung der Inhalte schwanken konnten.[176] Die Intention aber blieb die gleiche - in Anknüpfung an Gen 9,3-17 sollte ein Kanon ethischer Mindestforderungen aufgestellt werden, der universale Gültigkeit für die gesamte Menschheit besaß.[177] Noah, der Vater der Menschheit nach der Flut, diente dafür als Symbolfigur. Obgleich eine so klare Konzeption erst in den rabbinischen Quellen begegnet, scheinen die entsprechenden Überlegungen doch schon viel weiter zurückzugehen. Schon Jub 7,20 etwa zeigt eine vergleichbare Aufzählung von Geboten, die Noah seine Söhne lehrt. Im Strom solcher Bemühungen, grundlegende und allgemeingültige ethische Normen zu benennen, steht nun offensichtlich auch das slHen. Dabei sind noch keine systematischen Interessen oder prägnanten Formulierungen in Form von Geboten oder Verboten zu erkennen. Die jeweiligen Inhalte werden in ihrer positiven und in ihrer negativen Gestalt bewertet oder umschrieben. Unverkennbar aber sind die gleiche Auswahl, die gleiche Tendenz, die gleiche Intention. Um diesen Zusammenhang deutlich zu machen, stellt der folgende Überblick die verschiedenen Aussagen des slHen entsprechend dem Siebener-Schema aus bSan 56a-b zusammen.

1.) Eine große Rolle spielt in der Ethik des slHen die Ausführung eines gerechten Gerichtes - " сътворити bzw. с хдити с хдь правень - ποιεῖν bzw. κρινεῖν δικαίην κρίσιν" erscheint als feste Wendung und ist vor allem auf die sozial Schwachen bezogen. Selig gepriesen wird in 42,7 derjenige, der dabei unbestechlich verfährt (" не мъздꙑ рад ... ни чах послѣд нѣкꙑе вещи /weder um eines Lohnes willen ... noch indem er danach irgendwelche Dinge erhofft"). 60,4 prangert den Mißbrauch der Gerichtsbarkeit an (" варьен чꙙка въ с хдь .../wer einen Menschen in bzw. vor ein Gericht drängt ..."). Im Hintergrund steht dabei die Gerechtigkeit und Zuverlässigkeit von Gottes künftigem Gericht (42,7; 52,15). Wiederholt wird auch betont, daß der Herr alle Ungerechtigkeit haßt (61,1; 63,4; 66,1f).

2.) Hinsichtlich der Verurteilung jeglicher Gotteslästerung nehmen die Verse 52,1-6 eine Schlüsselstellung ein. In einer zwischen Seligpreisung und Fluchwort abwechselnden Reihe werden jeweils Verehrung Gottes und Lästerung Gottes als Kontraste einander gegenübergestellt. Selig ist, wer seine Lippen öffnet zum Lob (хвала - αἶνος) und den Herrn mit ganzem Herzen lobt (похвалити - [ἐπ-] αἰνεῖν); wer die Lippen öffnet, um den Herrn zu preisen und zu loben (благословити, хвалити - εὐλογεῖν, αἰνεῖν); wer die Werke des Herrn preist (благословити). Verflucht ist dagegen, wer sein Herz öffnet für eine Beleidigung (оукореник-є - ὕβρις); den Armen belei-

---

[176] Parallelen bei GUTTMANN 1927, 102. Die Siebenzahl hat nach seiner Auffassung symbolische Bedeutung, es gibt auch Traditionen um die Zahl 30 oder um eine Verteilung der Gebote auf Adam (6) und Noah (1). Die Verbote von Gotteslästerung und von Götzendienst werden mitunter als selbstverständlich ausgelassen. Statt "Raub" steht in Jub 7,20 "Ungerechtigkeit üben".

[177] Vgl. WESTERMANN 1985, 628f.

digt (оукорити - ὑβρίζειν, βλασφημεῖν) und seinen Nächsten verleumdet (оклеветати - παραλαλεῖν); wer seine Lippen öffnet zu Fluch und Läste-rung (клатва и хоула - κατάρα καὶ βλασφημία) vor dem Angesicht des Herrn; wer die Schöpfung des Herrn lästert (оукарати - βλασφημεῖν). Be-leidigung, Verleumdung und Lästerung der Geschöpfe richtet sich in diesem Zusammenhang gegen Gott selbst - P fügt in 52,2 noch hinzu: "... denn dieser beleidigt/lästert (оукарати) Gott."[178] 10,4 erwähnt die Gottlosen (нечьствоухщие - οἱ ἀσεβεῖς); 48,8 nennt diejenigen, die Gott nicht fürch-ten (ни бохщеса бā - μὴ φοβούμενοι τὸν θεόν). Ein stärkeres Gewicht liegt allerdings auf der positiven Kehrseite, auf der Gott gebührenden Ehrerbie-tung. So ist etwa die Rede davon, den Namen des Herrn nicht vergeblich anrufen zu müssen (призъвати имени - χαλεῖν ὄνομα - 35,2); in seiner Furcht (страхъ - φόβος - 2,2; 66,2) zu leben; seinen Namen zu fürchten (бои-ати имени - φοβεῖσθαι ὄνομα - 42,6) bzw. Gott selbst zu fürchten (бои-ати бā - φοβεῖσθαι τὸν θεόν - 43,3; 48,7; 69,4); schließlich auch Gott zu verherrlichen (прославити - δοξάζειν - 69,16). Verschiedene Aussagen be-schreiben den Gottesdienst mit dem Verb " (по-)слоужити - λατρεύειν, λειτουργεῖν, δουλεύειν" oder dem Substantiv " слоужба - λατρεία, λειτουρ-γία."[179]

3.) Für Götzendienst steht der terminus technicus " поклонити богом соуетным - προσχυνεῖν θεοῖς ματαίοις". Die Beschreibung der Göt-zen greift wesentlich auf jene von der Schöpfungstheologie bestimmte prophe-tische Polemik etwa der Gerichtsreden Deuterojesajas zurück.[180] Sie haben nach 2,2 weder Himmel noch Erde noch irgendein Geschöpf geschaffen; ha-ben nach 10,6 keine Seele, sind nur konstruierte Bilder (χτιζόμενα εἴδωλα).[181] 66,5 erweitert dann das Spektrum und warnt davor, weder etwas von Men-schen noch von Gott Geschaffenes anzubeten. 70,6 blickt auf die Generation der Flut voraus und prophezeit, daß diese nichtigen Göttern gehorchen und das Gewölbe über dem Himmel sowie das, was sich auf der Erde bewegt und die Wellen des Meeres anbeten wird. Neben Götterbildern sind also auch Na-turphänomene im Blick.[182] Der Lasterkatalog in 10,4 zählt noch eine Reihe entsprechender Praktiken auf: "обаи-ании-є - μῦθος" - hier wohl eher im Sin-

---

[178] Auch nach 44,2-3 trifft derjenige den Herrn, der seinen Nächsten mißachtet und in sein Gesicht speit. Angriffe, Verfolgung, Unrecht und drückendes Joch können nach 50,3 und 51,3 ebenso um des Herrn willen erduldet werden.

[179] So z.B. in 9; 66,2; 70,2. In 45 deutet sich eine Spiritualisierung des Opfergedankens an (s.u.). In 51,4-5 wird es gelobt, dreimal täglich in das Haus des Herrn zum Gebet zu gehen.

[180] So z.B. Jes 41,21-29; 44,9-20.

[181] P hat in 66,2 zusätzlich: "Vor dem wahren Gott beuge dich, nicht vor Idolen ohne Stimme (идоломъ безгласнымъ), sondern vor seinem Bild (начрътании-є - χαραχτήρ, χάραγμα/Bild, Darstellung) beuge dich". Der Gedanke ist unklar. " не... но / nicht ... sondern" könnte eine Verschreibung von " ни ... ни /weder ... noch" sein - oder es handelt sich um einen späteren Zusatz, der die Verehrung der Christusikone im Blick hat.

[182] J hat in 34,2 noch zusätzlich "und den Dienst des Bösen". Inwiefern dasselbe personifi-ziert gedacht ist, bleibt unklar.

ne von Beschwörung (оба꙼аньникъ/Beschwörer, Zauberer); "влъхованиѥ - φαρμακεία, μαγεία"; " бѣсовьскъ - τῶν δαιμόνων/Dämonisches". Götzendienst ist Abfall von Gottes Einzigkeit[183] - ein Vergehen, das mit den Verben "остхпити - ἀποσπᾶσθαι/aufgeben", " отъврѣщи - (ἀπο-) βάλλειν/wegwerfen", " отъметати - ἔχθετον ποιεῖν/verletzen", " оставити - ἀφιέναι/verlassen" oder " отъринхти - ἀπωθεῖν/abweisen" beschrieben wird.[184]

4.) Die Aussagen über Unzucht konzentrieren sich auf zwei Bereiche. Zum einen wird die Geschichte des Engelfalles in der Tradition von äthHen 6-11 als sexuelles Vergehen gedeutet. Jene Engel, die nach 18,4f die Schönheit der Menschentöchter sahen und sich von ihnen Frauen auswählten, befleckten (оскврънити - κοινοῦν, μιαίνειν) daraufhin die Erde mit ihren Taten, vollzogen eine Vermischung (съмѣшениѥ - μίξις, συναίρεσις) und gebaren Riesen und Ungeheuer. Zum anderen wird in 34,2 der Ehebruch (прѣлюбодѣиство - μοιχεία) genannt - die Geschichte von Sopanimas Schwangerschaft in 71 zeigt, wie hier der vermutete Ehebruch als Beschämung (срамота - ἐντροπή) und Schande (стоудъ - αἰσχύνη) verstanden wurde. P bietet zum Thema der Unzucht einen sehr eigenständigen Text. In 10,4 wird dem Stichwort "die Böses taten auf Erden" noch hinzugefügt: " презъ естество блуд (- πορνεία) еже естъ лѣторастлѣнїе в заднїи проходъ соломски /Unzucht gegen die Natur, was bedeutet Kindesverführung im hinteren Durchgang sodomitisch"; der kurz darauf folgende Lasterkatalog enthält noch den Begriff " блхдъ - πορνεία". In 34,2 wird das Stichwort "Ehebruch" mit der gleichen Wendung, die oben die Päderastie beschrieb, als Homosexualität interpretiert: " прѣлюбодѣиствы скверными еже естъ другъ со другомъ в задныи проходъ и всакими иными злобами [- κακία, πονηρία] нечистыми иже мерзко естъ исповѣдати /durch unreinen Ehebruch, was bedeutet einer mit dem anderen im hinteren Durchgang und jede andere Art gottlose Unreinheit, die widerwärtig zu berichten ist." Ob diese Passagen ursprünglich sind, ist schwer zu entscheiden. Sie passen auf jeden Fall in antike Verhältnisse. Es wäre denkbar, daß hier eher eine kirchliche Zensur die detailfreudige Beschreibung gestrichen hat, als daß sie von einem orthodoxen Redaktor zur Illustration eingefügt worden wäre.

5.) Das Verbot des Blutvergießens steht ein wenig am Rande. In 60,2 wird der Mord (оубийство - φόνος) an einer menschlichen Seele als Tötung der eigenen Seele bezeichnet. Wenn der Hungrige stirbt, so gilt nach 10,5 auch die unterlassene Hilfeleistung als eine Tötung (оуморити). Der Herr allein beansprucht, Rächer zu sein (50,4). Es gehört zu den Verfallserscheinungen vor der Flut, daß die Völker Krieg führen und sich die Erde mit Blut

---

183 Zur Einzigkeit Gottes vgl. 9; 29,4; 33,3-7; 34,1; 47,3. 5; 66,4.
184 So z.B. in 7,3; 18,3; 29,4; 66,5; 71,23.

füllt (70,5). Noah fürchtet, seine Generation könnte den Melchisedekknaben töten (оүмрътвити - 71,23).

6.) Am umfangreichsten fällt dagegen das Thema Raub aus, da hier überhaupt der ganze Themenkreis sozialer Gerechtigkeit zur Sprache kommt. Besonders anschaulich schildert 10,5 jene, die die menschliche Seele heimlich stehlen (красти - κλέπτειν); die Armen würgen und ihnen ihren Besitz wegnehmen (възимати имѣни‌ѥ - ἁρπάζειν τὰ χρήματα); die die Hungrigen, obgleich in der Lage, sie zu sättigen, durch Hunger töten; und die, obgleich in der Lage, sie zu kleiden, den Nackten das letzte Gewand nehmen. Wer darauf aus ist, den anderen zu zerstören, wird in 52,8 verflucht. Als Warnung vor dem Übervorteilen anderer mit falschen Maßen und Gewichten steht Henochs genaue Kontrolle und Buchführung (43,1) sowie die Offenlegung von Maßen und Gewichten am Tag des Gerichtes (44,5).[185] In 60,1-5 findet sich eine ganze Liste von Anschlägen und Nachstellungen (einer menschlichen Seele Schaden zufügen, Mord an einer menschlichen Seele begehen, einen Menschen in eine Schlinge locken, einen Menschen in ein Gericht drängen, unrecht handeln oder etwas gegen eine Seele sagen), die ganz offensichtlich auf eine Schädigung des anderen zum eigenen Vorteil zielen. Ein starkes Gegengewicht stellen alle Aussagen dar, in denen es um Wahrhaftigkeit im Umgang mit dem Nächsten geht. Selig ist der, der unbestechlich Recht spricht allein um der Gerechtigkeit willen (42,7), der von Wahrheit (истина - ἀλήθεια) erfüllt ist und Wahrheit spricht (42,12), der Erbarmen (милость - ἔλεος) auf den Lippen und Sanftmut (кротость - πραΰτης) im Herzen hat (42,13) - denn die Lügner (хоүлолъжницъ /etwa: Lästerlügner) sollen an ihren Taten erkannt werden (42,13). Nach 45,3 verlangt Gott vor allem ein reines Herz. 46,1-2 prangert die Verführung zur Unwahrheit an. In 52,13-14 geht es um den Zwiespalt zwischen Herz und Zunge. Der Herr verachtet jedes unwahre Wort (63,4). Hinzu kommen Aussagen über die aktive Hilfe für sozial Schwache. Hier sind es die Hungrigen und Nackten, Witwen und Waisen, die Gerichteten, Gekränkten, Niedergedrückten, Bedürftigen und Fremden, deren Unterstützung angemahnt wird (9; 42,8. 9; 44,4; 50,6; 51,1). Gold und Silber sollen zur Hilfe für einen Bruder bzw. einen Gläubigen (вѣрьнъ - πιστός) eingesetzt werden (50,5; 51,2).

7.) Besonderes Interesse verdient der Textkomplex 58,1-6 und 59,1-5 zum Verhalten gegenüber Tieren. R. Otto und Sh. Pines haben hier in der Anklage der Tierseele gegen den Menschen (58,6) und in der offensichtlichen Vorstellung von einem Fortleben auch der Tiere nach dem Tod vor allem iranische Einflüsse gesehen.[186] Die Intention des Abschnittes entspricht indessen

---

185 Maßgenauigkeit beherrscht schon den Kosmos - vgl. 40,11; 48,4; 49,2; vor allem aber Henochs Bericht in 40,1-12.
186 PINES 1970, 76 und 83f; OTTO 1940, 153. Nach OTTO ist die Vorstellung, daß Unrecht gegen die Seelen gottgeschaffener Tiere dem Unrecht gegen Menschen noch vorgeht, "... ein für Israel ganz unmöglicher Gedanke, aber auf iranischem Boden nicht auffallend."

ganz und gar jüdischem Denken. Ausgangspunkt ist die Einsetzung Adams bzw. des Menschen überhaupt zum Herren (цaрь - βασιλεύς; господинъ - κύριος oder δεσπότης) über Gottes Besitz (оустAжанТе). Dies geschieht dadurch, daß Adam den Tieren Namen gibt (58,2) und Gott ihm daraufhin alle Tiere ausdrücklich unterordnet (58,3).[187] Daraus aber wird die Konsequenz abgeleitet, daß auch der Mensch allein vor Gott verantwortlich ist für den ihm anvertrauten Besitz. Dies betrifft zunächst die allgemeine Behandlung und Versorgung der Tiere (58,4-59,1). Um Verantwortung geht es aber vor allem da, wo der Mensch die Tiere zu töten gezwungen ist - für das Opfer und für die eigene Ernährung (59,2-4). Hier bedarf es des rechten Vollzuges der Schlachtung, der durch die Anweisung zum Binden aller 4 Füße des Tieres geregelt wird. Die nächstliegende Deutung ist m.E. die, daß es sich dabei um eine besondere Vorkehrung zum Tierschutz durch sachgerechte Schlachtung handelt. Das Schächten und das Niederwerfen des Tieres mit Hilfe einer Vier-Fuß-Fesselung waren ein Brauch, der in Ägypten Jahrtausende hindurch ausgeführt wurde und unter den klimatischen Verhältnissen die besten hygienischen Bedingungen bot.[188] 59,5 hat dann schließlich konkrete Vergehen gegen Tiere im Blick. Der ganze Textkomplex im slHen stimmt also darin mit dem 7. noachidischen Gebot überein, daß in beiden Fällen der Schutz des Tieres und eine korrekte Schlachtung das Hauptmotiv darstellen.

Es zeigt sich, das der materiale Gehalt der Ethik im slHen ausschließlich auf Themen konzentriert ist, die für das Leben in einer andersgläubigen Umwelt grundlegende Bedeutung haben. Auch darin tritt ein universaler Zug hervor, der nationale und geographische Grenzen verläßt und eine Art "Naturrecht" verkörpert. Es mag ein Zufall sein, daß sich die Belehrungen Henochs in sachlicher Übereinstimmung mit den später gerade so formulierten noachidischen Geboten befinden. Noah selbst steht im slHen, das ohnehin mit der Flut endet, nur am Rande. Was Henoch zu sagen hat, ist auch in ganz anderer Weise autorisiert. Dennoch sind die Beziehungen so eng, daß sich das Urteil M. Guttmanns hinsichtlich der noachidischen Gebote, "... daß das Judentum in der Tat eine religionsgesetzlich begründete Plattform hatte, auf der es mit Nichtjuden in sittlich - rechtliche und humanitäre Arbeitsgemeinschaft treten konnte, ohne von diesen ein Sichbekennen zur jüdischen Religion zu verlangen.",[189] mit einer etwas geringeren Betonung des religions- "gesetzlichen" Charakters durchaus auch auf die ethischen Aussagen des slHen übertragen läßt.

---

[187] Der Vorgang wird ausführlich beschrieben: "... und er unterwarf ihm alles zum Untertansein und machte (sie) stumm und unterwies (sie) zur Unterordnung und zu allem Gehorsam ...".

[188] Vgl. dazu u. 201f.

[189] GUTTMANN 1927, 109[1].

Exkurs F: Soziologische Aspekte im slHen

Direkte Aussagen zu sozialen Verhältnissen werden im slHen nicht gemacht. Es lassen sich jedoch einige Sachverhalte vor allem aus den paränetischen Teilen schlußfolgern. Mehrfach werden jene genannt, die zu den sozial Unterprivilegierten gehören. Dies betrifft die Witwe (вьдовица - χήρα) und Waise (сирота - ὀρφανός), den Hungrigen (алъчьнъ - πεινῶντος) und Nackten (нагъ - ὁ γυμνός), ganz allgemein den Armen (нищьць - ὁ πτωχός) und Bedürftigen (трѣбоухщомъ - ὁ χρείαν ἔχοντος) sowie Gekränkten (обидимъ von обидети - ἀδικεῖν), Verurteilten (соудимъ - ὁ κρινόμενος), Gefallenen (падшехсъ - ὁ πιπτόμενος) und Zerbrochenen (съкроушенъ - συτριβόμενος).[190] In allen Fällen soll den Genannten Hilfe und Unterstützung zuteil werden. Die Mahnungen sprechen sie nicht an, sondern weisen auf sie hin. Das slHen richtet sich also vornehmlich an einen Adressatenkreis, der selbst nicht in dieses differenzierte Bild der sozial Schwachen hineingehört, dagegen aber zur Fürsorge in der Lage ist. Auch da, wo in der Paränese Henochs das Erdulden verschiedener Widerwärtigkeiten eine Rolle spielt, geht es weniger um materiellen Notstand als um Anfeindungen religiöser Art.[191] Eine gewisse Schwierigkeit bereitet die Erwähnung des Fremdlings (пришьльць - πάροικος, παρεπίδημος) in 50,6. Sie hätte nur Sinn im Mutterland - in der Diaspora dagegen befand sich Israel in der Rolle des zugewanderten Fremdlings. Vermutlich aber greift die Aufforderung zur Hilfe für den Fremdling im Zusammenhang mit der Hilfe für Witwen und Waisen nur auf traditionelles Formelgut zurück und hat weniger reale Bedeutung.[192] Die vorhandene Vermögenslage wird in einigen Fällen auch konkret sichtbar. In 50,5 steht die Aufforderung, Gold und Silber um eines Bruders willen einzusetzen. Damit hängt auch 51,2 zusammen, wo zur Hilfe für einen Gläubigen (вѣрьнъ - ὁ πιστός) in Trübsal (скрьбъ - θλῖψις) aufgerufen wird - P fügt an dieser Stelle noch hinzu, Gold und Silber solle nicht in der Erde verborgen werden. Möglicherweise sind beide Verse als eine Verpflichtung zum Freikauf jüdischer Sklaven zu verstehen.[193] In jedem Falle aber setzen sie flüssige Zahlungsmittel voraus. Wer nach 45,2 zur Stiftung von Lampen als einer Art von Votivgabe in der Lage war, gehörte zweifellos zu den begüterteren Schichten. Auch die Praxis

---

[190]   Witwen: 42,9; 50,6f; Waisen: 9; 42,9; 50,6f; Hungrige und Nackte: 9; 10,5; 42,8; Arme: 10,5; 51,1 (P); Bedürftige: 44,4; Gekränkte: 9; 42,9; 44,4 (P); Verurteilte: 44,4; Gefallene: 9; Zerbrochene: 44,4.

[191]   Vgl. z.B. 44,2-3; 50,3-4; 51,3; 66,6.

[192]   Vgl. z.B. Ex 22,20ff; Dtn 24,17; Ps 94,6; Jer 7,6; Ez 22,7; Sach 7,10; Mal 3,5; dazu KRAPF 1984.

[193]   Falls ein Jude in Sklaverei bei einem Nichtjuden geriet, galt es als religiöse Pflicht sowohl der Familie als auch der jüdischen Gemeinde, seine Freilassung zu betreiben, was zugleich auch als besonders verdienstvoll betrachtet wurde. Vgl. ABELSON, Encyclopaedia of Religion and Ethics (Hastings) II, 619-621.

der Wallfahrt, wie sie sich hinter 61,4-5 und 62,2-3 vermuten läßt, sowie die ganze Opferpraxis insgesamt setzen einen gewissen Wohlstand voraus. Sprachlich benutzt das slHen häufig Metaphern aus dem merkantilen Bereich. Die in der frühjüdischen Literatur insgesamt beliebte Symbolik des Wägens[194] spielt im slHen auf dreierlei Arten von Waagen an. " прѣвѣса " meint wohl die hängende Handwaage und entspricht dem hebr. "מֹאזְנַיִם". Mit " мѣрило - ζυγός" könnte "Waage" ganz allgemein im Sinne von "Waagbalken" (קָנֶה) bezeichnet sein, während " ставило - σταθμός" auf die Standwaage (פֶּלֶס) zielt.[195] Daneben ist häufig von " мѣра - μέτρον" die Rede, womit in erster Linie ganz allgemein Maßgenauigkeit oder zusammenfassend Hohlmaße umschrieben zu sein scheinen.[196] Mit einem Handel (коупля - ἐμπορία) wird in 44,5 die Offenlegung aller menschlichen Taten am Gerichtstag verglichen. Die Praxis der betrügerischen Bereicherung an fremdem Besitz (10,5) oder der Übervorteilung mit ungenauen Maßen (43,1) gehörte offensichtlich zu den täglichen Delikten. Wenn es in 2,2 heißt, Gott werde dem Gerechten den Erwerb und die Liebesgaben in seinen Vorratskammern nicht entziehen oder in 51,2, es werde ihm in seinen Vorratskammern zur Zeit seiner Arbeit keine Trübsal widerfahren, so meinen die beiden synonym gebrauchten Begriffe " хранилище " und " съкровище " in diesem Zusammenhang vor allem Speicher (ταμεῖον) und assoziieren ein Bild von Handel und Gewerbe.[197] Das "Werk der Hände" (61,2), dem Gott seinen Segen zuwenden oder entziehen kann, gehört in den gleichen Zusammenhang. Inwiefern nun dieser Sprachgebrauch schon einen typischen sozialen Status der Adressaten sichtbar macht, ist aufgrund seiner Allgemeinverständlichkeit nicht eindeutig zu bestimmen. Doch immerhin läßt die Häufung solcher Metaphern auch deren besondere Vertrautheit oder Beliebtheit vermuten.[198]

Ein weiteres Moment stellt die weisheitliche Prägung des slHen dar. Die Beschäftigung mit Fragen des Kalenders oder des Aufbaues der Welt sowie

---

[194] Das Bild des Seelenwägens etwa war im alten Orient und in der Mittelmeerwelt weit verbreitet, wurde vom Judentum aufgenommen und wirkte dann weit in das christliche Mittelalter hinein. Vgl. auch VOLZ 1934, 293. Interessant ist im slHen die Variierung des Bildes, die technische Kenntnisse verrät.

[195] Vgl. SMEND, BHH III, 2121f.

[196] Maßgenauigkeit meinen: 40,9; 48,4. Als absolute Größe steht der Begriff in 12,2 (Phönix und Chalkedrios haben eine Größe von 900 Maß). Ein Hohlmaß ist in 40,11; 43,1; 44,5 im Blick - üblicherweise bezeichnete "μέτρον" Hohlmaße zur Bestimmung von Flüssigkeiten - vgl. SCHILBACH 1970, 94 und 112ff.

[197] Vgl. zum sonstigen Sprachgebrauch 169 Anm. 102. 50,5 spricht von einer "vollen Schatzkammer" im jenseitigen Äon, die derjenige erhält, der dem Bruder mit Gold und Silber aushilft. Damit ist wohl an einen "stofflich" vorgestellten Vorrat an guten Werken gedacht - vgl. KOCH 1968.

[198] Nach APPLEBAUM 1976 unterschied sich die soziale Struktur der jüdischen Diaspora kaum von derjenigen ihrer Umwelt. Daß die Juden sich im Handel besonders hervortaten, läßt sich nicht belegen. Daß sie jedoch gerade in Alexandrien daran teilhatten und vermutlich auch im Bankgewerbe vertreten waren, ist aus indirekten Aussagen zu erschließen. Philo etwa nennt "ἔμποροι" und Schiffseigentümer (vgl. dazu APPLEBAUM 1976).

die wiederholt hervorgehobene Wertschätzung von Henochs Büchern setzen
Bildung und Gelehrsamkeit voraus.[199] Dazu ist eine gewisse, auf materieller
Sicherheit beruhende Muße vonnöten, wie sie sich etwa auch in dem Lob des
täglich dreimaligen Besuches im Hause des Herrn widerspiegelt (51,4). Hier
erhält auch die Verwandtschaft von Henochs Himmelsreise mit verschiedenen
Visionen der frühjüdischen Literatur eine besondere Bedeutung. S. Niditch
hat darauf hingewiesen, daß der soziale Mutterboden für die Schilderung von
Visionen in Schichten zu vermuten sei, die ein Interesse eher an der Stabilisierung der Verhältnisse als an revolutionären Umstürzen hatten. Die Wirksamkeit von Visionen verstand sie in diesem Zusammenhang im Sinne eines "con-
flict avoidance mechanism".[200] Die Vermeidung von Konflikten und das Bemühen um ein Leben in Konsens mit andersgläubigen Nachbarn scheint nun
ein Grundzug des slHen überhaupt zu sein. An einer Stabilisierung der Verhältnisse aber hat nur derjenige Interesse, der mit diesen Verhältnissen insgesamt zufrieden sein kann bzw. der etwas zu verlieren hat. Reichtum an sich
wird auch nirgends kritisiert. Verzicht und Opferbereitschaft gelten dafür als
besondere Tugenden.[201] Die Gefahren einer unmittelbar bevorstehenden
Endzeit sind nicht im Blick.

Damit treten nun einige Züge des Adressatenkreises hervor, dem das
slHen gilt. Er ist gekennzeichnet durch erfolgreiche Arbeit, Besitz und Vor-
ratshaltung, die ihn in die Lage versetzten, seinen Pflichten zur Sozialfürsorge
sowie dem Vollzug von Opfern und Stiftungen nachzukommen. Der Sprachgebrauch läßt einen städtischen Hintergrund vermuten und bedient sich vorzugsweise einer Metaphorik aus Handel und Gewerbe. Neben nationaler
Verbundenheit (eventuell Sklavenfreikauf) steht ein pragmatisch bestimmter
Universalismus. Als Adressaten des slHen sind also die Gebildeteren und
Wohlhabenderen in einem jüdischen Zentrum der Diaspora - und damit wohl
am wahrscheinlichsten in Alexandria - zu sehen.

2.2.2.3. Kristallisationspunkt: Henochs Vollmacht

Im urzeitlichen Rahmen des slHen liegen die Belehrungen Henochs dem
Empfang der Thora am Sinai und dem Bund Gottes mit Noah noch weit voraus. Sie sind unlösbar mit Henochs Person verbunden und beziehen ihre Legitimation aus einer einzigartigen Vollmacht.

---

[199] APPLEBAUM 1976 (707) rekonstruierte für Alexandrien verschiedene Schichten der "In-
telligenz": uppermost aristocracy, well-to-do milieu, affluent families, public workers, lesser paid
functionarys, prophets.

[200] NIDITCH 1980, 173.

[201] So in 66,6. Die sexuelle Askese Nirs (71,2) bezieht sich auf sein Priestertum und ist in
diesem Zusammenhang Zeichen besonderer Frömmigkeit.

Grundlage ist die Erwählung Henochs. Daß er sich (nach Gen 5,24) unter den Patriarchen vor der Flut durch eine besondere Frömmigkeit auszeichnete, wird wohl beim Leser als bekannt vorausgesetzt. Die beiden Engel, die Henoch vor Gottes Thron begleiten sollen, berufen sich dann in 1,8 ausdrücklich auf Gottes Auftrag. Schon während seiner Reise wird Henochs Autorität sichtbar - die gefallenen Grigoroi im 5. Himmel gehorchen seiner Zurechtweisung (послоушати наказаниа - ὑπακούειν νουθεσίᾳ). In 22,6-7 wird berichtet, wie Henoch in den himmlischen Hofstaat eintritt. Das Außergewöhnliche, daß ein Sterblicher Aufnahme in die himmlische Versammlung finden soll, veranlaßt Gott, die Zustimmung seiner Diener einzufordern ("Und der Herr sprach zu seinen Dienern, indem er sie prüfte ...").[202] Daraufhin aber wird Henoch selbst in einen Engel vor Gottes Thron verwandelt.[203] Michael erhält von Gott den Auftrag, Henoch seiner irdischen Gewänder zu entkleiden, ihn mit Gottes gutem Salböl (мастъ благъ - μύρον ἀγαθόν) zu salben und in die Gewänder der Herrlichkeit Gottes einzukleiden (22,8-9).[204] Inwiefern hier auch bewußt Assoziationen geweckt werden sollen, die den Begriff " риза - ἱμάτιον, ἔνδυμα" als Metapher für die irdische Leiblichkeit verstehen, läßt sich schwer entscheiden.[205] Immerhin vermag Henoch noch einmal auf die Erde in den Kreis seiner Söhne zurückzukehren, ohne eine "Rückverwandlung" zu erleben.[206] Einkleidung und Salbung aber stellen ihn den Engeln gleich - " и бых ꙗко единь ѿ славныхъ его и не бѣ различїх оузорнаго /Und ich war wie einer von seinen Herrlichen, und es war kein wahrnehmbarer Unterschied." (22,10).[207] Aus der Gleichstellung wird schließlich eine Bevorzugung. Henoch erhält die Aufforderung, gemeinsam mit Gabriel zur Linken Gottes Platz zu nehmen (24,2), woraufhin ihn Gott in Geheimnisse einweiht, die selbst den Engeln verborgen sind (24,3; 40,3). Wie oben schon angedeutet, scheint Henoch als oberster Schreiber auch den Erzengel Vrevoil abzulösen. Das Volk erkennt Henochs Erwählung vor seiner

---

[202]   Die Opposition der Engel gegen den Eintritt eines Sterblichen in die Thronwelt taucht als Motiv auch in anderen Schriften auf und steht möglicherweise in Zusammenhang mit gnostischen Einflüssen - vgl. die Texte bei SCHÄFER 1975, 98 und 127-137; DERS. 1980, 202-208.

[203]   Zur Entfaltung dieses Motives in der Hekhalot-Literatur vgl. SCHÄFER 1980, 221-224.

[204]   REITZENSTEIN 1929 (10) vermutete hier im Salböl den Einfluß mandäischer Taufvorstellungen: "Man erkennt sofort im Lichtwasser der mandäischen Religion." BOUSSET 1926 (200) spricht von einem Ölsalböl. Gegen alle Belege bei BOUSSET spricht, daß die Salbung Henochs nach seinem Aufbruch erfolgt, also keine sakramentale Schutzfunktion haben kann. Vgl. z.St. auch SJÖBERG 1946, 171-172. Der weitverbreitete Gebrauch von Salböl in kultischen Zusammenhängen rät m.E. zur Vorsicht gegenüber so direkten Ableitungen.

[205]   Vgl. zur weiten Verbreitung der Metapher KEHL, RAC 10, 945-1025; z.St. auch OTTO 1940, 156-159.

[206]   Die "Vereisung" von Henochs Gesicht in 37 soll nur den auf Erden unerträglichen Abglanz der Herrlichkeit Gottes mildern. Ein Unterschied besteht nach 56 lediglich hinsichtlich irdischer Speise oder irdischen Verlangens. Nach 64,3 kam das ganze Volk zusammen, um Henoch zum Abschied zu küssen.

[207]   Hieran konnte die jüdische Mystik in besonderer Weise anknüpfen, wenn sie Henoch zum obersten Engel Metatron machte.

zweiten und endgültigen Entrückung in 64,5 an (" ꙗко тебе избра гь паче всѣх чл҃кь на земли /denn dich hat der Herr auserwählt mehr als alle Menschen auf Erden"). Über R hinaus spricht Gott in P 24,2 Henoch als "Geliebten" (възлюбл҃-єнь - ἀγαπητός) an.

Die Erwählung Henochs ist verbunden mit einer besonderen Qualifizierung. Seine Reise durch die Himmel trägt mitunter den Charakter einer wissenschaftlichen Expedition, auf der beobachtet, geprüft, gemessen und notiert wird.[208] Hinzu kommen die Offenbarungen, die Henoch durch Vrevoil aus den himmlischen Büchern und dann durch Gott selbst erhält. Eine solche Kompetenz läßt sich kaum noch überbieten. In den Belehrungen seiner Söhne kann sich Henoch auf den direkten Auftrag Gottes beziehen. 33,5-36,2 schildern in aller Ausführlichkeit, wie Gott Henoch für eine Frist von 30 Tagen "beurlaubt", für den Schutz und die Übermittlung der 366 Bücher sorgt und die Notwendigkeit von Belehrungen mit dem Zustand der Menschheit begründet. Daran bleibt Henoch während seines irdischen Aufenthaltes auch strikt gebunden.[209]

Eine bemerkenswerte Einschränkung an Henochs Vollmacht läßt sich jedoch da beobachten, wo es um die Frage der Fürbitte geht. Zwar betrachtet das Volk Henoch in 64,5 nicht allein als Auserwählten Gottes, sondern zugleich auch als "Wegnehmer der menschlichen Sünden" (ѡтимителъ von отимати - ἀν-, ἀφ-, αἴρειν) und "Helfer deiner Hausgenossen" (помощьникъ - βοηθός) - genau dagegen aber hatte sich Henoch mehrfach verwahrt. Daß er in 7,4-5 das Ersuchen der gefallenen Engel im 2. Himmel ablehnt, Fürbitte vor Gott zu leisten, scheint zunächst nur Reaktion auf die unziemliche Verehrung durch dieselben[210] sowie die Unsicherheit gegenüber der bevorstehenden Gottesbegegnung zu sein, wenngleich Henoch auch den Grigoroi im 5. Himmel berichtet (18,7), er habe für ihre Brüder gebetet (молити - [προσ-] εὔχεσθαι, παρακαλεῖν) - allerdings ohne Erfolg.[211] In 7,5 schließt Henoch seine Ablehnung mit der Frage: " или кто помл҃итсѧ ѡ мнѣ /Oder wer wird für mich beten?" In 53,1-4 lehnt Henoch dann kategorisch jedes Ansinnen seiner Söhne auf Fürbitte ab: "Nun aber, meine Kinder, sagt nicht: Unser Vater ist bei Gott und er wird uns beistehen, er wird uns herausbitten aus den Sünden. Dort ist für keinen Menschen, der gesündigt hat, ein Helfer." Als Begründung dient die Unbestechlichkeit von Henochs Aufzeichnungen aller menschlichen Taten, die niemand zerstören kann. Nach 53,2

---

208 Vgl. besonders Henochs Bericht in 40,1-42,5.

209 Auf seinen Auftrag verweist Henoch in 40,1; 47,1; auf die ablaufende Frist in 55,1-3.

210 " поклонити " ist terminus technicus für die Götzenverehrung - s.o. 186.

211 In äthHen 13,4-7 etwa folgt Henoch dem Ersuchen der Wächter und verfaßt eine Bittschrift, wobei auch hier der Erfolg ausbleibt. Nach äthHen 15,2 sollten eher die Engel für die Menschen bitten statt umgekehrt. Die Spannung zwischen slHen 7,4-5 und 18,7 beruht möglicherweise auf einer unterschiedlichen Aufnahme der Tradition aus äthHen 12-16.

werden sie offenbar schon vor ihrer Ausführung protokolliert.[212] Einzige Schlußfolgerung bleibt, den Worten Henochs Folge zu leisten, um später nicht bereuen zu müssen (53,4), denn eine Buße (покаιанин∈ - μετάνοια) gibt es nach dem Tode nicht mehr (62,2). Damit unterscheidet sich das slHen auffällig von der Tradition des äthHen und nimmt insgesamt eine Sonderstellung im Judentum seiner Zeit ein, das eine Popularisierung des Fürbitte - Gedankens erlebte.[213] Dies kann nur mit Absicht so konzipiert sein. Es liegt nahe, in der Ablehnung Henochs gegen jede Fürbitte den Versuch zu sehen, seine Vollmacht gegen die Gefahr einer Verselbständigung zu sichern und ausschließlich von Gottes Erwählung und Beauftragung abzuleiten.[214] Henoch erscheint nicht als Heiliger oder als eine unabhängige Autorität. Er bleibt Gott ohne irgendeine Einflußnahme untergeordnet und tritt allein als Übermittler von Gottes Willen auf. In dieser Funktion aber ist er mit einer Vollmacht ausgestattet, die ihn weit über Menschen und himmlische Wesen hinausragen läßt. Die Belehrungen Henochs werden dadurch zu einem ethischen Fundament, dessen Zuverlässigkeit und Übereinstimmung mit Gottes Willen für den Autor des slHen außerhalb jeder Frage steht.

2.2.3. Schlußfolgerungen

Die Kapitel 40-67 stellen Henoch als den Begründer einer universellen Ethik vor. Obgleich er sich zunächst nur im Kreise seiner Sippe bewegt, wird er doch zunehmend zu einem Lehrer der Menschheit.[215] Seine Belehrungen erwachsen aus den Offenbarungen des ersten Teiles. Sie gehen von einer Entsprechung zwischen dieser und jener Welt aus und zielen auf Normen, die für alle Menschen gleichermaßen verbindlich sind. In einer Konzentration auf Themen, die später in den sog. noachidischen Geboten zusammengefaßt wurden,

---

[212] Dieser deterministische Zug paßt nicht zur sonstigen Betonung der eigenverantwortlichen Entscheidung (vgl. etwa 30,15). Hier wird möglicherweise nur die Unbestechlichkeit von Henochs Buchführung übersteigert.

[213] In äthHen 83,10; 84,2-3; 89,57f z.B. fungiert Henoch neben seiner Fürsprache für die Engel auch als Fürsprecher der Menschen. In gleicher Funktion treten in anderen frühjüdischen Zeugnissen auch Noah, Jakob, Joseph, Mose, Baruch oder die Engel Michael, Gabriel und Raphael auf - vgl. zum Thema JOHANSSON 1940; BETZ 1963. Nach JOHANSSON nimmt die Vorstellung von der Fürbitte, die im AT noch vorwiegend auf die Bitte um Abwendung konkreten Unheils beschränkt ist, in frühjüdischer Zeit einen viel umfassenderen Charakter an, geht auf einen breiteren Personenkreis über und wird zunehmend "religiöses Recht und Pflicht des gewöhnlichen Menschen" (75).

[214] Die Gefahr, in der Entwicklung angelologischer Vorstellungen im (namentlich mystischen) Judentum auch Einflüssen der Gnosis zu erliegen, war groß und wurde von den Rabbinen immer bekämpft - vgl. zum Problem SEGAL 1977.

[215] Der Kreis um Henoch wächst schrittweise: In 1,10 (vor der Himmelsreise) ermahnt Henoch lediglich Methusalem und dessen Brüder Regim und Gaidad. In 38,3 beruft er nach seiner Rückkehr die ganze Sippe, in 57,1 kommen die Ältesten des Volkes dazu, in 64,1-5 strömt schließlich die ganze urzeitliche Menschheit zusammen.

waren für den jüdischen Gläubigen die Grundzüge der Thora erkennbar, während sein nichtjüdischer Nachbar darin eine Art Naturrecht sehen konnte. Statt der Abgrenzung gegen eine andersgläubige Umwelt suchen die Belehrungen Henochs einen "modus vivendi", der sich im alltäglichen Miteinander bewährt. Die Schwelle im alltäglichen Zusammenleben wird niedriger, die allgemeingültigen Grundlagen menschlichen Verhaltens treten stärker in den Blick. Damit verliert die jüdische Ethik etwas von ihrer Exklusivität. Sie erhält vielmehr die Züge einer universellen Menschheitsethik. Als Maßstab fungiert die umfassende Ordnung der Welt, deren Grundzüge jedem Menschen erkennbar sind und in die Henoch besondere Einblicke erhielt. Die Grenzlinie zwischen Gerechten und Ungerechten verläuft quer durch die Menschheit. Das Bemühen um Integration hat ein stärkeres Gewicht erlangt als die Betonung des Kontrastes.

2.3. *Melchisedek als kultische Integrationsfigur (68-73)*

2.3.1. Bezugsrahmen

2.3.1.1. Das priesterliche Amt

Das Hauptinteresse der Kap. 68-73 gilt dem priesterlichen Amt. Methusalem, Nir und Melchisedek werden ausschließlich im Blick auf ihre priesterlichen Funktionen geschildert. Daß der Verfasser dabei Verhältnisse vor Augen hatte, wie sie noch vor der Zerstörung des Tempels bestanden, legen verschiedene Beobachtungen nahe.

Mit dem Ort "Achuzan" wird deutlich auf Jerusalem angespielt.[216] Dessen Rolle als Kultzentrum scheint aber in den breit ausgemalten Opferszenen

---

[216]   Der Ort Achuzan wird mehrfach betont genannt (64,2; 68,5; 69,3; 70,17). AU schreiben konsequent " азоухан " statt " ахоузан ", wogegen jedoch das einstimmige Zeugnis aller anderen Hss. spricht. Er ist der Ort der Entrückung Henochs (64,2), Platz des Altars der Henochsöhne (68,5) und Begräbnisstätte Methusalems - was schon genügt, um an ein zentrales Kultheiligtum zu denken. Um die urzeitliche Perspektive zu wahren, wählte der Autor notwendigerweise ein Pseudonym. "אָחַז / ergreifen" könnte auf die Entrückung Henochs anspielen (so VAILLANT 1952, XII und SANTOS OTERO 1984, 192²; vgl. auch SCHMID, THAT I, 107-110). "אֲחֻזָּה" in der Bedeutung "Grundbesitz, Eigentum" könnte im Anschluß an Ez 48,20f auf Jerusalem und den Tempel deuten (so MILIK 1976, 114 und SANTOS OTERO 1984, 192²). Ebenso könnte der Verfasser ein Wortspiel vor Augen haben: "אֲרוּנה/אֲחֻזה" (so GINZBERG, V 1925, 162 und KAHANA 1936f in seiner Übersetzung, die hier freilich schon Interpretation ist). "אֲרַוְנָה" ist nach IISam 24,16-25 und IChr 21,18-28 der Ort, den David erwirbt und auf dem Salomo dann den Tempel erbaut. Bedeutsam ist auch der Omphalosgedanke, der im Judentum vorzugsweise an Jerusalem und hier wieder am Felsen des Brandopferaltares haftete - vgl. ROSCHER 1918, 12-25 bzw. -48; JEREMIAS 1926, 38-44.

noch völlig ungebrochen zu sein.[217] Der Autor bedient sich dabei zahlreicher Hebraismen und überhaupt einer atl. vertrauten Bildsprache. Methusalems und Nirs Amtsführung trägt Züge der Theokratie.[218] Beide üben sie ihr Amt lebenslang aus, dessen Erblichkeit offenbar vorausgesetzt wird.[219] Ihre Investitur geschieht durch die Bekleidung mit priesterlichen Gewändern.[220] Vermutlich hat der Verfasser dabei das hohepriesterliche Amt vor Augen, denn nach 69,8 erhält Methusalem zugleich mit den Gewändern das Diadem, und 69,10 scheint recht deutlich die Beschreibung des Hohenpriesters Simon in Sir 50,5-7 zum Vorbild zu haben.[221] Daß Methusalem und Nir keine Gehilfen haben und auch die Terminologie dem einfachen Priester entspricht, muß dem keinen Abbruch tun.[222] Schwieriger ist dagegen, daß der Hohepriester strengsten Vorschriften hinsichtlich einer Verunreinigung an Toten unterworfen war, während Nir doch sehr unbefangen mit der toten Sopanima umgeht und von der Waschung bis zum Grabausheben bei ihrer Bestattung selbst Hand anlegt.[223] Möglicherweise wird darin die Ferne der Diaspora von Jerusalem spürbar, oder es zeigt sich eine größere Freiheit gegenüber der ohnehin erst später schriftlich fixierten Gestalt des Jerusalemer hohenpriesterlichen Amtes. Als wichtigste Funktion des Priesters wird der Vollzug von Opfern dargestellt. Die Art und Weise, wie hier die Rollen zwischen Priester und Volk verteilt

---

[217] Vgl. 68,5-7; 69,9-19; 70,19-22 - hier spricht sich eine ganz selbstverständliche Praxis aus; nirgends ist auch nur eine Andeutung von Trauer oder Sehnsucht zu finden.

[218] In 70,14 wird Nir " кназь и вождь /Fürst und Führer" genannt. Neben Methusalem und Nir stehen lediglich Älteste (68,8.12; 69,1; 70,11) - ihnen gegenüber steht das "Volk". Die Zeitabschnitte der Erzählung heißen "die Tage, die Methusalem lebte" (70,1) oder "die Tage Nirs" (70,22; 71,24).

[219] Die Reaktion Nirs auf die Schwangerschaft seiner Frau (71,6-8), die Sorge um deren Geheimhaltung (71,11. 14f) bzw. der Gedanke an Kinder überhaupt (71,1. 31; 72,10) verraten das Interesse an einer makellosen Abstammung der Nachkommenschaft, die für die Erblichkeit des Priesteramtes von Bedeutung war - vgl. JEREMIAS 1963, 174.

[220] Vgl. vor allem Ex 28-29; dazu JEREMIAS 1963, 167f. Die Salbung (Ex 29,7ff) wird nicht erwähnt - sie ist seit der herodianisch-römischen Zeit auch nicht mehr praktiziert worden. Die Gewänder heißen summarisch " ризы изрдднꙇе /hervorragende Gewänder" (69,8), " ризы сщенꙇа /Gewänder der Heiligung" (70,4) oder " ризы стꙋльства /Gewänder des Priestertums" (70,21). In 69,8 vollziehen die Ältesten an Methusalem die Investitur, in 70,4 kleidet Methusalem den Nir ein, Noah und Nir gemeinsam bekleiden Melchisedek in 70,21.

[221] " вѣньць - στέφανος, διάδημα" spielt wohl auf den Kronreif des Hohenpriesters an (Ex 28,36-38; 29,6; Lev 8,9) - die LXX gibt "שֵׁזֶר נֵזֶר הַקֹּדֶשׁ" allerdings mit "μίτρα" oder "πέταλον" wieder. Der Glanz auf Methusalems Gesicht in 69,10 spielt selbst in unterschiedlichen Varianten auf den Passus in Sir an - "wie die Sonne in der Mitte des Tages aufgeht" (RJP) entspricht Sir 50,7; "wie der Morgenstern, wenn er aufgeht" (AU) entspricht Sir 50,6.

[222] Der Hohepriester war nur zu bestimmten Opferdiensten verpflichtet (vgl. JEREMIAS 1963, 170. 172). Methusalem und Nir, die im Text nur " жьрьць - θύτης" (69,15; 72,1. 11) oder " ꙇереꙇ - ἱερεύς" (70,20. 26) genannt werden, vollziehen alle Opfer allein. Der Text ist am priesterlichen Amt jedoch nicht in seiner Differenzierung, sondern in seiner Konzentration interessiert.

[223] Dem Hohenpriester war eine Verunreinigung selbst an nächsten Verwandten, einschließlich der Gattin, untersagt, was für die übrige Priesterschaft nicht galt - vgl. JEREMIAS 1963, 172.

sind, verrät das Vorbild atl. Texte.[224] Gott bestätigt das Priestertum Methusalems schließlich durch ein Wunder, das gerade seine Opfertätigkeit betont:
Während der Altar erbebt, springt das Messer vor aller Augen von allein in
Methusalems Hand.[225] Die gewichtige Rolle, die den "Ältesten des Volkes" in
diesem Abschnitt zukommt, könnte auf die Institution einer Gerusia nach
griechischem Vorbild hinweisen, wie sie auch für das jüdische Gemeinwesen
in Alexandrien zur Zeit des 1. Jhs. nachweisbar ist.[226]

Es zeigt sich nun aber auch, daß der Autor seinem Bild des Priestertums
einige altertümliche Wesenszüge zu verbinden bemüht ist. In 70,1 wird von
der priesterlichen Unterweisung Methusalems berichtet, die der ganzen Erde
gilt.[227] Sowohl Methusalem als auch Nir erhalten des weiteren durch Inkuba-
tionsorakel Offenbarungen Gottes, die sie dann in prophetischer Rede dem
Volk weitergeben.[228] Dies beschreibt aber Funktionen, die nach der Exilszeit
kaum noch mit dem Priesteramt verbunden waren. Hinzu kommen einige spezifische Eigenarten. In Spannung zum Gedanken der Erbfolge steht ein Modell, das jeweils die göttliche Designation und eine Akklamation durch das
Volk zur Voraussetzung der priesterlichen Investitur zu haben scheint - dies
gehört aber eher zu den Anfängen des Königtums in Israel.[229]

Das Bild, das der Verfasser des slHen vom hohenpriesterlichen Amt in
Jerusalem zeichnet, ist nicht einfach eine getreue Wiedergabe der realen Verhältnisse, sondern versucht, dieselben aus der Distanz der Diaspora zu ideali-
sieren.

2.3.1.2. Die Opferpraxis

Der Vollzug von Opfern spielt im slHen überhaupt eine zentrale Rolle. Daß
er im 1. Teil nur einmal (2,2) erwähnt wird, liegt an der Thematik der Himmelsreise. Unter den ethischen Weisungen des 2. Teiles jedoch finden sich
dazu zahlreiche Aussagen, vollends dann im 3. Teil, in dem das kultische Interesse in den Mittelpunkt rückt. Während nun die verschiedenen Opfertrak-
tate der Mischna auf eine schon vergangene Praxis zurückblicken, die sie nach

---

[224] Vgl. z.B. Lev 9 und IReg 8 - der Sprachgebrauch (etwa das Aufheben der Hände zum
Himmel) oder szenische Elemente (Versammlung - Opfer - Rede/Gebet - Festfreude) sprechen für eine Vertrautheit mit diesen Texten.
[225] Ein ähnliches Altarwunder findet sich in Lev 3,24 - hier fällt zur Bestätigung Feuer
vom Herrn auf das Brandopfer.
[226] Vgl. BELL 1926, 12-13.
[227] In 70,1 heißt es, daß er die ganze Erde und sein ganzes Volk gut gelehrt habe (добрѣ
наказавь - χαλῶς παιδεύων) - das entspricht der Aufgabe der Thoraerteilung (Ez 44,23),
die wohl älter als die Opferfunktion war.
[228] So in 69,4ff. 70,3ff und 71,27 sprechen nur von einer nächtlichen Erscheinung, doch
nach 71,4 lebt Nir wohl am heiligen Ort (кровъ /Heiligtum ?). Vgl. auch ISam 3,2; IReg 3,5.
[229] Vgl. HERRMANN 1981, 176.

der Zerstörung des Tempels durch detaillierte Beschreibungen zu bewahren suchen, lassen die Bemerkungen des slHen das Bild eines noch intakten Opferkultes erkennen. Dem erzählerischen Rahmen entsprechend tragen einige Aussagen archaisierende Züge[230] - andere dagegen machen konkrete Angaben und vermögen so einige wichtige Anhaltspunkte zu geben.

Bereits in der verwendeten Terminologie zeichnen sich zwei Bereiche ab. Auf der einen Seite stehen die Begriffe " жрътва, треба - θυσία", " извѣствованна - βεβαιούμενος" und " приведенное - ἀγόμενος, εἰσφερόμε-νος" in Verbindung mit den Verben " пожрѣти - [ἐπι-] θύειν", " за - bzw. изклати - θύειν, σφάττειν" und " принести - [προσ-] φέρειν", die deutlich auf das Tieropfer bezogen sind. Ganz im atl. Rahmen bewegen sich auch die gelegentlich genannten Opfertiere (бравъ /Schaf; говаждь /Rind; юньць /Jungstier; голхбь /Taube; грълица /Turteltaube). Auf der anderen Seite stehen die Begriffe " даръ - δῶρον" und " приношениѥ, приносъ - προσ-φορά" in Verbindung mit den Verben " сътворити - ποιεῖν, πράσσειν" und " принести - [προσ-] φέρειν", die auch vom Tieropfer losgelöst sein können und an Votivgaben denken lassen. In beiden Fällen ist häufig die hebraisierende Wendung " прѣд лице гне - πρὸ προσώπου χυρίου - לִפְנֵי יהוה" angefügt.

Als Ort für das Tieropfer kommt im Zuge der nachexilischen Kultzentralisation ausschließlich der Tempel zu Jerusalem in Betracht. Die wenigen anderen Heiligtümer, wie etwa der Tempel des Hyrkanos im Ostjordanland, der Tempel des Onias IV. in Leontopolis, die Tempel in Elephantine und Thmusis oder derjenige auf dem Garizim haben im Judentum nur eine sehr begrenzte Rolle gespielt und konnten mit der zentralen Bedeutung des Jerusalemer Tempels nie wirklich konkurrieren.[231] Die Bindung an den Tempel auf dem Zion hatte gerade für das Judentum in der Diaspora einen hohen Stellenwert und schlug sich u.a. in den zahlreichen und regelmäßigen Wallfahrten nieder.[232] Auch im slHen wird unter dem Pseudonym "Achuzan" Jerusalem als Ort des zentralen Opferkultes vorausgesetzt.[233] Alle Aussagen zum Tieropfer müssen somit als eine Verpflichtung zur Teilnahme am Jerusalemer Kult verstanden werden. Dieselbe war aus der Perspektive der Diaspora, sofern sie nicht Idealbild bleiben sollte, praktisch nur durch Wallfahrten zu realisieren. In diesem Zusammenhang erhalten nun auch die Abschnitte 61,4-5 und 62,2-3 eine einleuchtende Funktion - ihre Warnung vor einem Bruch oder einer Verzögerung von Opfergelübden ist besonders in der Diaspora angebracht, wo die Ausführung nicht sofort erfolgen konnte.

---

[230] In 2,2 etwa findet sich die Aufforderung, den Herrn mit den Erstgeborenen der Herden (dazu auch der Söhne) zu segnen. Die in 68-70 geschilderte Opferpraxis atmet insgesamt die Atmosphäre der Nomadenzeit.

[231] Vgl. HENGEL [2]1973, 28, 186, 496-503; auch BILLERBECK III, 23.

[232] Vgl. dazu SAFRAI 1981; AMIR 1983, 52-64; DELLING 1987, 34-41.

[233] Vgl. o. 196 Anm. 216.

Anders scheint es sich mit den "Gaben" zu verhalten, deren Charakter als Votivgaben unmittelbar am Ort vor allem 45,2 nahelegt.[234] Hier käme allein die Synagoge in Betracht. Lampen gehörten zu den Einrichtungsgegenständen der Synagoge und wurden gelegentlich von Privatpersonen als freiwillige Spenden gestiftet.[235] Zudem scheint auch 51,4 auf die Synagoge bezogen zu sein, wo der Gang zum "Haus des Herrn"[236] dreimal täglich zum Lobe des Schöpfers als ein guter Brauch betont wird. Denn sollte dies auf den Tempel zielen, so konnten Adressaten in der Diaspora damit nur wenig beginnen. Beide Stellen sind insofern von Interesse, als hier für die Zeit vor dem Jahre 70 schon Funktionen der Synagoge sichtbar werden, die dann erst nach der Zerstörung des Tempels eigentliche Bedeutung gewannen. 45,2 verweist möglicherweise auf den frühen Beginn einer kultischen Aufwertung der Synagoge. Und 51,4 kann als direkter Beleg neben die verschiedenen Vermutungen treten, daß die drei täglichen Gebetszeiten in der Synagoge bereits vor 70 (vielleicht analog zu den Opferzeiten am Jerusalemer Tempel) ihren Ursprung haben.[237]

Als Motiv ist bei allen Formen des Opfers im slHen durchgängig die Sündenvergebung bestimmend, wenngleich auch eine unterschiedliche Begrifflichkeit Verwendung findet. Direkt sprechen 59,2 (JP: творити

---

[234] Anders als bei der formelhaften Wendung "δῶρά τε καὶ θυσίαι" im Hebr (5,1; 8,3; 9,9) sind hier wohl deutlich unterschiedene Dinge gemeint. "Lampen mehren vor dem Angesicht des Herrn" (45,2) spielt auch ganz sicher nicht auf den späteren Gebrauch von Kerzen im orthodoxen Gottesdienst an - " свѣтильникъ ", свѣтило " bezieht sich auf "λύχνος, λυχνία, λάμπας, φανός". 70,17 spricht ebenso von Lampen - hier als Grabbeilagen beim Begräbnis Methusalems, einem archäologisch reich belegten Brauch (vgl. Galling, BR 198-201).

[235] Belege bei BILLERBECK IV, 140; ELBOGEN 1931, 476-478; SAFRAI 1976a, 941: "The permanent equipment also included a large number of lamps and candelabra, for which there is plenty of evidence from all periods."; DERS. 1981, 146.

[236] " храм гﬞﬞне " heißt zunächst nur "Haus des Herrn" und nicht exklusiv "Tempel". Für die Wohnstätten Henochs oder des Volkes wird gewöhnlich das Wort " домъ " (1,2. 9. 10; 35,1; 36,1; 67,3) oder auch " кровъ " (69,19) gebraucht. Die Ambivalenz des Wortes " храм " kommt schon darin zum Ausdruck, daß es in 56,1 die Häuser der Methusalemsöhne und in 71,4. 12. 13. 16 den Aufenthaltsort Nirs bezeichnet, d.h., es hebt sich auch im slHen vom üblichen Wohnhaus ab, ohne jedoch ausschließlich das zentrale Heiligtum zu meinen. In 51,4 haben B " церковь Господню /Kirche des Herrn" und V " домъ бﬞжﬞ и /Haus Gottes", was leicht als spätere Korrektur erkennbar ist. BOUSSET 1926 (22) sah in dem Vers einen Beweis für die "palästinensische (jerusalemische) Herkunft des Buches".

[237] Vgl. vor allem HENGEL 1971a, 157-184; SAFRAI 1976a, 240; SAFRAI 1976, Anm. 154. Vor 70 war die Synagoge (Inschriften gebrauchen den Begriff "προσευχή") ausschließlich Ort eines Wortgottesdienstes und als solcher ein Unikum in der Umwelt. Sakrale Räume, Gegenstände oder Funktionen fehlen, erst in nachchristlicher Zeit finden sie sich zögernd ein (der nun vorwiegend "συναγωγή" genannte Ort kann auch "ἅγιος τόπος" oder "ἁγιωτάτη συναγωγή" heißen). Daß die Synagoge nur samstags geöffnet war, lassen etwa die Bezeichnungen "σαββατεῖον" (Josephus, Ant 16,264) oder Philo, SpecLeg II 62 vermuten - vgl. auch AMIR 1983, 7f und SAFRAI 1976a, 918-920. Ihre tägliche Öffnung zum dreimaligen Gebet vor 70 (die sich erst für die talmudische Zeit sicher belegen läßt) ist jedoch bislang nur hinsichtlich der Vorgeschichte des "Schmone-Esre" immer wieder vermutet worden (vgl. SCHÜRER 1979, II 454-463; ELBOGEN 1931, 245-250; SAFRAI 1976, 800f. Weitere wichtige Parallelen sind Dan 6,11; Ps 55,18; Did 8.

требоу грѣха дѣла /um ein Opfer der Sünden wegen zu vollziehen) und 62,1 (R: иже ... принесет дары прѣд лице гн̅ ... ѡбрѣщет ѡтданїе грѣхом /welcher ... Gaben darbringt vor dem Angesicht des Herrn ... wird Vergebung der Sünden finden) diesen Gedanken aus. Die Rede von einer Heilung (исцѣленїе - θεραπεία, ἴασις) durch das Opfer in 59,2-4 zielt ebenfalls auf die Sündenvergebung und nicht auf ein magisches Opferverständnis, denn nach 61,5 ist die Sünde eine Krankheit, die also auch der Heilung bedarf.[238] Hinzu kommen Formulierungen, die eine Art Belohnung in Aussicht zu stellen scheinen (оуспѣхъ /Erfolg in 61,5; въздаанїе /Rückgabe in 63,2; verschiedene jenseitige Folgen in 45,1-2; 46,1; 62,2). Daß hierbei eher an Zeichen der Vergebung gedacht sein wird als an einen Heilsautomatismus beim Vollzug der Opfer belegen jene Verse, die eine beginnende Spiritualisierung oder stärkere Reflexion der Opferpraxis andeuten.[239] Der Sinn der Opfer wird danach verfehlt, wenn sie nicht mit Furcht, Leiden, Demut oder Freudigkeit dargebracht werden. In 45,3 schließlich heißt es, daß der Herr all dessen nicht bedarf, sondern mit dem Opfer allein das Herz des Menschen prüft.

Eines der interessantesten Probleme stellt die Anweisung in 59,3 dar, alle Tiere, die dem Menschen zur Nahrung gegeben sind, bei der Schlachtung an ihren 4 Beinen zu binden. 69,12 und 70,20 betonen diese Praxis bei der Opferung von neuem, so daß es sich hierbei wohl um einen ganz bewußten Brauch handelt. Als solcher aber steht er in direktem Widerspruch zum babylonischen Talmud Tam 31b bzw. Mischna Tam IV,1, wonach das Opfertier nur gefesselt werden durfte (jeweils Vorder- und Hinterfuß zusammen), das Binden aber als ein Brauch der "minim" bezeichnet wird.[240] Eine Fülle von Bildmaterial belegt nun, daß in Ägypten über Jahrtausende bis in die hellenistische Zeit hinein Tiere bei der Schlachtung an den Füßen gebunden wurden - ob mit 3 oder mit 4 Füßen hing von der jeweils angewendeten Art des Nie-

---

[238] Vgl. dazu den Gedanken bei Philo, SpecLeg II 17 (Übers. nach COHN/HEINEMANN): "... Gott mit Gebet und Opfer um Gnade zu bitten, damit sie die erforderliche Heilung für ihre seelischen Krankheiten finden, von denen sie ja kein Mensch zu heilen vermag." Dazu OEPKE, ThWNT III, 202f. Vor diesem Hintergrund hellt sich dann auch die stark abgekürzte Redeweise in slHen 59,3 (исцѣленїе добрѣ творити /die Heilung gut machen - d.h. recht vollbringen) auf.

[239] So z.B. 42,6; 46,1; 61,4-5; 62,1. Eine solche Spiritualisierung steht bereits in atl. Tradition (vgl. ISam 22f; Jes 1,10ff; Jer 7,22f; Hos 6,6; Am 5,21ff). In frühjüdischer Zeit wird sie begleitet von einer zunehmenden theologischen Reflexion des Opferbegriffes und seiner Annäherung an den des Gebetes - vgl. SCHMITZ 1910, 191-195 (die Opferaussagen im slHen trägt SCHMITZ nur zusammen, und dies recht unvollständig).

[240] Erstmals haben GINZBERG 1925, V 161 und PINES 1970, 74f auf diesen Gegensatz hingewiesen. Die Gemara nennt zwei Gründe für das Verbot, die 4 Füße des Tieres zu binden: a) wegen der Entwürdigung des Heiligen, b) weil dies ein Brauch der "minim" ist. Für "binden" steht das Verb "כפת", während "עקד" (so auch der terminus bei der Opferung Isaaks in Gen 22,9) nur die Beraubung der Bewegungsfreiheit meint.

derwerfens ab (bei letzterer lagen die Tiere ruhiger)[241] und hatte also keine religiösen, sondern lediglich technische Gründe. Es ist leicht verständlich, daß sich jüdische Gemeinden in der alexandrinischen Diaspora den Schlachtungsbräuchen ihrer Umwelt anglichen und dies als Zeichen der Loyalität noch betonten.[242] Allerdings muß die genaue Verfahrensweise schon unterschiedlich gehandhabt worden sein, da sich anderenfalls eine solche Anweisung erübrigt hätte. Sie zeigt, daß bei aller Bindung Jerusalem doch auch ferne lag und daß in alltäglichen Einzelheiten eine Angleichung an die Umwelt durchaus den Vorrang haben konnte, ohne daß hier nun gleich eine sektiererische Gruppe vermutet werden müßte. Daß dann später bei der Abfassung der Gemara zum Traktat Tamid eine solche Differenz Konfliktstoff lieferte, darf angesichts des zeitlichen Abstandes und der Unbestimmtheit des Begriffes der "minim"[243] wohl nicht zu hoch bewertet werden.

Alle diese Aussagen zum Opfer im slHen spiegeln jüdisches Leben vor dem Jahre 70 wider, für das der Opferdienst am Jerusalemer Tempel noch große Verbindlichkeit hat. Zugleich aber macht sich schon eine Eigenständigkeit bemerkbar, deren Tendenz in Richtung einer Öffnung gegenüber der andersgläubigen Umwelt, einer Spiritualisierung des Opferbegriffes und einer Aufwertung der Synagoge weist.

---

[241]   Einige Belege finden sich bei KEEL 1972, Abb. 269, 376, 438, 439a. Freundlicherweise verwies mich Herr Prof. Keel auch auf die Stücke 2216-2221 und 2230-2233 der Amulettsammlung im Biblischen Institut der Universität Freiburg/Schweiz, die ebenfalls deutlich die Praxis der gebundenen 4 Füße zeigen - dazu auf weitere Belege aus der römischen Zeit (J. de Morgan u.a., Catalogue des monuments et inscriptions de l'Egypte Antique III, Kom Ombos II/2, Taf. 938 und 940) sowie einen phönizischen Beleg (E. Gubel, Studia Phoenicia VII. Phoenician Furniture, Leuven 1987, Nr. 169) aus dem 5. Jh. v.Chr., der unter ägyptischem Einfluß entstanden sein könnte. Die Praxis und die verschiedenen Methoden der Schlachtung in Ägypten sind eingehend untersucht worden von EGGEBRECHT 1973 - vgl. vor allem 18-25 und 31-37.

[242]   Es stand dabei kein Identitätsverlust auf dem Spiel, denn auch in Ägypten wurde das Verfahren des Schächtens angewandt - vgl. EGGEBRECHT 1973, 31-37.

[243]   Vgl. SPERBER, EJ 12, 1-3; DEXINGER 1979, 277-283. Weder die Etymologie noch eine konkrete Bestimmung lassen sich befriedigend ausfindig machen. "Min" konnte sowohl für Juden als auch für Nichtjuden gebraucht werden und meint eher pauschal Abweichungen aller Art. Nach der Überlieferung gab es zu Beginn des Exils 24 Gruppen von minim in Israel - ihre Irrtümer finden jedoch im slHen nirgends eine Bestätigung und zielen eher auf gnostische Gruppen. Interessant ist in diesem Zusammenhang das Verbot in bHul 13a, von einem min geschlachtetes Fleisch zu essen.

2.3.2. Theologische Intention

2.3.2.1. Ausgangspunkt: Kult und Urzeit

Die atl. Überlieferung erwähnt Kultisches in der Urzeit nur am Rande.[244] Klarer tritt das Profil eines Kultes erst (über die verschiedenen Lokalitäten und Institutionen der Nomaden- und Landnahmezeit) in der zentralen Bindung an Jerusalem hervor, deren Ausschließlichkeit dann durch die Josianische Reform sanktioniert wurde. Was die Reflexionen der Exilszeit dabei theologisch begründeten, übertrug die zunehmende Entwicklung der Wallfahrt zu den großen Festen in die Sphäre der erfahrbaren Wirklichkeit.

Der Autor des slHen versucht nun, die nachexilischen Verhältnisse bis weit in die Urzeit zurückzudatieren. Zunächst setzte auch er das Vorhandensein eines archaischen Kultes voraus, auf den Henoch in seinen Belehrungen immer wieder Bezug nehmen kann. Der entscheidende Impuls wird dann jedoch erst mit der Errichtung jenes Altars der Henochsöhne an dem Ort Achuzan gegeben. In diesem Ereignis liegt der zentrale Kult in Jerusalem begründet. Er wird damit auf ein unüberbietbares Alter gebracht und in seinem Ursprung von allen geschichtlichen Kompromittierungen freigesprochen. So wie Israel zu den Wallfahrten in Jerusalem zusammenströmte und die Völker in der Heilszeit zum Zion strömen werden, so zieht die gesamte urzeitliche Menschheit zu dem Ort Achuzan, um dort ihre Opfer darzubringen.[245] Desgleichen ist auch die theokratische Funktion des hohenpriesterlichen Amtes urzeitlich legitimiert. Methusalem, der älteste der Henochsöhne, wird erster Priester. Seine besondere Beziehung zu Henoch findet sich in den vorausgegangenen Teilen mehrfach geschildert.[246] Das Amt, das er am Ort von Henochs Entrückung ausführt, richtet sich an der Unterweisung seines Vaters aus. Gott selbst, der dieses Amt in einer Vision bestätigt, gibt sich Methusalem als der Gott seines Vaters Henoch zu erkennen.[247]

Der zentrale Kult und das priesterliche Amt werden so als zwei urzeitliche Institutionen von Henoch abgeleitet, der dafür als einziger unter den Patriarchen vor der Flut ausreichend autorisiert war - nach Adams wesentlich

---

[244] So z.B. in Gen 4,3-5 (Kains und Abels Opfer) und Gen 4,26 (man begann, den Namen des Herrn anzurufen). Mit Noahs Opfer in Gen 8,20-21 ist die Urzeit schon verlassen.

[245] Nach 64,1-5 ziehen 2000 Menschen (B: 4000) nach Achuzan, um Abschied von Henoch zu nehmen. In 68,6-7 versammelt sich das ganze Volk (вса людн - ὅλος λαός) zum Opfer in Achuzan; das ganze Volk ist ebenso anwesend bei der Einsetzung Nirs (70,13-16), dem Begräbnis Methusalems (70,17-19) und bei dem ersten Opfer Nirs (70,20-22).

[246] Methusalems Zeugung wird in 1,1 als wesentliche biographische Notiz zu Henoch genannt. Als Ältester übernimmt er die Leitung in der Ausführung von Henochs Anordnungen (1,10; 57,1-2; 68,5). Nach 38,2-3 erwartete Methusalem Henochs Rückkehr und wachte an seinem Bett. In 56,1-2 bietet er Henoch Speise an und bittet um seinen Segen.

[247] Damit wird die Erzväter-Überlieferung assoziiert - in beiden Visionen (69,5; 70,3) stellt sich Gott vor: "Ich bin der Herr, der Gott deines Vaters Henoch." In 71,30-31 adressiert Nir sein Gebet an den Herrn, "den Gott meiner Väter".

durch Unwissenheit verursachtem Fall (30,16) wurde Henoch als erster der
Einsicht in Gottes gesamte Weltordnung gewürdigt und so mit dem notwendigen erneuerten Wissen ausgestattet. Aus Henochs jenseitiger Erfahrung erwächst nach dem Bild des Autors die kultische Tradition des Judentums und
setzt sich in ungebrochener Kontinuität bis auf die Tage seiner Leser fort.
Statt einer Entwicklung beruht sie auf einer Einsetzung und speist sich durch
Henochs Vermittlung aus dem unmittelbaren Willen Gottes. Eine solche Darstellung der Dinge mochte angesichts des Unverständnisses, mit dem gerade
die Gebildeten der hellenistischen Welt dem Jerusalemer Kult begegneten,
besondere Bedeutung haben.[248] Sie war sicher leichter nachzuvollziehen als
manches befremdliche Detail in den atl. Aussagen. Bemerkenswerterweise
fungiert Henoch dabei aber nur als eine Art Initiator - die Rolle einer Integrationsfigur kommt dagegen Melchisedek zu, auf dessen wunderbarer Geburt
der Schwerpunkt des 3. Teiles liegt.

2.3.2.2. Schwerpunkt: Melchisedeks wunderbare Geburt

Die Figur Melchisedeks, wie sie in Kap. 72 gezeichnet wird, steht mit der des
Priesterkönigs von Salem aus Gen 14 nur in einer assoziativen Verbindung.
Falls der Autor des slHen hier auf einen weiteren Legendenkranz zurückgriff,
so gestaltete er doch dessen Überlieferung bewußt nach den eigenen Erfordernissen um.

Literarisch gehört die Erzählung von Melchisedeks wunderbarer Geburt
zur Gattung der Kindheitsgeschichten.[249] Um ihre Spezifik genauer zu erkennen, legt sich ein Vergleich mit anderen atl. und ntl. Texten nahe, der sich im
folgenden auf Gen 17,15-22/18,1-15/21,1-8 (Isaak), Jdc 13,1-25 (Simson),
ISam 1,1-20 (Samuel), Lk 1,5-25. 57-80 (Johannes) und Mt 1,18-2,23 bzw. Lk
1,26-56/2,1-40 (Jesus) beschränken soll.[250] An allen diesen Texten lassen sich
die der Gattung eigenen Strukturelemente erkennen.

---

[248]   Nach Tacitus (Hist. 5,9) fand Pompejus, als er im Jahre 63 v.Chr. den Tempel betrat,
in dessen Innerem "... nur einen leeren Sitz und unnütze Geheimnisse." Juvenal (14,97) spottete,
die Juden verehrten nichts außer den Wolken und der Gottheit des Himmels. Der Alexandriner
Apion argwöhnte hinter dem Kult im Jerusalemer Tempel ein Geheimnis (Josephus Ap 2,7
§80) - man bete dort wohl einen goldenen Eselskopf an, für den sich seinerzeit schon Antiochus
Epiphanaes interessiert habe. Auch das Verbot von Schweinefleisch wurde mit einer heimlichen
kultischen Verehrung des Schweines in Verbindung gebracht. Vgl. dazu JACOB, EJ(D) 2, 964-
969; SEVENSTER 1975, 89-144.

[249]   BERGER 1984, 357-359.

[250]   Unberücksichtigt bleiben können Gen 29,31-30,24 (hier wird Rahels Unfruchtbarkeit
von Gott nur zeitweise suspendiert) und IIReg 4,8-17 (hier geht es hauptsächlich um Elisas
Wirksamkeit). Die Erzählung von Marias Geburt im Protev wiederum ist zu deutlich Lk 1-2
nachgestaltet. Wichtige Parallelen bieten noch äthHen 106 (Geburt Noahs) und PRE 161 (die
vollkommenen Kinder der Engel aus Gen 6). Weitere Analogien könnten sich auch in den Erzählungen vom verfolgten und geretteten Königskind, wie sie LUZ 1985 (85) zusammengestellt

1. Kinderlosigkeit: Sie wird im Falle von Manoahs Frau und Hannah mit Unfruchtbarkeit begründet, bei Sarah und Elisabeth kommt noch das hohe Alter hinzu. Allein bei Maria ist es die Jungfräulichkeit. Trauer und Bitten zu Gott können den Tatbestand noch ausmalen (so bei Sarah, Hannah und Elisabeth).

2. Verheißung: Die Verheißung eines Kindes kann durch Gott selbst (so an Abraham) bzw. den Mund des Priesters (so an Hannah) vermittelt werden. In der Regel aber sind es Gottesboten wie die drei Männer im Hain Mamre, ein Engel bei Manoah und seiner Frau bzw. bei Joseph oder der Erzengel Gabriel bei Zacharias und Maria. Anweisungen in bezug auf bestimmte Verhaltensweisen (Hannah) oder in bezug auf die Namensnennung (Zacharias, Maria) sind gelegentlich damit verbunden.

3. Reaktion: Die Verheißung löst bei den Empfängern zunächst Unglauben aus (Abraham und Sarah lachen, Zacharias zweifelt und wird dafür mit Stummheit gestraft). Manoah und seine Frau wie auch Maria stellen Rückfragen.

4. Geburt: Die Geburt selbst wird in der Regel nur kurz erwähnt. Von wunderbaren Umständen ist sie allein bei Johannes (Zacharias erhält die Sprache zurück) und Jesus (Krippe, Engelsbotschaft, Hirten, Stern, Weise) begleitet.

5. Lobpreis: Hannah, Zacharias und Maria preisen das Geschehen mit einem Hymnus. Hannah löst zudem ihr Gelübde ein.

Bedeutsam ist, daß dabei zwischen den genannten atl. Texten und dem der Geburt des Johannes einerseits sowie der Geburt Jesu andererseits ein wesentlicher Unterschied besteht: Im ersten Falle ermöglicht Gott den ganz natürlichen biologischen Vorgang von Zeugung und Empfängnis - im zweiten dagegen geschieht die Empfängnis auf übernatürliche Weise ohne die Beteiligung eines Mannes.

Betrachtet man nun die Erzählung von Melchisedeks wunderbarer Geburt, so fällt auf, daß sie bei einer vergleichbaren Struktur doch markante Eigenheiten aufweist.

1. Das Element der Kinderlosigkeit hat eine höchstmögliche Steigerung erfahren: Sopanima ist unfruchtbar, hochbetagt (in der Zeit ihres Todes)[251] und lebt von ihrem Mann getrennt, der seit seinem Amtsantritt sexuelle Askese übt.[252] Hier ist zu der atl. Tradition die neue Vorstel-

---

hat, vermuten lassen. Doch hier liegt nur ein Nebenzug der Erzählung, die Bedrohung Melchisedeks ist nie real, das Ganze spielt sich in der Verborgenheit ab.

[251] In 71,2 steht im Text (RAU) " въ дн҃ь съмр҃ти (и) приꙗт въ чрѣвѣ своеⰿ / am Tag ihres Todes (und) sie empfing in ihrem Leib" - nach 71,4-7 stirbt sie jedoch nach 282 tägiger Schwangerschaft am Tag der Geburt. So muß hier irgendein Mißverständnis vorliegen und der Ausdruck soviel wie "Zeit ihres Todes" meinen.

[252] Außer in ISam 21,5 (im Kriegsfalle) finden sich Beispiele sexueller Enthaltsamkeit um sakraler Verpflichtungen willen vor allem in Qumran (z.B. 1QSa 1.26; 1QM 7,3-7; 11QTemp 45-47).

lung hinzugetreten, daß die Empfängnis ohne die Beteiligung eines Mannes geschehen kann. In Philos Schrift "De Cherubim" findet sich der gleiche Gedanke im Blick auf Sarah, Lea, Rahel und Zippora ausgesprochen - M. Dibelius wertet ihn als ein unter hellenistischem Einfluß entstandenes Theologumenon des Diasporajudentums.[253] Allerdings blieb die Erzählung soweit der Tradition verhaftet, daß sie für Sopanima nicht auch die Jungfräulichkeit annahm.[254]

2. Eine Verheißung fällt dagegen völlig aus: Noah und Nir deuten selbst das Geschehen und nennen selbst den Namen, den Gott dann später erst bestätigt - sowie überhaupt eine Aufklärung erst nachträglich im Traum erfolgt. Sopanima und Nir werden vor vollendete Tatsache gestellt - sie sind ausschließlich Werkzeuge von Gottes Handeln.

3. Reaktionen werden breit gestaltet: Nir mißtraut seiner Frau, verstößt sie, ihr Tod steigert seine Verwirrung und läßt ihn zu Noah eilen. Nir selbst fleht schließlich zu Gott um Rat, was weiter zu geschehen habe.

4. Das Element der Geburt ist nun an wunderbaren Zügen nicht mehr zu überbieten: Aus dem toten Körper Sopanimas wird das Kind ohne jede Hilfe und ohne Zeugen geboren, vollkommen wie ein dreijähriges, bekleidet und den Lobpreis Gottes auf den Lippen. Ganz offensichtlich steht hier die Erzählung von Noahs wunderbarer Geburt in äthHen 106 im Hintergrund, die der Verfasser noch zu überbieten versucht.[255]

5. Ein abschließender hymnischer Lobpreis Nirs folgt schließlich auf Gottes Offenbarung im Traum.

Es zeigt sich, daß die Erzählung im Blick auf die Art und Weise der Empfängnis Melchisedeks genau zwischen der atl. und der ntl. Vorstellung steht.

AT	slHen	NT
Unfruchtb./Alter	Unfruchtb./Alter	Jungfräulichkeit
natürl. Empfängnis durch Ehemann	übernat. Empfängn. ohne Ehemann	übernat. Empfängn. ohne Ehemann

Dabei soll jedoch nicht der Eindruck einer wie auch immer gearteten Entwicklungslinie entstehen - dafür haften der Erzählung im slHen zu viele Be-

---

[253] DIBELIUS 1953, 30-33.

[254] DIBELIUS 1953, 40-42 sieht in dem ebenfalls bei Philo zu findenden Gedanken, allein die Jungfrau sei der Verbindung mit Gott würdig und fähig, einen nächsten Schritt der jüdischen Exegese, Vorstellungen fremden (namentlich ägyptischen) Ursprunges aufzunehmen.

[255] Verschiedene Züge decken sich: so die vollendete Tatsache der Geburt und die erst nachträgliche Bitte um Aufklärung; das eben erst geborene Kind preist den Herrn. Im Falle von Noahs Geburt ist die Empfängnis eine ganz natürliche und der Akzent liegt auf der Beschreibung des Kindes. Melchisedeks Geburt wird demgegenüber viel kunstvoller und komplizierter erzählt sowie mit einer Vor- und Nachgeschichte versehen, was sich leicht als eine traditionsgeschichtlich spätere Stufe erkennen läßt.

sonderheiten an. Im Unterschied zu den anderen Analogien ist die Geburt des Melchisedek beinahe aller realen irdischen Züge entkleidet. Sopanima stirbt, ohne zu wissen, was da geschieht. Sie erlebt weder Geburt noch Mutterschaft noch die Ehrungen der Nachwelt - sie ist lediglich das Gefäß, das eine Zeit-lang den beherbergt, in dem das Priestertum ewigen Bestand erhält. Das Kind aber erscheint als ein völlig jenseitiges Wesen, das aus Gottes Welt in Nirs Haus kommt - von dem schmerzhaften Prozeß der Geburt kaum berührt und aller kindlichen Hilflosigkeit ledig, fremd in seiner Vollkommenheit, verbor-gen vor allen Menschen und nur für die kurze Dauer von 40 Tagen zu Gast - um schließlich dieser Welt wieder entrückt zu werden und seinen Platz auf ewig im Paradies einzunehmen. Von außen tritt der Melchisedek des slHen in die eben erst entstandene Reihe des irdischen Priestertums ein, die er an Reinheit und Integrität zugleich weit überbietet. So wird er ihr auch als ein ewig unerreichbares Bild wieder entzogen.

2.3.2.3. Kristallisationspunkt: Melchisedeks Funktion

Die Eigenheiten der Erzählung von Melchisedeks wunderbarer Geburt dienen einer besonderen Absicht des Verfassers. Ganz offensichtlich geht es diesem nicht um eine Genealogie oder um die Kette der priesterlichen Sukzession, ebensowenig nur darum, das Priestertum über die Flut hinaus zu retten.[256] Melchisedek kehrt nicht auf die Erde zurück und spielt eine ausschließlich jenseitige Rolle. Wie aber läßt sich diese dann verstehen? M.E. wird Melchi-sedek mit dieser Erzählung als das personal gedachte Urbild des Priestertums überhaupt eingeführt. Die Wahl seines Namens legt sich aus Gen 14 nahe, be-absichtigt jedoch keine Identität - der Priesterkönig aus Salem bleibt ebenso ein Abbild seines himmlischen Urbildes.[257] Dieses aber muß frei sein von der Mangelhaftigkeit aller irdischen Existenz, ewig und unantastbar. In ihm erhält das irdische Priestertum eine Garantie, die außerhalb jeder Beeinträchtigung liegt und dennoch auf engste Weise mit den irdischen Verhältnissen verbun-den ist.

Zwei sprachliche Beobachtungen verdeutlichen die Urbildfunktion noch einmal, die der Melchisedekknabe hier übernimmt. In 71,19 entdecken Noah und Nir auf der Brust des eben erst geborenen Kindes das Siegel des Priester-tums (печат сⷮльства - σφραγὶς ἱερωσύνης). Daß damit der Brustschild des

---

[256] Vgl. etwa WUTTKE 1927, 41; SCHUBERT 1972, 230; STICHEL 1979, 50; SCHENKE 1980, 132.

[257] Erst für den christlichen Redaktor von 71,32-37 und 72,6-7, dem es vorwiegend um ty-pologische Entsprechungen geht, erhält der irdische Melchisedek eine tragende Funktion - er führt auf Christus hin.

Hohenpriesters gemeint sein könnte,[258] ist kaum vorstellbar. So liegt es näher, hier an eine übertragene Bedeutung des Begriffes "σφραγίς" zu denken. Vor allem Philo gebrauchte ihn vorzugsweise als Gleichnis für Urbild oder Idee.[259] Das Siegel ist ein Garant, das unveränderliche Original, das in beliebiger Weise stets gleiche Abdrücke herstellt und zugleich von seiner Verwendung im juristischen Bereich her an Rechtmäßigkeit und Unantastbarkeit denken läßt. Als Metapher wäre das Siegel auf Melchisedeks Brust (identisch mit seiner Person) bestens geeignet, diesen als jenseitiges Urbild des irdischen Priestertumes zu beschreiben. Die Worte Noahs an seinen Bruder Nir im folgenden Satz übersetzt Bonwetsch mit: "Siehe, Gott erneuert das Blut des Priestertums nach uns ...".[260] "кровъ" wird dabei mit dem russischen Wort "кровь /Blut" gleichgesetzt, während kirchenslavisch Blut "кръвь" heißt, "кровъ" aber den griechischen Begriffen "στέγη, δῶμα, σκηνή, ταμεῖον, σκέπη" entspricht und somit einen ganz anderen Sinn ergibt. U und B lesen "ѡбновляетъ г҃ь кровъ с҃щниа /der Herr erneuert das Heiligtum [bzw. die Wohnung] des Priestertums nach uns". In R steht "ѡт крова", was wohl am ehesten mit "der Herr erneuert das Priestertum um des Schutzes [bzw. der Obhut] willen über uns hinaus" zu übersetzen ist. Dieses scheint nun aber auf eine jenseitige, in der Gestalt des Melchisedek bestehende Institution zu zielen, die dem irdischen Priestertum Neubeginn, Obhut und Dauer gewährt.

Ganz offensichtlich bemüht sich der Verfasser, griechisches philosophisches Denken mit atl. Traditionen zu verbinden, was zu einer eigenartigen Synthese führt: ideale oder abstrakte Vorstellungen sind in ein erzählerisches Gewand gekleidet, während das erzählte Geschehen immer wieder der Realität entgleitet und von theoretischen Absichten bestimmt wird. Das philosophische Denkmodell von Urbild und Abbild wird im Falle des Priestertums in personalen Beziehungen zum Ausdruck gebracht. So entsteht der Eindruck, daß der Verfasser das Thema aus einer gewissen Distanz und mit Gelassenheit betrachtet. Seine Reflexionen mögen auch von einem Ungenügen an konkreten Zuständen beeinflußt sein - doch es findet sich nirgends eine Spur von Polemik. Das aaronitische Priestertum will er mit seiner Favorisierung Melchisedeks jedenfalls nicht ausstechen. Sein Melchisedek ist mit jenem aus Gen 14 nicht identisch, bleibt auf ewig im Paradies und garantiert in seiner Funktion als Urbild die Existenz des irdischen Priestertums in Jerusalem im allgemeinen, ohne dabei genealogische Fragen im besonderen zu berühren. Vielmehr aber gelang es damit, die Institution des priesterlichen Amtes in philosophischen Kategorien der hellenistischen Umwelt auszudrücken. An

---

258 Ex 28,15-30 beschreibt den "חֹשֶׁן" als eine Kombination aus Losorakeltasche und altem Königspektorale, wobei die geschnittenen Steine (28,11) die Vorstellung des Siegels durchaus assoziieren können.

259 Vgl. FITZER, ThWNT VII, 946.

260 Ebenso auch CHARLES, ANDERSEN und SANTOS OTERO z.St. Anders übersetzen jene, denen U zugrunde liegt.

Melchisedek konnte die Legitimation und Garantie des Jerusalemer Priestertums nach außen einsichtig dargelegt werden und sich auch zugleich nach innen angesichts hellenistischer Bildung bestätigt sehen. Die Rolle, die Melchisedek dabei als Integrationsfigur spielt, ist also wesentlich auf eine Erfassung und Akzeptanz des Jerusalemer Kultes gerichtet.

2.3.3. Schlußfolgerungen

Das Interesse am priesterlichen Kult, von dem die Kapitel 68-72 bestimmt sind, macht einen Szenenwechsel erforderlich. Als Integrationsfigur tritt Melchisedek an die Stelle Henochs. Er fügt sich jedoch einer Tradition ein, die aus Henochs "Erbe" hervorgeht und von seinen Belehrungen sowie von seiner letztlichen Entrückung den entscheidenden Impuls erhält. In Melchisedeks Figur soll der vorfindliche priesterliche Kult in Jerusalem einem hellenistisch gebildeten Verständnis zugänglich gemacht werden. Seine Rückdatierung in die Urzeit und seine Garantie durch ein personal gedachtes Urbild, das dem Amt Ewigkeit verleiht, stellen den Jerusalemer Kult in einen universalen Horizont. Das Bild der Urzeit hat die noch geeinte Menschheit vor Augen. Der Name Melchisedek fungiert als Metapher für den übernationalen Aspekt des jüdischen Kultes. Die urzeitliche Wallfahrt an den Ort Achuzan läßt an das Ziel der endzeitlichen Völkerwallfahrt zum Zion denken. Stärker noch als in den anderen Teilen sind hier atl. Erzählstil und hellenistische Denkweise miteinander verbunden.

Der jüdische priesterliche Kult erhält seine Legitimation aus der Ableitung von einem Urkult, der zugleich seine menschheitliche Dimension beschreibt. Seine konkrete Gestalt beschränkt sich auf den Vollzug von Opfern, die Ausführung von Stiftungen und die Praxis der Wallfahrt zum zentralen Heiligtum und bot damit auch dem Nichtjuden kaum Verständnisschwierigkeiten. Das Bemühen um Integration vermochte so die Fremdartigkeit des jüdischen Kultes abzubauen und schließlich zu seiner Akzeptanz zu führen.

Exkurs G: Das literarische Genre des slHen

Als A. Harnack 1897 das slHen als eine "... für die jüdische Apokalyptik wahrhaft epochemachende Publication ..." begrüßte, nahm er damit zugleich eine für lange Zeit gültige literarische Einordnung der Schrift vor.[261] Das Bild der Apokalyptik als geistiger Strömung, wie sie sich vor allem in sehr verschiedenen literarischen Zeugnissen widerspiegelt, ist indessen immer differenzier-

---

261 HARNACK 1897, II 564. Diese Einordnung des slHen spiegelt sich auch in den Lexika und Enzyklopädien wider - da, wo das Stichwort aus Ordnungsgründen nicht "Apokalyptische Literatur" ist, erfolgt eine solche Gattungsbestimmung meist im Artikel selbst.

ter geworden, so daß auch der Gattungsbegriff "Apokalypse" erneut in die Diskussion geriet.[262] Gerade das slHen läßt nun vieles vermissen, was in der Mehrzahl der "apokalyptischen" Schriften von großer Bedeutung ist. Namentlich die eschatologischen Vorstellungen haben einen konsequent räumlichqualitativen Charakter - alle irdisch-zeitlichen, geschichtlichen oder messianischen Konzeptionen fehlen dagegen völlig. Weisheitliche Elemente wiederum, die von der "Apokalyptik" im Laufe ihrer Entwicklung dann zunehmend aufgegriffen wurden,[263] spielen im slHen eine beherrschende Rolle. Es zeigt sich also, daß mit einem pauschalen Gattungsbegriff, der zudem erst gegen Ende des 2. Jhs. in Gebrauch kam,[264] die Eigenart des slHen nur sehr unzureichend zu bestimmen ist. Auch J.J. Collins, der dieser Schwierigkeit durch die Aufgliederung der Gattung "Apokalypse" in eine Reihe von einzelnen "Typen" Rechnung zu tragen versucht (das slHen gehört dabei zu Typ IIb: "Apokalypsen, die eine außerweltliche Reise enthalten und keinen historischen Rückblick, statt dessen aber eine kosmische und/oder politische Eschatologie vor Augen haben"), schloß lediglich einen Kompromiß zwischen dem vorausgesetzten Begriff und dem beobachteten Phänomen.[265] So zutreffend diese Definition auch sein mag, so unhandlich erweist sie sich doch in ihrer breiten Formulierung.

Sinnvoller scheint m.E. der "induktive" Weg zu sein, den K. Berger vorschlägt: Ausgangspunkt ist zunächst die Vielzahl einzelner Gattungen und Formen, die zu je eigenen Synthesen gelangen.[266] Die Gemeinsamkeit solcher Synthesen läßt sich dann allein aufgrund analoger Kombinationen oder der Konzentration einzelner Elemente feststellen und beschreiben. In den drei Teilen des slHen bestimmen jeweils verschiedene Gattungen die formale Struktur. Die Kap. 1-38 werden von Henochs Himmelsreise beherrscht,[267] mit der in 8 und 25-30 vor allem midraschartige Abschnitte verbunden sind.[268] Für die Kap. 40-67 ist Henochs Testament ausschlaggebend,[269] worauf sich wieder verschiedene paränetische Formen beziehen.[270] Die Kap. 68-73 sind auf die Kindheitsgeschichte Melchisedeks ausgerichtet, die von einer legendarischen Erzählung vorbereitet wird.[271] Neben diesen Konzentrationen gibt es kleinere Formen, die sich über das ganze Buch verteilen.[272] Es zeigt sich, daß die je-

---

[262] Vgl. vor allem KOCH 1970.
[263] Vgl. OSTEN-SACKEN 1969.
[264] Vgl. DEXINGER 1977, 6-12.
[265] COLLINS 1983, 532.
[266] BERGER 1984, 296.
[267] Vgl. DEAN-OTTING 1984.
[268] So LEVIN 1966, 48. Zum Midrasch vgl. BERGER 1984, 111-113.
[269] Vgl. NORDHEIM 1980.
[270] Vgl. Abschnitt 2.2.2.1.; dazu KAMLAH 1964, KÄHLER 1974, NIEBUHR 1987.
[271] Vgl. BERGER 1984, 357-359; LUZ 1985, 85.
[272] Hier sind vor allem zu nennen - Hymnen: 15,2 (Phönix und Chalkedrios); 21,1 (Keduscha im 7. Himmel); 71,30-31 (Nir); Gebete: 69,4. 14-15; 71,25-26; Weisheitsspruch: 30,10 (im Munde Gottes); Anagramm: 30,13 (Adam); Visionsberichte: 1,5 (Begleiter Henochs); 22,1-5

weiligen inhaltlichen Schwerpunkte auch einen raschen Wechsel der literarischen Gattungen und der ihr zugeordneten Formen bedingen.

Die Synthese verschiedener Formen, die das slHen bietet, läßt sich nur schwer auf einen Begriff bringen, jedoch in ihren Grundzügen beschreiben. Wenn F.I. Andersen das slHen "basically a Midrash" nennt,[273] so trifft dies wohl in dem erweiterten Sinn zu, den auch J.H. Charlesworth den atl. Pseudepigraphen insgesamt unterstellt - es ist hervorgegangen aus dem Schmelztiegel der biblischen Interpretation.[274] Für das slHen war dabei die Notiz in Gen 5,21-27 der Ausgangspunkt, eine neue Geschichte in Gang zu setzen, mit deren Hilfe das atl. Zeugnis den aktuellen Erfordernissen gemäß ausgelegt werden konnte.[275] Diese aber bestanden offensichtlich in einer Neuformulierung des jüdischen Glaubens im Angesicht einer fremden, doch loyalen Umwelt. Darin spiegelt sich eine grundlegende Auseinandersetzung wider, die jedoch weder Polemik noch Apologetik einseitig in den Vordergrund rückt.[276] Es herrscht der sachliche Ton der Schriftauslegung, die sich vom Text inspirieren läßt, dann aber vom Buchstaben löst und seine Intention für die Fragen der Gegenwart aktualisiert. Das slHen dient hauptsächlich einer Selbstvergewisserung in weisheitlichen, ethischen und kultischen Fragen, wobei auch die Wirkung nach außen sorgfältig bedacht ist. In seiner Funktion läßt es sich so am ehesten als ein Dokument der Vermittlung beschreiben, das nach innen und nach außen um Verständigung bemüht ist.

3. Historische Bezüge

Als theologischer Leitgedanke des slHen ist in den vorangegangenen Abschnitten das Bemühen um eine Verbindung der eigenen, jüdischen Glau-

---

(Gott); 69,5; 70,3-10; 71,27-29; 72,3-5; Tugendkataloge: 43,2f; 66,6; Lasterkataloge: 10,4; Kataloge von Verhaltensweisen: 9; 10,4-6; Makarismen: 41,2; 42,6-15 (Reihe); 44,4; 48,9; 52,1-14 (alternierende Reihe); 61,3; 62,1; 66,7; Listen: 13,3. 4 und 16,2 (kalendarisch); 23,1-2 und 40,1-12 (Offenbarungsgegenstände); 30,3 (Planeten); 30,8 (Elemente zu Adams Erschaffung); 30,9 (Eigenschaften Adams); 65,2 (Sinne); 65,4 (Zeiteinheiten); 66,6 (Tugenden und Anfechtungen); 23x gebraucht Henoch eine "Lehreröffnungsformel", davon 2x an Methusalems Adresse (s.o. 146 Anm. 2).

[273] ANDERSEN 1983, 91.

[274] CHARLESWORTH 1988. Dies trifft auch, aber eben nicht ausschließlich und mit einer spezifischen Ausrichtung, auf die "Apokalyptik" zu - vgl. dazu DEXINGER 1977, 82-84 ("Die Apokalyptik als Interpretation").

[275] CHARLESWORTH 1988 unterscheidet 5 Kategorien der Schriftauslegung in den atl. Pseudepigraphen: 1. Inspiration, 2. Framework, 3. Launching, 4. Inconsequential, 5. Expansion. Das slHen ist 3. zugeordnet.

[276] Obgleich ein "missionarischer Impuls" zweifellos vorhanden ist (vgl. die verschiedenen Aufforderungen zur Verbreitung von Henochs Büchern - 2.1.2.3.), läßt sich das slHen nicht als "Missionsliteratur" verstehen. Es wird um Verständnis geworben, jedoch keine zielgerichtete Mission betrieben - das Thema der Erwählung Israels fehlt völlig. Polemische Töne bleiben ganz in der atl. Tradition mit der Einzigkeit Gottes verbunden.

bensgrundlagen mit den Herausforderungen der hellenistischen Umwelt beschrieben worden. Die Aufnahme fremden Gedankengutes und die Selbstdar-
stellung mit den Mitteln einer allgemeinverständlichen Begrifflichkeit bzw.
Metaphorik lassen in besonderer Weise die Diasporasituation erkennen.

Das Leben in der Diaspora unterlag eigenen Bedingungen. Anders als
im Mutterland vollzog sich hier die Auseinandersetzung mit dem Hellenismus
aus der Position einer Minderheit heraus. In dem engen Nebeneinander mit
anderen Glaubenshaltungen entwickelte sich ein geschärftes Bewußtsein für
den Unterschied zwischen dem eigenen Glauben und dem der Umwelt. Dies
führte notwendigerweise zu einer Absonderung und Bestimmung der jüdischen Identität im Gegensatz zur Religiosität der anderen Völker.[277] Für die
hellenistische Welt wiederum, die jedem Volk seine Götter zugestand und von
einer Atmosphäre religiöser Toleranz geprägt war, mußte die Absonderung
des Judentums als ein unverständliches und befremdliches Phänomen erscheinen. Sie reagierte mit Ablehnung und Vorwürfen wie etwa dem der Gottlosigkeit, des Fremdenhasses und der Menschenfeindlichkeit überhaupt.[278] Die
ausschließlich religiösen Ursachen der jüdischen Absonderung waren nur
schwer einsichtig - daß die Juden die anderen Götter negierten und jede Beteiligung an ihren Kulten ablehnten, ließ sich lediglich als ein Affront verstehen. Das Judentum in der Diaspora sah sich daher sowohl mit der synkretisti-
schen Religiosität seiner Umwelt als auch mit deren Reaktion auf die eigene
Haltung konfrontiert. Diese Situation forderte zur Selbstbehauptung heraus
und barg damit zugleich die Gefahren der Selbstisolation in sich. Im jüdischen
Selbstverständnis entwickelte sich so eine Dialektik von Universalismus und
Partikularismus. Alle Aussagen über die Beziehung zur nichtjüdischen Umwelt bewegen sich zwischen beiden Polen.[279]

Auch das slHen spiegelt diese Dialektik wider, wobei die universalistischen Züge stärker in den Vordergrund getreten sind. Mythen, Metaphern
oder philosophische Begriffe der hellenistischen Umwelt haben breite Aufnahme gefunden. Die theologischen Akzente liegen auf der Darstellung einer
Weltweisheit, einer Menschheitsethik und eines Urkultes und zeigen darin die
Weite des Denkens an. Dem Autor des slHen geht es wesentlich um einen ra-
tionalen Konsens, einen praktischen "modus vivendi" und ein kultisches
Grundverständnis zwischen dem Judentum und seiner Umwelt. Er hat im Bild
der Urzeit stets die ganze Menschheit vor Augen. Dennoch bleiben dabei die
Grundlagen des jüdischen Glaubens gewahrt. Das slHen ist fest in jüdischem
Sprachgebrauch sowie in jüdischen Traditionen verankert und läßt sich zuerst
als eine Form der Schriftauslegung verstehen. Henochs besondere Gottesbeziehung und der Offenbarungscharakter seiner Weisheit setzen bereits die
Einzigkeit Gottes voraus. Der Schöpfer und Richter der Welt ist der einzige

---

[277] Vgl. DELLING 1987, besonders 9-26.
[278] Vgl. etwa JACOB EJ(D) 2, 956-972; LEIPOLDT, 1933; SEVENSTER 1975, 89-144.
[279] Vgl. zum Problem URBACH 1981, 271-275.

Gott der gesamten Menschheit - jede Abweichung von diesem Grundbekenntnis wird strengstens verurteilt. Was an mythischen Stoffen Einzug in das slHen gehalten hat, ist allein Gottes Schöpfertum und Allmacht untergeordnet. Die ethischen Normen werden aus der Perspektive von Gottes Weltordnung bestimmt und können in ihrem materialen Gehalt wesentlich als Willenskundgebung Gottes bestimmt werden. Fremde Kulte fallen unter das Verbot des Götzendienstes und werden zudem durch die Legitimation und Dimension des Jerusalemer Kultes überflüssig gemacht. Die Frage, ob das slHen bereits dem hellenistischen Synkretismus erlegen sei, kann daher mit Nein beantwortet werden.[280] Eine Vermischung, die vergleichbare religiöse Phänomene miteinander identifiziert, findet nicht statt. Alles Gedankengut, das aus der Umwelt aufgenommen wird, bleibt Gottes Einzigkeit untergeordnet und dient lediglich deren Bestätigung. Die Besonderheit des jüdischen Glaubens ist damit weniger in Gestalt der Absonderung oder partikularistischer Aussagen präsent als vielmehr in einer moderaten, hellenistischer Bildung durchaus attraktiven Form.

Hier stellt sich nun die Frage nach dem Träger- und Adressatenkreis des slHen. Für dessen Heimat in gebildeten und wohlsituierten Schichten Alexandriens wurden im Exkurs F schon einige Indizien genannt. Die Judenschaft Alexandriens stellte mit ihrem hohen Bevölkerungsanteil einen bedeutenden Faktor im Leben der Stadt dar, obgleich das Zusammenleben mit anderen Bevölkerungsgruppen nicht ohne Probleme war.[281] Gerade hier brach wiederholt das Unverständnis gegenüber den Juden literarisch und handgreiflich auf.[282] An einer Verständigung in diesem vielleicht weltoffensten Zentrum des Mittelmeerraumes mußte also vor allem jenen gelegen sein, die Teil am Wohlstand der Stadt hatten und die ihre Zukunft in Abhängigkeit von einer friedlichen Entwicklung unter römischer Oberhoheit sahen, die also aus dieser Perspektive auch die Zeit des 1. Jhs. durchaus als die eines "goldenen Zeitalters" bewerten konnten.[283] Es mochten daher hauptsächlich pragmatische Gründe sein, die in einem Kreis aufgeschlossener und wohlhabender Juden in Alexandrien zu dem Bedürfnis führten, sich des eigenen Glaubens auf univer-

---

[280] Nach BOUSSET 1926, 22, zeigt das slHen eine "... entschiedene Weiterbildung Henochischer Literatur und überarbeitet diese in seinem Synkretismus so stark ...". So urteilt auch CHARLES hinsichtlich des Schöpfungsberichtes (24-35) in seinen Artikeln (1898, 1899, 1910); ebenso PHILONENKO 1969. Andere (z.B. OTTO 1940 und PINES 1970) betonten das Gewicht gnostischer, ägyptischer, persischer oder indischer Einflüsse, vermieden jedoch, deren Ergebnis bereits mit dem Begriff "Synkretismus" (als Zusammenwachsen, -schließen, Vermischen) zu bezeichnen.

[281] Vgl. BELL 1926; APPLEBAUM 1976, 704-708; KASHER 1985, 208-245.

[282] Ein Beispiel sind die Pogrome des Jahres 38, die schließlich zu der Gesandtschaft Philos nach Rom führten. Die Mehrzahl der antiken judenfeindlichen Schriften wurde von Alexandrinern verfaßt (vgl. POLIAKOV 1977, I 1 und 6).

[283] Ein wesentlicher Grund für die Spannungen in Alexandrien lag in der Loyalität der Juden gegenüber Rom, während die Griechen die Zurücksetzung Alexandriens zur Provinzhauptstadt durch die römische Oberhoheit nur schwer verwanden (vgl. BELL 1926, 9f).

saler Grundlage neu zu vergewissern und ihn zum besseren Verständnis der
von Vorurteilen und Mißverständnissen beherrschten Umwelt gegenüber einsichtig darzulegen. Die reiche Henochtradition, die bereits durch ihr Alter auf
Achtung rechnen konnte, bot sich dafür besonders an. Zudem gab es neben
aller Ablehnung auch zahlreiche Nichtjuden, die sich inmitten der religiösen
Toleranz von der Strenge des jüdischen Gottesglaubens faszinieren ließen.[284]
Neben dem "Eigenbedarf" des Trägerkreises dürften also vor allem jene Inte-
ressierten und dem jüdischen Glauben gegenüber Aufgeschlossenen als
Adressaten des slHen im Blick gewesen sein, wie sie etwa als Kreis der sog.
"Gottesfürchtigen" und "Sympathisanten" bekannt sind.[285] Gerade für sie hatten alle universalen Züge des Judentums besondere Bedeutung, galten die
noachidischen Gebote als ausreichend oder waren Opfer und Stiftungen eine
selbstverständlich geübte Praxis.[286] Sie standen der Synagoge nahe und konnten die Funktion eines Bindegliedes zwischen dem Judentum und seiner Umwelt wahrnehmen. Ihnen gegenüber war weder Polemik noch Apologetik vonnöten, da sich eine grundlegende Anerkennung ja voraussetzen ließ. Hingegen
wird der ruhigere Ton der Reflexionen verständlich, der nach außen auf eine
einsichtige Darlegung des Glaubens, nach innen aber auf eine Selbstvergewisserung gerichtet ist.

Für eine historische Einordnung des slHen bieten also die Verhältnisse
der jüdischen Diaspora im Alexandrien des 1. Jhs. den wahrscheinlichsten
Hintergrund. In Anknüpfung an Gen 5,21-27 und unter Aufnahme sehr verschiedener Traditionen ist die Hauptabsicht des Buches auf Verständigung
ausgerichtet. Der Autor möchte über den Kreis des Judentumes hinauswirken,
zugleich aber den Lesern innerhalb der Synagoge die Gewißheit vermitteln,
daß der jüdische Glaube auch angesichts der hellenistischen Welt bestehen
kann.[287] Die Auslegung und Aktualisierung des jüdischen Glaubens vollzieht
sich dabei im Sinne einer Neubestimmung des eigenen Selbstverständnisses
sowie im Sinne eines erneuten Versuches, sich der Umwelt gegenüber verständlich zu machen. Damit ist ein weites Wirkungsfeld im Blick, wenngleich
sich auch keine vordergründig missionarischen Motive erkennen lassen.[288]
Nach dem Jahre 70 dürfte sich diese Situation dann aber sehr bald verändert
haben. Der Kreis der Gottesfürchtigen und Sympathisanten geriet mehr und
mehr unter den Einfluß der christlichen Mission, während die jüdischen Ge-

---

[284] Unter allen Religionen gab es keine so in sich geschlossene wie die des Judentums.
Sein Monotheismus, zu dem es in der griechischen Philosophie Analogien gab, zog namentlich
die Gebildeten stark an. Die Ethik bewegte sich gegenüber einer allgemeinen Laxheit auf sehr
hohem Niveau.

[285] Die beste Darstellung findet sich bei SIEGERT 1973.

[286] Vgl. SIEGERT 1973, 120-126; BOUSSET 1926, 79f.

[287] Vgl. zu diesem Gedanken auch SIMON 1975, 97.

[288] Im slHen fehlt jede Gegenüberstellung von Judentum und Heidenwelt. Allenfalls die
Aufforderungen zur Verbreitung der Bücher Henochs lassen ein gewisses propagandistisches
Interesse erkennen.

meinden wieder stärker zur Selbstbehauptung und Abgrenzung genötigt waren. Hier könnte ein Grund dafür liegen, daß nun jene Anknüpfungspunkte im slHen für mystische Spekulationen in den Vordergrund des Interesses rückten und die Schrift, indem das breite Spektrum eines weltaufgeschlossenen Diasporajudentums allmählich verschwand, in den esoterischen Zirkeln der frühen jüdischen Mystik eine neue Wirksamkeit entfaltete.

IV. Gesichtspunkte zur Bedeutung des slHen für die neutestamentliche Exegese

1. Grundsätzliches

Die Bedeutung des slHen ergibt sich von selbst mit dem Nachweis seiner Zugehörigkeit zur frühjüdischen Literatur vor dem Jahre 70. Als Repräsentant jenes Schriftenkreises, der nach der Konsolidierung des atl. Kanons und vor der Entstehung und Sammlung der ntl. Schriften in Blüte stand, muß das slHen zu den Quellen der zeitgeschichtlichen Forschung zum NT gezählt werden.

Nachdem es in der ersten Hälfte unseres Jhs. vor allem unter dem Einfluß der dialektischen Theologie relativ stille um die Zeugnisse der frühjüdischen Literatur geworden war, ist ihr Wert für das Verständnis der ntl. Schriften inzwischen längst wiederentdeckt worden. Wenn auch gegenüber den ausgedehnten Forschungen zur Qumranliteratur oder zu den gnostischen Texten aus Nag Hammadi noch immer ein gewisser Nachholbedarf zu verspüren ist, so fehlen doch die mit dem Arbeitsbegriff "Pseudepigraphen" bezeichneten frühjüdischen Texte[1] mittlerweile in keiner exegetischen Untersuchung mehr, die sich mit zeit-, form- oder traditionsgeschichtlichen Fragen zum NT beschäftigt. Es verwundert daher auch nicht, daß die Mehrzahl aller Untersuchungen zum slHen bislang ihren Ausgangspunkt bei ntl. Fragestellungen genommen haben, von dort aus ihre Motivation bezogen und aus dieser Perspektive ihren Gegenstand betrachteten. Die vorliegende Arbeit, die erstmals eine geschlossene Interpretation des slHen versucht, ist von den gleichen Interessen bestimmt. Sie steht ausschließlich in der Perspektive ntl. Fragestellungen, wenngleich sie auch ntl. Texte nicht unmittelbar einbezieht. Schlußfolgerungen für Detailfragen der ntl. Exegese müssen sinnvollerweise weiteren speziellen Untersuchungen vorbehalten bleiben. Im folgenden sollen jedoch noch einmal die Themenkreise zusammengefaßt und die Richtungen benannt werden, denen hierbei besonderes Gewicht zukommt.

Von entscheidender Bedeutung ist die konkrete Einordnung des slHen in das breite Spektrum der frühjüdischen Literatur. Beheimatet im alexandri-

---

[1] Der Begriff "Pseudepigraphen" ist mit all den Mängeln einer künstlichen Bezeichnung behaftet, die eine nicht durch so konkrete Merkmale wie einen gemeinsamen Fundort, Kanongrenzen o.ä. bestimmte Schriftengruppe zusammenfassen muß. Zu seiner Geschichte und seiner Rechtfertigung als Arbeitsbegriff vgl. das Vorwort von J.H. Charlesworth in OTPs I, 1983.

nischen Diasporajudentum, gestattet es Einblicke in genau jene Welt, in der
die christliche Mission ihren Weg zu den Heidenvölkern begann. Das slHen
atmet eine Atmosphäre weisheitlichen, ethischen und kultischen Integrations-
bemühens, die seinen Träger- und Adressatenkreis als eine Gruppe von
weltoffenen Juden sowie von Gottesfürchtigen und Sympathisanten erkennen
läßt. Es steht in der Dialektik von Öffnung und Selbstvergewisserung und folgt
einer unverkennbar universalistischen Tendenz. Gerade darin unterscheidet
sich das slHen auch von jenen Schriften, die gewöhnlich als Zeugnisse jüdischer "Missionsliteratur" betrachtet werden.[2] Zwar taucht auch hier der Missi-
onsgedanke auf, doch tut er dies in einer viel verhalteneren, die direkte Her-
ausforderung vermeidenden Form. Die Themen der jüdischen "Missionsliteratur" sind im slHen vollständig vertreten[3] - bezeichnenderweise fehlt jedoch das
Thema der Erwählung Israels. Es zeigt sich, daß viel stärker als direkte missi-
onarische Aktivität eine indirekte Werbung erfolgt, die Anstöße zu vermeiden
und nationale Grenzen zu überwinden versucht. Ohne die Grundlage des jüdischen Glaubens preiszugeben, war die Schwelle zu ihrer Anerkennung unter
dem Leserkreis des slHen doch wesentlich niedriger gehalten als in anderen
vergleichbaren Schriften. Es liegt auf der Hand, daß hier ein Milieu zutage
tritt, das der christlichen Mission ein bereitetes Feld und zahlreiche Anknüpfungspunkte bot. Das slHen beschreibt ein Stück Zeitgeist, vor dessen Hintergrund die Erfolge der christlichen Mission neue Farbe erhalten. Vor allem
wird deutlich, daß in der Diaspora der Universalismus des frühen Christentums auf eine viel bereitwilligere Aufnahme rechnen konnte als etwa im Mutterland. Auf die Spannung zwischen Juden und Heiden im NT fällt durch den
Versuch der Vermittlung im slHen ein neues Licht. Die Beschäftigung mit
diesem Themenkreis wird in Zukunft die eigengeprägte Gestalt des Universalismus im slHen nicht mehr außer Acht lassen dürfen.

2. Einzelfragen

Exkurs H: Direkte Parallelen zwischen NT und slHen

In den verschiedenen Ausgaben des slHen sowie in zahlreichen Einzeluntersuchungen finden sich immer wieder direkte Parallelen oder Analogien ver-

---

[2] Vgl. dazu DALBERT 1975. DALBERT nennt als Zeugnisse einer jüdischen Missionsliteratur Demetrios, Philo den Älteren, Eupolemos, Artapanos, Ezechiel den Tragiker, Ps-Hekataios, Aristeas, die Weisheit Salomos, den Aristeasbrief, Aristobulos und die sibyllinischen Orakel. BUSSMANN 1975 schränkte dieses breite Spektrum dann etwas ein. Die Charakterisierung als "Missionsliteratur" zielt freilich nur auf jeweils einen Aspekt der genannten Schriften.
[3] Dies betrifft hauptsächlich die Einzigkeit Gottes und die Polemik gegen Götzendienst, die Gotteserkenntnis, sittliche Normen, das Gericht sowie eine "Vergeistigung" der Offenbarung - vgl. DALBERT 1954, 124-143 und BUSSMANN 1975, 143-190.

zeichnet,[4] die eine z.T. auffällige Übereinstimmung mit ntl. Aussagen zeigen. Gerade hier mag einer der Gründe für die wiederholt geäußerte Annahme einer ausführlichen christlichen Überarbeitung des slHen liegen. Wie die Untersuchungen in Kap. 2.2. des zweiten Teiles zeigten, läßt sich diese jedoch nur für einige wenige Einschübe nachweisen. Immerhin könnten an manchen anderen Berührungspunkten die ntl. Autoren wiederum mit den Vorstellungen des slHen vertraut gewesen sein. Doch auch hier ist Vorsicht geboten. Am Beispiel der Makarismen im slHen läßt sich etwa erkennen, daß hier viel breitere Traditionsströme angenommen werden müssen, als daß aus einer nach Form oder Inhalt analogen Aussage bereits direkte Beziehungen geschlußfolgert werden könnten.[5] Viel eher ist es ein vergleichbares Milieu, daß in einigen ntl. Schriften und dem slHen auch vergleichbare Vorstellungen und Formulierungen hervorbrachte. Die Apk etwa weist nur relativ wenige und ziemlich allgemeine Berührungspunkte mit dem slHen auf. Hingegen ist eine Konzentration von Analogien auf das Matthäusevangelium zu beobachten, das in seiner Situation auf der Grenzlinie zwischen Judenchristentum und Völkerwelt manche Parallelen zur Situation des slHen auf der Grenzlinie von gesetzestreuem Judentum und hellenistischer Umwelt erlebte. Ebenso finden sich viele Bezüge zum paulinischen Schrifttum, die wohl auf ein gemeinsames Interesse an jenem aufgeschlossenen Kreis von Gottesfürchtigen und Sympathisanten um die Synagoge in der Diaspora zurückzuführen sein wird, wenngleich auch die Absichten in beiden Fällen andere waren. Daß einzelne Vorstellungen auch außerhalb des slHen bekannt gewesen sein werden, läßt sich etwa hinsichtlich der Lokalisierung des Paradieses im 3. Himmel (slHen 9/IIKor 12,2. 4) vermuten - hier muß Paulus sein Wissen nicht unbedingt direkt aus dem slHen schöpfen, obgleich kein weiteres Zeugnis dieser Vorstellung erhalten geblieben ist.

In der folgenden Liste sind die m.E. wichtigsten Berührungspunkte zwischen NT und slHen zusammengestellt. Dabei geht es nur um konkrete Aussagen, nicht um größere Zusammenhänge oder Denkmodelle. Der "Verwandtschaftsgrad" der jeweiligen Stellen soll durch eine Skala von A = wörtliche, zitatähnliche Übereinstimmung eines Gedankens, B = Übereinstimmung einer Form oder Wendung und C = Übereinstimmung der zugrundeliegenden Vorstellung veranschaulicht werden. Eine wörtliche, zitatähnliche Übereinstimmung eines ganzen Gedankens findet sich an keiner Stelle. Für die meisten

---

4   Vgl. die Listen bei CHARLES/MORFILL 1896, xxi-xxii und BONWETSCH 1896, 56-57; NESTLE 1897-98 (Verweis auf slHen 1,1-8 als mögliche Assoziation für den "Weckruf" in Eph 5,14); HUGHES 1909; LOWTHER CLARKE 1914 (Verweis auf Ähnlichkeiten zwischen Henochs Entrückung und der Himmelfahrt Christi); POTTER 1965, 80-91 (oft sehr vage); dazu Fußnoten und Randbemerkungen in nahezu allen Übersetzungen. Viele direkte Bezüge finden sich in den unter 2.2.5. der Bibliographie genannten speziellen Untersuchungen. Unter den Angaben am äußeren Rand des Nestle[26] steht allein Hen (= äthHen) - wie die folgende Liste zeigt, wäre hier eine Differenzierung und der zusätzliche Verweis auf das slHen durchaus angebracht.

5   Vgl. dazu das reiche Material bei KÄHLER 1974.

Analogien ist das slHen nicht der einzige Repräsentant, so daß auch hier an erster Stelle eine Vertrautheit mit dem entsprechenden Milieu anzunehmen ist.

NT		slHen	Verwandt-schafts-grad	Inhalt
Mt	5,8	45,3	C	Bedeutung eines reinen Herzens
	5,9	52,11	B	Friedfertigkeit (Maka-rismus)
	5,11	50,3-4	C	Dulden um des Herrn willen
	5,22	44,2-3	C	Mißachtung des Nächsten
	5,42	44,4	C	Freigebigkeit
	6,20	50,5/51,2	C	Umgang mit Schätzen
	7,2	44,4-5	C	Entsprechung von Gabe und Vergeltung
	7,12	61,2	B	"Goldene Regel"
	7,13-14	30,15	C	zwei Wege
	7,16.20	42,14	C	die Werke weisen den Menschen aus
	11,29	34,1	C	das "Joch des Herrn"
	12,4	71,21	C	hlg. Brot für die Priester
	12,34-35	52,13-14	C	Worte, die aus dem Herzen kommen
	13,43	65,11(AU)	B	die Gerechten werden leuchten
	16,18-19	42,1	C	Schlüssel für jensei-tige Orte
	24,7	70,23	C	der endzeitliche Völ-kerkampf
	25,34	9/10,4/42,3	C	es sind jenseitige Orte bereitet
	25,35-36	9/42,8/44,8/50,5-6	C	Hilfe für die Bedürf-tigen
	25,41	10,1	C	das jenseitige Feuer
Lk	6,31	61,2	B	"Goldene Regel"
	6,38	44,4-5	C	Entsprechung von Gabe und Vergeltung

	12,33-34	50,5/51,2	C	Umgang mit Schätzen
	21,19	50,2	C	Ausharren erwirbt ewiges Leben
Joh	3,19-21	46,3	C	Gericht im Lichte
	14,2	61,2	B	viele Wohnungen sind bereitet
Act	2,11	54,1	C	die "großen Taten" des Herrn
	2,15/3,1/ 10,9	51,4	C	drei tägliche Gebetszeiten
Röm	6,23	30,16	C	Ursache des Todes ist die Sünde
	12,17.19	50,4	C	Vergeltung gebührt allein Gott
IIKor	5,3-4	22,8	C	Bekleidung mit einer himml. Leiblichkeit
	6,14	34,1	C	doppeltes Joch
	9,7	61,5	C	Gabe soll gern gegeben werden
	12,2-4	8,1/42,3	C	das Paradies im 3. Himmel
Gal	4,26	55,2(P)	C	himml. Jerusalem
Eph	1,21/3,10	20,1	C	himml. Herrschaften
	2,2	29,5	C	Satan als Herrscher in der Luft
	4,25	42,12	C	Wahrheit gegenüber dem Nächsten
	5,12	34,2(P)	B	Laster sind "schändlich zu sagen"
Kol	1,16	20,1	C	himml. Herrschaften
IThess	4,6/5,15	50,4	C	der Herr ist Rächer
ITim	2,14	30,17	C	Übertretung geschah durch Eva
IPetr	1,12	24,3/40,3	C	Engel haben nur begrenztes Wissen
	3,9	50,4	C	Böses nicht mit Bösem vergelten
	3,22	20,1	C	himml. Herrschaften
IIPetr	2,4	7/18	C	Gericht über die Engel
Hebr	1,7	29,3	C	Engel sind feuriger Art
	4,3 u.ö.	54,1	C	jenseitige "Ruhe"
	9,15	9/10,6/55,2	B	"ewiges Erbteil"

	11,3	24,2	C	Erschaffung des Seins aus dem Nichtsein
Jak	3,9	44,1	C	der Mensch ist nach Gottes Bild gemacht
Jud	6	7/18	C	Gericht über die Engel
	13	40,13	C	ewige Pein der Gottlosen
Apk	2,7/22,2.14.19	8,3	C	Baum des Lebens
	4,2/19,4	20,3	C	Gott sitzt auf dem Thron
	4,4	4,1	C	himml. "Älteste"
	9,1/20,1	42,1	C	Schlüssel in der Hand von Engeln
	9,17/11,5	1,5	C	Feuer aus dem Mund von Engeln
	19,20/20,10.14-15/21,8	10,2	C	ewiges Feuer
	21,4	65,9	C	die Gerechten werden frei von Leid sein

2.1. Eschatologische Vorstellungen

Wie Kap. 2.1. im dritten Teil dieser Arbeit herauszuarbeiten versuchte, folgen die eschatologischen Vorstellungen des slHen einem Denkmodell, für das N. Walter den Begriff einer "hellenistischen Eschatologie" geprägt hat.[6] Sie sind das Herzstück des slHen und liegen hier in einer besonders geschlossenen Konzeption vor. Dieser Typ eschatologischer Vorstellungen, der räumlich-qualitativ bestimmt und hauptsächlich vertikal ausgerichtet ist, findet in anderen frühjüdischen Schriften nur selten eine so klare, von zeitlich-quantitativ bestimmten und horizontal ausgerichteten Vorstellungen unterschiedene Ausprägung. Auch in einigen ntl. Schriften haben Vorstellungen aus dem Bereich hellenistischer Eschatologie ihren Niederschlag gefunden, ohne daß ihnen jedoch in ihrer Verflechtung mit Vorstellungen einer "apokalyptischen Eschatologie" bislang die gebührende Aufmerksamkeit zuteil geworden wäre. Es ist das Verdienst von N. Walter, auf die unterschiedlichen Denkmodelle und ihre Hintergründe hingewiesen zu haben. Das Studium der Eschatologie im slHen erhält damit einen besonderen Wert für ein tieferes Verständnis jener ntl. Anschauungen, die angemessen nur als Ausdruck "hellenistischer Eschatologie" interpretiert werden können. Die folgende knappe Aufzählung der wichtigsten

---

[6] WALTER 1985; DERS. 1985a.

Stellen bezieht sich dabei auf die grundlegenden Ausführungen von N. Walter.[7]

Paulus, obgleich wesentlich von apokalyptischem Denken beeinflußt, beweist an einigen Stellen auch seine Vertrautheit mit Vorstellungen einer "hellenistischen Eschatologie". IKor 15,35-56 etwa ist bestimmt vom Nebeneinander der Kategorien "vergänglich - unvergänglich". Die Verse IIKor 4,18 sowie IIKor 5,1-10 sind ganz von einem vertikalen Denken bestimmt. In Phil 3,20 spricht Paulus die Vorstellung von der Heimat der Glaubenden im Himmel aus, wobei das Leben als ein Weg auf dieses Ziel hin verstanden wird (3,13f). Vor allem aber scheint IThess 4,13-18 die Parusie weniger in irdischen als in himmlisch - jenseitigen Dimensionen vorzustellen. Was bei Paulus in Gestalt einzelner Elemente auftritt, hat im Kol schon eine viel beherrschendere Stellung inne. Eine konsequente Unterscheidung von "oben" und "unten" stellt den Hintergrund dar, vor dem alle entscheidenden Aussagen über das Heil getroffen werden. Großes Gewicht hat die Vorstellung einer umfassenden Weltordnung, deren gestörte Harmonie durch Christus wieder hergestellt ist und deren Gesamtperspektive sich nun dem Glaubenden eröffnet (3,2). Auch hier wird das Leben als eine Wanderung verstanden, deren Ziel in den Himmeln schon bereit liegt (1,5). Dieses Denkmodell wird im Eph aufgenommen, der in seinen eschatologischen Aussagen die Zeit- ganz hinter die Raumvorstellung zurücktreten läßt. In den Evangelien tauchen Spuren einer "hellenistischen Eschatologie" nur gelegentlich auf. Sie lassen sich im Joh, das nach N. Walter eher an einem existentialen Weltverhältnis als an einem klar beschriebenen Weltbild interessiert ist, allenfalls in einer gelegentlichen Affinität zu solchem vertikalen Denken spüren, wie etwa Joh 14,2f mit dem Verweis auf die bereitstehenden himmlischen Wohnungen zeigt. Ähnliches gilt für die Synoptiker, die neben ihren ganz eindeutig apokalyptischen Passagen auch Vorstellungen wie z.B. die vom himmlischen Heiligtum (Mk 14,58) oder den im Himmel bereiteten Wohnorten (Lk 23,43) aufgreifen können. Der wichtigste Zeuge einer "hellenistischen Eschatologie" im NT ist freilich der Hebr, der das Bild vom himmlischen Tempel breit entfaltet und in den Kategorien von Urbild und Abbild denkt. Für ihn hat der jenseitige Ruheort, der den Glaubenden schon bereitet ist und auf den hin sich ihr Leben als eine Wanderschaft im Durchgangsland dieser Welt bewegt, grundlegende Bedeutung. Das Heil ist bereits verwirklicht, das Leben des Glaubenden ist ein Weg zur Vollendung.

Im Gesamtbild ntl. Eschatologie begegnet eine Vielfalt, deren verschiedene Perspektiven, Modelle oder Akzentuierungen nicht zu schnell in ein System gebracht werden sollten. Eine sorgfältige Differenzierung, die für das Verständnis der Texte unerläßlich ist, findet in dem eschatologischen Modell des slHen einen wichtigen zeitgeschichtlichen Vergleichsrahmen.

---

7 Vgl. vor allem WALTER 1985a.

2.2. Ethische Aussagen

Die frühen christlichen Gemeinden hoben sich vor allem in Fragen der Ethik von ihrer Umwelt auffällig ab. Inwiefern nun mit der Verkündigung Jesu und der Praxis der Urchristenheit etwas völlig Neues, von jüdischer Ethik ganz und gar Unterschiedenes auftrat, oder inwiefern auch hier eine Kontinuität vorhanden war - dies ist eine immer wieder erörterte und neu akzentuierte Frage bei der Beschäftigung mit der ntl. Ethik. Für ihre Beantwortung kommt nun den frühjüdischen Quellen als den unmittelbaren Zeitzeugen der ntl. Autoren größte Bedeutung zu - viel mehr noch als atl. Belegen oder den späteren rabbinischen Vergleichstexten. Das slHen bietet einen reichhaltigen Komplex ethischer Aussagen, die den Hintergrund ntl. Ethik in verschiedener Hinsicht erhellen können.

Zunächst finden sich Aussagen, die als historische Informationen von Wert sind. Dies betrifft alle zur soziologischen Situation und zur Begegnung mit einer andersgläubigen Umwelt getroffenen Feststellungen. Der universale Ansatz der paulinischen Ethik etwa traf auf ein Judentum, das - wenn auch aus anderen Beweggründen - eine ebensolche menschheitlich universale Weite innerhalb seiner Umwelt schon theoretisch und praktisch zu realisieren begann. Ob die christliche Verkündigung nun daran anknüpfte oder nicht - sie stieß auf jeden Fall auf offene Ohren. Ähnliches Interesse können liturgische Einzelheiten beanspruchen, wie etwa das dreimalige Gebet am Tage, die Praxis der Wallfahrt, die Stiftung von Lampen für die Synagoge oder Einzelheiten der Opferpraxis,[8] die auch im NT einen Widerhall finden.

Wichtiger freilich sind Aussagen, die konkrete Probleme ntl. Ethik betreffen. Das Gesetzesverständnis des slHen etwa steht im Strom jener Bemühungen um eine Zusammenfassung oder Aktualisierung der Thora in ntl. Zeit, aus der auch die Auseinandersetzungen um die Thora in den Evangelien und in den paulinischen Briefen hervorgegangen sind. Das weite Feld sozialer Anliegen findet im slHen reiche Belege. Daß gerade hier eine jenseitige Ausrichtung der Eschatologie eine die Welt grundsätzlich bejahende, positive und durchaus nicht nur auf Ausharren abgestellte Ethik hervorbringt,[9] muß als Hintergrund für die Interpretation der ethischen Vorstellungen etwa des Kol, Eph oder Hebr besonders beachtet werden. Zudem vermag das slHen auch die traditionsgeschichtliche Herkunft vieler Gerichts- und Vergeltungsaussagen im NT deutlicher hervortreten zu lassen.

Schließlich ist es die ntl. Formgeschichte, die im slHen wichtiges Vergleichsmaterial findet. Von der Vielzahl der Gattungen und Formen ist im Exkurs G bereits die Rede gewesen. Besonders die Makarismen sollen hier

---

[8] Vgl. Kap. 2.3.1.2. im 3. Teil sowie Exkurs F.
[9] Zu dieser Form des Weltverhältnisses vgl. vor allem WALTER 1985, 341.

noch einmal hervorgehoben werden, die im slHen eine ähnlich exponierte Stelle einnehmen wie bei Mt und Lk.

2.3. Die Melchisedekfigur

Daß die verschiedenen frühjüdischen Überlieferungen um die Gestalt Melchisedeks für die ntl. Exegese von großem Interesse sind, bedarf angesichts der Rolle Melchisedeks im Hebr keiner weiteren Erläuterung - zumal, da die Erzählung im slHen noch die Gattung der Kindheitsgeschichte aufgreift. Die vorausgegangenen Kapitel haben nachzuweisen versucht, daß slHen 68-73 als integraler Bestandteil zu dem ursprünglichen Werk gehört und als jüdische, vorchristliche Erzählung zu betrachten ist. Die Erzählung gehört somit in jede künftige Darstellung der Melchisedektradition mit hinein.

Zwei besondere Interessengebiete der ntl. Exegese, von denen in Exkurs B bereits die Rede war, sind daher noch einmal zu benennen. Zum einen ist die Melchisedekerzählung des slHen da von Bedeutung, wo nach dem religionsgeschichtlichen Hintergrund des Hebr gefragt wird. Wohl genügen dem Hebr für seine Darstellungsweise zunächst die atl. Bezugtexte (Gen 14 und Ps 110), doch ist mit weiteren Anregungen durchaus zu rechnen. Gerade ein Vers wie Hebr 7,3 läßt auf legendarische Überlieferungen um Melchisedek schließen, für deren Existenz das slHen nun neben dem Melchisedekfragment 11QMelch aus Qumran einen sicheren Nachweis liefert. Inwiefern die Erzählung im slHen dem unmittelbaren Hintergrund des Hebr angehörte oder nur in das weitere Umfeld einzuordnen ist, bleibt dabei von untergeordneter Bedeutung.

Einen zweiten wichtigen Gesichtspunkt für die ntl. Exegese bietet die Eingliederung der Erzählung in den Rahmen jüdischer Kindheitsgeschichten. Auch hier geht es, wie die unter 2.3.2.2. im 3.Teil dargestellten Eigenheiten deutlich machen, nicht um einen direkten Einfluß auf die ntl. Kindheitsgeschichten. Wohl aber liegt damit ein Beleg vor, daß es Kreise im Diasporajudentum des 1. Jhs. gab, die die Vorstellung einer vaterlosen Empfängnis kannten und tradierten. Ganz sicher repräsentieren sie damit nicht ein Allgemeingut jüdischen Glaubens. Und doch tritt mit der Erzählung im slHen ein weiterer Beleg neben die Aussagen bei Philo, die nun nicht mehr als völlig singulär abgetan werden können. Sofern die christliche Theologie in den ntl. Kindheitsgeschichten vor allem von hellenistischem Denken geprägte Adressaten ansprach, konnte sie doch auch in eben von diesem Denken beeinflußten jüdischen Kreisen viel unproblematischer als oft vermutet akzeptiert werden. So hat die Melchisedekerzählung des slHen gerade für die religionsgeschichtliche Beurteilung der Kindheitsgeschichten einen unschätzbaren Wert.

3. Ausblick

Ein letzter Gedanke, der bei der Beschäftigung mit dem slHen auftaucht, soll hier noch ausgesprochen werden. Es ist eine hinlänglich bekannte Tatsache, daß die Schriften des NT sowohl hebräisches als auch griechisch - hellenistisches Denken widerspiegeln. Beide gehen jedoch von einer fundamental verschiedenen Sicht der Welt aus und führen somit notwendigerweise auch zu unterschiedlichen theologischen Vorstellungen.[10] Ihr Nebeneinander in den ntl. Schriften hat nun nicht nur zu einer theoretischen, dem Verständnis der Texte dienenden Differenzierung geführt, sondern hat zugleich auch verschiedene Bewertungen in der christlichen Theologie hervorgebracht. Dabei galt besonders seit der Jahrhundertwende das griechisch - hellenistische Element zunehmend als eine Art Entfremdung von der ursprünglichen, aus dem atl. Glauben herausgewachsenen Botschaft Jesu.

Inzwischen ist, wie schon gesagt, die Bedeutung der frühjüdischen Literatur für das Verständnis der Umwelt Jesu und der ersten Gemeinden neu entdeckt worden. Im slHen als einem Repräsentanten des alexandrinischen Diasporajudentums begegnet nun eine Gruppe, der in ganz besonderem Maße an der Integration überkommenen atl. - jüdischen und griechisch - hellenistischen Denkens gelegen war. Sie folgte damit einem Gesamtzug ihrer Zeit. Was in den vorausgegangenen Untersuchungen nun um eines genauen Verständnisses willen theoretisch voneinander abgegrenzt worden ist, stellte sich dem Gläubigen, der das slHen las, als eine Einheit dar. Angesichts der Pluralität in den ntl. Schriften ist die Gefahr gegeben, unter logischen Gesichtspunkten hebräisches und griechisches Denken gegeneinander auszuspielen und über das Aufspüren von Hintergründen hinaus Wertungen vorzunehmen. Historisch gesehen beschritten die ntl. Autoren hier nur sprachliche und gedankliche Wege, die schon im Judentum ihrer Zeit zusammengeführt worden waren. Dem Glaubenden stellten sie nur unterschiedliche Mittel dar, sich der einen Wahrheit zu nähern oder verschiedene Möglichkeiten, Haushalter über Gottes Geheimnisse zu sein (IKor 4,1). M.E. besteht kein Grund, hellenistischem Gedankengut im NT als einem "fremden" Element mit besonderer Skepsis zu begegnen oder dasselbe einer gezwungenen Interpretation zu unterziehen. Daß Jesus, der im Judentum geboren wurde, in einer von hellenistischem Geist durchdrungenen Welt aufwuchs und lebte, läßt sich auch für die heutige Auslegung des NT positiv aufnehmen und fruchtbar machen.

---

[10] Ein Standardwerk zu diesem Thema ist das Buch von BOMAN 1952.

Literaturverzeichnis

Vorbemerkungen

Sämtliche Abkürzungen richten sich nach S. Schwertner, Theologische Realenzyklopädie. Abkürzungsverzeichnis, Berlin/New York 1976. Abkürzungen für die slavistische Sekundärliteratur folgen A. de Santos Otero, Die handschriftliche Überlieferung der altslavischen Apokryphen (PTS 23), Berlin/New York 1981, IX-XLVI. Art. aus den Nachschlagewerken BHH, BR, EAC, EJ, EJ(D), ERE, LÄ, PRE, THAT, ThWNT und TRE werden nur mit dem Namen des Autors zitiert. Auf Art. aus dem Enciklopedičeskij Slovar, izd. F.A. Brockhaus/I.A. Efron, Leipzig/St. Petersburg 1,1890-81,1904, Suppl. 1,1905-4,1907 wird mit der Abkürzung EncSlov sowie Band und Seitenzahl verwiesen.

Quellentexte sind unter Voranstellung des Herausgebers der allgemeinen Bibliographie mit eingefügt, die zum schnelleren Auffinden auch alle Titel der speziellen Bibliographie zum slavischen Henochbuch von S. 4-18 enthält. Allein Hilfsmittel (= Wörterbücher und Grammatiken) werden im folgenden noch einmal gesondert aufgeführt.

Hilfsmittel

BAUER, W.: Griechisch-deutsches Wörterbuch zu den Schriften des Neuen Testaments und der frühchristlichen Literatur, neu bearb. und hg.v. K. und B. Aland, Berlin/New York [6]1988.

BIELFELDT, H.H.: Altslawische Grammatik. Einführung in die slawischen Sprachen (Slawistische Bibliothek 7), Halle 1961.

DIELS, P.: Altkirchenslavische Grammatik mit einer Auswahl von Texten und Wörterbuch (Sammlung slavischer Lehr- und Handbücher I,6), Heidelberg [2]1963.

GESENIUS, W.: Hebräisches und Aramäisches Handwörterbuch über das Alte Testament, bearb. von F. Buhl, unveränd. Nachdr. der 17. Aufl. von 1915, Berlin/Göttingen/Heidelberg 1962.

KURZ, J. (Hg.): Slovnik Jazyka Staroslovenskeho (Lexicon Linguae Palaeo-Slovenicae), Prag 1966ff.

LAMPE, G.W.H.: A Patristic Greek Lexicon, Oxford 1961.

LESKIEN, A.: Handbuch der Altbulgarischen (Altkirchenslavischen) Sprache. Grammatik-Texte-Glossar, Heidelberg [7]1955.

LEVY, J.: Wörterbuch über die Talmudim und Midraschim, Berlin/Wien 1924.

SADNIK, L./AITZETMÜLLER, R.: Handwörterbuch zu den altkirchenslavischen Texten (Indogermanische Bibliothek, 2. R.), Heidelberg 1955.

TSCHERNYCH, J.P.: Historische Grammatik der russischen Sprache (Slawistische Bibliothek 6), Halle 1957.

Allgemeine Bibliographie

AESCOLY, A.Z.: Henochs Buch der Geheimnisse (Slawischer H.) (Art. Henoch (Buch)), in: EJ(D) 7, Berlin 1931, 1170-1171.

AGOURIDES, S.: Art. Enoch, in: TEE 5, Athen 1964, 706-708.

AGOURIDES, S.: Enoch B' e To Biblio ton Mystikon tou Enoch (Slavonikos Enoch), in: Ta Apokrypha tes Palaias Diathekes B', hg.v. S. Agourides, Athen 1984, 443-476; dass. in: Theologia 56/1985, 127-160.

ALEKSEEV, A.: Perevody s drevneevrejskich originalov v drevnej Rusi, in: Russian Linguistics 11/1987, 1-20.

ALEXANDER, P.: 3 (Hebrew Apocalypse of) Enoch. (Fifth-Sixth Century A.D.). A New Translation and Introduction, in: OTPs I, hg.v. J.H. Charlesworth, New York 1983, 223-315.

ALLERHAND, J.: Die Judaisierenden in Rußland, in: Kairos 4/1979, 264-272.

AMIR, Y.: Die hellenistische Gestalt des Judentums bei Philon von Alexandrien (Forschungen zum Jüdisch-Christlichen Dialog 5), Neukirchen 1983.

AMUSIN, J.D.: Novyj eschatologičeskij tekst iz kumrana (11 Q Melchisedek), in: VDI 3/1967, 45-62.

AMUSIN, J.D.: Texty Kumrana. 1: Perevod s drevneevrejskogo i aramejskogo, vvedenie i kommentarij (Pamjatniki pis'mennosti vostoka 33/1), Moskau 1971.

ANDERSEN, F.I.: 2 (Slavonic Apocalypse of) Enoch. (Late First Century A.D.). Appendix: 2 Enoch in Merilo Pravednoe. A New Translation and Introduction, in: OTPs I, hg.v. J.H. Charlesworth, New York 1983, 91-221.

ANDERSEN, F.I.: Pseudepigrapha studies in Bulgaria, in: Journal for the Study of the Pseudepigrapha 1/1987, 41-55.

ANDERSON, G.W.: II Enoch (Art. Enoch, Books of), in: EBrit[14] 8, Chicago u.a. 1967, 605.

ANGELOV, B./GENOV, M.: Stara bulgarska literatura (IX-XVIII v.) v primeri, prevodi i bibliografija (Istorija na Bulgarskata Literatura II), Sofia 1925.

ANGELOV, B.: Spisukut na zabranenite knigi starobulgarskata literatura, in: Izv. na Instituta za bulg. literatura 1/1952, 107-159.

APPLEBAUM, S.: The Social and Economic Status of the Jews in the Diaspora, in: The Jewish People in the First Century II (CRI I), hg.v. S. Safrai und M. Stern, Assen 1976, 701-727.

APTOWITZER, V.: Kain und Abel in der Agada, den Apokryphen, der hellenistischen, christlichen und muhammedanischen Literatur, Wien/Leipzig 1922.

ARCHEOGRAFIČESKAJA KOMMISSIJA (Hg.): Velikie Minei Četii sobrannye Vserossijskim Mitropolitom Makariem. Dekabr' dni 25-31, Moskau 1912.

ARSENIJ, IEROMONACH: Opisanie slavjanskich rukopisej biblioteki Svjato-Trojckoj Sergievoj Lavry I, in: ČOIDR 2/1878; III, in: ČOIDR 2/1879.

AVALICHVILI, Z.: Notice sure une version géorgienne de la Caverne des Trésors. Apocryphe syriaque attribué à saint Éphrem, in: ROC 26/1927-28, 381-395.

BACHER, W.: Zwei jüdisch-persische Dichter Schahin und Imrani (Jahresbericht der Landes-Rabbinerschule in Budapest), Budapest 1906-08.

BAMBERGER, B.J.: Fallen Angels, Philadelphia 1952.

BARSUKOV, N.: Žisn i trudy M.P. Pogodina 10, St. Petersburg 1896, Nachdr. Paris 1971.

BAUER, J.B.: Clavis Apocryphorum Supplementum, complectens voces versionis germanicae Libri Henoch Slavici [etc.] (Grazer Theologische Studien 4), Graz 1980.

BECK, H.G.: Kirche und theologische Literatur im Byzantinischen Reich (HAW 2/1), München 1959.

BEER, G.: Art. Henochbücher 2, in: RGG[2] 2, Tübingen 1928, 1802.

BEER, G.: Der slavische Henoch (Art. Pseudepigraphen des AT), in: RE[3] 16, Leipzig 1905, 242.

BEER, G.: The Slavonic Enoch (Art. Pseudepigrapha), in: NSHE 9, New York/London 1911, 336.

BEER, G.: The Slavonic Enoch (Art. Pseudepigrapha, Old Testament), in: NSHE 9, Grand Rapids/Michigan 1950, 336.

BEGUNOV, J.K.: Kormčaja Ivana Volka Kuričyna, in: TODRL 12/1956, 141-159.

BELL, H.J.: Juden und Griechen im römischen Alexandreia. Eine historische Skizze des alexandrinischen Antisemitismus (BAO 9), Leipzig 1926.

BENTZEN A.: Introduction to the Old Testament 2, Kopenhagen [2]1952.

BERGER, K.: Art. Henoch, in: RAC 14, Stuttgart 1988, 474-545.

BERGER, K.: Die Gesetzesauslegung Jesu. Ihr historischer Hintergrund im Judentum und im Alten Testament. Teil I: Markus und Parallelen (WMANT 40), Neukirchen 1972.

BERGER, K.: Die griechische Daniel-Diegese. Eine altkirchliche Apokalypse (StPB 26), Leiden 1976.

BERGER, K.: Formgeschichte des Neuen Testaments, Heidelberg 1984.

BERGER, K.: Hellenistische Gattungen im Neuen Testament, in: ANRW II 25/2, hg.v. H. Temporini und W. Haase, Berlin/New York 1984a, 1031-1432.

BETZ, O.: Der Paraklet. Fürsprecher im häretischen Spätjudentum, im Johannes-evangelium und in neugefundenen gnostischen Schriften (AGSU 2), Leiden 1963.

BEZOLD, C.: Die Schatzhöhle. Aus dem syrischen Texte dreier unedirten Hand-schriften in's Deutsche übersetzt und mit Anmerkungen versehen von ..., Leipzig 1883.

BICKERMANN, E.J.: Chronology of the Ancient World, Leipzig [2]1963.

BIETENHARD, H.: Das tausendjährige Reich. Eine biblisch-theologische Studie, Bern 1944.

BIETENHARD, H.: Die himmlische Welt im Urchristentum und Spätjudentum (WUNT 2), Tübingen 1951.

BILLERBECK, P./STRACK, H.L.: Kommentar zum Neuen Testament aus Talmud und Midrasch, 5 Bde., München 1922-1928, Index 1956.

BIN GORION, M.J.: Die Sagen der Juden I, Frankfurt 1913.

BIRKFELLNER, G.: Glagolitische und kyrillische Handschriften in Österreich (Österreichische Akademie der Wissenschaften. Phil.-hist. Klasse. Schriften der Balkankomm. Ling. Abt. XXIII), Wien 1975.

BISCHOFF, E.: Die Mystik und Magie der Zahlen. Arithmetische Kabbalah (Geheime Wissenschaften 20), Berlin 1920.

BÖCKH, A.: Metrologische Untersuchungen, Berlin 1838.

BOLL, F.: Sternglaube und Sterndeutung. Die Geschichte und das Wesen der Astrologie, Leipzig/Berlin [4]1931.

BOMAN, TH.: Das hebräische Denken im Vergleich mit dem griechischen, Göttingen 1952.

BONSIRVEN, J.: Les livres des secrets d'Hénoch, in: La Bible Apocryphe en Marge de l'Ancien Testament, Paris 1953, Choises et présentes par Daniel-Rops 1975, 227-247.

BONWETSCH, G.N.: Das slavische Henochbuch (AGWG.PH Neue Folge Bd. 1 Nr. 3), Berlin 1896.

BONWETSCH, G.N.: Die apokryphen Fragen des Bartholomäus, in: NGWG.PH/1897, 1-42.

BONWETSCH, G.N.: Die Bücher der Geheimnisse Henochs. Das sogenannte slavische Henochbuch (TU R. 3 Bd. 14 H. 2 = Bd. 44 H. 2), Leipzig 1922.

BONWETSCH, G.N.: Die christliche vornicänische Litteratur in altslavischen Handschriften, in: A. Harnack, Geschichte der altchristlichen Literatur bis Eusebius I/2, Berlin 1893, Nachdr. Leipzig 1958, 886-917.

BORSCH, FR.H.: The Son of Man in Myth and History, Philadelphia/London 1967.

BOURKE, D.J.: Slavonic Enoch (Art. Enoch, Books of), in: Encyclopedic Dictionary of Religion 1, Philadelphia 1979, 1209.

BOUSSET, W.: Der Gott Aion (Manuskript von 1919), in: ders., Religionsgeschichtliche Studien. Aufsätze zur Religionsgeschichte des Hellenistischen Zeitalters, hg.v. A.F. Verheule (NT.S 50), Leiden 1979, 192-230.

BOUSSET, W.: Die Religion des Judentums im neutestamentlichen Zeitalter, Berlin 1903, [2]1906, Tübingen [3]1926.

BOZóKY, E.: Le livre secret des Cathares Interrogatio Ioannis. Apocryphe d'origine bogomile, Paris 1980.

BRAUN, H.: Qumran und das Neue Testament, 2 Bde., Tübingen 1966.

BROEK, R. VAN DEN: The Myth of the Phoenix According to Classical and Early Christian Traditions (EPRO 24), Leiden 1971.

BROWN, R.E.: The Birth of the Messiah, Garden City/New York 1977.

BUGGE, A.: Anden Enoksbog, in: De Gammeltestamentlige Pseudepigrafer II, hg.v. E. Hammershaimb u.a., Kopenhagen 1974, 791-826.

BURKITT, F.C.: Jewish and Christian Apocalypses, London 1914.

BURKITT, F.C.: Robert Henry Charles 1855-1931, in: Proceedings of the British Academy 17/1931, 437-445.

BUSSMANN, C.: Themen der paulinischen Missionspredigt auf dem Hintergrund der spätjüdisch-hellenistischen Missionsliteratur (EHS.T 3), Bern/Frankfurt [2]1975.

CAMPONOVO, O.: Königtum, Königsherrschaft und Reich Gottes in den Frühjüdischen Schriften (OBO 58), Freiburg/Schweiz 1984.

CAQUOT, A.: La pérennité du sacerdoce, in: Paganisme, Judaïsme, Christianisme: Influences et affrontements dans le monde antique. Mélanches offerts à Marcel Simon, Paris 1978, 109-116.

CAVALLIN, H.C.: Leben nach dem Tode im Spätjudentum und im frühen Christentum 1, in: ANRW II 19/1, hg.v. H. Temporini und W. Haase, Berlin/New York 1979, 240-245.

CHACHANOV, A.S.: Očerki po istorii gruzinskoj slovesnosti. I: Narodnyj epos i apokrify, in: ČOIDR 50, 1/1895.

CHARLES, R.H./FORBES, N.: The books of the secrets of Enoch, in: APOT II, hg.v. R.H. Charles, Oxford 1913, 425-469.

CHARLES, R.H./MORFILL, W.R.: The Book of the Secrets of Enoch. Translated from the Slavonic by W.R. Morfill, Reader in Russian and the other Slavonic Languages, and edited, with Introduction, Notes and Indices by R.H. Charles, Dublin/Oxford 1896.

CHARLES, R.H.: Art. Enoch, Book of the Secrets of, in: DB(H) 1, Edinburgh 1898, 708-711.

CHARLES, R.H.: Eschatology. The Doctrine of a Future Life in Israel, Judaism and Christianity. A Critical History. Introduction by G.W. Buchanan, New York 1963.

CHARLES, R.H.: Religious Development Between the Old and New Testaments, New York 1914, Nachdr. 1948.

CHARLES, R.H.: The Book of Enoch. Translated from Professor Dillmanns Ethiopic Text. Oxford 1893.

CHARLES, R.H.: The Book of the Secrets of Enoch (Art. Apocalyptic Literature), in: EB(C) 1, London 1899, 225-228.

CHARLES, R.H.: The Book of the Secrets of Enoch, or Slavonic Enoch (Art. Enoch, Book of), in: EBrit 9, Cambridge 1910, 651-652.

CHARLES, R.H.: The Date and the Place of Writing of the Slavonic Enoch, in: JThS 22/1921, 161-163.

CHARLES, R.H.: The Seven Heavens. An Early Jewish and Christian Belief, in: ET 7/1895, 57-61 und 115-118.

CHARLESWORTH, J.H.: A History of Pseudepigrapha Research: The Re-emerging Importance of the Pseudepigrapha, in: ANRW II 19/1, hg.v. H. Temporini und W. Haase, Berlin/New York 1979, 54-88.

CHARLESWORTH, J.H.: Biblical Interpretation: The Crucible of the Pseudepigrapha, in: Text and Testimony. Essays in Honour of A.F.J. Klijn, Kampen 1988, 66-78.

CHARLESWORTH, J.H.: Jewish Interest in Astrology during the Hellenistic and Roman Period, in: ANRW II 20/2, hg.v. H. Temporini und W. Haase, Berlin/New York 1987, 926-950.

CHARLESWORTH, J.H.: New Developments in the Study of the "Ecrits Intertestamentaires", in: BIOSCS 11/1987a, 14-18.

CHARLESWORTH, J.H.: The Old Testament Pseudepigrapha and the New Testament. Prolegomena for the Study of Christian Origins (MSSNTS 54), Cambridge/Massachusetts 1985.

CHARLESWORTH, J.H.: The Pseudepigrapha and Modern Research (SCSt 7), Missoula/Montana 1976.

CHARLESWORTH, J.H.: The Pseudepigrapha and Modern Research with a Supplement (SBL Septuagint and Cognate Studies Series 7S), Chico/California 1981.

CHARLESWORTH, J.H.: The Renaissance of Pseudepigrapha Studies: The SBL Pseudepigrapha Project, in: JSJ 2/1971, 107-114.

CHARLESWORTH, J.H.: The SNTS Pseudepigrapha Seminars at Tübingen and Paris on the Books of Enoch (Seminar Report), in: NTS 25/1979a, 315-323. Nachdr. in: ders., The Old Testament Pseudepigrapha and the New Testament. Prolegomena for the Study of Christian Origins (MSSNTS 54), Cambridge/Massachusetts. 1985, 102-105.

CHARLESWORTH, J.H.: Translating the Apocrypha and Pseudepigrapha: A Report of International Projects, in: BIOSCS 10/1977, 11-21.

COHN, L./HEINEMANN, I.: Die Werke Philos von Alexandrien in deutscher Übersetzung, 7 Bde., Berlin [2]1962/1964.

COLEMAN, G.B.: The Phenomenon of Christian Interpolations into Jewish Apocalyptic Texts. A Bibliographical Survey and Methodological Analysis, Diss. Nashville/Tennessee 1976.

COLLINS, J.J.: The Genre Apocalypse in Hellenistic Judaism, in: Apocalypticism in the Mediterranean World and in the Near East, hg.v. D. Hellholm, Tübingen 1983 ([2]1989), 531-548.

COLPE, C.: "Die Himmelsreise der Seele" außerhalb und innerhalb der Gnosis, in: Le Origini dello Gnosticismo, hg.v. U. Bianchi (Numen Sup. 12), Leiden 1967, 429-447.

CROSS, F.L. (Hg.): The so-called "Slavonic Enoch" (Art. Enoch, Books of), in: ODCC, London/New York/Toronto [4]1963, 452-453.

DALBERT, P.: Die Theologie der hellenistisch-jüdischen Missionsliteratur unter Ausschluß von Philo und Josephus (ThF 4), Hamburg 1954.

DANIÉLOU, J.: Théologie du judéochristianisme (BT 1), Paris 1958.

DAY, P.L.: An Adversary in Heaven: Satan in the Hebrew Bible, Atlanta/Georgia 1988.

DEAN-OTTING, M.: Heavenly Journeys. A Study of the Motif in Hellenistic Jewish Literature (Judentum und Umwelt 8), Frankfurt/Bern/New York 1984.

DELCOR, M.: Melchizedek from Genesis to the Qumran Texts and the Epistle to the Hebrews, in: JSJ 2/1971, 115-136.

DELLING, G.: Bibliographie zur jüdisch-hellenistischen und intertestamentarischen Literatur 1900-1970 (TU 106), Berlin 1969, [2]1975.

DELLING, G.: Die Bewältigung der Diasporasituation durch das hellenistische Judentum, Berlin 1987.

DENIS, A.-M.: Introduction aux Pseudépigraphes Grecs d'Ancien Testament (SVTP 1), Leiden 1970.

DEXINGER, F.: Die Sektenproblematik im Judentum, in: Kairos 21/1979, 273-287.

DEXINGER, F.: Henochs Zehnwochenapokalypse und offene Probleme der Apokalyptikforschung (StPB 29), Leiden 1977.

DIBELIUS, M.: Jungfrauensohn und Krippenkind. Untersuchungen zur Geburtsgeschichte Jesu im Lukasevangelium, in: ders., Botschaft und Geschichte. Gesammelte Aufsätze I, hg.v. G. Bornkamm, Tübingen 1953, 1-78.

DILLMANN, A.: Das christliche Adambuch des Morgenlandes. Aus dem Äthiopischen mit Bemerkungen übersetzt von ... (JBW V/1), Göttingen 1853.

DIX, H.G.: The Enochic Pentateuch, in: JThS 27/1926, 29-42.

DODS, M.: Forerunners of Dante, Edinburgh 1903.

DÖLLINGER, I. VON: Beiträge zur Sektengeschichte des Mittelalters II, München 1890.

DONNERT, E.: Das Moskauer Rußland. Kultur und Geistesleben im 15. und 16. Jahrhundert, Leipzig 1976.

DSCHULNIGG, P.: Rabbinische Gleichnisse und das Neue Testament. Die Gleichnisse der PesK im Vergleich mit den Gleichnissen Jesu und dem Neuen Testament (Judaica et Christiana 12), Bern 1988.

DUJČEV, I.: Naj-starijat slavjanskij spisukut na zabraneni knigi, in: Godišnik na bulgarskija bibliografski institut 3/1952-53, 50-60.

DUMVILLE, D.N.: Biblical Apocrypha and the Early Irish: A Preliminary Investigation, in: Proceedings of the R. Irish Academy 73C/1973, 299-338.

EGGEBRECHT, A.: Schlachtungsbräuche im alten Ägypten und ihre Wiedergabe im Flachbild bis zum Ende des Mittleren Reiches, Diss. München 1973.

EGO, B.: Im Himmel wie auf Erden. Studien zum Verhältnis von himmlischer und irdischer Welt im rabbinischen Judentum (WUNT 2. R. 34), Tübingen 1989.

EISS, W.: Der Kalender des nachexilischen Judentums (mit Ausnahme des essenischen Kalenders), in: WO 3/1964, 44-47.

EISSFELDT, O.: Einleitung in das Alte Testament. Unter Einschluß der Apokryphen und Pseudepigraphen sowie der apokryphen- und pseudepigraphenartigen Qumran-Schriften, Tübingen ³1964.

ELBOGEN, I.: Der jüdische Gottesdienst in seiner geschichtlichen Entwicklung, Frankfurt 1931.

EREMIN, I.P.: Literaturnoe nasledie Kirilla Turovskogo, in: TODRL 11/1955, 342-367.

FABRICIUS, J.A.: Codex pseudepigraphus Veteris Testamenti I, Hamburg 1722.

FABRICIUS, U.: Die Legende im Bild des ersten Jahrtausends. Der Einfluß der Apokryphen und Pseudepigraphen auf die altchristliche und byzantinische Kunst, Kassel 1956.

FAIRWEATHER, W.: The Background of the Gospels or Judaism in the Period between the Old and New Testament, Edinburgh 1908, ²1911, ³1920.

FÄRBER, P.: Wesen, Aufgabe und Hierarchie der Engel in den drei Henochbüchern, Diss. Graz 1983/84.

FELTEN, J.: Neutestamentliche Zeitgeschichte oder Judentum und Heidentum zur Zeit Christi und der Apostel 1, Regensburg 1925.

FERRAR, W.J.: The Uncanonical Jewish Books. A Short Introduction to the Apocrypha and other Jewish Writings 200 B.C. - 100 A.D., New York 1918.

FICHTNER, J.: Zum Problem Glaube und Geschichte in der israelitisch-jüdischen Weisheitsliteratur, in: ThLZ 76/1951, 145-150.

FIEBIG, P.: Das slavische Henochbuch (Art. Pseudepigraphen des AT), in: RGG 4, Tübingen 1913, 1956-1957.

FISCHER, G.: Die himmlischen Wohnungen. Untersuchungen zu Joh 14,2f (EHS.T 38), Bern/Frankfurt 1975.

FISCHER, U.: Eschatologie und Jenseitserwartung im hellenistischen Diasporajudentum (BZNW 44), Berlin/New York 1978.

FLUSSER, D.: Melchizedek and the Son of Man. (A preliminary note on a new fragment from Qumran), in: CNFI 17/1966, 23-29.

FOHRER, G.: Das Buch Hiob (KAT 16), Berlin 1988.

FOHRER, G.: Erzähler und Propheten im Alten Testament. Geschichte der israelitischen und frühjüdischen Literatur, Heidelberg/Wiesbaden 1988a.

FÖRSTER, M.: Adams Erschaffung und Namengebung. Ein lateinisches Fragment des s.g. slawischen Henoch, in: ARW 11/1908, 477-529.

FOTHERINGHAM, J.K.: The Date and the Place of Writing of the Slavonic Enoch, in: JThS 20/1919, 252.

FOTHERINGHAM, J.K.: The Easter Calendar and the Slavonic Enoch, in: JThS 23/1922, 49-56.

FRANKO, I.: Apokrifi i legendi z ukrains'kich rukopisiv. Pamjatki ukrains'koj movi i literaturi. Codex apocryphus e manuscriptis ukraino-russicis collectus opera doctoris Joannis Franko I, Lodz 1896.

FREY, J.-B.: Le Livre d'Hénoch slave ou Livre des Secrets d'Hénoch (Art. Apocryphes de l'Ancien Testament), in: DBS 1, Paris 1928, 448-454.

FREYDANK, D. u.a.: Das Väterbuch des Kiever Höhlenklosters, Leipzig 1988.

FRIEDLANDER, G.: Pirke de Rabbi Eliezer, London 1916, Nachdr. New York 1965.

FUCHS, H.: Art. Enoch, Book of, in: UJE 4, New York 1948, 131-133.

GAYLORD, H.: How Satanael lost his "-el", in: JJS 33/1982, 303-309.

GAYLORD, H.: 3 (Greek Apokalypse of) Baruch. (First to Third Century A.D.). A New Translation and Introduction, in: OTPs I, hg.v. J.H. Charlesworth, New York 1983, 653-679.

GELZER, H.: Sextus Julius Africanus und die byzantinische Chronographie I/II, Leipzig 1880/1898.

GEORGIEV, E.: Literatura na izostreni borbi v srednevekovna bulgarija, Sofia 1966.

GINZBERG, L.: The Legends of the Jews, 5 Bde., Philadelphia 1909, [2]1925.

GINZEL, F.K.: Handbuch der mathematischen und technischen Chronologie I, Leipzig 1906.

GLESSMER, U.: Das astronomische Henochbuch als Studienobjekt, in: Biblische Notizen 36/1987, 69-129.

GOETZ, L.K.: Kirchenrechtliche und kulturgeschichtliche Denkmäler Altrußlands (KRA 18/19), Stuttgart 1905.

GORSKIJ, A.V./NEVOSTRUEV, K.J.: Opisanie slavjanskich rukopisej Moskovskoj Sinodal'noj Biblioteki, II/2 und II/3, Moskau 1859 und 1862, Nachdr. Wiesbaden 1964.

GOUDOEVER, J. VAN: Biblical Calendars, Leiden 1959, [2]1961, franz. Paris 1967.

GOUSSEN, H.: Ueber georgische Drucke und Handschriften. Die Festordnung und den Heiligenkalender des altchristlichen Jerusalem betreffend, M. Gladbach 1923.

GROSS, H.: Henochbuch, slawisch (Art. Apokalypsen, apokryphe), in: LThK 1, Freiburg i.Br. 1957, 698.

GRÖZINGER, K.E.: Musik und Gesang in der Theologie der frühen jüdischen Literatur. Talmud Midrasch Mystik (TSAJ 3), Tübingen 1982.

GRUENWALD, I.: Apocalyptic and Merkavah Mysticism, Leiden/Köln 1978.

GRÜNBAUM, M.: Beiträge zur vergleichenden Mythologie aus der Haggada, in: ZDMG 31/1877, 183-359.

GRÜNBAUM, M.: Neue Beiträge zur semitischen Sagenkunde, Leiden 1893.

GRY, L.: La création en sept jours d'aprés les Apocryphes de l'Ancien Testament, in: RSPhTh 2/1908, 277-293.

GRY, L.: Quelques noms d'anges et d'êtres mystérieux en II Hénoch, in: RB 49/1940, 195-204.

GUDZIJ, N.K.: Chrestomatija po drevnej russkoj literature XI-XVII vekov, Moskau 1952.

GUDZIJ, N.K.: Geschichte der russischen Literatur (Slawistische Bibliothek 10), Halle 1959.

GUILLOU, A.: La civilisation byzantine, Paris 1974.

GUTTMANN, M.: Das Judentum und seine Umwelt. Eine Darstellung der religiösen und rechtlichen Beziehungen zwischen Juden und Nichtjuden mit besonderer Berücksichtigung der talmudisch-rabbinischen Quellen, Berlin 1927.

HAGE, W.: Die griechische Baruch-Apokalypse, in: JSHRZ V/1, hg.v. W.G. Kümmel, Gütersloh 1974, 15-44.

HAHN, C.U.: Geschichte der Ketzer im Mittelalter II, Stuttgart 1847.

HARNACK, A.: Geschichte der altchristlichen Literatur bis Eusebius, 2 Bde., Berlin 1893/1897, Nachdr. Leipzig 1958.

HARNACK, A.: Lehrbuch der Dogmengeschichte I, Tübingen [4]1909.

HAUPTMANN, P./STRICKER, G. (Hg.): Die Orthodoxe Kirche in Rußland. Dokumente ihrer Geschichte (860-1980), Göttingen 1988.

HENGEL, M.: Anonymität, Pseudepigraphie und "literarische Fälschung" in der jüdisch-hellenistischen Literatur, in: Pseudepigrapha I (Entretiens sur l'Antiquité classique publiés par O. Reverdin XVIII), Vandoeuvres/Genève 1971, 229-308.

HENGEL, M.: Der Sohn Gottes. Die Entstehung der Christologie und die jüdisch-hellenistische Religionsgeschichte, Tübingen 1975.

HENGEL, M.: Judentum und Hellenismus. Studien zu ihrer Begegnung unter besonderer Berücksichtigung Palästinas bis zur Mitte des 2. Jh. v.Chr. (WUNT 10), Tübingen [2]1973.

HENGEL, M.: Proseuche und Synagoge, in: Tradition und Glaube. Festgabe für K.G. Kuhn, Stuttgart 1971a, 157-184.

HENNECKE, E.: Altchristliche Malerei und altkirchliche Literatur. Eine Untersuchung über den biblischen Zyklus der Gemälde in den römischen Katakomben, Leipzig 1896.

HENNECKE, E./SCHNEEMELCHER, W. u.a.: Neutestamentliche Apokryphen in deutscher Übersetzung, Tübingen I [4]1968, II [3]1964.

HERFORD, R.T.: Talmud and Apocrypha, London 1933.

HERR, M.D.: The Calendar, in: The Jewish People in the First Century II (CRI I), hg.v. S. Safrai und M. Stern, Assen 1976, 834-864.

HERRMANN, S.: Geschichte Israels in alttestamentlicher Zeit, Berlin 1981.

HOFIUS, O.: Katapausis. Die Vorstellung vom endzeitlichen Ruheort im Hebräerbrief (WUNT 11), Tübingen 1970.

HOFMANN, H.: Das sogenannte hebräische Henochbuch (3 Henoch). Nach dem von Hugo Odeberg vorgelegten Material zum erstenmal ins Deutsche übersetzt (BBB 58), Bonn [2]1985.

HOLTZMANN, O.: Neutestamentliche Zeitgeschichte (GThW 2. R. 2. Bd.), Tübingen 1906.

HORTON, F.: The Melchizedek Tradition (SNTS.MS 30), Cambridge 1976.

HÖSCH, E.: Orthodoxie und Häresie im alten Rußland (Schriften zur Geistesgeschichte des östlichen Europa 7), Wiesbaden 1975.

HUGHES, H.M.: The Apocrypha and Pseudepigrapha and Christian Ethics, in: International Journal of Apocrypha 19/1909, 77-79.

HUGHES, H.M.: The Ethics of Jewish Apocryphal Literature, Diss. London 1909, London 1928.

HÜHN, E.: Die messianischen Weissagungen des israelitisch-jüdischen Volkes bis zu den Targumim historisch-kritisch untersucht u. erläutert nebst Erörterungen der Alttestamentlichen Citate und Reminiszenzen im Neuen Testamente 1, Freiburg/Leipzig/Tübingen 1899.

ISTRIN, V.M.: Chronograf Akademii Nauk Nr. 45.13.4., in: Letopisi istoriko-filologičeskogo obščestva pri Novorossijskom universitete XIII/1905, 315-341.

IVANOV, J.: Bogomilski knigi i legendi, Sofia 1925, Nachdr. 1970, franz. Übers. Paris 1976.

IVŠIĆ, ST.: Hrvatski glagoljski apokrif o Melhisedekovu rodjenju i spasenju za općega potopa, in: Nastavni vjesnik 39/1930-31, 101-108.

JACIMIRSKIJ, A.I.: Bibliografičeskij obzor apokrifov v južnoslavjanskoj i russkoj pis'mennosti (spiski pamjatnikov). I: Apokrifi vetchozavetnye, Petrograd 1921.

JACIMIRSKIJ, A.I.: Opisanie južno-slavjanskich i russkich rukopisej zagraničnych bibliotek, in: SbORJS 98/1921a.

JAGIĆ, V.: Slavische Beiträge zu den biblischen Apokryphen I. Die altkirchenslavischen Texte des Adambuches (DAWW.PH 42), Wien 1892.

JAMES, M.R.: Apocrypha Anecdota II (TaS V/1), Cambridge 1897.

JANČUK, A.N.: K voprosu ob otraženii apokrifov v narodnom tvorčestve, in: IzvORJS 12, 1/1907, 125-143.

JANSSEN, E.: Testament Abrahams, in: JSHRZ III/2, hg.v. W.G. Kümmel, Gütersloh 1975, 193-256.

JAUBERT, A.: La date de la Céne. Calendrier Biblique et Liturgie Chrétienne (Études Bibliques), Paris 1957.

JELLINEK, A.: Beth-ha-Midrasch. Sammlung kleiner Midraschim, 6 Bde., Leipzig/Wien 1853-1877.

JEREMIAS, J.: Golgotha (Angelos 1), Leipzig 1926.

JEREMIAS, J.: Jerusalem zur Zeit Jesu, Berlin ³1963.

JERÔME, F.J.: Das geschichtliche Melchisedech-Bild und seine Bedeutung im Hebräerbriefe, Diss. Straßburg 1917, Freiburg i.Br. 1920.

JERVELL, J.: Imago Dei. Gen 1,26ff im Spätjudentum, in der Gnosis und in den paulinischen Briefen (FRLANT. NF 58), Göttingen 1960.

JOHANSSON, N.: Parakletoi. Vorstellungen von Fürsprechern für die Menschen vor Gott in der alttestamentlichen Religion, im Spätjudentum und Urchristentum, Lund 1940.

KAHANA, A.: Sefaer Hanok B, in: Ha-Sefarim ha Hitsonim le-Torah, Jerusalem 1936f, 102-141.

KÄHLER, CHR.: Studien zur Form- und Traditionsgeschichte der biblischen Makarismen, Diss. Jena 1974.

KAISER, D.H.: The Growth of the Law in Medieval Russia, Princeton 1980.

KAMLAH, E.: Die Form der katalogischen Paränese im Neuen Testament (WUNT 7), Tübingen 1964.

KAPLAN, C.: Angels in the book of Enoch, in: AThR 12/1929-30, 423-437.

KASAKOVA, N.A./LUR'E, JA.S.: Antifeodal'nye eretičeskie dviženija na Rusi XIV - načala XVI veka, Moskau/Leningrad 1955.

KASHER, A.: The Jews in Hellenistic and Roman Egypt (TSAJ 7), Tübingen 1985.

KEEL, O.: Die Welt der altorientalischen Bildsymbolik und das Alte Testament. Am Beispiel der Psalmen, Neukirchen 1972.

KLAUSNER, J.: The Messianic Idea in Israel. From its Beginning to the Completion of the Mishna, New York 1955.

KLEINE SLAVISCHE BIOGRAPHIE, Wiesbaden 1958.

KOCH, K.: Der Schatz im Himmel, in: Leben angesichts des Todes, Tübingen 1968, 47-60.

KOCH, K.: Ratlos vor der Apokalyptik. Eine Streitschrift über ein vernachlässigtes Gebiet der Bibelwissenschaft ..., Gütersloh 1970.

KOEP, L.: Das himmlische Buch in Antike und Christentum. Eine religionsgeschichtliche Untersuchung zur altchristlichen Bildsprache (Theoph. 8), Bonn 1952.

KOHLER, K.: Heaven and Hell in Comparative Religion. With special reference to Dante's Divine Comedy, New York 1923.

KOPANEV, A.I./KUKUŠKINA, M.V./POKROVSKAJA, V.F.: Opisanie rukopisnogo otdela Biblioteki Akademii Nauk SSSR 3/2. Istoričeskie Sborniki XV-XVII vv, Moskau/Leningrad 1965.

KOZAK, E.: Bibliographische Uebersicht der biblisch-apokryphen Literatur bei den Slaven, in: JPTH 18, 1/1892, 127-158.

KRAFT, R.A.: Jewish Greek Scriptures and Related Topics: Reports on Recent Discussions, in: NTS 16/1970, 384-396.

KRAPF, TH.: Traditionsgeschichtliches zum deuteronomischen Fremdling-Waise-Witwe-Gebot, in: VT 34/1984, 87-91.

KRASNOSEL'CEV, N.TH.: Addenda k izdaniju A. Vasil'eva: "Anecdota graeco-byzantina", in: Letopis' istoriko-filologičeskogo obščestva pri imperatorskom novorossijskom universitete VII, Odessa 1898.

KRASNOSEL'CEV, N.TH.: Prenie Panagiota s Azimitom po novym grečeskim spiskam, in: Izvestija istoriko-filologičeskogo obščestva pri novorossijskom universitete, Odessa 1896, 295-328.

KREMERS, H.: Das slavische Henoch-Buch (Hen(slav)) (Art. Henoch), in: EKL¹ 2, Göttingen 1958, 111.

KÜCHLER, M.: Frühjüdische Weisheitstraditionen. Zum Fortgang weisheitlichen Denkens im Bereich des frühjüdischen Jahweglaubens (OBO 26), Freiburg/Schweiz 1979.

KUEV, K.: Apokrifut za pravednija Enoch, in: Christomatija po starobulgarska literatura, hg.v. P. Dinekov u.a., Sofia ⁴1978, 162-168.

KUHN, H.B.: The Angelology of the Non-Canonical Jewish Apocalypses, in: JBL 67/1948, 217-232.

KUHN, P.: Die Offenbarungsstimme im antiken Judentum. Untersuchungen zur Bat Qol und verwandten Phänomenen (TSAJ 20), Tübingen 1989.

KUTSCH, E.: Das Herbstfest in Israel, Diss. Mainz 1955.

KVANVIG, H.: Roots of Apocalyptic. The Mesopotamian Background of the Enoch Figure and the Son of Man (WMANT 61), Neukirchen 1988.

LAGRANGE, M.-J.: Le Judaïsme avant Jésus Christ, Paris 1931.

LAKE, K.: The Date of the Slavonic Enoch, in: HThR 16/1923, 397-398.

LAMPE, P.: Die Apokalyptiker - ihre Situation und ihr Handeln, in: Eschatologie und Frieden II, hg.v. G. Liedke u.a., Heidelberg 1978.

LAWLOR, H.J.: The book of Enoch in the Egyptian church, in: Hermathena 30/1904, 178-183.

LEIPOLDT, J.: Antisemitismus in der alten Welt, Leipzig 1933.

LEIPOLDT, J./GRUNDMANN, W.: Umwelt des Urchristentums. II: Texte zum neutestamentlichen Zeitalter, Berlin 1967.

LEIPOLDT, J./MORENZ, S.: Heilige Schriften. Betrachtungen zur Religionsgeschichte der antiken Mittelmeerwelt, Leipzig 1953.

LEONID, ARCHIMANDRIT: Sistematičeskoe opisanie slavjano-rossijskich rukopisej sobranija Grafa A.S. Uvarova (so vključeniem 750 NrNr sobranija I.N. Carskago, opisannych P.M. Stroevym v alfavitnom porjadke), Moskau 1893 (I/II) und 1894 (III/IV).

LEONID, ARCHIMANDRIT: Svedenie o slavjanskich rukopisjach, postupivšich iz knigochranilišča Sv. Trojckoj Sergievoj Lavry v biblioteku Trojckoj Duchovnoj Seminarii v 1747 (nyne nachodjaščichsja v biblioteke Moskovskoj Duchovnoj Akademij), in: ČOIDR 4/1884.

LEVIN, A.G.: The Tree of Life (Gn 2,9; 3,22-24) in Jewish, Gnostic and Early Christian Texts, Diss. Theol. microfilm. Cambridge/Massachusetts 1966.

LICHATSCHOW, D.: Russische Literatur und europäische Kultur des 10.-17. Jahrhunderts, Berlin 1977.

LICHT, J.: Time and eschatology in apocalyptic literature and in Qumran, in: JJS 16/1965, 177-182.

LILIENFELD, F. VON: Nil Sorskij und seine Schriften. Die Krise der Tradition im Rußland Ivans III., Berlin 1963.

LINDBLOM, J.: Theophany in holy places in hebrew religion, in: HUCA 32/1961, 91-106.

LITTMANN, E.: Harut und Marut, in: Festschrift für F.C. Andreas, Leipzig 1916, 70-87.

LITTMANN, E.: Slavonic Enoch (Art. Enoch, Books of), in: JE 5, New York/London 1903, 181-182.

LJUBIMOV, V.P.: Troickij vid, in: Pravda Russkaja I, hg.v. B.D. Grekov, Moskau/Leningrad 1940, 89-103.

LODS, A.: Histoire de la Littérature Hebraïque et Juive, Paris 1950.

LOISY, A.: Un nouveau livre d'Hénoch, in: RHLR 1/1896, 29-57.

LOOS, M.: Satan als Erstgeborener Gottes (Ein Beitrag zur Analyse des bogomilischen Mythus), in: Byzantino-Bulgarica 3/1969, 23-36.

LOWTHER CLARKE, W.K.: St Luke and the Pseudepigrapha: Two Parallels, in: JThS 15/1914, 597-599.

LÜDTKE, W.: Beiträge zu slavischen Apokryphen, in: ZAW 31/1911, 230-235.

LÜDTKE, W.: Georgische Adam - Bücher, in: ZAW 38/1919-20, 155-168.

LUEKEN, W.: Michael. Eine Darstellung und Vergleichung der jüdischen und der morgenländisch-christlichen Tradition vom Erzengel Michael, Göttingen 1898.

LUZ, U.: Das Evangelium nach Matthäus (EKK I/1), Neukirchen 1985.

MAHLER, E.: Handbuch der juedischen Chronologie, Leipzig 1916, Nachdr. Hildesheim 1967.

MAIER, J./SCHÄFER, P. (Hg.): Kleines Lexikon des Judentums, Stuttgart 1981.

MAIER, J.: Die Sonne im religiösen Denken des antiken Judentums, in: ANRW II 19/1, hg. v. H. Temporini und W. Haase, Berlin/New York 1979, 346-412.

MAKUŠEV, V.: O nekotorych rukopisjach narodnoj biblioteki v Belgrade. I: Rukopisi bolgarskago pis'ma, in: Russkij Filologičeskij Vestnik VI/1881, 303-326.

MALTZEW, A.: Andachtsbuch der Orthodox-Katholischen Kirche des Morgenlandes, Berlin 1905.

MALTZEW, A.: Die göttlichen Liturgien unserer heiligen Väter Johannes Chrysostomos, Basilios des Großen und Gregorios Dialogos, Berlin 1890, Nachdr. Darmstadt 1967.

MANGENOT, E.: Art. Livres d'Hénoch. 2. Livre slave, in: DThC I/2, Paris 1931, 1482-1485.

MANSON, T.W. (Hg.): A Companion to the Bible, Edinburgh 1939.

MARKOVSKI, IV.S.: Vetchozavetni apokrifi i psevdoepigrafi, in: GSU.B 15/1937-38, 1-160.

MATHEWS, SH./METZGER, B.M.: The (Slavonic) Secrets of Enoch (Art. Pseudepigrapha), in: DB(H), New York 1963, 821-822.

MATHEWS, SH.: The (Slavonic) Secrets of Enoch (Art. Apocalyptic Literature), in: DB(H), New York 1930, 40.

MAUNDER, A.S.D.: The Date and Place of Writing of the Slavonic Book of Enoch, in: The Observatory 41/1918, 309-316.

MCNAMARA, M.: Intertestamental Literature (Old Testament Message 23), Wilmington/Delaware 1983.

MEŠČERSKIJ, N.A.: Apokrifi v drevnej slavjano-russkoj pis'mennosti (vetchozavetnye apokrifi), in: Metodičeskie rekomendacii po opisaniju slavjano-russkich rukopisej dlja svodnogo kataloga rukopisej, chranjaščichsja v SSSR, vyp. 2 čast' 1, Moskau 1976, 181-210.

MEŠČERSKIJ, N.A.: "Istorija judejskoj vojny" Iosifa Flavija v drevnerusskom perevode, Moskau/Leningrad 1958.

MEŠČERSKIJ, N.A.: K istorii teksta slavjanskoj knigi Enocha (Sledy pamjatnikov Kumrana v vizantijskoj i staroslavjanskoj literature), in: VV 24/1964, 91-108.

MEŠČERSKIJ, N.A.: K voprosu o sostave i istočnikach Akademičeskogo chronografa, in: Letopisi i chroniki. Sbornik statej, Moskau 1973, 212-219.

MEŠČERSKIJ, N.A.: K voprosu ob istočnikach slavjanskoj knigi Enocha, in: Kratkie soobščenija Instituta narodov Azii 86/1965, 72-78.

MEŠČERSKIJ, N.A.: K voprosu ob izučenii perevodnoj pis'mennosti kievskogo perioda, in: Učenie zapiski Karelo-Finskogo pedagogičeskogo instituta II/2, Petrozavodsk 1956, 198-219.

MEŠČERSKIJ, N.A.: Problemy izučenija slavjano-russkoj perevodnoj literatury XI-XV vv, in: TODRL 20/1964a, 180-231.

MEŠČERSKIJ, N.A.: Sledy pamjatnikov Kumrana v staroslavjanskoj i drevnerusskoj literature, in: TrudyODRL 19/1963, 130-147.

MEYER, W.: Vita Adae et Evae, in: ABAW.PP XIV/3, München 1878, 185-250.

MEZIER, A.V.: Apokrifi, in: ders., Russkaja slovesnost' s XI. po XIX. stoletija vključitel'no I, St. Petersburg 1899, 74-80.

MICHL, J.: Das zweite Henochbuch (Art. Apokalypsen, apokryphe), in: SM(D) 1, Freiburg/Basel/Wien 1967, 216.

MIGNE, J.-P.: Patrologiae cursus completus. Series Graeca, Paris 1/1857-161/1866.

MILIK, J.T.: The Books of Enoch. Aramaic Fragments of Qumran Cave 4, Oxford 1976.

MINISSI, N.: La tradizione apocrifa e le origini del Bogomolismo, in: Ricerche Slavistiche III/1954, 97-113.

MORIYASU, T.: 2 (Slavischer) Henoch, in: Seisho Gaiten Giten 3, hg.v. M. Sekine und S. Arai, Tokio 1975, 206-251 und 363-378 (japanisch).

MÜLLER, C.D.G.: Die Engellehre der koptischen Kirche. Untersuchungen zur Geschichte der christlichen Frömmigkeit in Ägypten, Wiesbaden 1959.

MÜNCHOW, CHR.: Ethik und Eschatologie. Ein Beitrag zum Verständnis der frühjüdischen Apokalyptik mit einem Ausblick auf das Neue Testament, Berlin 1981.

NAUMOW, A.E.: Apokryfy w systemie literatury cerkiewnoslowianskiej, Krakau, 1976.

NESTLE, E.: Eph. v. 14 and the Secrets of Enoch, in: ET 9/1897-98, 376-377.

NEUGEBAUER, O.: Notes on Ethiopic Astronomy, in: Orientalia NS 33/1964, 49-71.

NICKELSBURG, G.W.E.: Jewish Literature Between the Bible and the Mishnah. A Historical and Literary Introduction, London 1981.

NICKELSBURG, G.W.E.: Resurrection, Immortality and Eternal Life in Intertestamental Judaism (HThS 26), Cambridge/Massachusetts 1972.

NIDITCH, S.: The Visionary, in: Ideal figures in ancient Judaism (SBS.SCS 12), hg.v. J.J. Collins und G.W.E. Nickelsburg, Chico/California 1980, 153-179.

NIEBUHR, K.W.: Gesetz und Paränese. Katechismusartige Weisungsreihen in der frühjüdischen Literatur (WUNT 2. R. 28), Tübingen 1987.

NISSEN, A.: Gott und der Nächste im antiken Judentum (WUNT 15), Tübingen 1974.

NOACK, B.: Anden E., kaldet den slaviske (Art. Enoksbøgerne), in: Gads Danske Bibel-Leksikon 1, Kopenhagen 1965, 441-442.

NORDHEIM, E. VON: Die Lehre der Alten. I: Das Testament als Literaturgattung im Judentum der hellenistisch-römischen Zeit (ALGHL 13), Leiden 1980.

NOVAKOVIĆ, ST.: Apokrif o Enohu, in: Starine XVI/1884, 67-81.

ODEBERG, H.: Sēfer Hēnōk li-rabbi cōhen gadōl Jišmā'el. 3 Enoch or the Hebrew book of Enoch, Cambridge 1928, Nachdr. mit einem Vorwort von J.C. Greenfield New York 1973.

OESTERLEY, W.O.E./CHARLES, R.H.: The Book of the Secrets of Enoch (Art. Enoch, Book of), in: EBrit 8, Chicago/London/Toronto 1961, 615.

OESTERLEY, W.O.E.: The Books of the Apocrypha. Their Origin, Teaching and Contents, New York 1914, ²1915, London ³1916.

ONASCH, K. (Hg.): Altrussische Heiligenleben, Berlin 1977.

ONASCH, K.: Das Weihnachtsfest im orthodoxen Kirchenjahr. Liturgie und Ikonographie (QUKO 2), Berlin 1958.

ONASCH, K.: Grossnovgorod und das Reich der Heiligen Sophia. Kirchen- und Kulturgeschichte einer alten russischen Stadt und ihres Hinterlandes, Leipzig 1969.

OSTEN-SACKEN, P. VON DER: Die Apokalyptik in ihrem Verhältnis zu Prophetie und Weisheit (TEH 157), München 1969.

OTTO, R.: Reich Gottes und Menschensohn. Ein religionsgeschichtlicher Versuch, München 1934, [2]1940.

PÄCHT, O.: The Rise of Pictorial Narration in Twelfth Century England, Oxford 1962.

PENNINGTON, A.: 2 Enoch, in: The Apocryphal Old Testament, hg. v. H.F.D. Sparks, Oxford 1984, 321-362.

PETERSON, E.: Henoch im jüdischen Gebet und in jüdischer Kunst, in: ders., Frühkirche, Judentum und Gnosis. Studien und Untersuchungen, Rom/Freiburg/Wien 1959, 36-42.

PETKANOVA, D.: Apokrifnata Literatura i ličnoto tvorčestvo na starobulgarskite pisateli, in: Palaeobulgarica 5/1981, 3-9.

PETKANOVA, D.: Bogomilstvo i apokrifnata literatura, in: Palaeobulgarica 6,3/1982, 143-153.

PETKANOVA, D.: Kniga za svetite tajni Enochovi, in: Stara bulgarska literatura I, Sofia 1981a, 49-63.

PFEIFER, G.: Ursprung und Wesen der Hypostasenvorstellung im Judentum (AVTRW 37), Berlin 1967.

PFEIFFER, R.H.: Slavonic Enoch (Art. Pseudepigrapha, Old Testament), in: TCERK 2, Grand Rapids/Michigan 1955, 926.

PHILONENKO, M.: La cosmogonie du "Livre des secrets d'Hénoch", in: Religions en Egypte Hellénistique et Romaine. Colloque de Strasbourg 16-18 mai 1967, Paris 1969, 109-116.

PHILONENKO-SAYAR, B./PHILONENKO, M.: Die Apokalypse Abrahams, in: JSHRZ V/5, hg.v. W.G. Kümmel, Gütersloh 1982, 413-460.

PINCHERLE, M.: Il secondo libro di Enoch ("Enoch Slavo" o "Enoch II"), in: ders., Il libro di Enoch (Scienza e Ignoto 9), Faenza 1977, 12-13 und 223-278.

PINES, SH.: Art. Enoch, slavonic book of, in: EJ 6, Jerusalem 1972, 797-799.

PINES, SH.: Eschatology and the concept of time in the Slavonic book of Enoch, in: Types of redemption. Contributions to the theme of the study conference held at Jerusalem 14th to 19th July 1968, ed. by J.Z. Werblowsky and C.J. Bleeker (Numen Sup. 18), Leiden 1970, 72-87.

PLÖGER, O.: Das slawische Henochbuch (oder Hen II) (Art. Henochbücher), in: RGG[3] 3, Tübingen 1959, 224-225.

PODSKALSKY, G.: Byzantinische Reichseschatologie. Die Periodisierung der Weltgeschichte in den vier Großreichen (Daniel 2 und 7) und dem tausendjährigen Friedensreiche (Apok. 20). Eine motivgeschichtliche Untersuchung (Münchener Universitätsschriften. R. der Phil. Fak. 9), München 1972.

PODSKALSKY, G.: Christentum und theologische Literatur in der Kiever Rus' (988-1237), München 1982.

POLIAKOV, L.: Geschichte des Antisemitismus. I: Von der Antike bis zu den Kreuzzügen, Worms 1977.

POLJAKOV, F.: Beiträge zur Edition des "Merilo Pravednoe", in: Die Welt der Slaven 32,2/1987, 317-333.

POPOV, A.N.: Bibliografičeskie materialy IV. Južnorusskij sbornik 1679 goda, in: ČOIDR 3/1880, 66-139.

POPOV, A.N.: Istoriko-literaturnyj obzor drevnerusskich polemičeskich sočinenij protiv latinjan, Moskau 1875.

POPOV, A.N.: Obzor chronografov russkoj redakcii II, Moskau 1869, Nachdr. Osnabrück 1968.

PORFIR'EV, I.JA.: Apokrifičeskija skazanija o vetchozavetnych licach i sobytijach, Kazan 1872.

PORFIR'EV, I.JA.: Istorija russkoj slovesnosti 1, Kazan 1876.

PORFIR'EV, I.JA.: Skazanija o vetchozavetnych licach i sobytijach po rukopisjam Soloveckoj Biblioteki, in: SbORJS 17,1/1877.

PORTER, F.C.: The Messages of Apocalyptical Writers, New York 1905.

POTTER, C.F.: Did Jesus Write This Book?, New York 1965.

PREUSCHEN, E.: Analecta II, Tübingen ²1910.

PROTAS'EVA, T.N.: Opisanie rukopisej Sinodal'nogo sobranija (ne vošedšich v opisanie A.V. Gorskogo i K.I. Nevostrueva) I, Moskau 1970.

PUECH, H.-C./VAILLANT, A.: Le traité contre les Bogomiles de Cosmas le Prêtre (Travaux publiés par l'Institut d'Études Slaves 21), Paris 1945.

PYPIN, A.N.: Dlja objasnenija statii o ložnych knigach, in: Letopis' Zanjatij Archeografičeskoj Kommissii 1/1862, 1-55.

PYPIN, A.N.: Ložnyja i otrečennyja knigi russkoj stariny (Pamjatniki starinnoj russkoj literatury, izdavajemye Grafom G. Kušelevym-Bezborodko III), St. Petersburg 1862a, Nachdr. Paris 1970.

RAD, G. VON: Das theologische Problem des alttestamentlichen Schöpfungsglaubens, in: BZAW 66/1936, 138-147.

RAU, E.: Kosmologie, Eschatologie und die Lehrautorität Henochs. Traditions- und formgeschichtliche Untersuchungen zum äth. Henochbuch und zu verwandten Schriften, Diss. Hamburg 1970, Hamburg 1974.

ŘEDIN, E.K.: Christijanskaja Topografija Koz'my Indikoplova po greč. i russk. spiskam I, Moskau 1916.

REICHELT, G.: Das Buch mit den sieben Siegeln in der Apokalypse des Johannes, Diss. Göttingen 1975.

REICKE, BO: 2 Hen oder slavHen (Art. Henochbücher), in: BHH 2, Göttingen 1964, 693.

REID, G.J.: Art. Book of the Secrets of Henoch (Slavonic Henoch), in: CathEnc 1, New York 1907, 603.

REINMUTH, E.: Geist und Gesetz. Studien zu Voraussetzungen und Inhalt der paulinischen Paränese (ThA 44), Berlin 1985.

REITZENSTEIN, R.: Die Vorgeschichte der christlichen Taufe, Berlin/Leipzig 1929.

REITZENSTEIN, R.: Poimandres. Studien zur griechisch-ägyptischen und frühchristlichen Literatur, Leipzig 1904.

REPP, F.: Textkritische Untersuchungen zum Henoch-Apokryph des cod. slav. 125 der Österreichischen Nationalbibliothek, in: WSlJb 10/1963, 58-68.

RIESSLER, P.: Henochbuch (slavisch) oder Zweiter Henoch, in: ders., Altjüdisches Schrifttum außerhalb der Bibel, Augsburg 1928, Nachdr. Heidelberg 1966, ⁵1984, 452-473 und 1297f.

ROBINSON, S.E.: The apocryphal story of Melchizedek, in: JSJ 18/1987, 26-39.

ROHLAND, J.P.: Der Erzengel Michael. Arzt und Feldherr. Zwei Aspekte vor- und frühbyzantinischen Michaelskultes (BZRGG 19), Leiden 1977.

ROMANO, D.: Art. Enok, Libro eslavo de, in: Enciclopedia de la Biblia 3, Barcelona 1963, 36.

ROSCHER, W.H.: Der Omphalosgedanke bei verschiedenen Völkern, besonders den semitischen. Ein Beitrag zur vergleichenden Religionswissenschaft, Volkskunde und Archäologie (BVSGW.PH 70 2. H.), Leipzig 1918.

ROST, L.: Einleitung in die alttestamentlichen Apokryphen und Pseudepigraphen einschließlich der großen Qumran-Handschriften, Heidelberg 1971.

ROTTLÄNDER, R.C.A.: Antike Längenmaße. Untersuchungen über ihre Zusammenhänge, Braunschweig 1979.

ROWLAND, C.: The Vision of God in Apocalyptic Literature, in: JSJ 10/1979, 137-154.

ROWLEY, H.H. u.a.: A Companion to the Bible, Edinburgh 1963.

ROWLEY, H.H.: Apokalyptik. Ihre Form und Bedeutung zur biblischen Zeit, Köln 1965.

RUBINKIEWICZ, R.: The Apocalypse of Abraham. (First to Second Century A.D.). A New Translation and Introduction, in: OTPs I, hg.v. J.H. Charlesworth, New York 1983, 681-705.

RUBINSTEIN, A.: Observations on the Slavonic Book of Enoch, in: JJS 13/1962, 1-21.

SACCHI, P.: Das Slavische Henochbuch (Art. Henochgestalt/Henochliteratur), in: TRE 15, Berlin/New York 1986, 47-50.

SADNIK, L.: Das Schicksal der Apokryphen im Slawentum, in: Universitas 2, 8/1947, 1051-1054.

SAFRAI, S.: Die Wallfahrt im Zeitalter des Zweiten Tempels (Forschungen zum Jüdisch-Christlichen Dialog 3), Neukirchen 1981.

SAFRAI, S.: Religion in Everyday Life, in: The Jewish People in the First Century II (CRI I), hg.v. S. Safrai und M. Stern, Assen 1976, 793-833.

SAFRAI, S.: The Synagogue, in: The Jewish People in the First Century II (CRI I), hg.v. S. Safrai und M. Stern, Assen 1976a, 908-944.

SAN MARCO, E. DA: "Henoch" slavo (Art. Henoch, libro di), in: EC 6, Florenz 1951, 1407.

SANTOS OTERO, A. DE: Das Problem der kirchenslavischen Apokryphen, in: Zeitschrift für Balkanologie 1/1962, 123-132.

SANTOS OTERO, A. DE: Die handschriftliche Überlieferung der altslavischen Apokryphen (PTS 20 und 23), Berlin/New York I 1978 und II 1981.

SANTOS OTERO, A. DE: Libro de los secretos de Henoc (Henoc eslavo), in: Apocrifos del AT IV, hg.v. A. Diez Macho, Madrid 1984, 147-202.

SCHÄFER, P.: Engel und Menschen in der Hekhalot-Literatur, in: Kairos 22/1980, 201-225.

SCHÄFER, P.: Rivalität zwischen Engeln und Menschen. Untersuchungen zur rabbinischen Engelvorstellung (SJ 8), Berlin 1975.

SCHÄFER, P.: Synopse zur Hekhalot-Literatur (TSAJ 2), Tübingen 1981.

SCHECHTER, S.: Midrash hag-gadol, forming a collection of ancient Rabbinic homilies to the Pentateuch, Cambridge 1902.

SCHENKE, H.-M.: Die jüdische Melchisedekgestalt als Thema der Gnosis, in: Altes Testament-Frühjudentum-Gnosis. Neue Studien zu "Gnosis und Bibel", hg.v. K.-W. Tröger, Berlin 1980, 111-137.

SCHILBACH, E.: Byzantinische Metrologie (Byzantinisches Handbuch im Rahmen des HAW XII/4), München 1970.

SCHILLER, G.: Ikonographie und christliche Kunst 3, Gütersloh ²1986.

SCHMID, H.H.: Wesen und Geschichte der Weisheit. Eine Untersuchung zur altorientalischen und israelitischen Weisheitsliteratur (BZAW 101), Berlin 1966.

SCHMIDT, C.: Pistis Sophia. Ein gnostisches Originalwerk des dritten Jahrhunderts aus dem Koptischen übersetzt, Leipzig 1925.

SCHMIDT, J.M.: Die jüdische Apokalyptik. Die Geschichte ihrer Erforschung von den Anfängen bis zu den Textfunden von Qumran, Neukirchen 1969.

SCHMIDT, N.: The Two Recensions of Slavonic Enoch, in: JAOS 41/1921, 307-312.

SCHMITZ, O.: Die Opferanschauung des späteren Judentums und die Opferaussagen des Neuen Testamentes. Eine Untersuchung ihres geschichtlichen Verhältnisses, Tübingen 1910.

SCHNEIDER, R.: Die moralisch-belehrenden Artikel im altrussischen Sammelband Merilo Pravednoe (Monumenta Linguae Slavicae Dialecti Veteris. Fontes et Dissertationes 23), Freiburg i.Br. 1986.

SCHOLEM, G.: Die jüdische Mystik in ihren Hauptströmungen, Frankfurt 1980.

SCHOLEM, G.: Die Lehre vom "Gerechten" in der jüdischen Mystik, in: ErJb 27/1958, 237-297.

SCHOLEM, G.: Ursprung und Anfänge der Kabbala, Berlin 1962.

SCHREINER, J.: Alttestamentlich-jüdische Apokalyptik. Eine Einführung (BiH 6), München 1969.

SCHUBERT, K.: Die Kindheitsgeschichten Jesu im Lichte der Religionsgeschichte des Judentums, in: BiLi 45/1972, 224-240.

SCHÜRER, E.: Geschichte des jüdischen Volkes im Zeitalter Jesu Christi, 3 Bde., Leipzig [3]1898, [4]1901.

SCHÜRER, E.: The History of the Jewish People in the Age of Jesus Christ. A new English version revised and edited by G. Vermes, F. Millar, M. Goodman, 3 Bde., Edinburgh 1973-1987.

SCHWANTES, H.: Schöpfung und Endzeit. Ein Beitrag zum Verständnis der Auferweckung bei Paulus (AVTRW 25), Berlin 1923.

SEGAL, A.: Heavenly Ascent in Hellenistic Judaism, Early Christianity and their Environment, in: ANRW II 23/2, hg.v. H. Temporini und W. Haase, Berlin/New York 1980, 1333-1394.

SEGAL, A.: Two Powers in Heaven. Early Rabbinic Reports about Christianity and Gnosticism (SJLA 25), Leiden 1977.

SEVENSTER, J.N.: The Roots of Pagan Anti-Semitism in the Ancient World (NT.S 41), Leiden 1975.

SIEGERT, F.: Gottesfürchtige und Sympathisanten, in: JSJ 4/1973, 109-164.

SIMON, M.: Melchisédech dans la polémique entre Juifs et Chrétiens et dans la légende, in: Recherches d'histoire judéo-chrétienne (Études Juives VI), Paris/La Haye 1962, 101-126.

SIMON, M.: Zum Problem des jüdisch-griechischen Synkretismus, in: Kairos 17/1975, 89-99.

SJÖBERG, E.: Der Menschensohn im äthiopischen Henochbuch (SHVL 41), Lund 1946.

SMIRNOV, A.: Kniga Enocha (Art. Knigi apokrifičeski-apokalipsičeskie, judejskie), in: Bogoslovskaja Enciklopedija 11, St. Petersburg 1910, 379-380.

SMIRNOV, A.: Kniga Enocha, Kazan 1888.

SMIRNOV, F.: Opisanie 24-ch rukopisnych sbornikov XVI v. Novgorodskoj Sofijskoj biblioteki [...], in: Letopis' Zanjatij Archeografičeskoj Kommissii 3/1865.

SMOLITSCH, I.: Leben und Lehre der Starzen, Köln/Olten o.J.

SOKOLOV, M.I.: Feniks v apokrifach ob Enoche i Varuche, in: Novyj sbornik statej po slavjanovedeniju, sostavlennyj i izdannyj učenikami V.I. Lamanskago, St. Petersburg 1905, 395-405.

SOKOLOV, M.I.: Materialy i zametki po starinnoj slavjanskoj literature. Vypusk tretij. VII. Slavjanskaja Kniga Enocha. II. Tekst s latinskim perevodom, in: ČOIDR 4/1899.

SOKOLOV, M.I.: Materialy i zametki po starinnoj slavjanskoj literature. Vypusk tretij. VII. Slavjanskaja Kniga Enocha Pravednago. Teksty, latinskij perevod i izledovanie. Posmertnyj trud avtora prigotovil k izdaniju M. Speranskij, in: ČOIDR 4/1910.

SOKOLOV, M.I.: O fenikse po apokrif. knigam Enocha i Varucha, in: Drevnosti, Trudy slav. Kommissii imp. mosk. archeol. Obščestva 4, 1/1907, Protokolle.

SPERANSKIJ, M.N.: Istorija drevnej russkoj literatury. Moskovskij period, Moskau ³1921.

SPERANSKIJ, M.N.: K istorii "Prenija panagiota s azimitom", in: Byzantina Chronika 2, 4/1895, 521-530.

SPERANSKIJ, M.N.: Opisanie rukopisej Biblioteki Istoriko-Filologičeskogo Instituta Knjaza Bezborodko v g. Nežine, Moskau 1900.

SPERANSKIJ, M.N.: Russkie pamjatniki pis'mennosti v jugoslavjanskich literaturach XIV-XVI vv, in: ders., Iz istorii russko-slavjanskich literaturnych svjazej, Moskau 1960, 55-103.

SPEYER, W.: Bücherfunde in der Glaubenswerbung der Antike. Mit einem Ausblick auf Mittelalter und Neuzeit (Hypomnemata 24), Göttingen 1970.

SREZNEVSKIJ, V.J.: Otčet otdeleniju russkogo jazyka i slovesnosti Imp. Akademii Nauk, in: IzvORJS VIII/1903.

STAERK, W.: Die Erlösungserwartung in den östlichen Religionen. Untersuchungen zu den Ausdrucksformen der biblischen Christologie (Soter II), Stuttgart/Berlin 1938.

STÄHLIN, O.: Die hellenistisch-jüdische Litteratur, in: W. von Christ, Geschichte der griechischen Literatur 2/1 (HAW VII), München ⁶1920, Nachdr. 1959, 535-656.

STEFANOVIĆ, D.: O stoglave, St. Petersburg 1909.

STICHEL, R.: Die Namen Noes, seines Bruders und seiner Frau. Ein Beitrag zum Nachleben jüdischer Überlieferungen in der außerkanonischen und gnostischen Literatur und in Denkmälern der Kunst (AAWG.PH 3. Folge 112), Göttingen 1979.

STICHEL, R.: Tò συρμαῖον. Ein süditalienisches Zeugnis zur Terminologie der griechischen Schrift. Mit zwei Tafeln, in: JÖB 26/1977, 185-192.

STOJANOVIĆ, L.: Katalog Narodne Biblioteke u Beogradu. IV: Rukopisi i Stare Stampane Knjige, Belgrad 1903.

STOJANOVIĆ, L.: Katalog rukopisa i starih stampanih knjiga, Belgrad 1901.

STÖKL, G.: Russische Geschichte, Stuttgart ⁴1983.

STONE, M.E.: Apocalyptic Literature, in: Jewish Writings of the Second Temple Period. Apocrypha, Pseudepigrapha, Qumran Sectarian Writings, Philo, Josephus (CRI II/2), hg.v. M.E. Stone, Assen 1984, 383-441.

STONE, M.E.: Lists of Revealed Things in the Apocalyptic Literature, in: Magnalia Dei: The Mighty Acts of God. Essays in the Bible and Archeology in Memory of G.E. Wright, New York 1976, 414-452.

STORK, H.: Die sogenannten Melchizedekianer mit Untersuchung ihrer Quellen auf Gedankengehalt und dogmengeschichtliche Entwicklung, Leipzig 1928.

STROBEL, A.: Ursprung und Geschichte des frühchristlichen Osterkalenders (TU 121), Berlin 1977.

STUHLMUELLER, C.: Second or Slavonic Henoch (Art. The Books of Henoch (Enoch)), in: NCE 2, San Francisco u.a. 1967, 398.

SZÉKELY, ST.: Liber Henoch Slavicus, in: Bibliotheca Apocrypha. Introductio Historico-Critica in Libros Apocryphos utriusque Testamenti cum Explicatione Argumenti et Doctrinae 1, Freiburg i.Br. 1913, 227-242.

TARCHNIŠVILI, M.P.: Geschichte der kirchlichen georgischen Literatur. Auf Grund des ersten Bandes der georgischen Literaturgeschichte von K. Kekelidze (StT 185), Rom/Vatikanstadt 1955.

TENNANT, F.R.: The Sources of the Doctrine of the Fall and Original Sin, Cambridge 1903.

TERRIEN, S.: II (slavonic) Enoch (Art. Enoch, books of), in: Encyclopedia Americana 10, New York 1971, 394-395.

THILO, J.T.: Codex apocryphus Novi Testamenti I, Leipzig 1832.

THOMSON, J.H.E.: The Slavonic Enoch (Art. Apocalyptic Literature), in: ISBE 1, Grand Rapids/Michigan 1956, 166.

TICHOMIROV, M.N.: Merilo Pravednoe po rukopisi XIV veka, Moskau 1961.

TICHOMIROV, M.N.: Issledovanie o "Russkoj pravde". Proischoždenie tekstov, Moskau/Leningrad 1941.

TICHOMIROV, M.N.: Vossozdanie russkoj pis'mennoj tradicii v pervye desjateletija tatarskago iga, in: Vestnik istorii mirovoj kultury 3/1957, 3-13.

TICHONRAVOV, N.: Pamjatniki otrečennoj russkoj literatury I, St. Petersburg 1863, Nachdr. London 1973.

TRINQUET, J.: Art. Hénoch Slave (Livre d'), in: Cath. 5, Paris 1963, 603.

TSAKONAS, B.: The Angelology according to the later Jewish Literature (Apocrypha-Pseudepigrapha), in: Theologia 34/1963, 136-151.

TSCHIZEVSKIJ. D.: Abriß der altrussischen Literaturgeschichte, München 1968.

TURDEANU, É.: Apocryphes bogomiles et apocryphes pseudo-bogomiles, in: RHR 138/1950, 22-52 und 176-218, Nachdr. in: ders., Apocryphes Slaves et Roumains de l'Ancien Testament (SVTP 5), Leiden 1981, 1-74 und 436-437.

TURDEANU, É.: Dieu créa l'homme de huit éléments et tira son nom des quatre coins du monde, in: Revue des études roumaines 13-14/1974, 163-194. Nachdr. in: ders., Apocryphes Slaves et Roumains de l'Ancien Testament (SVTP 5), Leiden 1981, 404-435.

TURDEANU, É.: Une Curiosité de l'Hénoch slave: Les phénix du sixième ciel, in: RESl 47/1968, 53-54.

TVOROGOV, O.V.: Drevnerusskie Chronografy, Leningrad 1975.

UHLIG, S.: Das äthiopische Henochbuch, in: JSHRZ V/6, hg.v. W.G. Kümmel, Gütersloh 1984, 461-780.

ULRICH, A.: Kain und Abel in der Kunst. Untersuchungen zur Ikonographie und Auslegungsgeschichte, Bamberg 1981.

URBACH, E.E.: Self-Isolation or Self-Affirmation in Judaism in the First Three Centuries: Theory and Practice, in: Jewish and Christian Self-Definition. II: Aspects of Judaism in the Graeco-Roman Period, hg.v. E.P. Sanders, Philadelphia 1981, 269-298 und 413-417.

VAILLANT, A./PHILONENKO, M.: Livre des secrets d'Hénoch, in: La Bible. Ecrits Intertestamentaires, hg.v. A. Dupont-Sommer und M. Philonenko in Bibliothèque La Pléiade, Paris 1987, 1187-1223.

VAILLANT, A.: Le livre des secrets d'Hénoch. Texte slave et traduction française (Textes publiés par l'Institut d'Études slaves IV), Paris 1952, ²1976.

VANDERKAM, J.C.: Enoch and the Growth of an Apocalyptic Tradition (CBQ.MS 16), Washington 1984.

VASIL'EV, A.: Anecdota Graeco-Byzantina I, Moskau 1893.

VELČEV, V.: Bogomilska knižnina (Istorija na bulgarskata literatura 1), Sofia 1962.

VIKTOROV, A.E.: Katalog slavjano-russkich rukopisej priobretennych Moskovskim Publičnym i Rumjancevskim Musejami v 1868 g., posle D.V. Piskareva, Moskau 1871.

VIKTOROV, A.E.: Očerk sobranija rukopisej V.M. Undol'skago, v polnom sostave (Slavjano-russkija rukopisi V.M. Undol'skago opisannyja samim sostavitelem i byvšim vladel'cem sobranija s Nr 1-go po 579-j. Izdanie Moskovskago Publičnago i Rumjancevskago Museev), Moskau 1870.

VIKTOROV, A.E.: Opisi rukopisnych sobranij v knigochranilišcach Severnoj Rossii, St. Petersburg 1890.

VITTI, A.: L'Enoch slavo (Art. Enoch), in: EncIt 14, Rom 1932, 1-2.

VJAZEMSKIJ, P.A.: Prenie Panagiota s Azimitom, in: ders., Pamjatniki Drevnej Pis'mennosti, St. Petersburg 1879, 54-64.

VOLZ, P.: Die Eschatologie der jüdischen Gemeinde im neutestamentlichen Zeitalter. Nach den Quellen der rabbinischen, apokalyptischen und apokryphen Literatur dargestellt von -, Tübingen 1934.

VOSTOKOV, A.CHR.: Opisanie russkich i slovenskich rukopisej Rumjancevskago Muzeuma, St. Petersburg 1842.

VULČANOV, SL.: Kumranski tekstove s apokrifno suduržanie i slavjanskite starozavetni apokrifi (GDA 23), Sofia 1973-74.

VZDORNOV, G.I.: Iskustvo knigi v Drevnej Rusi. Rukopisnaja Kniga Severo-Vostočnoj Rusi XII-načala XV veka, Moskau 1980.

WÄCHTER, L.: Astrologie und Schicksalsglaube im Rabbinischen Judentum, in: Kairos 11/1969, 181-200.

WAERDEN, B.L. VAN DER: History of the Zodiac, in: AfO 16/1953, 216-230.

WALTER, N.: "Hellenistische Eschatologie" im Frühjudentum - ein Beitrag zur "Biblischen Theologie"?, in: ThLZ 110/1985, 331-348.

WALTER, N.: "Hellenistische Eschatologie" im Neuen Testament, in: Glaube und Eschatologie. FS für W.G. Kümmel, hg.v. E. Gräßer und O. Merk, Tübingen 1985a, 335-356.

WEIL, G.: Biblische Legenden der Muselmänner, Frankfurt 1845.

WEINGART, M.: Byzantské kroniky v literature cirkevneslovenské II, Bratislava 1923.

WEISER, A.: Einleitung in das Alte Testament, Göttingen ²1949.

WEITZMANN, K.: The Selection of Texts for Cyclical Illustration, in: Byzantine Books and Bookmen. A Dumbarton Oaks Colloquium, Washington D.C. 1975, in: Byzantine Book Illumination and Ivories, London 1980, 69-109.

WELLS, L.S.A.: The Historical Succession of the Books of Enoch: "The Secrets of Enoch", in: International Journal of Apocrypha 25/1911, 30-34.

WESTERMANN, C.: Genesis (BKAT I/1), Berlin 1985.

WIBBING, S.: Die Tugend- und Lasterkataloge im Neuen Testament und ihre Traditionsgeschichte unter besonderer Berücksichtigung der Qumran-Texte (BZNW 25), Berlin 1959.

WICKS, H.J.: The Doctrine of God in the Jewish Apocryphal and Apocalyptic Literature, London 1915, Nachdr. New York 1971.

WINDISCH, H.: Der Hebräerbrief (HNT 14), Tübingen ²1931.

WINKLER, G.: Die Interzessionen der Chrysostomusanaphora in ihrer geschichtlichen Entwicklung, in: OrChrP 36/1970, 301-336 und 37/1971, 333-283.

WINSTON, D.: The Iranian Component in the Bible, Apocrypha and Qumran: A Review of the Evidence, in: HR 5/1966, 183-216.

WOUDE, A.S. VAN DER: Melchizedek als himmlische Erlösergestalt in den neugefundenen eschatologischen Midraschim aus Qumran Höhle XI, in: OTS 14/1965, 354-373.

WÜNSCHE, A.: Aus Israels Lehrhallen, 5 Bde., Leipzig 1907-1910, Nachdr. Hildesheim 1967.

WUTTKE, G.: Melchisedech, der Priesterkönig von Salem. Eine Studie zur Geschichte der Exegese (BZNW 5), Gießen 1927.

ZAHN, TH.: Geschichte des Neutestamentlichen Kanons, 2 Bde., Erlangen/Leipzig 1888/1892.

Pioniere bei der Erforschung des slHen

Popov, Nil Aleksandrovič
1833 - 1891

russischer Historiker
(Bild aus: Etnografičeskoe
obozrenie 1, kn. XII, Moskau 1892)

Nováković, Stojan
1842 - 1915

serbischer Philologe, Historiker, Staatsmann
(Bild aus: A.D. Lončarević,
Jugoslaviens Entstehung, Zürich 1928, 208)

Charles, Robert Henry
1855 - 1931

englischer Theologe
(Bild aus: The Times, London,
3. Februar 1931, 18)

Bonwetsch, Gottlieb Nathanael
1848 - 1925

deutscher Theologe
(Bild aus: Die Andr. Deichertsche Verlags-
buchhandlung ... FS zur Feier des 75jährigen
Bestehens, überreicht von Werner Scholl,
Leipzig 1927)

Sokolov, Matvej Ivanovič
1855 - 1906

russischer Philologe
(Bild aus: Novyj sbornik statej po slavjanove-
deniju, sostavlennyj i izdannyj učenikami V.I.
Lamanskago, St. Petersburg 1905)

Stellenregister (Auswahl)

I. Slavisches Henochbuch

II. Altes Testament

III. Weitere atl. Apokryphen und Pseudepigraphen

IV. Qumran

V. Philo

VI. Josephus

VII. Rabbinische Schriften

VIII. Neues Testament

Personen- und Sachregister

Wissenschaftliche Untersuchungen zum Neuen Testament

Alphabetisches Verzeichnis
der ersten und zweiten Reihe

APPOLD, MARK L.: The Oneness Motif in the Fourth Gospel. 1976. *Band II/1.*
BACHMANN, MICHAEL: Sünder oder Übertreter. 1991. *Band 59.*
BAMMEL, ERNST: Judaica. 1986. *Band 37.*
BAUERNFEIND, OTTO: Kommentar und Studien zur Apostelgeschichte. 1980. *Band 22.*
BAYER, HANS FRIEDRICH: Jesus' Predictions of Vindication and Resurrection. 1986. *Band II/20.*
BETZ, OTTO: Jesus, der Messias Israels. 1987. *Band 42.*
– Jesus, der Herr der Kirche. 1990. *Band 52.*
BEYSCHLAG, KARLMANN: Simon Magnus und die christliche Gnosis. 1974. *Band 16.*
BITTNER, WOLFGANG J.: Jesu Zeichen im Johannesevangelium. 1987. *Band II/26.*
BJERKELUND, CARL J.: Tauta Egeneto. 1987. *Band 40.*
BLACKBURN, BARRY LEE: 'Theios Anēr' and the Markan Miracle Traditions. 1991. *Band II/40.*
BOCKMUEHL, MARKUS N. A.: Revelation and Mystery in Ancient Judaism and Pauline Christianity. 1990. *Band II/36.*
BÖHLIG, ALEXANDER: Gnosis und Synkretismus. Teil 1 1989. *Band 47* – Teil 2 1989. *Band 48.*
BÖTTRICH, CHRISTFRIED: Weltweisheit – Menschheitsethik – Urkult. 1992. *Band II/50.*
BÜCHLI, JÖRG: Der Poimandres – ein paganisiertes Evangelium. 1987. *Band II/27.*
BÜHNER, JAN A.: Der Gesandte und sein Weg im 4. Evangelium. 1977. *Band II/2.*
BURCHARD, CHRISTOPH: Untersuchungen zu Joseph und Aseneth. 1965. *Band 8.*
CANCIK, HUBERT (Hrsg.): Markus-Philologie. 1984. *Band 33.*
CAPES, DAVID B.: Old Testament Yaweh Texts in Paul's Christology. 1992. *Band II/47.*
CARAGOUNIS, CHRYS C.: The Son of Man. 1986. *Band 38.*
CRUMP, DAVID: Jesus the Intercessor. 1992. *Band II/49.*
DOBBELER, AXEL VON: Glaube als Teilhabe. 1987. *Band II/22.*
EBERTZ, MICHAEL N.: Das Charisma des Gekreuzigten. 1987. *Band 45.*
ECKSTEIN, HANS-JOACHIM: Der Begriff der Syneidesis bei Paulus. 1983. *Band II/10.*
EGO, BEATE: Im Himmel wie auf Erden. 1989. *Band II/34.*
ELLIS, E. EARLE: Prophecy and Hermeneutic in Early Christianity. 1978. *Band 18.*
– The Old Testament in Early Christianity. 1991. *Band 54.*
FELDMEIER, REINHARD: Die Krisis des Gottessohnes. 1987. *Band II/21.*
– Die Christen als Fremde. 1992. *Band 64.*
FOSSUM, JARL E.: The Name of God and the Angel of the Lord. 1985. *Band 36.*
GARLINGTON, DON B.: The Obedience of Faith. 1991. *Band II/38.*
GARNET, PAUL: Salvation and Atonement in the Qumran Scrolls. 1977. *Band II/3.*
GRÄSSER, ERICH: Der Alte Bund im Neuen. 1985. *Band 35.*
GREEN, JOEL B.: The Death of Jesus. 1988. *Band II/33.*
GUNDRY VOLF, JUDITH M.: Paul and Perseverance. 1990. *Band II/37.*
HAFEMANN, SCOTT J.: Suffering and the Spirit. 1986. *Band II/19.*
HECKEL, ULRICH: siehe HENGEL.
HEILIGENTHAL, ROMAN: Werke als Zeichen. 1983. *Band II/9.*
HEMER, COLIN J.: The Book of Acts in the Setting of Hellenistic History. 1989. *Band 49.*
HENGEL, MARTIN: Judentum und Hellenismus. 1969. [3]1988. *Band 10.*
HENGEL, MARTIN und ULRICH HECKEL (Hrsg.): Paulus und das antike Judentum. 1991. *Band 58.*
HENGEL, MARTIN und ANNA MARIA SCHWEMER (Hrsg.): Königsherrschaft Gottes und himmlischer Kult. 1991. *Band 55.*
HERRENBRÜCK, FRITZ: Jesus und die Zöllner. 1990. *Band II/41.*
HOFIUS, OTFRIED: Katapausis. 1970. *Band 11.*
– Der Vorhang vor dem Thron Gottes. 1972. *Band 14.*
– Der Christushymnus Philipper 2,6–11. 1976, [2]1991. *Band 17.*
– Paulusstudien. 1989. *Band 51.*
HOLTZ, TRAUGOTT: Geschichte und Theologie des Urchristentums. Hrsg. von Eckart Reinmuth und Christian Wolff. 1991. *Band 57.*
HOMMEL, HILDEBRECHT: Sebasmata. Band 1. 1983. *Band 31.* – Band 2. 1984. *Band 32.*
KAMLAH, EHRHARD: Die Form der katalogischen Paränese im Neuen Testament. 1964. *Band 7.*

KIM, SEYOON: The Origin of Paul's Gospel. 1981, ²1984. *Band II/4.*
– »The ›Son of Man‹« as the Son of God. 1983. *Band 30.*
KLEINKNECHT, KARL TH.: Der leidende Gerechtfertigte. 1984, ²1988. *Band II/13.*
KLINGHARDT, MATTHIAS: Gesetz und Volk Gottes. 1988. *Band II/32.*
KÖHLER, WOLF-DIETRICH: Rezeption des Matthäusevangeliums in der Zeit vor Irenäus. 1987. *Band II/24.*
KUHN, KARL G.: Achtzehngebet und Vaterunser und der Reim. 1950. *Band 1.*
LAMPE, PETER: Die stadtrömischen Christen in den ersten beiden Jahrhunderten. 1987, ²1989. *Band II/18.*
LIEU, SAMUEL N. C.:Manichaeism in the Later Roman Empire and Medieval China. 1992. *Band 63.*
MAIER, GERHARD: Mensch und freier Wille. 1971. *Band 12.*
– Die Johannesoffenbarung und die Kirche. 1981. *Band 25.*
MARKSCHIES, CHRISTOPH: Valentinus Gnosticus? 1992. *Band 65.*
MARSHALL, PETER: Enmity in Corinth: Social Conventions in Paul's Relations with the Corinthians. 1987. *Band II/23.*
MEADE, DAVID G.: Pseudonymity and Canon. 1986. *Band 39.*
MENGEL, BERTHOLD: Studien zum Philipperbrief. 1982. *Band II/8.*
MERKEL, HELMUT: Die Widersprüche zwischen den Evangelien. 1971. *Band 13.*
MERKLEIN, HELMUT: Studien zu Jesus und Paulus. 1987. *Band 43.*
METZLER, KARIN: Der griechische Begriff des Verzeihens. 1991. *Band II/44.*
NIEBUHR, KARL-WILHELM: Gesetz und Paränese. 1987. *Band II/28.*
– Heidenapostel aus Israel. 1992. *Band 63.*
NISSEN, ANDREAS: Gott und der Nächste im antiken Judentum. 1974. *Band 15.*
OKURE, TERESA: The Johannine Approach to Mission. 1988. *Band II/31.*
PILHOFER, PETER: Presbyteron Kreitton. 1990. *Band II/39.*
PROBST, HERMANN: Paulus und der Brief. 1991. *Band II/45.*
RÄISÄNEN, HEIKKI: Paul and the Law. 1983, ²1987. *Band 29.*
REHKOPF, FRIEDRICH: Die lukanische Sonderquelle. 1959. *Band 5.*
REINMUTH, ECKHARDT: siehe HOLTZ.
REISER, MARIUS: Syntax und Stil des Markusevangeliums. 1984. *Band II/11.*
RICHARDS, E. RANDOLPH: The Secretary in the Letters of Paul. 1991. *Band II/42.*
RIESNER, RAINER: Jesus als Lehrer. 1981, ³1988. *Band II/7.*
RISSI, MATHIAS: Die Theologie des Hebräerbriefs. 1987. *Band 41.*
RÖHSER, GÜNTER: Metaphorik und Personifikation der Sünde. 1987. *Band II/25.*
RÜGER, HANS PETER: Die Weisheitsschrift aus der Kairoer Geniza. 1991. *Band 53.*
SÄNGER, DIETER: Antikes Judentum und die Mysterien. 1980. *Band II/5.*
SANDNES, KARL OLAV: Paul – One of the Prophets? 1991. *Band II/43.*
SATO, MIGAKU: Q und Prophetie. 1988. *Band II/29.*
SCHIMANOWSKI, GOTTFRIED: Weisheit und Messias. 1985. *Band II/17.*
SCHLICHTING, GÜNTER: Ein jüdisches Leben Jesu. 1982. *Band 24.*
SCHNABEL, ECKHARD J.: Law and Wisdom from Ben Sira to Paul. 1985. *Band II/16.*
SCHUTTER, WILLIAM L.: Hermeneutic and Composition in I Peter. 1989. *Band II/30.*
SCHWARTZ, DANIEL R.: Studies in the Jewish Background of Christianity. 1992. *Band 60.*
SCHWEMER, A. M.: siehe HENGEL.
SCOTT, JAMES M.: Adoption as Sons of God. 1992. *Band II/48.*
SIEGERT, FOLKER: Drei hellenistisch-jüdische Predigten. Teil 1 1980. *Band 20.* – Teil 2 1992. *Band 61.*
– Nag-Hammadi-Register. 1982. *Band 26.*
– Argumentation bei Paulus. 1985. *Band 34.*
– Philon von Alexandrien. 1988. *Band 46.*
SIMON, MARCEL: Le christianisme antique et son contexte religieux I/II. 1981. *Band 23.*
SNODGRASS, KLYNE: The Parable of the Wicked Tenants. 1983. *Band 27.*
SPEYER, WOLFGANG: Frühes Christentum im antiken Strahlungsfeld. 1989. *Band 50.*
STADELMANN, HELGE: Ben Sira als Schriftgelehrter. 1980. *Band II/6.*
STROBEL, AUGUST: Die Studie der Wahrheit. 1980. *Band 21.*
STUHLMACHER, PETER (Hrsg.): Das Evangelium und die Evangelien. 1983. *Band 28.*
TAJRA, HARRY W.: The Trial of St. Paul. 1989. *Band II/35.*
THEISSEN, GERD: Studien zur Soziologie des Urchristentums. 1979, ³1989. *Band 19.*
THORNTON, CLAUS-JÜRGEN: Der Zeuge des Zeugen. 1991. *Band 56.*
WEDDERBURN, A. J. M.: Baptism and Resurrection. 1987. *Band 44.*
WEGNER, UWE: Der Hauptmann von Kafarnaum. 1985. *Band II/14.*
WILSON, WALTER T.: Love without Pretense. 1991. *Band II/46.*
WOLFF, CHRISTIAN: siehe HOLTZ.
ZIMMERMANN, ALFRED E.: Die urchristlichen Lehrer. 1984, ²1988. *Band II/12.*